凤凰文库
PHOENIX LIBRARY

凤凰出版传媒集团
PHOENIX PUBLISHING & MEDIA GROUP

凤凰文库·纯粹哲学系列

主　　编　黄裕生

项目总监　杨建平

项目执行　戴亦梁

XIWANG YU JUEDUI

希望与绝对

凤凰文库
纯粹哲学系列

康德宗教哲学研究的思想史意义

尚文华　著

江苏人民出版社

图书在版编目(CIP)数据

希望与绝对:康德宗教哲学研究的思想史意义/尚
文华著. —南京:江苏人民出版社,2018.1
ISBN 978 - 7 - 214 - 21369 - 3

(凤凰文库·纯粹哲学系列)

Ⅰ.①希… Ⅱ.①尚… Ⅲ.①康德(Kant,
Immanuel 1724－1804)—宗教哲学—研究 Ⅳ.①B920

中国版本图书馆 CIP 数据核字(2017)第 256586 号

书　　　名	希望与绝对:康德宗教哲学研究的思想史意义
著　　　者	尚文华
责 任 编 辑	戴亦梁　刘一哲
责 任 校 对	刘一哲
装 帧 设 计	许文菲
出 版 发 行	江苏人民出版社
出版社地址	南京市湖南路 1 号 A 楼,邮编:210009
出版社网址	http://www.jspph.com
照　　　排	江苏凤凰制版有限公司
印　　　刷	江苏凤凰通达印刷有限公司
开　　　本	652 毫米×960 毫米　1/16
印　　　张	29　插页 4
字　　　数	357 千字
版　　　次	2018 年 1 月第 1 版　2018 年 1 月第 1 次印刷
标 准 书 号	ISBN 978 - 7 - 214 - 21369 - 3
定　　　价	68.00 元

(江苏人民出版社图书凡印装错误可向承印厂调换)

出版说明

　　要支撑起一个强大的现代化国家,除了经济、政治、社会、制度等力量之外,还需要先进的、强有力的文化力量。凤凰文库的出版宗旨是:忠实记载当代国内外尤其是中国改革开放以来的学术、思想和理论成果,促进中外文化的交流,为推动我国先进文化建设和中国特色社会主义建设,提供丰富的实践总结、珍贵的价值理念、有益的学术参考和创新的思想理论资源。

　　凤凰文库将致力于人类文化的高端和前沿,放眼世界,具有全球胸怀和国际视野。经济全球化的背后是不同文化的冲撞与交融,是不同思想的激荡与扬弃,是不同文明的竞争和共存。从历史进化的角度来看,交融、扬弃、共存是大趋势,一个民族、一个国家总是在坚持自我特质的同时,向其他民族、其他国家吸取异质文化的养分,从而与时俱进,发展壮大。文库将积极采撷当今世界优秀文化成果,成为中外文化交流的桥梁。

　　凤凰文库将致力于中国特色社会主义和现代化的建设,面向全国,具有时代精神和中国气派。中国工业化、城市化、市场化、国际化的背后是国民素质的现代化,是现代文明的培育,是先进文化的发展。在建设中国特色社会主义的伟大进程中，中华民族必将展示新的实践，产生新的经验，形成新的学术、思想和理论成果。文库将展现中国现代化的新实践和新总结，成为中国学术界、思想界和理论界创新平台。

凤凰文库的基本特征是：围绕建设中国特色社会主义，实现社会主义现代化这个中心，立足传播新知识，介绍新思潮，树立新观念，建设新学科，着力出版当代国内外社会科学、人文学科的最新成果，同时也注重推出以新的形式、新的观念呈现我国传统思想文化和历史的优秀作品，从而把引进吸收和自主创新结合起来，并促进传统优秀文化的现代转型。

凤凰文库努力实现知识学术传播和思想理论创新的融合，以若干主题系列的形式呈现，并且是一个开放式的结构。它将围绕马克思主义研究及其中国化、政治学、哲学、宗教、人文与社会、海外中国研究、当代思想前沿、教育理论、艺术理论等领域设计规划主题系列，并不断在内容上加以充实；同时，文库还将围绕社会科学、人文学科、科学文化领域的新问题、新动向，分批设计规划出新的主题系列，增强文库思想的活力和学术的丰富性。

从中国由农业文明向工业文明转型、由传统社会走向现代社会这样一个大视角出发，从中国现代化在世界现代化浪潮中的独特性出发，中国已经并将更加鲜明地表现自己特有的实践、经验和路径，形成独特的学术和创新的思想、理论，这是我们出版凤凰文库的信心之所在。因此，我们相信，在全国学术界、思想界、理论界的支持和参与下，在广大读者的帮助和关心下，凤凰文库一定会成为深为社会各界欢迎的大型丛书，在中国经济建设、政治建设、文化建设、社会建设中，实现凤凰出版人的历史责任和使命。

从纯粹的学问到真实的事物

——"纯粹哲学丛书"改版序

　　江苏人民出版社自 2002 年出版这套"纯粹哲学丛书"已有五年，共出书 12 本，如今归入凤凰出版传媒集团"凤凰文库"继续出版，趁改版机会，关于"纯粹哲学"还有一些话要说。

　　"纯粹哲学"的理念不只是从"纯粹的人"、"高尚的人"、"摆脱私利"、"摆脱低级趣味"这些意思引申出来的，而是将这个意思与专业的哲学问题，特别是与德国古典哲学的问题结合起来思考，提出"纯粹哲学"也是希望"哲学""把握住""自己"。

　　这个提法，也有人善意地提出质询，谓世上并无"纯粹"的东西，事物都是"复杂"的，"纯粹哲学"总给人以"脱离实际"的感觉。这种感觉以我们这个年龄段或更年长些的人为甚。当我的学生刚提出来的时候，我也有所疑虑，消除这个疑虑的理路，已经在 2002 年的"序"中说了，过了这几年，这个理路倒是还有一些推进。

　　"纯粹哲学"绝不是脱离实际的，也就是说，"哲学"本不脱离实际，也不该脱离实际，"哲学"乃是"时代精神"的体现；但是"哲学"也不是要"解决"实际的具体问题，"哲学"是对于"实际-现实-时代""转换"一个"视角"。"哲学"以"哲学"的眼光"看""世界","哲学"以"自己"的眼光"看"世界,也就是以"纯粹"的眼光"看"世界。

为什么说"哲学"的眼光是"纯粹"的眼光?

"纯粹"不是"抽象",只有"抽象"的眼光才有"脱离实际"的问题,因为它跟具体的实际不适合;"纯粹"不是"片面",只有"片面"的眼光才有"脱离实际"的问题,因为"片面"只"抓住-掌握""一面",而"哲学"要求"全面"。只有"全面-具体"才是"纯粹"的,也才是"真实的"。"片面-抽象"都"纯粹"不起来,因为有一个"另一面"、有一个"具体"在你"外面"跟你"对立"着,不断地从外面"干扰"你,"主动-能动"权不在你手里,你如何"纯粹"得起来?

所以"纯粹"应在"全面-具体"的意义上来理解,这样,"纯粹"的眼光就意味着"辩证"的眼光,"哲学"为"辩证法"。

人们不大谈"辩证法"了,就跟人们不大谈"纯粹"了一样,虽然可能从不同的角度来"回避"它们,或许以为它们是相互抵触的,其实它们是一致的。

"辩证法"如果按日常的理解,也就是按感性世界的经验属性或概念来理解,那可能是"抽象"的,但那不是哲学意义上的"辩证"。譬如冷热、明暗、左右、上下等等,作为抽象概念来说,"冷"、"热"各执一方,它们的"意义"是"单纯"的"抽象",它们不可以"转化",如果"转化"了,其"意义"就会发生混淆;但是在现实中,在实际上,"冷"和"热"等等是可以"转化"的,不必"变化"事物的温度,事物就可以由"热""转化"为"冷",在这个意义上,执著于抽象概念反倒会"脱离实际",而坚持"辩证法"的"转化",正是"深入""实际"的表现,因为实际上现实中的事物都是向"自己"的"对立面""转化"的。

哲学的辩证法正是以一种"对立面""转化"的眼光来"看-理解"世界的,不执著于事物的一面——一偏,而是"看到-理解到"事物的"全面"。

哲学上所谓"全面",并非要"穷尽"事物的"一切""属性",而是"看到-理解到-意识到"凡事都向"自己"的"相反"方面"转化","冷"必然要"转化"为"非冷",换句话说,"冷"的"存在",必定要"转化"为"冷"的"非存在"。

在这个意义上,哲学的辩证法将"冷-热"、"上-下"等等"抽象-片面"的"对立""纯粹化"为"存在-非存在"的根本问题,思考的就是这种"存在-非存在"的"生死存亡"的"大问题"。于是,"哲学化"就是"辩证化",也就是"纯净化-纯粹化"。

这样,"纯粹化"也就是"哲学化",用现在流行的话来说,就是"超越化";"超越"不是"超越"到"抽象"方面去,不是从"具体"到"抽象",好像越"抽象"就越"超越",或者越"超越"就越"抽象",最大的"抽象"就是最大的"超越"。事实上恰恰相反,"超越"是从"抽象"到"具体","具体"为"事物"之"存在"、"事物"之"深层次"的"存在",而不是"表面"的"诸属性"之"集合"。所谓"深层",乃是"事物"之"本质","本质"亦非"抽象",而是"存在"。哲学将自己的视角集中在"事物"的"深层",注视"事物""本质"之"存在"。"事物"之"本质","本质"之"存在",乃是"纯粹"的"事物"。"事物"之"本质",也是"事物"之"存在",是"理性-理念"的世界,而非"驳杂"之"大千世界"-"感觉经验世界"。"本质-存在-理念"是"具体"的、"辩证"的,因而也是"变化-发展"的。并不是"现象""变"而"理念-本质""不变",如果"变"作为"发展"来理解,而不是机械地来理解,则恰恰是"现象"是相对"僵化"的,而"本质-理念"则是"变化-发展"的。这正是我们所谓"时间(变化发展)"进入"本体-本质-存在"的意义。

于是,哲学辩证法也是一种"历史-时间"的视角。我们面对的世界,是一个历史的世界、时间的世界,而不仅是僵硬地与我们"对立"的"客观世界"。"客观世界"也是我们的"生活世界",而"生活"是历史性的、时间性的，是变化发展的，世间万事万物无不打上"历史-时间"的"烙印"，"认出-意识到-识得"这个"烙印-轨迹"，乃是哲学思考的当行，这个"烙印"乃是"事物-本质-存在""发展"的"历史轨迹"，这个"轨迹"不是直线，而是曲线。"历史-时间"的进程是"曲折"的，其间充满了"矛盾-对立-斗争"，也充满了"融合-和解-协调"，充满了"存在-非存在"的"转化"，充满了"对立面"的"转化"和"统一"。

以哲学-时间-历史的眼光看世界，世间万物都有相互"外在"的"关系"。"诸存在者"相互"不同"，当然也处在相互"联系"的"关系网"中，其中也有"对立"，譬如冷热、明暗、上下、左右之类。研究这种"外在"关系，把握这种"关系"当然是非常重要的，须得观察、研究以及实验事物的种种属性和他物的属性之间的各种"关系"，亦即该事物作为"存在者"的"存在""条件"。"事物"处于"外在环境"的种种"条件""综合"之中，这样的"外在""关系"固不可谓"纯粹"的，它是"综合"的、"经验"的；然则，事物还有"自身"的"内在""关系"。

这里所谓的"内在""关系"，并非事物的内部的"组成部分"的关系，这种把事物"无限分割"的关系，也还是把一事物分成许多事物，这种关系仍是"外在"的；这里所谓"内在"的，乃是"事物""自身"的"关系"，不仅仅是这一事物与另一事物的关系。

那么，如何理解事物"自身"的"内在""关系"？"事物自身"的"内在""关系"乃是"事物自身""在""时间-历史"中"产生"出来的"非自身-他者"的"关系"，乃是"是-非"、"存在-非存在"的"关系"，而不是"白"的"变成""黑"的、"方"的"变成""圆"的等等这类关系。这种"是非-存亡"的关系，并不来自"外部"，而是"事物自身"的"内部"本来就具备了的。这种"内在"的"关系"随着时间-历史的发展"开显"出来。

这样，事物的"变化发展"，并非仅仅由"外部条件"的"改变"促使而成，而是由事物"内部自身"的"对立-矛盾"发展-开显出来的，在这个意义上，"内因"的确是"决定性"的。看到事物"变化"的"原因""在""事物自身"的"内部"，揭示"事物发展"的"内在原因"，揭示事物发展的"内在矛盾"，这种"眼光"，可以称得上是"纯粹"的（不是"驳杂"的），是"哲学"的，也是"超越"的，只是并不"超越"到"天上"，而是"深入"到事物的"内部"。

以这种眼光来看世界，世间万物"自身"无不"存在-有""内在矛盾"，一事物的"存在"必定"蕴涵"该事物的"非存在"，任何事物都向自身的"反面""转化"，这是事物自己就蕴涵着的"内在矛盾"。至于这个事物究竟"变成""何种-什么"事物，则要由"外部""诸种条件"来"决定"，但是哲学可以断言的，乃是该事物-世间任何事物都不是"永存"的，都是由"存在""走向-转化为""自己"的"反面"——"非存在"，"非存在"就"蕴涵""在"该事物"存在"之中。在这个意义上，我们对事物采取"辩证"的态度，也就是采取"纯粹"的态度，把握住"事物"的"内在矛盾"，也就是把握住了"事物自身"，把握住了"事物自身"，也就是把握住了"事物"的"内在""变化-发展"，而不"杂"有事物的种种"外部"的"关系"；从事物"外部"的种种"复杂关系"中"摆脱"出来，采取一种"自由"的、"纯粹"的态度，抓住"事物"的"内在关系"，也就是"抓住"了事物的"本质"。

抓住事物的"本质"，并非不要"现象"，"本质"是要通过"现象""开显"出来的，"本质"并非"抽象概念"，"本质"是"现实"，是"存在"，是"真实"，是"真理"；抓住事物的"本质"，就是要"透过现象看本质"。"哲学"的眼光，"纯粹"的眼光，"辩证"的眼光，"历史"的眼光，正是这种"透过现象""看""本质"的眼光。

"透过现象看本质"，"现象"是"本质"的，"本质"也是"现象"的，"本质""在""现象"中，"现象"也"在""本质"中。那么，从"本质"的眼光来"看""现象-世界"又复何如？

从"纯粹"的眼光来"看""世界",则世间万物固然品类万殊,但无不"在""内在"的"关系"中。"一事物"的"是-存在"就是"另一事物"的"非-非存在","存在""在""非存在"中,"非存在"也"在""存在"中;事物的"外在关系",原本是"内在关系"的"折射"和"显现"。世间很多事物,在现象上或无直接"关系",只是"不同"而已。譬如"风马牛不相及","认识到-意识到""马""牛"的这种"不同"大概并不困难,是一眼就可以断定的。对于古代战争来说,有牛无马,可能是一个大的问题。对于古代军事家来说,认识到这一点也不难,但是要"意识到-认识到""非存在"也"蕴涵着""存在",二者是一而二、二而一的,并不因为"有牛无马"而放弃战斗,就需要军事家有一点"大智慧"。如何使"非存在""转化"为"存在"? 中国古代将领田单的"火牛阵"是以"牛"更好地发挥"马"的战斗作用的一例,固然并非要将"牛""装扮"成"马",也不是用"牛"去"(交)换""马",所谓"存在-非存在"并非事物之物理获胜或生物的"属性"可以涵盖得了的。"存在-非存在"有"历史"的"意义"。

就我们哲学来说,费希特曾有"自我""设定""非我"之说,被批评为主观唯心论,批评当然是很对的,他那个"设定"会产生种种误解;不过他所论述的"自我"与"非我"的"关系"却是应该被重视的。我们不妨从一种"视角"的"转换"来理解费希特的意思:如"设定"——采取一种"视角"——"A-存在",则其他诸物皆可作"非 A-非存在"观。"非 A"不"=(等于)""A",但"非 A"却由"A""设定","非存在"由"存在""设定"。我们固不可说"桌子"是由"椅子""设定"的,这个"识见"是"常识"就可以判断的,没有任何哲学家会违反它,但是就"椅子"与"非椅子"的关系来说,"桌子"却是"在""非椅子"之内,而与"椅子"有一种"对立统一"的关系,"非椅子"是由于"设定"了"椅子"而来的。扩大开来说,"非存在"皆由"存在"的"设定"而来,既然"设定""存在",则必有与其"对立"的"反面"——"非存在""在","非存在"由"存在""设定",反之亦然。

"我"与"非我"的关系亦复如是。"意识-理性""设定"了"我",有了"自我意识",则与"我""对立"的"大千世界"皆为"非我",在这个意义上,"非我"乃由"(自)我"之"设定"而"设定",于是"自我""设定""非我"。我们看到,这种"设定"并不是在"经验"的意义上来理解的,而是在"纯粹"的意义上来理解的,"自我"与"非我"的"对立统一"关系乃是"纯粹"的、"本质"的、"哲学"的、"历史"的,因而也是"辩证"的。我们决不能说,在"经验"上大千世界全是"自我""设定"——或者叫"建立"也一样——的,那真成了狄德罗批评的,作如是观的脑袋成了一架"发疯的钢琴"。哲学是很理性的学问,它的这种"视角"的转换——从"经验"的"转换"成"超越"的,从"僵硬"的"转换"成"变化发展"的,从"外在"的"转换"成"内在"的——并非"发疯"式的胡思乱想,恰恰是很有"理路"的,而且还是很有"意义"的:这种"视角"的"转换",使得从"外在"关系看似乎是"风马牛不相及"的"事物"都有了"内在"的联系。"世界在普遍联系之中"。许多事物表面上"离"我们很"远",但作为"事物本身-自身-物自体"看,则"内在"着-"蕴涵"着"对立统一"的"矛盾"的"辩证关系",又是"离"我们很"近"的。海德格尔对此有深刻的阐述。

"日月星辰"就空间距离来说,离我们人类很远很远,但它们在种种方面影响人的生活,又是须臾不可或离的,于是在经验科学尚未深入研究之前,我们祖先就已经在自己的诗歌中吟诵着它们,也在他们的原始宗教仪式中膜拜着它们;尚有那人类未曾识得的角落,或者时间运行尚未到达的"未来",我们哲学已经给它们"预留"了"位置",那就是"非我"。哲学给出这个"纯粹"的"预言",以便一旦它们"出现",或者我们"发现"它们,则作出进一步的科学研究。"自我"随时"准备"

着"迎接""非我"的"挑战"。

"自我"与"非我"的这种"辩证"关系，使得"存在"与"非存在""同出一元"，都是我们的"理性""可以把握-可以理解"的：在德国古典哲学，犹如黑格尔所谓的"使得""自在-自为之物""转化"为"为我之物"；在海德格尔，乃是"存在"为"使存在"，是"动词"意义上的"存在"，"存在"与"非存在"在"本体论-存在论"上"同一"。

就知识论来说，哲学这种"纯粹"的"视角"的"转换"，也有相当重要的意义。知识论也"设定"一个不以人的意志为转移的"客体"，这个"客体"乃是一切经验科学的"对象"，也是"前提"，但是哲学"揭示"着"客体"与"主体"也是"对立统一"的"辩证关系"，一切"非主体"就是"客体"，于是仍然在"存在-非存在"的关系之中，那一时"用不上"的"未知"世界，同样与"主体"构成"对立统一"关系，从而使"知识论"展现出广阔的天地，成为一门有"无限"前途的"科学"，而不局限于"主体-人"的"眼前"的"物质需求"。哲学使人类知识"摆脱""急功近利"的"限制"，使"知识"成为"自由"的。"摆脱""急功近利"的"限制"，也就是使"知识-科学"有"哲学"的涵养，使"知识-科学"也"纯粹"起来，使"知识-科学"成为"自由"的。古代希腊人在"自由知识"方面给人类的贡献使后人受益匪浅，但这种"自由-纯粹"的"视角"，当得益于他们的"哲学"。

从这个意义来看，我们所谓的"纯粹哲学"，一方面当然是很"严格"的，从康德到黑格尔的德国古典哲学，哲学有了自己很专业的一面，再到胡塞尔，曾有"哲学"为"最为""严格"（strict-strenge）之称；另一方面，"纯粹哲学"就其题材范围来说，又是极其广阔的。"哲学"的"纯粹视角"，原本就是对于那表面上似乎没有关系的、在时空上"最为遥远"的"事物"，都能"发现"有一种"内在"的关系。"哲学"有自己的"远"、"近"观。"秦皇汉武"已是"过去"很多年的"事情"，但就"纯粹"的"视角"看也并不"遥远",它仍是伽达默尔所谓的"有效应的历史",仍在"时间"的"绵延"之"中",它和"我们"有"内在"的关系。

于是,从"纯粹哲学"的"视角"来看,大千世界、古往今来,都"在""视野"之"中",上至"天文",下至"地理","至大无外"、"至小无内",无不可以"在""视野"之"中";具体到我们这套丛书,在选题方面也就不限于讨论康德、黑格尔、海德格尔等等专题,举凡社会文化、政治经济、自然环境、诗歌文学,甚至娱乐时尚,只要以"纯粹"的眼光,有"哲学"的"视角",都在欢迎之列。君不见,法国福柯探讨监狱、疯癫、医院、学校种种问题,倡导"穷尽细节"之历史"考古"观,以及论题不捐细小的"后现代"诸公,其深入程度,其"解构"之"辩证"运用,岂能以"不纯粹"目之?

"纯粹哲学丛书"改版在即,有以上的话想说,当否敬请读者批评指正。

叶秀山

2007 年 7 月 10 日于北京

序"纯粹哲学丛书"

　　人们常说，做人要像张思德那样，做一个"纯粹的人"，高尚的人，如今喝水也要喝"纯净水"，这大概都没有什么问题；但是说到"纯粹哲学"，似乎就会引起某些怀疑，说的人，为避免误解，好像也要做一番解释，这是什么原因？我想，这个说法会引起质疑，是有很深的历史和理论的原因的。

　　那么，为什么还要提出"纯粹哲学"的问题？

　　现在来说"纯粹哲学"。说哲学的"纯粹性"，乃是针对一种现状，即现在有些号称"哲学"的书或论文，已经脱离了"哲学"这门学科的基本问题和基本要求，或者可以说，已经没有什么"哲学味"，但美其名曰"生活哲学"或者甚至"活的哲学"，而对于那些真正探讨哲学问题的作品，反倒觉得"艰深难懂"，甚至断为"脱离实际"。在这样的氛围下，几位年轻的有志于哲学研究的朋友提出"纯粹哲学"这个说法，以针砭时弊，我觉得对于哲学作为一门学科的发展是有好处的，所以也觉得是可以支持的。

　　人们对于"纯粹哲学"的疑虑也是由来已久。

　　在哲学里，什么叫"纯粹"？按照西方哲学近代的传统，"纯粹"

（rein，pure）就是"不杂经验"、"跟经验无关"，或者"不由经验总结、概括出来"这类的意思，总之是和"经验"相对立的意思。把这层意思说得清楚彻底的是康德。

康德为什么要强调"纯粹"？原来西方哲学有个传统观念，认为感觉经验是变幻不居的，因而不可靠，"科学知识"如果建立在这个基础上，那么也是得不到"可靠性"，这样就动摇了"科学"这样一座巍峨的"殿堂"。这种担心，近代从法国的笛卡尔就表现得很明显，而到了英国的休谟，简直快给"科学知识""定了性"，原来人们信以为"真理"的"科学知识"竟只是一些"习惯"和"常识"，而这些"习俗"的"根据"仍然限于"经验"。

为了挽救这个似乎摇摇欲坠的"科学知识"大厦，康德指出，我们的知识虽然都来自感觉经验，但是感觉经验之所以能够成为"科学知识"，能够有普遍的可靠性，还要有"理性"的作用。康德说，"理性"并不是从"感觉经验"里"总结-概括"出来的，它不依赖于经验，如果说，感觉经验是"杂多-驳杂"的，理性就是"纯粹-纯一"的。杂多是要"变"的，而纯一就是"恒"，是"常"，是"不变"的；"不变"才是"必然的"、"可靠的"。

那么，这个纯一的、有必然性的"理性"是什么？或者说，康德要人们如何理解这个（些）"纯粹理性"？我们体味康德的哲学著作，渐渐觉得，他的"纯粹理性"说到最后乃是一种形式性的东西，他叫"先天的"——以"先天的"译拉丁文 a priori 不很确切，无非是强调"不从经验来"的意思，而拉丁文原是"由前件推出后件"，有很强的逻辑的意味，所以国外有的学者干脆就称它作"逻辑的"，意思是说，后面的命题是由前面的命题"推断"出来的，不是由经验的积累"概括"出来的，因而不是经验的共同性，而是逻辑的必然性。

其实，这个意思并不是康德的创造，康德不过是沿用旧说；康德的创造性在于他认为旧的哲学"止于"此，就把科学知识架空了，旧的逻辑只是"形式逻辑"——"止于"形式逻辑，而科学知识是要有内容的。康德觉得，光讲形式，就是那么几条，从亚里士多德创建形式逻辑体系以来，到康德那个时代，并没有多大的进步，而科学的知识，日新月异，"知识"是靠经验"积累"的，逻辑的推演，后件已经包含在前件里面，推了出来，也并没有"增加"什么。所以，康德哲学在"知识论"的范围里，主要的任务是要"改造"旧逻辑，使得"逻辑的形式"和"经验的内容"结合起来，也就是像有的学者说的，把"逻辑的"和"非逻辑的"东西结合起来。

从这里，我们看到，即使在康德那里，"纯粹"的问题，也不是真的完全"脱离实际"的；恰恰相反，康德的哲学工作，正是要把哲学做得既有"内容"，而又是"纯粹"的。这是一件很困难的工作，康德做得很艰苦，的确也有"脱离实际"的毛病，后来受到很多的批评，但是就其初衷，倒并不是为了"钻进象牙之塔"的。

康德遇到了什么困难？

我们说过，如果"理性"的工作，只是把感觉经验得来的材料加工酿造，提炼出概括性的规律来，像早年英国的培根说的那样"归纳"出来的，那么，一来就不容易"保证""概括"出来的东西一定有普遍必然性，二来这时候，"理性"只是"围着经验转"，也不大容易保持"自己"，这样理解的"理性"，就不会是"纯粹"的。康德说，他的哲学要来一个"哥白尼式的大革命"，就是说，过去是"理性"围着"经验"转，到了我康德这里，就要让"经验"围着"理性"转，不是让"纯粹"的东西围着"不纯"的东西转受到"污染"，而是让"不纯"的东西围着"纯粹"的东西转得到"净化"。这就是康德说的不让"主体"围着"客体"转，而让"客体"围着"主体"转的意义所在。

我们看到，不管谁围着谁转，感觉经验还是不可或缺的，康德主观上并不想当"脱离实际"的"形式主义者";康德的立意,还是要改造旧逻辑,克服它的"形式主义"的。当然,康德的工作也只是一种探索,有许多值得商讨的地方。

说实在的,在感觉经验和理性形式两个方面,要想叫谁围着谁转都不很容易,简单地说一句"让它们有机地结合起来"当然并不解决问题。

康德的办法是提出一个"先验的"概念来统摄感觉经验和先天理性这两个方面,并使经验围着理性转,以保证知识的"纯粹性"。

康德的"先验的"原文为 transcendental,和传统的 transcendent 不同,后者就是"超出经验之外"的意思,而前者为"虽然不依赖经验但还是在经验之内"的意思。

康德为什么要把问题弄得如此的复杂?

原来康德要坚持住哲学知识论的纯粹性而又具有经验的内容,要有两个方面的思想准备。一方面"理性"要妥善地引进经验的内容,另一方面要防止那本不是经验的东西"混进来"。按照近年的康德研究的说法,"理性"好像一个王国,对于它自己的王国拥有"立法权",凡进入这个王国的都要服从理性为它们制定的法律。康德认为,就科学知识来说,只有那些感觉经验的东西,应被允许进入这个知识的王国,成为它的臣民;而那些根本不是感觉经验的东西,亦即不能成为经验对象的东西,譬如"神-上帝",乃是一个"观念-理念",在感觉经验世界不存在相应的对象,所以它不能是知识王国的臣民,它要是进来了,就会不服从理性为知识制定的法律,在这个王国里,就会闹矛盾,而科学知识是要克服矛盾的,如果出现不可避免的矛盾,知识王国-科学的大厦,就要土崩瓦解了。所以康德在他的第一批判——《纯粹理性批判》里,一方面要仔细研究理性的立法作用;另一方面要仔细厘定理性的职权范围,防止越出经验的范围之外,越过了自己的权限——防止理性的僭越，管了那本不是它的臣民的事。所以康德的"批判"，有"分析"、"辨析"、"划界限"的意思。

界限划在哪里？正是划在"感觉经验"与"非感觉经验-理性"上。对于那些不可能进入感觉经验领域的东西，理性在知识王国里，管不了它们，它们不是这个王国的臣民。

康德划这一界限还是很有意义的，这样一来，举凡宗教信仰以及想涵盖信仰问题的旧形而上学，都被拒绝在"科学知识"的大门以外了，因为它们所涉及的"神-上帝"、"无限"、"世界作为一个大全"等等，就只是一些"观念"（ideas），而并没有相应的感觉经验的"对象"。这样，康德就给"科学"和"宗教"划了一条严格的界限，而传统的旧形而上学，就被断定为"理性"的"僭越"；而且理性在知识范围里一"僭越"，就会产生不可克服的矛盾，这就是他的有名的"二律背反"。

在这个意义上，我们看到，在知识论方面，康德恰恰是十分重视感觉经验的，也是十分重视"形式"和"内容"的结合的。所以批评康德知识论是"形式主义"，猜想他是不会服气的，他会说，他在《纯粹理性批判》里的主要工作就是论证"先天综合判断"如何可能，既然是"综合"的，就不是"形式"的，在这方面，他是有理由拒绝"形式主义"的帽子的；他的问题出在那些不能进入感觉经验的东西上。他说，既然我们所认知的是事物能够进入感觉经验的一面，那么，那不能进入感觉经验的另一面，就是我们科学知识不能达到的地方，我们在科学上则是一无所知；而通过我们的感官进得来的，只是一些印象（impression）、表象（appearance），我们的理性在知识上，只能对这些东西根据自己立的法律加以"管理"，使之成为科学的、具有必然真理性的知识体系，所以我们的科学知识"止于""现象"（phenomena），而"物自身"（Dinge an sich）、"本体"（noumena）则是"不可知"的。

原来，在康德那里，这种既保持哲学的纯粹性，又融入经验世界的"知识论"是受到"限制"的，康德自己说，他"限制""知识"，是为"信仰"留有余地。那么，就我们的论题来说，康德所理解的"信仰"是不是只是"形式"的？应该说，也不完全是。

我们知道，康德通过"道德"引向"宗教-信仰"。"知识"是"必然"的，所以它是"科学"；"道德"是"自由"的，所以它归根结蒂不能形成一门"必然"的"科学知识"。此话怎讲？

"道德"作为一门学科，讨论"意志"、"动机"、"效果"、"善恶"、"德性"、"幸福"等问题。如果作为科学知识来说，它们应有必然的关系，才是可以知道、可以预测的；但是，道德里的事，却没有那种科学的必然性，因而也没有那种"可预测性"。在道德领域里，一定的动机其结果却不是"一定"的；"德性"和"幸福"就更不是可以"推论"出来的。世上有德性的得不到幸福，比比皆是；而缺德的人往往是高官得做、骏马得骑。有那碰巧了，既有些德性，也有些幸福的，也就算是老天爷开恩了。于是，我们看到，在经验世界里，"德性"和"幸福"的统一，是偶尔有之，是偶然的，不是必然的。我们看到一个人很幸福，不能必然地推断他一定就有德性，反之亦然。在这个意义上，这种关系，是不可知的。

所谓"不可知"，并不是说我们没有这方面的感觉经验的材料，对于人世的"不公"，我们深有"所感"；而是说，这些感觉材料，不受理性为知识提供的先天法则的管束，形不成必然的推理，"不可知"乃是指的这层意思。

"动机"和"效果"也是这种关系，我们不能从"动机"必然地"推论"出"效果"，反之亦然。也就是说，我们没有足够的理由说一个人干了一件"好事"，就"推断"他的"动机"就一定也是"好"的；也没有足够的理由说一个人既然动机是好的，就一定会做出好的事情来。

之所以会出现这种情况，乃是因为"道德"的问题概出于意志的

"自由",而"自由"和"必然"是相对立的。

要讲"纯粹",康德这个"自由"是最"纯粹"不过的了。"自由"不但不能受"感觉经验-感性欲求"一点点的影响,而且根本不能进入这个感觉经验的世界,就是说,"自由"不可能进入感性世界成为"必然"。这就是为什么康德把他的《实践理性批判》的主要任务定为防止"理性"在实践-道德领域的"降格":理性把原本是超越的事当做感觉经验的事来管理了。

那么,康德这个"自由"岂不是非常的"形式"了?的确如此。康德的"自由"是理性的"纯粹形式",它就问一个"应该",向有限的理智者发出一道"绝对命令",至于真的该做"什么",那是一个实际问题,是一个经验问题,实践理性并不给出"教导"。所以康德的伦理学,不是经验的道德规范学,而是道德哲学。

那么,康德的"纯粹理性"到了"实践-道德"领域,反倒更加"形式"了?如果康德学说止于"伦理学",止于"自由",则的确会产生这个问题;但是我们知道,康德的伦理道德乃是通向宗教信仰的桥梁,它不止于此。康德的哲学"止于至善"。

康德解释所谓"至善"有两层含义:一是指单纯意志方面的,是最高的道德的善;一是更进一层为"完满"的意思。这后一层的意义,就引向了宗教。

在"完满"意义上的"至善",就是我们人类最高的追求目标:"天国"。在这个意义上,我们人类要不断地修善,"超越""人自身"——已经孕育着尼采的"超人"(?),而争取进入"天国"。

在"天国"里,一切的分离对立都得到了"统一"。"天国"不仅仅是"理想"的,而且是"现实"的。在"天国"里,凡理性的,也就是经验的,反之亦然。在那里,"理性"能够"感觉"、"经验的",也就是"合理的",两者之间有一种"必然"的关系,而不像尘世那样,两者只是偶尔统一。这样,在那个世界,我们就很有把握地说,凡是幸福的,就一定是有德的,而绝不会像人间尘世那样,常常出现"荒诞"的局面,让那有德之人受苦,而缺德之人却得善终。于是,在康德的思想里,"天国"恰恰不是"虚无缥缈"的,而是实实在在的,它是一个"理想",但也是一个"现实";甚至我们可以说,唯有"天国"才是既理想又现实的,于是,我们可以说这是一种"完满"意义上的"至善"。

想象一个美好的"上天世界"并不难,凡是在世间受到委屈的人都会幻想一个美妙的"天堂",他的委屈就会得到平申;但是建立在想象和幻想上的"天堂",是很容易受到怀疑和质询的,中国古代屈原的"天问",直到近年描写莫扎特的电影 *Amadeus*,都向这种想象的产物发出了疑问,究其原因,乃是这个"天堂"光是"理想"的,缺乏"实在性";康德的"天国",在他自己看来,却是"不容置疑"的,因为它受到严格的"理路"的保证。在康德看来,对于这样一个完美无缺、既合理又实实在在的"国度"只有理智不健全的人才会提出质疑。笛卡尔有权怀疑一切,康德也批评过他的"我思故我在"的命题,因为那时康德的领域是"知识的王国";如果就"至善-完满"的"神的王国-天国"来说,那么"思"和"在"原本是"同一"的,"思想的",就是"存在的",同理,"存在"的,也必定是"思想"的,"思"和"在"之间,有了一种"必然"的"推理"关系。对于这种关系的质疑,也就像对于"自然律"提出质疑一样,本身"不合理",因而是"无权"这样做的。

这样,我们看到,康德的"知识王国"、"道德王国"和"神的王国-天国",都在不同的层面和不同的意义上具有现实的内容,不仅仅是形式的,但是没有人怀疑康德哲学的"纯粹性",而康德的"(纯粹)哲学"不是"形式哲学"则也就变得明显起来。

表现这种非形式的"纯粹性"特点的,还应该提到康德的第三批判:《判断力批判》。就我们的论题来说,《判断力批判》是相当明显地表现了形式和内容统一的一个领域。

通常我们说,《判断力批判》是《纯粹理性批判》和《实践理性批判》之间的桥梁,或者是它们的综合,这当然是正确的;这里我们想补充说的是:《判断力批判》所涉及的世界,在康德的思想中,也可以看做是康德的"神的王国-天国"的一个"象征"或"投影"。在这个世界里,现实的、经验的东西,并不仅仅像在《纯粹理性批判》里那样,只是提供感觉经验的材料(sense data),而是"美"的,"合目的"的;只是"审美的王国"和"目的王国"还是在"人间",它们并不是"天国"。在这个意义上,我们具有(有限)理性的人,如果努力提高"鉴赏力-判断力",提高"品位-趣味",成了"高尚的人","脱离了低级趣味的人",那么就有能力在大自然和艺术品里发现"理性"和"感性"、"形式"和"内容"、"合目的性"和"合规律性"等等之间的"和谐"。也就是说,我们就有能力在经验的世界里,看出一个超越世界的美好图景。康德说,"美"是"善"的"象征","善"通向"神的王国",所以,我们也可以说,"美"和"合目的"的世界,乃是"神城-天国"的"投影"。按基督教的说法,这个世界原本也是"神""创造"出来的。

"神城-天国"在康德固然言之凿凿,不可动摇对它的信念,但是毕竟太遥远了些。康德说,人要不断地"修善",在那绵绵的"永恒"过程中,人们有望达到"天国"。所以康德的实践理性的"公设"有一条必不可少的就是"灵魂不朽"。康德之所以要设定这个"灵魂不朽",并不完全是迷信,而是他觉得"天国"路遥,如果灵魂没有"永恒绵延",则人就没有"理由"在今生就去"修善",所以这个"灵魂不朽"是"永远修善"所必须要"设定"的。于是,我们看到,在康德哲学中,已经含有了"时间"绵延的观念,只是他强调的是这个绵延的"永恒性",而对于"有限"的绵延,即人的"会死性"(mortal)则未曾像当代诸家那么着重地加以探讨;但是他抓住的这个问题,却开启了后来黑格尔哲学的思路,即把哲学不仅仅作为一些抽象的概念的演绎,而是一个时间的、历史的发展过程,强调"真理"是一个"全""过程",进一步将"时间"、"历史"、"发展"的观念引进哲学,形成了一个庞大的哲学体系。

黑格尔哲学体系可以说是"包罗万象",是百科全书式的,却不是驳杂的,可以说是"庞"而不"杂"。人们通常说,黑格尔发展了谢林的"绝对哲学",把在谢林那里"绝对"的直接性,发展为一个有矛盾、有斗争的"过程",而作为真理的全过程的"绝对"却正是在那"相对"的事物之中,"无限"就在"有限"之中。

"无限"在"有限"之中,"有限""开显"着"无限",这是黑格尔强调的一个非常重要的思想。这个思路,奠定了哲学"现象学"的基础,所以,马克思说,《精神现象学》是理解黑格尔哲学的钥匙。

"现象学"出来,"无限"、"绝对"、"完满"等等,就不再是抽象孤立的,因而也是"遥远"的"神城-天国",而就在"有限"、"相对"之中,并不是离开"相对"、"有限"还有一个"绝对"、"无限"在,于是,哲学就不再专门着重去追问"理性"之"绝对"、"无限",而是追问:在"相对"、"有限"的世界,"如何""体现-开显"其"不受限制-无限"、"自身完满-绝对"的"意义"来。"现象学"乃是"显现学"、"开显学"。从这个角度来说,黑格尔的哲学显然也不是"形式主义"的。

实际上黑格尔是在哲学的意义上扩大了康德的"知识论",但是改变了康德"知识论"的来源和基础。康德认为,"知识"有两个来源:一个是感觉经验,一个是理性的纯粹形式。这就是说,康德仍然承认近代英国经验主义者的前提:知识最初依靠着感官提供的材料,如"印象"之类的,只是康德增加了另一个来源,即理性的先天形式;黑格尔的"知识"则不依赖单纯的感觉材料,因为人的心灵在得到感觉时,并不是"白板一块",心灵-精神原本是"能动"的,而不仅仅是"被动"地接受。"精神"原本是自身能动的,不需要外在的感觉的刺激和推动。精神的能动性使它向外扩展,进入感觉的世界,以自身的力量"征服"感性世界,使之"体现"精神自身的"意义"。因而,黑格尔的"知识",乃是"精神"对体现在世界中的"意义"的把握,归根结蒂,也就是精神对自身的把握。所以在这个意义上,黑格尔的"科学-知识"(Wissenschaft),并不是一般的经验科学知识理论,而是"哲学",是"纯粹的知识",即"精神"在历史发展的进程中、在时间的进程中对精神自身的把握。

精神(Geist)是一个生命,是一种力量,它在时间中经过艰苦的历程,征服"异己",化为"自己",以此"充实"自己,从一个抽象的"力"发展成有实在内容的"一个""自己",就精神自己来说,此时它是"一"也是"全"。精神的历史,犹如海纳百川,百川归海为"一",而海因容纳百川而成其"大-全"。因此,"历经沧桑"之后的"大海",真可谓是"一个"包罗万象、完满无缺的"大-太一"。

由此我们看到,黑格尔的《精神现象学》作为"现象学-显现学",乃是精神——通过艰苦卓绝的劳动——"开显""自己""全部内容"的"全过程"。黑格尔说,这才是"真理-真之所以为真(Wahrheit)"——一个真实的过程,而不是"假(现)象"(Anschein)。

于是,我们看到,在康德那里被划为"不可知"的"本体-自身",经过黑格尔的改造,反倒成了哲学的真正的"知识对象",而这个"对象"不是"死"的"物",而是"活"的"事",乃是"精神"的"创业史",一切物理的"表象",都在这部"精神创业史"中被赋予了"意义"。精神通过自己的"劳作",把它们接纳到自己的家园中来,不仅仅是一些物质的"材料"-"质料",而是一些体现了"精神"特性(自由-无限)的"具体共相-理念",它们向人们——同样具有"精神"的"自由者-无限者(无论什么具体的事物都限制不住)"——"开显"自己的"意义"。

就我们现在的论题来说,可以注意到黑格尔的"绝对哲学"有两方面的重点。

一方面，我们看到，黑格尔的"自由-无限-绝对"都是体现在"必然-有限-相对"之中的，"必然-有限-相对"因其"缺乏"而会"变"，当它们"变动"时，就体现了有一种"自由-无限-绝对"的东西在内，而不是说，另有一个叫"无限"的东西在那里。脱离了"有限"的"无限"，黑格尔叫做"恶的无限"，譬如"至大无外"、"至小无内"，一个数的无限增加，等等，真正的"无限"就在"有限"之中。黑格尔的这个思想，保证了他的哲学不会陷于一种抽象的概念的旧框框，使他的精神永远保持着能动的创造性，也保持着精神的历程是一个有具体内容的、非形式的过程。在这个意义上，黑格尔的"绝对"并不是一个普遍的概念，而是具体的个性。这个"个性"，在它开始"创世"时，还是很抽象的，而在它经过艰苦创业之后"回到自己的家园"时，它的"个性"就不再是抽象、空洞的了，而是有了充实的内容，成了"真""个性"了。

另一方面，相反的，那些康德花了很大精力论证的"经验科学"，反倒是"抽象"的了，因为这里强调的只是知识的"普遍性"，这种普遍性又是建立在"感觉的共同性"和理性的"先天性-形式性"基础之上的，因而它们是静止的，静观的，而缺少精神的创造性，也就缺少精神的具体个性，所以这些知识只能是"必然"的，而不是"自由"的。经验知识的共同性，在黑格尔看来，并不"纯粹"，因为它不是"自由"的知识；而"自由"的"知识"，在康德看来又是自相矛盾的，自由而又有内容，乃是"天国"的事，不是现实世界的事。而黑格尔认为，"自由"而又有内容，就在现实之中，这样，"自由"才是具体的，不是抽象的形式。这样，在黑格尔看来，把"形式"与"内容"割裂开来，反倒得不到"纯粹"的知识。

于是，我们看到，在黑格尔那里，"精神"的"个性"，乃是"自由"的"个性"，不是抽象的，也不是经验心理学所研究的"性格"——可以归到一定的"种""属"的类别概念之中。"个体"、"有限"而又具有"纯粹性",正是"哲学"所要追问的不同于经验科学的问题。

那么,为什么黑格尔哲学被批评为只讲"普遍性"、不讲"个体性"的,比经验科学还要抽象得多的学说?原来,黑格尔在《精神现象学》中许诺,他的精神在创业之后,又回到自己的"家园",这就是"哲学"。"哲学"是一个概念的逻辑系统,于是在《精神现象学》之后,尚有一整套的"逻辑学"作为他的"科学知识(Wissenschaften)体系"的栋梁。在这一部分里,黑格尔不再把"精神"作为一个历史的过程来处理,而是作为概念的推演来结构,构建一个概念的逻辑框架。尽管黑格尔把他的"思辨概念-总念"和"表象性"抽象概念作了严格的区别,但是把一个活生生的精神的时间、历史进程纳入到逻辑推演程序,不管如何努力使其"自圆其说",仍然留下了"抽象化"、"概念化"的痕迹,以待后人"解构"。

尽管如此,黑格尔哲学仍可以给我们以启示:黑格尔的"绝对精神"既是"先经验的-先天的",同样也是"后经验的-总念式的"。

"绝对精神"作为纯粹的"自由",起初只是"形式的"、没有内容的、空洞的、抽象的;当它"经历"了自己的过程——征服世界"之后",回到了"自身",这时,它已经是有内容、充实了的,而不是像当初那样是一个抽象概念了。但是,此时的"精神"仍然是"纯粹"的,或者说,这才是真正意义上的有了内容的"纯粹",不是一个空洞的"纯粹",因为,此时的经验内容被"统摄"在"精神-理念"之中。于是就"精神-理念"来说,并没有"另一个-在它之外"的"感觉经验世界"与其"对立-相对",所以,这时的"精神-理念"仍是"绝对"的,"精神-理念"仍是其"自身";不仅如此,此时的"精神-理念"已经不是一个"空"的"躯壳-形式",而是有血肉、有学识、有个性的活生生的"存在"。

这里我们尚可以注意一个问题:过去我们在讨论康德的"先验

性-先天性"时,常常区分"逻辑在先"和"时间在先",说康德的"先天条件"乃是"逻辑在先",而不是"时间在先",这当然是很好的一种理解;不过运思到了黑格尔,"时间"、"历史"的概念明确地进入了哲学,这种区分,在理解上也要作相应的调整。按黑格尔的意思,"逻辑在先-逻辑条件"只是解决"形式推理"问题,是不涉及内容的,这样的"纯粹"过于简单,也过于容易了些,还谈不上真正意义上的"纯粹";真正的"纯粹"并不排斥"时间",相反,它就在"时间"的"全过程"中,"真理"是一个"全"。这个"全-总体-总念"也是"超越","超越"了这个具体的"过程",有一个"飞跃","1"+"1"大于"2"。这就是"meta-physics"里"meta"的意思。在这个意上,我们甚至可以说,真正的、有内容的"纯粹"是在"经验-经历"之"后",是"后-经验"。这里的"后",有"超越"、"高于"的意思,就像"后-现代"那样,指的是"超越"了"现代"(modern)进入一个"新"的"天地","新"的"境界",这里说的是"纯粹哲学"的"境界"。所以,按照黑格尔的意思,哲学犹如"老人格言",看来似乎是"老生常谈",甚至"陈词滥调",却包容了老人一生的经验体会,不只是空洞的几句话。

说到这里,我想已经把我为什么要支持"纯粹哲学"研究的理由和我对这个问题的基本想法说了出来。最后还有几句话涉及学术研究现状中的某些侧面,有一些感想,也跟"纯粹性"有关。

从理路上,我们已经说明了为什么"纯粹性"不但不排斥联系现实,而且还是在深层次上十分重视现实的;但是,在做学术研究、做哲学研究的实际工作中,有一些因素还是应该"排斥"的。

多年来,我有一个信念,就是哲学学术本身是有自己的吸引力的,因为它的问题本身就在一个更高的层面上涉及现实的深层问题,所以不是一种脱离实际的孤芳自赏或者闲情逸致;但它也需要"排斥"某些"急功近利"的想法和做法,譬如,把哲学学术当做仕途的敲门砖,"学而优则仕","仕"而未成就利用学术来"攻击",骂这骂那,愤世嫉俗,自标"清高",学术上不再精益求精;或者拥学术而"投入市场",炒作"学术新闻",标榜"创新"而诽谤读书,诸如此类,遂使哲学学术"驳杂"到自身难以存在。这些做法,以为除了鼻子底下、眼面前的,甚至肉体的欲求之外,别无"现实"、"感性"可言。如果不对这些有所"排斥",哲学学术则无以自存。

所幸尚有不少青年学者,有感于上述情况之危急,遂有"纯粹哲学"之论,有志于献身哲学学术事业,取得初步成果,并得到江苏人民出版社诸公的支持,得以"丛书"名义问世,嘱我写序,不敢怠慢,遂有上面这些议论,不当之处,尚望读者批评。

叶秀山
2001 年 12 月 23 日于北京

目　录

作者的话　康德实践哲学的问题及其与基督教的关系

从 2005 年开始阅读一些哲学类的书籍，至今已有 11 年之久。烟台大学的叶苹先生是我跨入哲学之门的引路人，他对诸多问题的思考也一直在深深地影响着我。在叶苹先生的推荐下，2006 年，我通过邮件联系到黄裕生先生，这是我进入康德哲学的契机，黄老师一系列康德著述对我踏入康德研究界几乎有着决定性的影响。这部康德研究的起因和完成则是机缘巧合的结果。2011 年，在傅永军教授的课堂上，他问我要不要参加一个国家课题，题目是康德的宗教哲学研究。于是，我就诚惶诚恐地开始了对康德宗教哲学的研究。没想到，这项研究开启了我整个学术旅途，我现在的所思所想——当然相较于此书的一些内容已经有了非常大的推进——都能隐隐约约与这项研究挂上钩。

2012 年正值考博士失利之际，面对着已经完成了十四五万字的初稿，我萌发了申请国家社科基金后期资助的念头。但也是在此时，我深刻地进入我的博士生导师谢文郁先生的思维脉络里。谢老师是基督徒，他对基督信仰的体察极其深刻。从康德思路进入基督教思路，并重新思考我所领受到的康德哲学，这让我对康德哲学的整个脉络有了更深入的理解。2013 年初,在傅永军教授的帮助下,我们顺利地拿到这项资助。在完成整项研究的过程中,我很大程度上受益于这笔资助,这是需要感谢的。若非申请基金的动力,若非一些资金上的支持,那个处境下的我要完成这部书稿几乎是不可能的。以上便是完成此书的外在动因。

在思想方面,本书的主体部分,即第二章的大部分、第三章和第四章,是对我在 2010 年前后时自觉到人的自由存在身位的表达。一旦在思想上觉识到这一点,人的整个生存都会发生变化。但由于缺乏具体的生存经验内容,对自由天位的觉识会让人的生存变得崇高的同时,也会让人的生存变得抽象。此时,寻求真正让人走进具体生活的"实际经验"(后来我知道是一些情感)就成为生存下去的动力。2012—2013 年,在跟随谢文郁老师一起阅读加尔文《基督教要义》的时候,我感受到了支持人走出空洞的自由天位的东西,那就是对"绝对(者)"意义的觉识。瞬间,我找到完成整项康德(宗教)哲学研究的钥匙,也找到走出甚至突破康德哲学的契机。

在对绝对者意义的体察下,我重新审视并批判了过去对康德实践哲学的印象,这就有了从一个更深的维度处理康德哲学的视野。首先,我试图把康德哲学的各个环节与绝对建立联系,或者说,从绝对者出发评判康德哲学,把康德哲学的根基从个体的自由存在转移到绝对者自身的彰显意义中。其次,我要寻求这种理解成立的根据,这就有了第一章,即把这种处理康德哲学的视野重构在思想史的发展里,我选择了希腊哲学家和基督教神学家的文本作为依据。最后,我要在思想史上寻找同样的思想见证,这是结语,即从绝对论证和新出发点的意义上处理黑格尔和施莱尔马赫对康德的继承和发展。

通过这些写作,我慢慢发现,对绝对者的言说甚至论证本身是对主导我们生存的"实际经验"的表达,而这正是推动人走出抽象的个体自由,从而走进具体的生活意义的动力。在这里以及在后续的一系列写作中,我把这种生存动力把握为"情感",相关于不同的对象或领域,有着推动力的情感各不相同。于是,我就可以从对这些情感进行分析的角度重新审视康德实践哲学的一系列概念——当然,这些情感康德也都注意到了,只是对其之于生存的推动性意义重视不足。反之,一旦重视这些情感的推动作用及其赋予生存以意义之时,我们就能更好地理解康德实践哲学相关概念的生存含义,同时,也能看到这些概念在表达生存深度时的局限性。

根据我的诊断,康德的实践哲学体系核心关注两个问题。一是个体的道德行为如何可能,二是作为个体及其行为集合的共同体的至善如何可能。个体道德作为关键问题乃在于事实上的恶如何转变为善的问题,即"由恶迁善"是事关人类生存的最重要的实践问题;而在人类生活总体方面,善如何彰显在大地上即"善的统治",是事关人类整体生存未来的最重要的实践问题。在基督教语境下,两个问题分别被表述为"救赎"问题(表现为"道成肉身")和"地上天国"问题。

从文本表面上看——这也是目前汉语学界对康德实践哲学的一般印象——康德侧重于概念分析,即康德试图从理性概念出发重构人类自由的生活场景。但是,纯粹的概念分析如果得不到具体生存经验的见证又有什么意义呢?凭借某种理想给出完美的人类生活场景,如果脱离个人的生存动力的推动,理想有什么意义呢?因此,如若康德的论述是有实际生活意义的,其分析必定要得到生存经验的证明——这正是这部侧重于生存经验分析的著作的着力之处。

本书就要从人的实际的生存经验即各种情感的角度,审视并批判康德对这两个核心问题的解答,同时试图彰显康德的解答与基督教的不同。甚至可以说,作为一个启蒙思想家,康德对这两个问题的回答本身就是对基督教的回应。接下来,我们就从这两个角度提纲挈领地分析康德实践哲学的核心问题及其对基督教的回应。

一、道德情感：由恶迁善的动力

　　基督教认为，人的本性是恶的，并且人凭借自己无以克服这种本性上的恶，因而需要依赖上帝的恩典才能走出恶的规定。于人而言，恩典只能在信仰中接受；只有在信仰情感中，人才可能放弃对自己能力的固守从而能够接受来自上帝的恩典。就此而言，信仰和恩典是一体两面的事情。前者侧重于从个体的信靠出发，而后者则侧重于信靠中上帝的给予。因此，对于基督教来说，人间的恶并不稀奇，相反，恶是人间的常态，只有依赖于人身上的某种变化——最终，这种变化本身就是上帝的恩典——善才是可能的，并且善本身乃是上帝的恩典。

　　由是观之，根据基督教学说，信仰是发生在人的生存中的一件奇妙的事情，它是人从恶转向善的动力和动因。于基督徒而言，信仰是如此的实在，以至于生存在信仰中，一切人世间的恶都在上帝的掌管之下，从而只要信靠上帝，上帝就能视他的行为为善。因而最终，善恶本身的评判掌握在上帝的手中，而一旦信仰发生，上帝会视行为为善，这就是因信称义。信仰——一种实实在在的生存经验，是善恶发生的根据：没有信仰，一切都是恶；信仰发生，在上帝那里就是善。

　　坦白地讲，对于受制于现代科学思维的人来说，基督教对善恶的理解方式过于主观。在科学思维里，似乎善就是善、恶就是恶，善恶自有明确的规定。但是，毫无疑问的是，一旦信仰发生，基督教式的善恶观念对于人的生存是有充分规定的，它深刻地影响了人的实际生存。甚至于生活或生存而言，这种情感规定可能相较于科学式的思维更有力量，在人的生存陷入困境的时候尤其如此。毫无疑问，康德深刻地感受到基督教之于人生存的实际意义。因此，他的概念界定不得不面对基督教的这种生存意义上的挑战。

　　康德对善的规定保留了基督教的锐利性。他认为，善不是根据行为判断的,哪怕行为带来好的结果,但如果没有好的动机,好的结果同样是恶。因此,善的根据只能是善的内在动机——这跟基督教信仰动机其实很一致。但问题是,善的内在动机究竟是什么呢? 在《道德形而上学基础》和《实践理性批判》等著作中,康德从可普遍性的法则方面界定善的内在动机,即:所谓善的动机乃在于它能够以可普遍化的法则作为行为的依据。但问题同样存在,人乃是在具体的处境下选择行为,他怎么可能知道可普遍化的法则是什么呢? 即使知道什么是可普遍化的法则,在相关于无比复杂丰富的现实处境的时候,他又怎么知道如何在具体处境下选择哪种可普遍化的行为呢?

　　因此,说康德的道德遵循的是不矛盾律,因而行为本身是普遍的,在原理上并没有错。但是,如何在具体的生存处境下选择所谓的可普遍化的行为方式呢? 生存选择的时间性和处境性本身就与概念或逻辑的普遍性相互矛盾,于生存而言,重要的恰恰不是所谓的普遍性,而是在具体处境下的选择。退一步甚言之,即使在每一个处境下,人都能做出遵循可普遍化的行为,但康德式道德的锐利性在于,在做行为选择时,除了道德律本身,没有任何其他动机参与进意志,这怎么可能? 人怎么可能摆脱一切既往的观念和经验——这些观念和经验本身形成于具体的生存处境和时间之中——而在意志上只受可普遍化的道德法则的影响? 再退一步,即使有这样的人,他又怎能分辨其行为选择依据的只是道德法则呢? 当其知晓其依据的只是道德法则,这必然是在与其他动机的参照下才能作出的评判,而这本身意味着其动机已经不纯粹了。而假如没有其他类型的动机的参与,即他的行为动机本身是并且自觉到其行为动机是普遍的动机——此时,他就丧失了进步或更新的可能性。他或者是完全的道德者——是上帝一样的存在;或者是彻底的道德狂妄者——自认为是道德的楷模。无论是哪一种类型的存在,都是康德所不愿意看到的存在方式。

　　在这种困境下,康德放弃了纯粹概念式的思辨,转而讨论人采纳善的行为的主观动机——这是由恶迁善的关键,也是康德在一定程度上放弃纯粹的理性思辨而进入生存情感分析的标志,同时也是康德与基督教信仰真正的争辩之处。

与缺乏反思的完全理性主义者——这也是目前学界很多人对康德的印象——不同,康德转而认为,道德法则的实在性,即其对人产生作用,乃是通过道德情感彰显出来的。甚至在《纯然理性界限内的宗教》开篇,康德径直称道德情感为第一性的"人格性禀赋"①。此时,与其说人是理性的动物,莫如说人之理性乃是由道德情感推动的,现在关键的问题就是如何理解道德情感在人由恶迁善,或者一般所谓的由感性存在者转向理性存在者中的作用。

哪怕再怎么强调理性的价值,但毫无疑问的是,人的生存更多地由感性的快乐欲望所推动。康德也深深地感受到这一点,他径直称之为人生存的第二禀赋。因此,于康德而言,道德的价值虽是独立的,但其在人世间的意义更多地显现为对感性价值的排斥和超越。感性行为由获得尘世幸福的愉悦推动,道德行为则显示为对感性行为的拒绝和贬斥;于是,康德首先如是界定道德情感:它是对感性的愉悦情感的贬低和排斥。但同时,由于道德价值不是与感性价值相并立的价值,相反,它乃是更加崇高的、凭其自身而立的价值,因此,道德情感也不是与感性的愉悦情感相等的感性情感,甚至康德径直称之为是一种由理性引起的理性情感。②

按照自希腊以来的感性—理性的二分——这也是在很多文本中康德所接受的——理性情感几乎是无法理解的。显然,它们分属于

---

① Kant, Immanuel, *Religion within the Boundaries of Mere Reason And Other Writings*, ed. and trans. Allen Wood and George di Giovanni, Cambridge: Cambridge University Press, 1998(以下不再一一标注该书版本情况), pp. 50 - 52.

② 参见 Kant, Immanuel, *Critique of Practical Reason*, trans. Werner. S. Pluhar, Indinanpolis/Cambridge: Hackett Publishing Company, Inc. , 2002(以下不再一一标注该书版本情况), p. 100.

不同的范畴，对此，西语学界的阿里森、路易斯·贝克等人也都表示了质疑。但在我看来，这个看似混淆逻辑的提法却显示了康德对人的生存状况所做的深层次思考。一方面，作为情感，道德情感实实在在地推动人的意志选择，因而必定对其他推动人生存选择的情感产生着作用，比如对于感性愉悦，它起着压制和贬斥的作用；而对于推动遵守规则的情感，它则有着促进作用。另一方面，于康德而言是明确的，道德情感是推动人选择道德行为的情感，必然地，与这种情感相伴随的是一种法则意识，或者说，法则之所以对人起作用，乃是在于人生存在道德情感的情绪中。这是分析地看人的道德选择。

其实，在实际的生存中，道德状态乃是处于道德情绪中的生存样态——这也是康德的"人格性禀赋"所指称的存在状态。只有在理性分析下，我们才能分辨出其中的法则和情感，而这种分析本身乃受制于感性—理性框架。因此，如果说理性情感的提法突破了感性—理性框架，那么，道德状态并非是与感性状态相对立的生存状态，相反，它刻画的是人的完整的人格化的生存样态。此时，法则于人而言并非一种外在的压制，好像人被概念所统治似的（黑格尔如此评判康德）。恰恰相反，它彰显的只是人在道德情感推动下的一种生存意识；其外在性只是对人的道德性生存所作的理性分析的结果。

一旦对法则作这种理解，康德思考的人就不再是二分为理性—感性、概念—内容的人，相反，人的生存本身展开为一种整体。诚然，人除了生存在道德情感中，出于幸福的愉悦情感同样推动着人做别样的选择。这些选择的结果可能不危害他人，即在行为结果上是符合"法则"的；也可能危害到他人，因而结果会显示为恶。但康德意识到，人的生命不能自相否定，也就是说，他不可能既乐于道德上的善，也乐于道德上的恶。[1]　因此，对于道德的人来说，即使出于幸福的愉

---

① 参见 Kant, Immanuel, *Religion within the Boundaries of Mere Reason And Other Writings*, pp. 58 - 59。

悦他可能做出不道德的行为甚至是恶,但此时,道德情感不断地压制并贬斥这些愉悦,这会附带地产生其他各种情感,比如内疚、自责、痛苦等。但无论如何,这些情绪的产生本身证明人的生存应该是整体性的,其全部行为的总和即其生存整体乃是由道德情感所推动的。

因此,外在地看,人的全部生存展示为在时间中不断进步的生存。① 由恶迁善并非生存或行为的突变,也非忽然的"良心发现"而实现的"灵魂自救"。相反,人的生存本身表现为一个总体,一个善不断进步的整体,于时间中的人而言,我们可能甚至必然是永远都无法看到自身获得完全的善。但至少,人的生存展示为恶不断祛除,善不断进步,因而外在地表现为"由恶迁善"。其转变的动力正是道德情感。

于是,我们看到了康德和基督教信仰的争辩之处。他们对于善和恶的基本界定,及其对人内在生存动机的锐利要求是一致的。但基督教深刻地看到,人凭其自身无法实现完全的善,从而需要在信仰中接受上帝的恩典,接受上帝将其不完善的行为视为善;康德同样看到人无法实现完全的善,却没有诉诸外在的帮助,而是把人的根本有限性作为宿命接受下来。但同时,康德保留了完全的最高的善理念之于人的生存意义,因而康德设想了那位最高的"理智直观者",认为他可以把不断进步的善视为整体,从而给予人生存以希望。② 这是我们下一小部分需要分析的内容。因此,可以看出另一方面,康德和基督教也都看到了理想化的善的"模型",但基督教认为,完全的善只存在于上帝之中,并且这个上帝不断地启示人们什么是真正的善;康德则把完全的善设置为理性理念,认为那只是人凭其自身努力的方向,所以康德主张实践的哲学。

但无论如何,尽管相关于人的个体性生存,凭借对道德情感的阐

---

① 参见 Kant, Immanuel, *Religion within the Boundaries of Mere Reason And Other Writings*, pp. 70 – 71。

② 参见 Kant, Immanuel, *Religion within the Boundaries of Mere Reason And Other Writings*, p. 85。

释,康德可以论证由恶到善的进步,或者说善自身的不断进步,但在个人的完全方面以及在人类生活总体方面,即在最高的善的获得方面以及在理念性的至善的现实性方面,康德则无法保持理性理念的独立性。即:他必须要借助于理智直观者的某种"帮助"才能实现这一点。因此,作为善理念的理智直观者必然是人格化的,这也引入了康德对人生存中另一种重要情感——希望情感(伴随相信情感)——的分析。

二、希望情感:最高的善的实现问题

我们已经看到,于康德而言,由恶迁善问题的实质乃是善在时间中和实践中的不断进步,这里根本不存在善与恶的突进。但是,另一方面,康德却仿照基督教——这也是哲学或理性思辨的必然要求——设定了理想的善理念,并将其分裂为最高的善和完全的至善两部分。于是,在相关于最高的善的方面,由恶迁善即善的不断进步就面临着严峻的现实和理论问题。

首先,善的不断进步本身就意味着恶存在于生存的起点,即使现在已经生存在善的不断进步中,过去的恶该如何消除呢? 如果设想一位公义的上帝,即使已经处身于善的进步甚至至善之中,我们依旧要面临对过去的恶的惩罚。其次,善是不断进步的,甚至在时间之中,我们永远无法看到善的实现——康德仿照基督教称之为人的圣洁性。那么,圣洁之于人的意义何在呢? 人如何生存在未来的无限敞开,甚至时间之外的敞开中呢? 最后,既然既面临着过去恶的惩罚,又面临着圣洁的不确定性甚至是不可能性,当下的幸福之于人就没有丝毫意义。若如是,按照康德的界定,人就只能生存在绝望或致死的疾病之中。①

---

① 绝望和致死的疾病,是齐克果(亦译为克尔凯郭尔)对不生存在信仰中的人的生存的基本刻画。可参阅克尔凯郭尔《致死的疾病》,张祥龙、王建军译,北京:商务印书馆 2012 年版。我一般选择将作者译为齐克果。

过去、现在和未来，是人生存的三个维度，也是人生存的整体。如果过去的起点性的恶无法被消除，未来的圣洁的可能性不可见，当下的幸福也就没有意义，人的生存也就是不可能的。这个问题引导康德更深入地进入人的生存经验，从而发现了希望之于人的生存的完整意义。即：正是在希望情感及其所指向的对象中，人的完整的生存被重新建立起来。让我们仔细体味康德的文字：

> 但是，因着那种派生出无限进步的超感性意向，我们可以设想一个具有纯粹理智直观能力的知人心者将那朝向圣洁法则永恒不息地进步的行为判定为一个已经被完成的整体。……所以，尽管人具有恒久的缺陷，他依然可以希望成为根本上讨上帝喜悦的对象，哪怕他的存在何时被打断。①

"派生出无限进步的超感性意向"，很明显，按照康德对人之生存的体察，在面对未来的无限进步的生存境遇下，人的生存一旦被一种"超感性意向"占据，理智直观者就能够进入他的生命，并对其生存产生一种深刻的影响。意向（Gesinnung）是康德宗教哲学的一个关键词，指人对对象所采取的一种态度或倾向，因而在意向中，人与对象共同打开一个场域。而"超感性意向"就意味着绝对者或作为理智直观者的知人心者敞开在人的生存中，或者说，人的现实生存被重新嫁接或建立在理智直观者给他打开的意义中。被"超感性意向"主导的生存究竟是怎样一种生存呢？

首先，康德是在看到时间中的人无法达至圣洁的生存的状况下凸显人的另一种生存维度，因而这种意向乃是派生出无限进步的意向。它指向一种未来的可能性状况，但是这种指向却改变了人的生存方向，这源于意向对象乃是知人心、有能力的纯粹理智直观者。无论其现实

---

① Kant，Immanuel，*Religion within the Boundaries of Mere Reason And Other Writings*，p. 85.

生存何时被打断，这位理智直观者——康德径直称之为上帝——能在
未来无限可能的时间里将之现实的进步视为一个已经完成的整体。在
我们的生存经验里，这种"超感性意向"正是一种"希望情感"。希望，必
定指向未来，当其指向终极意义的时候，其对象必定是生存所依托的终
极对象，这就是上帝。其改变人的生存方向之处，正在于当生存面临绝
境无可"指望"之时，在希望中所面对的上帝重新赋予其生存以意义。

　　与理性判断总有所确据不同，希望总是不可确据的，但这种不可
确据性恰恰揭示了人生存的深度。也就是说，希望为人的生存打开
一个无限的空间，从而在无可"指望"（经验、判断中的）的时候总有着
全新的可能性向生存展开着。这种作为可能性的生存方式并非附属
于现实生存或者在现实生存之外，相反，人的现实生存乃是要在这种
全新的可能性生存中重新被理解和建构。这正是上帝之于人的生存
意义所在。即：在希望之中，人的生存意义要重新在上帝之中建构起
来；否则，就无所谓希望，那充其量只是虚幻的心理安慰。正是因此，
康德说，上帝将人的生存判定为一个整体；无论生存何时被打断，我
们都有希望成为根本上讨上帝喜悦的。

　　另一方面，希望的不可确据性必然隐含着人的另一种生存维度，
那就是对希望对象的全然相信。全新的生存能够重新建立现实的生
存，正是由处身于希望中的人对上帝的相信情感所推动。没有对上
帝作为的确信，沉重的现实就会无限地拖累人的生存，如此，他怎能
消除过去的恶的影响，怎能得到现实的幸福？因此，面向未来的可能
性生存之所以能够重新建立人的现实生存，乃在于"持久地'追求上
帝的国'本身就意味着知道自己已经拥有这个国。因为在这种情况
下，持有这种意向的人已经发自内心地相信，'其余的一切'（涉及自
然幸福的东西）都会给他"①。

---

① Kant，Immanuel，*Religion within the Boundaries of Mere Reason And Other Writings*，
　　p. 85.

未来的可能性重建现实生存本身就意味着我们相信自己已经拥有了上帝的国，并且在这种相信中追求那来自上帝的国的幸福，而这幸福必然涉及自然的幸福。就此而言，通过未来的可能性，即在希望中重建的现实生存与现实生存并非两种生存，相反，它们只是对同一种生存的不同表达——为了区分，我们把这种生存称为"实际的生存"。前者作为一种全新的可能性状态指引着现实的生存，同时也在时间中现实化为实际的生存；而现实的生存，作为由恶迁善的不断进步的过程本身就是离开恶、走向善的过程，与它伴随的由恶所招致的痛苦、由善带来的幸福，都是人实际生存的一部分。因此，康德说："这种惩罚既是结果，也是原因，因而是存在于对自己在善之中进步（它借助于离开恶而做出的行动）的意识中的那种满意和道德上的幸福的原因。"①

于是，对于起点的恶的惩罚并非外在的处罚，相反，在作为整体的实际生存中，由恶带来的痛苦正是接受善的结果，两者包含同样的善原则，也整体性地存在于善之无限进步的生存过程中，这个过程正是人的实际生存。由离开恶走向善所带来的满意和道德上的幸福正是人现实所处身的实际生存。这样，对于由未来可能性所引导的现实的实际生存的相信就内在地把过去融合在实际的生存之中。

现在我们看到，因着向未来无限进步的超感性意向即希望，人的实际生存内在地被整合为一个完整的生存。其关键是希望所指向的可能性状态，这是由上帝参与和主导的生存样态；而因着对希望对象的相信，人的现实生存本身就是由未来的可能性状态所推动的生存；这种生存的特点是由恶迁善的不断进步的过程，从而过去被融化在现实的生存中。我们称这种内在地由未来可能性推动的、融化了过去的现实生存为人的实际生存。因此，人的实际生存乃是一个统一

---

① Kant，Immanuel，*Religion within the Boundaries of Mere Reason And Other Writings*，p. 91，注释部分。

的整体,它内在地将过去和未来展示在现在中,这是人类生存的时间的统一性。

因此,在康德思想中,希望情感及其指向的超越对象克服了理性思辨或把生存概念化、固定化的倾向,从而在时间之外的最高的善可以主导人的生存,甚至成为人生存的实际内容。此时,最高的善已不单单是理想的理念,相反,它本身参与了人的实际生存。而我们知道,康德所以能达到这样的结论,乃是在于其对希望情感这一生存维度的深刻体察。我们会看到,希望的生存维度不仅把最高的善内化为人的生存,它还把完全的善即至善理念内化为人类的共同生存。

三、希望情感:至善的现实性问题

论证了人的道德性存在以及道德的善如何彰显在实际的生存中之后,康德需要面临人的群体性生存问题。首先,善的普遍流行不单单依赖于这一个或那一个个体的人,相反,它需要所有个体善的普遍联合。甚至哪怕每个人都做出道德的行为,善也未必被普遍地施行出来。恶的动机可能造成善的后果,善的行为也可能带来恶的影响,生活的丰富性无时无刻不在告诉人们这些。但是,离开善的共同体,个体的善又显得如此的渺小,以至于一个善人要是生活在恶普遍流行的群体中,他会不自觉地沦落为恶,这些我们也每天都在看到。

于是,致力于道德的善的事业的康德就不得不思考如下问题:如果对个体的道德和最高的善的论证是有意义的,他就应该在这个基础上论证善理念的普遍现实化,否则个体的道德和善就是空洞无力的。康德非常清楚地意识到这个问题,他径直把促进共同的善即至善视为人对其族群的一种独特的义务。① 为何是一种独特的义务呢?诚如我们所言,义务乃是人能够完成的,人所不能完成的行为也不能

---

① 参见 Kant, Immanuel, *Religion within the Boundaries of Mere Reason And Other Writings*, pp. 108-109。

称为是义务；但是，这种"独特"的义务是义务却不在人的能力之内，因而这是一种独特的义务。首先，我们已经知道，能否做出道德的行为本身就不是我们能够确定的事情。其次，即使能够做出道德的行为，它却要依赖于其他的道德行为才能形成道德的整体，而这正是超出于个体的能力之外的。最后，作为自由个体，我们永不可能看透其他自由个体，如果其他自由个体能被我们"看透"，他也早已不再是自由个体。

因此，善理念的普遍现实化或至善的现实性本身不依赖于个体的自由行为。但是，康德却把促成这种共同的善称为是人的"义务"，这意味着，在人的生存经验中发生了一种变化，它促使人把一种自己能力之外的行为能力赋予自己，并且相信，这些行为本身促进了共同的善。毫无疑问，于人而言，善的普遍性或至善的现实性，即人在自身能力之外所采取的行为本身指向人的未来的处境，也就是说，只有在生存的未来可能性的处境中，人才可能将一种自身能力之外的行为能力视为己出，而这正是一种指向现实生存之外的希望之中的生存方式。也就是说，或许在现实的处境下——或者按照概念思维规定的生存中——人永无可能将一种能力之外的行为方式视为义务，但在面向未来的实际生存中，人却可以把这种指向未来的行为视为义务。这意味着，行为本身受制于面对未来的可能性，这正是由未来可能性带动的生存的应有之义。

于是，在人的实际生存中就发生了这样一种变化：过去的由概念所固定的生存方式，就转变为向着未来开放的生存方式。这正是由生存中的希望情感所带动的。我们知道，向着未来开放的生存方式正是由作为理智直观者的上帝所推动的，也就是说，在希望情感中，上帝的意义在人的实际生存中得以彰显，因而人的义务乃是来自上帝的旨意，这是义务之"独特性"的来源。因此，就这种义务的内容超出了人的行为能力而言，康德更恰当地将之称为是"神圣诫命"（Divine command）。[1]

---

[1] 参见 Kant, Immanuel, *Religion within the Boundaries of Mere Reason And Other Writings*, pp. 109 – 110。

即：对于它，除了接受以外，我们不具有主动性的权能，它完全超出了我们的理解范围以及自我立法的范围。尽管如此，我们仍然不能说它不具有实在性或存在性，相反它乃是理性必然要求的。首先这是因为，既然作为理性存在者，人应该做出道德行为，但道德行为只有在一个善的共同体中才是可能的；其次，尽管按照至善理念，我们不知道怎么去行，但绝对者要求我们的行为合乎道德。绝对者自身的意义乃是显现在实践理性和自由存在的范围内。就此而言，我们说这是人的独特的义务。

因此，在这种由希望情感推动的向着未来的生存中，人所视为义务的诫命指示了生存的接受性维度。在这里，人的存在不受制于任何固定的观念和经验，相反，未来的可能性则永远向着生存敞开着。也正是在生存的接受性维度及其向着未来可能性的敞开中，绝对者作为最高的道德性存在向人展示其之于人实际生存的实践领域中的意义。在对绝对者的聆听和接受他的带领下，人与人实现普遍的联合，从而能够指望普遍的善施行在共同的生活共同体中。康德称这样的生活共同体为不可见的真正教会（the True Invisible Church）。

在真正的教会里，"这个父亲（指上帝）的那个圣子知道他的意志，同时又与这个家庭的所有成员都有血缘关系，在这个家庭中代表着父亲的地位，他向这些成员们更详尽地宣讲父亲的意志，因而这些成员们崇拜这位圣子就是崇拜父亲，并且彼此之间达到一种自由的、普遍的和持久的心灵联合"①。人们崇拜圣子就是听从并接受圣子关于父亲的意志的教导，就是放弃自己对善恶等的判断和固守，从而人与人之间能够达到在圣子意志中的普遍的心灵联合。同时，根据康德对上帝存在所作的道德实践方面的限定，我们知道，人对圣子意志的接受本身要在道德范围内完成，也就是说，聆听上帝的意志本身乃

---

① Kant，Immanuel，*Religion within the Boundaries of Mere Reason And Other Writings*，p. 112.

是聆听绝对的道德诫命,从而人与人所实现的心灵联合同样是自由的联合。不同的是,在希望所带动的生存中,对上帝意志的接受是起点性的,并且是持久的,哪怕人无时无刻不在对上帝意志进行着道德性的判断,但接受性却一直是起点性的。

于是,在实现了自由的、普遍的和持久的心灵联合的教会中,人并不以自己对善恶的判断甚或促进与否作为行为的依据,相反,他乃是一直生存在对未来可能性的无限希望中。无论圣子在人的生命中显示为什么样的存在,人的生存都发生了如下变化:至善并非其生存之外的概念世界,相反,在上帝的旨意下,生存本身就是生存在上帝的至善之中。康德甚至直接援引《圣经》中的经文作为其论证的结束语,"神的国来到,不是眼所能见的。人也不得说,'看哪,在这里','看哪,在那里';因为神的国就在你们心中"(《路加福音》17:21—22)。人一旦在接受性的生存维度中接受了上帝的指引,他也同时把至善的世界接受在心灵里。

我们看到,由希望情感引导和推动的生存转变了人的现实的生存处境,从而把有着无限可能性的未来纳入当下的实际生存中,从而最高的善和完全的善之于生存的意义就是实实在在的。因此,康德实践哲学和宗教哲学体系并非空洞的逻辑思辨,相反,一旦我们的生命发生转变,一旦生存看到未来的开放性从而进入有希望的生命历程,我们会看到康德实践体系的真正力量所在。这是有生命、有价值的思想体系的真正意义所在。就此而言,我们还需要简单地评述一下缘何要对康德体系作情感—生存式的分析,而非学界一般接受的理性分析。

四、缘何是情感分析而非理念分析:一种事关如何"活下去"的回答

康德思想有着强烈的理性主义倾向,这是显而易见的。对此,康德也并不避讳。但是,理性主义倾向不意味着把人的生存全部封闭

在凝固的理性体系里。我们看到,恰恰是在道德情感和希望情感中,康德找到了克服纯粹理性思辨带给人的生存困境的方法。首先,若非觉识到道德情感之于生存的推动意义,善与恶之间在概念上就有着完全的差异,由恶迁善似乎只能意味着生存的突变,而根据康德式的善的锐利性,这种转变就是不可能的,因而康德的道德体系似乎本身就是不可能的。正是凭借对道德情感之于生存意义的发掘,由恶迁善表现为善的不断进步的过程,这更符合我们的实际生存经验。

其次,若非觉识到希望情感对生存的推动,人就无法生存在未来的可能性里,这会让人死在纯粹的概念统治中,而看不到善的出路。正因为发掘出希望情感所带动的面对未来的可能性的生存意义,最高的善对于人才是真正有生存的实在意义的。同时,在希望所打开的绝对者的维度里,我们能够实现自由的、普遍的持久的心灵联合,从而至善的王国能够实现在每个人的心中。

因此,对两种情感的分析,既能把康德实践哲学的基本概念消化在人的生存经验里,从而为这些概念赋予一种生存的意义,同时,我们也能够更好地看清哪怕在所谓的启蒙时代,人的生存也脱离不开宗教的意义。即使我们能够根据理性的思辨、道德的意义解释和说明《圣经》以及宗教式的生存方式,但人生存中的接受性维度同样也是起点性的,在事关未来的可能性和普遍的善的现实性的时候,尤其如此。如果说道德和理性刻画的是人行为的自主性,那么,正是道德情感推动人做出自主性的道德行为;而在对待善的无限进步和普遍流行的问题上,希望情感及其附属的相信情感则引导和推动人放弃主动性,从而能够真正地聆听绝对者之于生存的意义,这是人生存的接受性维度。它更深刻地刻画人之为人的本质所在与生存的深度和广度,这是宗教现象存在的生存论依据。

这样我们就看到,对情感和生存的分析让理性概念既获得经验的见证,也得以与基督教信仰相互参照,从而在基督教世界中得到有说服力的论证。相反,如果仅仅强调理性主义、强调对理性理想的思辨,人的生存就会窒息在概念的统治下,从而生活本身是没有出路的。黑格尔非常好地看到这一点,从而指出耶稣的教导之于道德或概念统治的真正超越之处,即生活之于概念的丰富意义。[①]

另一方面,鉴于康德思维的保守性,他没有像一般的启蒙主义者那样狂妄地让人取代上帝的位置,因此不得不战战兢兢地游走在人的道德自主性和宗教性之间,这可以从其处处似乎都捉襟见肘的论述中看出来。他想要把理性建构为一个可以取代信仰的体系,但鉴于生存的有限性,又不得不引入上帝对人的作为;而在其想要论述上帝之于人的作为的时候,鉴于启蒙时代的基本要求,又不得不处处以理性作为批判的幌子。既然出于最高的善和完满的善的要求,他不得不引入对希望情感和相信情感的分析,希望就不能只是一种理想。否则,上帝在希望中之于人生存意义的改变就是不可能的。[②] 因此,对于康德体系中自由与希望的关系,我们只能从生存中的情感角度分析希望,而不能把希望理想化,似乎希望只是理性理念的附属品;相反,希望中的生存才是理念的最终归宿,在那里,理性理念才有真正的实在性。

在康德迟疑不决之处我们也看到思想进展的方向。谢林和黑格尔同时看到理性的绝对性,并分别对理性做出了绝对的论证;但这种论证却以损伤或故意忽视人的实际生存为代价——黑格尔之后的齐

[①] 参见黑格尔《基督教的精神及其命运》,载《黑格尔早期神学著作》,贺麟译,北京:商务印书馆1988年版(以下不再一一标注该书版本情况),第309—311页。

[②] 2016 年 10 月,在傅永军教授为其新书所开的研讨会中,傅永军教授和赵广明教授共同认为,康德的希望只是一种理想,因而从属于理性理想。但是,我和谢文郁教授则认为,讨论希望问题必须得讨论人的生存,上帝无所谓希望不希望的问题;而生存中的希望只能是面对未来的。根据康德的论述,在未来的进步中,上帝势必要在希望的生存中给予人某种意义,这是对理性式的生存的突破。我想,这是康德宗教哲学之于前期批判的实践哲学的推进之处。

克果就核心却又致命地指出这些绝对理性体系在生存上带给人的绝望。① 施莱尔马赫则充分挖掘出康德体系所表达出来的生存的接受性维度，从而以接受性为起点并兼顾生存的自主性，从而建立起新时代的基督教神学体系。从后续思想两个方向的进展我们看到，过分抬高理性会导致人的生存被吞噬在封闭的理性体系中，而过分强调信仰中的接受性则会损伤理性自主性的伟大崇高之处。因此，康德的迟疑不决本身证明了他的远视，证明了他深深地体察到在人的生存中自主性与接受性之间的张力，而这正是哲学和宗教能够长久地抓住人心的根本原因。

无论如何，人终究还是要活下去的；而只要活下去，我们就能看到自己的限度。这种生存的限度既是宗教现象的根据，同时也是哲学论证所不得不面对的。我想，这是对康德做生存论性的分析的意义所在，同时也是我们对康德思想所做出的一种生存上的共同见证！

---

① 齐克果批评以黑格尔为代表的古典哲学的立足点正是理性思辨给人的生存带来的窒息感。重新引入人的生存，我们会看到生存的自由的另一个维度，那就是生存的接受性。这一点深刻地影响了海德格尔，从而生存分析方法被引入现象学领域。

导言　康德：走向绝对之路

　　1934 年 5 月，以卡尔·巴特(Karl Barth，1886—1968)为首的 139 名神学家在巴门起草了《巴门神学宣言》①(Theological Declaration of Barmen)。于现代社会整体进程而言，这份神学宣言是非常重要的。在宣言中，针对德国民族教会的集体败坏，巴特重提耶稣基督与教会和信徒之间的关系，把上帝是上帝、人是人之间的绝对差别明确地表达出来。这套继承奥古斯丁(Aurelius Augustinus，354—430)—路德(Martin Luther，1483—1546)—加尔文(Jean Chauvin，1509—1564)之强调上帝与人之间的绝对差别的神学思路，贯彻了巴特思想的始终。

　　无疑，这条思路与启蒙以来的现代社会之强调人的崇高地位，甚至直接视上帝为人之本质(费尔巴哈)的思想完全不同，也与自施莱尔马赫(Friedrich Schleiermacher，1768—1843)以来的近代神学有着本质性的差别。这一点，可以通过巴特一生无穷无尽地与"自由神学家们"论战看出来。本书无意于展开神学方面的反思，我们感兴趣的是，巴特一生所捍卫的"绝对"所具有的哲学意义，以及这样一种意义是如何穿透一些经

---

① Barth，Karl，*Theological Declaration of Barmen*，trans. Frankyl，Philadelphia：Westminste Press，1962，pp. 237 - 242.

典哲学家的文本的;或者更加恰当地说,那些经典哲学家的心灵被"绝对"的意义刺穿之后,他们如何以文本的形式表达其所承受的哲学—宗教意义。我们选取康德(Immanuel Kant,1724—1804)为研究对象,在绝对视域下展开思想探索之旅。

在对康德宗教思想所负载的绝对意义进行文本性和思想性研究之前,先让我们澄清一个问题。如上所言,启蒙思想家,甚至施莱尔马赫这样的神学家,与巴特讨论"绝对(者)"的方式都有着本质差别,康德探讨"绝对"的方式也不同于巴特。如果作一个区分的话,我认为巴特采取了"从上往下"的路线,即:在信仰之中探讨作为恩典来源的上帝,并将上帝的绝对意义置于信仰之中加以确认,依此讨论作为绝对者的上帝和罪性存在的人之间的关联。康德则不同,他根本性地放弃了在信仰中探讨上帝这样一条基督教神学式的路线。当然,康德放弃的是"是否仅仅停留在信仰"之中,而非信仰本身。这一点,可以在《纯然理性界限内的宗教》(1794)①各个部分的"总的附释"中看出来。

由于知识的发展,以及因着知识发展而引发的"认识论"性质的反思,康德选择了一条"从下往上"的道路,即:他首先把研究的对象严格限制在我们的经验里,逐一检视它们是否能够经受住理性的严格批判,进一步,按照理性自身的法则给出它们之可能性、确定性、必然性、有效性等各种根据。因此,虽然康德的批判立足于人类的"实际经验"(即在

---

① 此著作有诸多英译本。中文译本参见康德《纯然理性界限内的宗教》,李秋零译,康德著作全集第六卷,北京:中国人民大学出版社 2010 年版(以下不再——标注该书版本)。对于译名,我们需要多说几句。从书名来看,似乎译为《仅论理性界限内的宗教》会更合适。一方面,"纯然理性"很容易造成误解,似乎还有一种理性叫纯然理性;另一方面,就全书内容而言,康德讨论的是如何在理性界限内思考一种纯粹的宗教,或者说,如何按照理性原则批判一般的信仰宗教,这个目的是贯穿全书的。作为历史性或民族性的信仰宗教是既定的宗教形式,它们也确实在人类历史中存在并产生过深远的影响,按照康德理性批判态度,尽管这些信仰形态是可以被评判的,但是,在其本身的语境和曾经的历史性形态里,它们毕竟是作为一种宗教形态存在的,因此,这种宗教形态就不仅仅是"理性界限"内的,即使它可能包含理性的要素;康德要处理的则仅仅是理性界限内的纯粹宗教。在我们看来,译为《仅论理性界限内的宗教》会更加恰当。本书中仍使用《纯然理性界限内的宗教》这一译名。

我们意识中可能呈现出来的一切），但其批判的落脚点却是使这些实际经验成为可能的各种理性法则，甚至是那些本身不从属于任何理性法则，但却使与理性有关的诸要素得以可能的更高的奠基者。我们会看到，只有不受任何限制的无条件者才能作为人类知识和理性的最高的奠基者。

在海德格尔（Martin Heidegger，1889—1976）看来，这样的绝对无条件者包括两类：一类是"本质—先验"（Essential-Transcendental）的"存在—逻辑学"（Onto-Logik），一类是"实存—超验"（Existential-Transcendent）的"神—逻辑学"（Theo-Logik）。[1] 综合二者，海德格尔称之为形而上学的"存在—圣神—逻辑学"机制（Onto-Theo-Logik）。[2]

如果按照海德格尔的两分模式审视康德，[3]我们会看到，由知识的可能性而展开的先验论证（Transcendental Argument）所确立的先验理念是"本质—先验"层面的存在（Being）。根据作为"本质—先验"领域的理念性存在，人类的经验知识获得普遍性和必然性论证，并获得其最后的无条件之条件性。这是因为，任何经验范围内的知识都受条件限制，只有突破条件性，从而进入无条件性，这些具有条件性限制的经验知识才能获得最终根据。先验理念承担这样一种功能：它不受任何条件限制，本身超出一切自然性的因果关联，从而作为自由性的原因性而能够给有条件者的知识一种无条件性的开端。因此，表面看来，康德论证的是经验性知识，但其论证的核心与归宿却是超出经验限制的"本质—先验性"

---

① 参见 Heidegger, Martin, *Nietzsche*, Ⅱ, Pfullingen: Neske, 1961, ss. 344 - 345。中译本为：海德格尔，《尼采》，孙周兴译，北京：商务印书馆 2010 年版，第 1041—1044 页。

② 参见 Heidegger, Martin, *Identity and Difference*, trans. Joan Stambaugh, New York: Harper & Row, Publishers, 1969, pp. 19 - 75。中译本为：海德格尔，《同一与差异》，孙周兴等译，北京：商务印书馆 2011 年版，第 48—77 页；以及《海德格尔与有限性思想》，孙周兴等译，北京：华夏出版社 2007 年版，第 29—49 页。

③ 在《谢林论人类自由的本质》中，海德格尔就是如此分析谢林、黑格尔和尼采的。参见 Heidegger, Martin, *Schelling's Treatise on the Essence of Human Freedom*, trans. Joan Stambaugh, London: Ohio University Press, 1985, p. 51。中译本：海德格尔，《谢林论人类自由的本质》，薛华译，沈阳：辽宁教育出版社 1998 年版，第 100 页。

存在。这种"存在",使所有在经验中呈现的存在者成为其自身并且可以在经验中展开。

这种"所是"(to be)有两方面内涵:一是是其自身,二是是其自身在经验中的展开。① 前者是后者之可能的前提。一物首先作为自身建立起来,才有可能在经验中进一步展开。而这两者所以可能,源于"本质—先验"存在的先验理念的"先验性",在于它们能够向一切敞开,并使其按照自身而建立自身。在这个意义上,一切经验事物的"什么性"(Washeit,Whatness)或"存在状态"(Seindheit,Beingness),即它们的本质或属性都在先验理念中有其"存在论"(Ontology)性质的基础。

另一方面,一旦经验呈现的事物的根基在"存在论"视野中被给出,随之而来的一个问题就是,这种根基自身的实存(Existentia,Existence)意义何在。在康德看来,这样一种存在(Being)必然是"存在者整体"(the Totality of beings)。思想的任务就是揭示存在者整体的存在状况。这种存在状况被康德界定为"自然"、"自由"以及"上帝"。如果说,相关于自然知识的进展,康德将知识的基础建立在自然、自由这样的理念上,那么相关于人类的行为,他就将道德以及伦理的基础建立在自由、上帝这样的理念中。因着"存在的历史"的进展,在康德的时代,思想家们试图把一切论证的根基都建立在"理性"理念上。在康德思想中,"上帝理念"(哲学家的上帝理念是非人格化的)必须要被"理性理念"所取代。

遗憾的是,按照我对《纯然理性界限内的宗教》的理解,康德并没有完成这个任务。但是,无论如何,在康德的研究中,这条隐隐约约的线索,即:究竟把理性之绝对性,还是把上帝理念确立为最后的思想基点,这个张力是一直存在的。康德的处理激起了深深的思想史效应。我们注意到,康德后学,无论是谢林(Friedrich Wilhelm Joseph von

---

① 针对这两种"所是"的含义,笔者曾经专文论述。请参阅尚文华《康德判断理论的存在论阐释》,载《山东科技大学学报》2011 年第 5 期。

Schelling，1775—1854），还是黑格尔（Georg Wilhelm Friedrich Hegel，1770—1831)都在这个地方与康德进行着争辩。为了澄清自己与康德的差异，或者为了突出自己对康德的突破，他们均用"绝对"这个概念确定自己论证的最终根据。但毫无疑问的是，在三个批判中，康德还是高度清晰地以绝对的"理性理念"①构建自己的体系——上帝只是理性理念的"预设"。我们将这种逻辑上贯彻一致地试图以"绝对"作为一切论证的最终指向，同时也是最初起点的论证方式称为"真理论证"。按照这种界定，凡是按照真理论证的思想家都被"绝对"刺穿心灵，而他们的全部文本都是对这种绝对意义的回应。康德就是这样一位思想家。

这样看来，我们在阅读康德时总是存在着一种"冒险"。表面上，康德讨论的是经验知识的基础、对人类行为可能性的分析，似乎要处理的是"知识论"、"认识论"问题，甚或普通意义上的实践哲学。真实说来，这大大误解了康德。否则，康德也不会一直强调自己在为一切形而上学奠定基础。② "形而上学"要追问存在的意义，而在传统形而上学中，一切存在者之为存在者的存在意义展示为"根据"。③ 根据必然是超出一切具体的存在者而以自身作为根据，因而必定是超越者，是不受任何条件限定的"绝对者"。

在这里，我们暂且不论康德究竟将此"绝对者"论断为"理性理念"还是"上帝"，让我们先讨论绝对意义与康德思想体系各个环节之间的内在关联。按照这些内在环节，我们将在下面的篇幅中简要展示"绝对"意义

---

① Dieter Henrich, *The Unity of Reason：Essays on Kant's Philosophy*, Cambridge：Harvard University Press，1994，pp. 17－54.
② 参见康德《纯粹理性批判》，B7、B21 等；康德《实践理性批判》，4—7 等；康德《任何一种能够作为科学出现的未来形而上学导论》，导言，前言。
③ 关于这一点的相关论述可参见海德格尔的《根据律》、《形而上学导论》，以及《同一与差异》等著作。

之于与知识相关的真理①、与人之道德行为可能性相关的自由,以及与人之生存终极意义相关的希望问题、与人之生活实在总体相关的伦理共同体意义的奠基性意义和价值。

1. 在康德看来,"我们一切知识都是从经验开始的"②,所以,一切知识必定是与经验相关的。无论这种知识是完全经验性的,还是本身不是经验性的,因而是先于经验并使经验知识得以可能的知识。但无疑,它们都是与经验相关的。经验性知识具有这样一个特点,即它们总是有条件的。在经验的展开中,各种知识可以产生无穷无尽的相互关联。无论它们取得如何丰富的进展,我们总是无法想象它们会有尽头,因为我们的经验总是不断地向着未来敞开着。我们不能断定它会有一个尽头,那样的话,就意味着我们占有了全部的人类经验,从而经验会展示为一个总体性的完成。实际上,这一点是生活在历史中的我们所无法达到的。

但是,这种不可完成性是否就意味着我们的经验知识不具有可靠性了呢? 在康德看来,不是的。随之的问题就是,既然这种知识是无限敞开的,但它又具有可靠性,那这种可靠性究竟意味着什么呢? 在康德的

---

① 这里需要界定一下真理概念。康德将知识限定在经验领域之中,因而这种知识必定是相关于经验存在者在经验中的可能性以及其在经验中的展开。这就涉及两个方面:一是知识之可能的先验条件,二是具体存在者在经验中的展开。也就是说,在康德看来,存在者只有在"自我意识"(Self-consciousness)中作为自身呈现出来的时候,它才可能进入经验性的知识关联。这样,与知识相关联的"真理"本身包含这样两层含义:一是有关呈现在自我意识中的作为存在者自身的存在者的真理知识,二是有关作为存在者经验性关联中的存在者的经验性知识。这必然意味着有关存在者的知识具有"完备性"(Completeness)和"确定性"(Certainty)特征。当康德说存在者作为自身在自我意识中呈现,并且作为自身呈现时,这意味着存在者的显现就是这么多,它不可能更多,也不可能更少,它恰好就这么多地以自身来呈现,因而它是完备的;由于存在者首先作为自身来呈现,其次它才有可能作为经验中的关联来呈现,所以,有关它的知识必然是确定的。如此来说,这种与知识相关的真理具有完备性和确定性。它是关于诸存在者知识的整全,在它之外,绝不存在其他样式的存在者及其展示方式。这是绝对的必然性,在它之中没有任何超出这种必然性的东西,即:自由是与之无关的。因此,在康德的知识语境下,谈论真理就只有认识论性质的真理。与之相对,我们还有另外一种谈论真理的方式,那就是形而上学性质或神学性质的。这是尤其要注意的。国内学者黄裕生教授在《真理与自由——康德哲学的存在论阐释》(南京:江苏人民出版社2002年版)中详尽地分析了这一点,可参阅。
② 康德:《纯粹理性批判》,B2。

眼里,它意味着知识有一个来源。这个来源本身不受制于任何时间性、历史性,因而不受制于任何条件、任何因果性关联。即:它本身不从属于任何因果性而具有一种无条件性。所谓无条件性,就是指它不受任何条件的限制,因而它不是相对的。因为相对就意味着对象之间的相互关联,意味着它们是相互对—立的,所以它们是相互之间进行限制的。而一个不受任何限制的无条件者必然是绝对的。在逻辑上,正是这样的绝对保障了无限开放的经验世界的最终可靠性。所以,绝对必然是开端,也是终极。恰是这种作为开端和终极的绝对维系了经验世界的整个系列。

如果我们从因果性来理解经验系列,那么,绝对就不受限于任何自然性的原因与结果,因而是一种自身不是因果关联但又开启一切因果关联的原因性,康德称这种原因性为"自由因"(Freedom)。如果从有条件性来理解经验序列,那么,绝对就展示为不受任何条件影响的绝对无条件性的整体,康德称这种整体为"自然"(Nature)。但就绝对本身而言,这两者其实是作为"一"而在的。

所以,若非对于作为"一"的绝对意识的觉醒,我们的全部经验就永远不会有一个开端和完成,这样一种系列最终就会展示为不确定、不可靠的,从而我们的整个经验生活就会是没有意义的,与知识相关的真理也就不具有意义。因此,我们看到,按照康德对人类知识的理解,无论以牛顿力学(Newtonian mechanics)作为典范的自然知识进展到何种地步,无论它对整个自然界能够预测到何种地步,如果不是人类理性自觉到绝对,这种知识终究得不到合法的辩护。在《自然哲学的数学原理》(1687)一书中,艾萨克·牛顿(Isaac Newton,1643—1727)对上帝存在,及其作用所作出的辩护,[①]能让我们更清楚地看到这一点。但是,需要说

---

① 由于时代的差异和长期以来的意识形态影响,我们很容易把牛顿对上帝存在所作的"自然神学"式(Physicotheological)的辩护理解为出于惧怕教会的迫害的结果。在我看来,这是十分荒谬的。具体可参见伯特的《近代物理科学的形而上学基础》关于"牛顿部分"的论述,该书已由徐向东教授译出,近年又有了张卜天教授的译本。

明的是,在康德看来,尽管就经验序列的开端和终极来说,理性理念是绝对必要的,但理性理念在经验上的运用却是"调节性"(Regulative)的。①这一点显示了康德与阿奎那(Thomas Aquinas,约 1225—1274)等人的不同。

2. 就人之具体行为来看,似乎我们的一切行为都有其经验性的因果关联。在分析一个人的行为时,我们总是为他的行为进行着某种辩护,比如当时的社会处境、自然处境、心理处境等,以至于我们还可以更加深入地分析他的心理处境之所以可能的根据,比如他受教育的背景等。在完成这些分析之后,我们总能自圆其说地给出他的行为的因果性关联。这所有的分析都在表明,在我们看来,如同经验科学所进展的那样,人类的一切行为都是受制于因果性要求的,否则,我们就认为那是不可理解的。

但在康德看来,这些分析就其本质而言是荒谬的。尽管按照类似的因果性分析,我们可以给出一套理论体系,无论是行为理论的,还是心理学的,但人类行为的本质恰好在于它能够突破一切自然性的因果关联,而仅仅凭其自身开端一个系列。正是因为人类行为具有这样一种突破一切自然限制的能力,人才可以开辟一个完全不同于因果关联系列的自然世界的理智世界。在后者之中,一切自然性的因果关联都被打破了,它仅仅凭其自身来开端一个出于理性自身的"因果"系列。这个系列的原因性就在于它的法则性。这种法则使其所面临的一切都处于其所当处的位置,它以自身的退却,即自然性的退却,来使其他的一切出场。这种出场必然是一种在其自身位置上的出场,即:它以不受任何限制的方式出场。康德称之为"自由"。

我们看到,因为是自由的,人可以隐去一切自然中的角色性关联,取而代之的是,一切以其自身出场。因此,"自由"本身是一种"解—放"的

① 参见 Kant, Immanuel, *Critique of Pure Reason*, trans. Werner S. Pluhar, Indianapolis/Cambridge: Hackett Publishing Company, 1996, Division Ⅱ, Book Ⅱ, Chapter Ⅱ, Section Ⅸ, A516, B544。

力量:"解"就是解除,"放"就是开放。解除就是要彻底解除一切自然性的限制,开放首先就是要向自身开放。所谓"向自身开放"首先就是要使自身显露出来,而为"什么"所累的自身永远不会显露出来,因而他首先需要解除掉一切累及他的东西,之后,他才有可能作为自身来显现。这样显现的自身恰是"无""什么"的自身,因为"什么"已经被他所解除掉。所以,我们说,使自身显现恰是一种使"无"显现,也正是在这种"无"之显现中,他者才可能作为他者来显现、来相遇,我们没有占有他者的任何"什么"。海德格尔将之称为是"无化"(Nichtet,to nothing)。①

所以,在"无"之中,一切他者都作为他者自身而呈现,这样一种由其自身的呈现而组建的世界就是理智世界。这样一个世界必然革除了一切自然性的因果关联,而仅仅凭其自身听从某种召唤而自行运转着。因为革除掉自然性的因果关联,以及人凭着自身的判断建构起来的东西之后,在"无"之中没有任何"什么",我们只听从那自行涌现的意义的运转。但是,因着人之自由本身的限度,我们有身体,因而需要面对一个个自由的个体,他们永远无法被我们"看透"。因此,尽管在自由中,我们可以看到一个美好的未来,但这样一个未来却永远无法被我们所把握、所占有。它只是"存在意义的永恒流转"②。这就如同经上说,"神的国来到,不是眼所能见的。人也不得说,'看哪,在这里','看哪,在那里';因为神的国就在你们心中"(《路加福音》17:21—22)。

所以,我们就看到了自由之"解放"力量的另外一层含义,它不仅仅要向自身"开放",更加重要的是,它要向"绝对"开放。只有在向"绝对"的开放之中,我们才有一个未来而处身于"希望"之中。在这个层面上讲,"绝对"是人类自由的终极之乡,若非绝对维度的开显,人类的自由就看不到自身所指向,因而是没有"道路"的。这一点,乃是由人类自由的本质所决定。

---

① 这也是彭富春教授研究的一个重心。请参阅彭富春《无之无化——论海德格尔思想道路的核心问题》,上海:三联书店 2000 年版。
② 这是尼采思想的核心。

在另外一个层面上，"绝对"又是人类自由的最初根源和起点。这是因为，正如我们对经验知识之可靠性所进行的论证，若非对于"绝对"的觉识，我们根本不可能解除掉自然世界对于我们的羁绊，甚至我们根本没有突破哪怕一丁点儿自然因果性所强加给我们"本能"（Natural）的干扰。正是在绝对之中，我们才可能终结自然系列的因果链条，从而完成整个经验系列。也正是在绝对之中，我们将自然世界作为一个整体而彻底克服掉，从而能够处身于自由之中。因而我们说，"绝对"既是人类自由的最终指向，也是人类自由的起始根源。

我们的见解依据的是《实践理性批判》中对"理智世界"的描述、"上帝存在"的"悬设"论证（Suspend），《纯然理性界限内的宗教》第三篇关于"真正教会"的论述以及《判断力批判》之"目的论批判"的"上帝存在"的道德证明。

所以，表面看来，康德对自由的论述起始于对经验中的道德行为的分析，[①]之后，才论证道德行为的存在论基础是自由，并进一步对自由自身加以形式性的分析，[②]最后，进展到人类自由的内在限度。[③] 实际上，就思想的本身内在理路来讲，这个过程恰好是颠倒的。即：因着对"绝对"意义本身的觉识，我们才将其置于人类知识以及行为的内在批判中。否则，我们无法理解整套思想的内在连贯性，而连贯性的根源就在于"绝对"。这种分析理路是与基督教神学家相反的。

3. 我们看到，只有出于自由，人类的行为才具有道德意义。但具有道德意义的行为恰好要展示在经验性的自然世界之中。这是有关人的自由存在的思想的奥秘所在。首先，它不仅仅是逻辑性的；其次，它又不仅仅是纯粹经验性的。所以，尽管我们可以对自由本身进行论辩，也可以对人之自由存在进行各种分析，但最终，道德问题却是一切关于人之自由存在的思想的关节点。它的复杂与艰难之处在于，一方面，就人的

---

① 参见康德《道德形而上学奠基》相关部分。
② 参见康德《实践理性批判》相关部分。
③ 参见康德《纯然理性界限内的宗教》相关部分。

存在是自由的而言,他是求善的;①另一方面,道德性的善又不仅仅是理论性的,它要展现在经验世界之中,但我们对无限敞开的经验世界却永远无法具有整全的知识。所以,我们没有能力对行为的道德性作出彻底全面的评价。

如果按照康德式的分析,仅仅把道德的基础置于"真诚"②和"良知"③之上,即使可以在学理上对道德行为及其存在论基础分析得很透彻,但我们依然面临着出于"真诚"和"良知"这些主观基础的道德评价与经验世界之间的关联问题。这是把"经验"理解为自然世界中的自然科学式的因果关联系列所必然会带来的问题,即:这是将人之自由与自然之间作一个断然的分裂所必然面对的问题。因此,与道德相关的道德评价以及它所必然指向的道德完满的整全理念,必然导向一个主观的领域。

但即使这样,我们依然看到康德对道德与幸福相一致的至善理念的构想。这样更能够印证我们对康德的理解:尽管按照自然与自由领域的断然划分,我们绝无可能设想二者的真正调和(所有的调和,无论是在《纯粹理性批判》还是在《判断力批判》中,康德统统以"调节性的"指称之),但康德却给出了"至善"这样的完善理念,这充分说明"绝对"意义对康德的思想影响到了何种地步。④

按照康德,恰是源于"至善"理念,我们一切的行为——无论是道德性的还是本能性的——都有了最终的根据。更重要的是,我们的所有行为还指向一个远超出人的能力范围但却是人的义务的终极目的。基督

---

① 对于这一点的论证,我们无意于在此展开。对此进行的更加细致的分析可参见谢文郁《自由与生存》,上海:上海人民出版社2007年版,第一章。

② 康德:《论神义论中一切哲学尝试的失败》,李秋零译,载康德著作全集第8卷,第267—274页。英译本参见:Kant, Immanuel, *Religion and Rational Theology*, trans. Allen W. Wood, Cambridge: Cambridge University Press, 1996, pp. 31-37。

③ 康德:《纯然理性界限内的宗教》,第四篇最后一部分。

④ 难怪黑格尔对康德如此思想表示惊讶,其实这种惊讶也是一种由衷的感叹和赞叹。可参见黑格尔《哲学史讲演录》第四卷"康德"部分对于康德是怎么提出"实践理性"思想的论述。

教称之为"上帝的国"——康德则称之为"伦理共同体",或"不可见的真正教会"。[1] 之所以是"不可见"的,乃是在于首先,它不是经验性的;其次,它是超出于人类一切能力的,因而它之造成来源于一个更高的存在者。之所以是"真正的"就在于它是必然的。一个无法必然要实现出来的东西,我们怎能说它是"真正"的呢? 一个不是经验性并且不是我们的能力范围内的东西又怎么能够是必然的呢? 按照经验性的因果性来考量,这肯定是不可能的。

但是,自由之可能性就在于它能够突破一切经验性的限制,而向自己开启自己。这样看来,这种"不可见的真正教会"之可能性必定是出于自由的"解—放"力量。正是人被赋予了这样一种自由的天命,我们能够突破自然世界而开启一个"真正的世界",从而我们能够超拔于一切经验性的限制而处身于"希望"之中。即:哪怕我们没有"看见"这样一个世界,哪怕我们无能创造这样一个世界,但因为我们处身于自由之中,我们可以"希望"这样一个世界。因此,综合观之,在康德看来,人类希望的基础是自由。没有自由就没有希望。所以,不管我们现在处身于何种困境,哪怕我们经历天大的不公,哪怕我们只身一人与一个无比强大的强权国家甚至与整个世界相对峙,我们都可以以人的尊严面对诸多的一切,因为我们处身于自由之中,因为我们生活在希望之中。

因着作为"希望"基础的自由,"不可见的真正教会"在人的自由存在之中得以可能。也正是因着这种可能性,我们可以在自由之中见证那创造这个真正教会的绝对者的作为,从而我们的"希望"所指向的已经越过那"真正教会"而指向那绝对者本身。经上说,我们渴望见你的面。正是因为我们的希望指向的是那绝对者,我们才能够背负起整个世界而往前走。我们看到,相关于人类生活图景的至善理念必然在人类的心灵中启发一种回应,这种回应就是"希望",就是它在我们心中所激起的主观

---

[1] 参见康德《纯然理性界限内的宗教》,第 98—101 页。术语的英译参照 Allen Wood 版本。详见:Kant, Immanuel, *Religion within the Boundaries of Mere Reason and Other Writings*, pp. 111 - 113。

效应。

这样看来，"希望"虽是一种情感，却并非只是一种主观的心灵感受。相反，它必然地要指向那"绝对（者）"。所以，"希望"就是作为自由的个体与绝对者之间的双向意向指向。① 正是在这种指向中，"不可见的真正教会"这样的说法能够被我们理解，即使我们并没有亲眼看见，但它依然是"真正的"。因此，只要谈到"希望"，尤其是这样一种具有"末世论"（Eschatology）性质的希望，它必然地要关涉绝对的维度。康德本人并未对"希望"做太多的认识论性质的研究，②但根据上面的分析，我们依然可以在康德的维度中试图去理解它。

4. 现在，让我们分析对"绝对"意义的觉识之于人类生活实在总体的重要意义。康德从两个方面讨论人类生活的实在总体。一是"律法的—公民的"社会，二是"伦理的—公民的"社会。前者也就是政治共同体，后者是伦理共同体。③

近代以来的政治方面的运动，无论是政治制度设计层面还是与制度相关的政治哲学的研究，都已取得重大成就。但无论这些研究进展到何种地步，它依然要面临康德所谓的"伦理共同体"方面的问题，至少按照康德的诊断是这样的。这是因为，"律法—公民"状态是无法触及"德性—法则"的联合体的。后者恰是人类生活实在的终极指向。否则的话，除了因着法律保障的公共政治生活领域，人类遵循德性法则的生活

---

① "希望"是极其重要的题材。20世纪一位重要神学家莫尔特曼（J. Moltmann，1926—　）倡导过"希望神学"，并撰写著作《希望神学》（*Theology of Hope*，1967）。莫尔特曼本人受教于布洛赫（Ernst Bloch，1885—1977），后者撰写过巨著《希望原理》（1938—1949）。所有这些著作也都有了汉译。但在我们看来，汉语学界对此的消化还需要很长一段时间。

② 在阅读胡塞尔（Edmund Husserl，1859—1938）、海德格尔等人的文本时，我还未见到他们有对"希望"本身做哲学—认识—现象学（Philosophical-Epistemological-phenomenological）性质的分析，当然更未见到中国哲学界对此的分析。黑尔德（Klaus Held，1936—　）2004年国庆期间在北大演讲时曾经触及这个题材，相关讲稿也已翻译。具体参见［德］黑尔德《时间现象学的基本概念》，靳希平等译，上海：上海译文出版社2008年版，"第五讲：希望现象学"。对于"希望"的现象学结构的分析是我们思考问题的一个重心。

③ 参见康德《纯然理性界限内的宗教》，第三篇开头。

会仅仅沦为个体性、主观性、特殊性的。这根本无法保障我们在思想中洞见到的至善理念,但是"这种国度的理念在人的理性中有其根据充足的客观实在性(作为要联合成为这样一个国家的义务)"①。

在此,我们需要区分"义务"这个词的用法。从个体行为的道德性来看,或许我们可以凭自身做出道德性行为,这也是康德"批判哲学"(三个批判)试图论证的对象。但是,如果要联合为一个至善的国度,这却着实超出了道德性行为的限度。即使可以假设每个人都出于道德意识而做出完全道德的行为,我们也根本不能保障这样一个国度可以降临。这样一个总体性的理念必然地局限在人的感性条件之下;而要彻底完成它,除了彻底克服掉感性条件,我们还需要有总体性的知识,这对于感性存在的人类来讲是永远无可能的。"我们怎能指望用如此弯曲的木头制作出某种笔直的东西呢?"②

这里就出现了一个悖论:既然人凭其自身无法完成一个事情,完成它怎能成为他的义务呢? 因为所谓义务首先必然意味着它可以被完成,并且,他可以完成它。这是一个双向的指向。康德对之给出了一种解释,③但这种充满了"好像"式的解释却揭示了一个更深的问题:那就是对"绝对意义"的觉识对康德的整个论证所产生的重要影响。即:纵使我们可能永远都不会现实地看到那样一个国度,但因着绝对本身的意义,它可以成为我们的义务。因着绝对的意义,不仅人之个体生活成为可能而处身于自由之中、生活于希望之中,人类之生活整体理念也成为可能,从而作为人类生活的实在总体也是"在希望之中的",也是"有希望的"。

这样看来,因着有希望的实在总体,我们又有了另外一个层面的义务。如果说第一种义务的意义在于人可以完成道德性的行为,它的含义

---

① 康德:《纯然理性界限内的宗教》,第 94 页。Allen Wood 译为:"The idea of such a state has an entirely well-grounded, objective reality in human reason(in the duty to join such a state)",p. 106。

② 康德:《纯然理性界限内的宗教》,第 101 页。

③ 参见 Kant, Immanuel, *Religion within the Boundaries of Mere Reason and Other Writings*, Part Ⅲ, Division one, Ⅳ。

在于"能够"，因而义务在于人之自由，那么，第二种义务的意义就在于我们是有希望的。由于处身于希望之中，我们可以将我们所不能的纳为义务，此时义务的根基在于人之有希望。这样一种义务极其类似于宗教的"诫命"和"律法"，即：它之完成在于绝对者。但因为生活在希望之中，人将其作为"诫"和"律"。从这样一种处理方式中，我们可以看到康德思想体系受基督教神学影响之深远。①

只有真正理解康德思想内在的纠葛，我们才能真正洞见到康德究竟从基督教那里放弃了什么、继承了什么。康德放弃了按基督教理解人之自由，认为人可以凭其自身做出义务性的道德行为；继承了人之有希望，从而人可以指望生活实在的总体性至善。因此，希望与自由之间的关系是理解康德思想的一条内在线索。就第一层义务而言，希望因自由而可能；就第二层义务而言，甚至可以说自由因希望而可能。这是近代西方思想史进展过程中所面临的最深刻的问题。但无论如何，两者都建立在绝对的基础上。

相关于这个题材以及我们当下的现实处境，我还想再多说几句。不仅伦理共同体的最终根基在于绝对（者）所彰显的意义，政治共同体的根基也在于绝对意义的开启。尽管在历史的进展中，后者更多地建基于人类对自身所处之自由天性的自觉，但如前所述，我们已经看到，自由的根基乃是建立在"绝对"（者）的意义之上的。在历史以及现实中我们也早已经看到，一个没有打开"绝对"维度的人群聚集区域，充其量就是一个"丛林"。他们按照自然本能的法则来操持他们的生活，因而这里必然是一个恶行横生、罪行滔天的场所。这些东西，我们每时每刻都在经历。

按照上面的分析，在康德整个思想体系中，无论是与知识相关的真

---

① James M. Byrne 认为，康德按照"不可见"的教会界定伦理共同体，又以道德规定上帝的存在意义，这证明，无论是伦理共同体，还是道德，都是理想性的存在物，它们存在的意义在于为人的实际行为划定界限，因而康德的道德—实践哲学并非宗教—神学，而是与理性批判一脉相承。读者会发现，我们会在后面的论证中给出与 James M. Byrne 完全不同的解释。可参阅 Byrne, James M., *Religion and the Enlightenment：From Descartes to Kant*, Louisville, Kentucky：Westminster John Knox Press, 1997, pp. 224 - 226。

理、与人之道德行为相关的自由,还是与人之生存终极意义相关的希望问题、与人类生活实在总体相关的伦理共同体理念,最终都是奠定在康德本人对"绝对"意义的彻底自觉之上。① 也就是说,是绝对意义支撑起康德整个体系思想的细枝脉络。只有把握住这一点,我们才能真正地理解康德。否则的话,我们就会犯一种仅仅将康德哲学体系视为知识论或认识论体系的错误。也正是在这里,我们才可能理解康德之后的费希特、谢林、黑格尔等人的思想来源,以及施莱尔马赫等神学家所要面对的

① 思想史的发展很有趣。如果从康德到黑格尔的思想路线看,"绝对"思想是黑格尔面对康德分裂体系的思辨式的回应;但无论如何,至少在字面或形式上,康德体系似乎存在着理论哲学和实践哲学、现实世界和理念世界、自然和自由、经验和先验等各种分裂。黑格尔之后的思想界根本性地要弃绝对理性作绝对思辨的运用,此时,康德的分裂体系似乎更加贴合人的"认识经验"。事实上,英语世界对康德的接受和认识也更加侧重于从认识方面理解康德,这导致对康德体系的分裂存在着不同的理解。简言之,康德体系的分裂究竟是形而上学性的两个世界的分裂,还是对人的生活世界的两种立场(standpoint)性的理解,这是目前英文学术界比较关心的问题。此问题可以沿着对"Achtung"的追踪展开。罗尔斯在 2000 年的《道德史讲座》中认为:"康德相信我们有确定的道德倾向——道德感和道德意识,爱邻人,尊重他者——它们是受义务概念影响的自然倾向。没有人负有义务获得这种自然的倾向,在感受方面,它们是先行的。"参阅 Rawls, John, *Lectures on the History of Moral Philosophy*, ed. Barbara Herman, Cambridge, MA: Harvard University Press, 2000, p. 189. 与康德不同,罗尔斯认为道德情感只是一种自然倾向,因此道德的高尚与人的自然性之间依然隔离。Karl Ameriks 和 Benjamin Lipscomb 反对这种理解。他们认为,敬重感是人的存在自身和现象经验的桥梁,是贯穿"基础"、"批判"和"宗教"的基本生存现象。康德哲学的分裂,是由于Rawls、Manfred Kuehn 等人过分按照形而上学理解康德的结果。参阅,Ameriks, Karl, "Reality, Reason, and Religion in the Development of Kant's Ethics," *Kant's Moral Metaphysics: God, Freedom, and Immortality*, ed. Benjamin J. Bruxvoort Lipscomb and James Krueger, Berlin: De Gruyter, 2010, pp. 23 - 47; Lipscomb, Benjamin, "Moral Imperfection and Moral Phenomenology in Kant," pp. 49 - 79. 由此,康德哲学表面上的分裂究竟是形而上学性的,还是分析的观点性的? 在 James Krueger 和 Benjamin Lipscomb 主编的《康德道德形而上学》一书中,Patrick Frierson 和 Jeanine Grenberg 有文章分别代表两种观点,两人的文章可参阅 *Kant's Moral Metaphysics: God, Freedom, and Immortality*, ed. Benjamin J. Bruxvoort Lipscomb and James Krueger, Berlin: De Gruyter, 2010, pp. 83 - 130. 就这个问题来看,我们的分析更类似于 Ameriks 和 Lipscomb 的视角。但不同的是,我们主要分析"希望"情感,以此分析人在实际生存中如何"经验"上帝,即所谓的理念世界。因此,我们这部著作主要在"希望"和"绝对"之间展开,它既展示了与黑格尔思辨的"绝对体系"相并列的有关绝对(者)的思想,也给出了一种(宗教哲学式的)具体的生存分析,这种分析表明,绝对并非不可言说的思辨,相反,通过"希望"情感,它把自身揭示在我们具体的生存经验之中。

与"时代精神"相关的哲学问题,同时,也能看到施莱尔马赫对其后的神学家的影响,进而理解巴特思想的最终指向。

但另一方面,也正如我在开头提到的,康德对"绝对"的论证不是"信仰式的",而是"认识论"式的。我们现在的任务就是将绝对的意义置入康德的文本分析中,一步步地分析康德如何由知识的认识论反思进展到自由的可能性,由道德行为进展到自由的现实有效性处理,由相关于人之生存的最终指向和人类生活实在总体可能性进展到对于希望题材以及至善理念的处理,并最终指向绝对本身的意义。

按照这种具有内在关联性的思想体系,我们将研究的关键词定为:真理、自由与希望,它们本身乃是对绝对所作的不同层面的论述。即:它们乃是绝对展示于人类生活中的各个维度。按照一般的学术史划分,我们将其定位为哲学论证与宗教信仰之间的论辩。

第一章 绝对维度在思想史中的开启与彰显

康德对"绝对"的思想不是空无根据的,事实上,在人类思想史上,人们不断地"思想着""绝对","绝对者"也不断地向人类彰显着其存在的意义。姑且不论各种形态的宗教本身就是对绝对者的回应,就是在一直被认为是理性传统的开端的古希腊,哲学家们也在论辩着绝对(者)的意义。

从巴门尼德开始,思想史开始明确地论证有关绝对的"一"或"存在"的思想;苏格拉底则试图将"一"的存在意义回掷到人的具体的行为。也就是说,人的行为如果不是空无意义的话,它需要是正义的、道德的,而正义和道德的含义本身需要在永恒不变的存在样态中才是可能的。这个问题引导了柏拉图。从柏拉图开始,人们开始在追求"绝对的善"中开始自己的生活,这是对"绝对"进行认识,并按照"绝对"开启自己的生活的开端。接下来,我们就提纲挈领地追溯这一思想进程,我们会看到,按照这种追溯,我们能够更好地理解康德的问题。

第一节 绝对维度的开启:柏拉图绝对善理念分析

我们现在生活在一个"求知"的时代。似乎与我们生活相关的一切离开了知识就变得不再可能。很多人都在无形之中默默地承受着这样一种状况。但是，我们首先要问"究竟什么是知识？"它为何具有如此强大的力量，以至于我们每一个人都在有形地或无形地受到它的"宰制"。其实这个问题柏拉图（Plato，约前427—前347）早已经问过了。我们在这里关心的是柏拉图所理解的"知识"要面对的对象是什么，以及它的限度在哪里。

按照与外部事物关联方式的不同，柏拉图将我们对事物的认识分为两类：一是"意见"，一是"知识"。前者是"那些只研究各种各样美的存在者，却看不到美本身，即使经人引导，他们依然无法领略美本身。他们对于所有的一切都是这个样子，比如他们只看到正义的事情，而看不到正义本身"①；而后者的拥有者"在任何情况下，只研究那些在任何面向上都呈现为同一的存在者自身"②。

所以，在柏拉图看来，有意见的人只停留在形形色色的外部事物之间的比较上。在他们那里，只存在谁比谁更美或者更丑些，谁比谁更正义些，而作为事物自身尺度的美、丑或正义是根本不存在的。知识的拥有者刚好相反。在他们那里，关联比较的尺度消失了。无论任何时候任何情况，事物都呈现为它们自身，并且这样一个自身在任何面向上都是如此。也就是说，知识的相关对象摆脱掉了一切经验性的关联而不受任何时间、状态、对其审视的面向的影响，从而仅仅保持为其自身。但是，究竟什么是"保持为其自身"呢？

如果按照以笛卡尔（Rene Descartes，1596—1650）为开端的近代哲学的术语，所谓"物自身"就是指事物在意识中的原初呈现。比如，"树是树"或"这是树"，其中的"树"是相关于意识的最初呈现，因而是第一宾词

---

① 参见：Plato，*Complete Works*，ed. John M. Cooper，Indianapolis/Cambridge：Hackett Publishing Company，1997，pp. 1106 - 1107。参照中译本为：《理想国》，郭斌和、张竹明译，北京：商务印书馆1986年版，479E，第226页。以下所有关于此著作中的引文均是参照这两个版本自行译出，不再一一标注。
② Plato，*Complete Works*，479E。

物。只有这种第一宾词物被意识构建出来，或呈现在意识之中，它才有可能进一步进入经验关联。① 可以说，这种"保持为自身"的物是一种标准物，也就是说，凡是要在经验关联中展开的事物都要以此标准物作为标准。黄裕生教授称这样的"标准物"为"自身同一物"。②

很明显，这种逻辑划分依据的是柏拉图"意见"与"知识"之间的划分。但问题是：我们是如何给出这样一种对于"物自身"的知识的呢？由于我们的普通认识总是说"它如何如何"，也就是说，我们平日关注的总是经验中的展开事物。另一方面，所谓关于物自身的知识究竟是不是真的关于"物本身"的呢？换言之，物是不是就真的如同它在知识中显现的那么多，它是否还具有知识之外的未曾显现但又有可能以更多面向来显现的可能性？这个问题换一种问法就是：物是否有其更深的来源，这样一种来源是根本不可能完全展示在意识或柏拉图所谓的"灵魂"之中的，即：无论人之意识或灵魂再怎么将它的"眼光"转向它，它绝无可能完全呈现在其中。

对第一个问题，柏拉图给出了明确的回答。这样的关于物自身的知识有两种：一是几何学以及与几何学相近的学科，一是逻各斯本身凭其辩证的力量达到的知识。前一种所讨论的尽管要用到图形，但它却根本不研究图形本身，而是研究作为正方形或对角线的实在（Themselves）本身，因而是知识。但它毕竟要依赖于假设和影像，从而充其量它是"理智"（Thought）内的知识。而后一种所讨论的是不依赖于任何感性事物的知识。它只使用理念（Form），按照理念跟理念之间的关联，从一个理念到另一个理念之间辩证地进行，以至于达到绝对的原理，因而这样一种知识是完全摆脱一切假设和影像的实在知识，它是"理性"（Understanding）③内的知识。

---

① 笔者的硕士论文就相关于此。请参阅尚文华《康德对"物"概念的建构》，2011 年。
② 参见黄裕生《真理与自由——康德哲学的存在论阐释》，江苏：江苏人民出版社 2002 年版（以下不再一一标注本书版本情况），第 46、48 等页。
③ Plato, *Complete Works*, pp. 1131–1132. 中译本为：《理想国》，第 269—271 页，510E–511E。

所以,在柏拉图看来,我们关于"实在"的知识本身可以构成一个完整的网络,它从最初不用做原理的假设出发而进展到原理,因着原理本身之间的辩证关联而一步步进展到最高的原理。这样一个原理的整个体系就是一个理念的世界。但是,问题由之而来,因着"灵魂"的眼睛,人能否完整地看到整个理念世界? 在柏拉图看来,只要我们开启自己的灵魂之眼,我们总是可以看到真理和实在(What is)本身,但是,能否看到那个绝对的作为第一原理的原理,也就是"善的理念"呢? 这样一个善的理念"给予所有可知的事物以真理,给予认识者以知的能力。同时,它是真理与知识的原因"①。它与"实在"世界的这种关系是怎么可能的呢? 进一步,这也要引导我们追问柏拉图的第二个问题,即:作为一般真理与知识之可能性的"善的理念"是否也会在灵魂之眼面前完全绽放?

我们以柏拉图的"太阳喻"来说明第一点。人能够看到事物依赖于眼睛的视觉。在柏拉图看来,更重要的在于要有光。正是依赖于光的引导,我们才可以将我们的眼睛对准一个对象,否则,在黑暗之中,我们就会什么都看不到。而光的来源就是太阳。正是太阳光引导我们的视觉,使我们的眼睛可以看到事物,而事物也可以被我们的眼睛所看到。在柏拉图看来,太阳与视觉和可见事物的关系正像善本身跟理智和可知事物的关系一样。但是,无论借着太阳光看到了什么,"不管是视觉本身也好,或者是视觉所在的那个被我们叫做眼睛的器官也好,都不等于太阳"②。这隐含着进一步的推论:尽管借着太阳,我们看到了事物本身,但是,所有我们看到的事物,以及能够看到事物的眼睛都不等于太阳。所以,太阳必定是远远超出于看到的事物本身和我们的视觉的。它是使事物自身以及我们的知识得以可能的条件,但它不是它们之中的任何东西。进一步讲,我们所看到的以及所拥有的真理和知识本身都不是太阳和善本身。但是,太阳和善却恰恰是一切可见事物与关于实在的真理和

---

① Plato, *Complete Works*, 508E。
② Plato, *Complete Works*, 508A。

知识可以向我们敞开的最终根源。柏拉图说："知识的对象不仅从善得到它们的可知性，而且从善得到它们自己的存在（Being），但是，善本身不是存在，而是比它们在等级和权能上更高。"①

既然凭借太阳或善的理念，我们可以看到事物本身从而拥有关于实在的知识，我们可否凭着灵魂之眼看到太阳以及善本身呢？在我看来，这个问题是开放的。在"洞穴"比喻中，在那个人开始逐渐适应光明的世界后，柏拉图说："最终，我觉得（Suppose）他应该能够直接观看太阳本身，也应该可以按照太阳自身而研究它，而不仅仅是它在水中，或其他地方的那个样子。"②这是《国家篇》文本中唯一一处直接触及对善理念本身的研究的文字。但是遗憾的是，柏拉图没有对善本身说到什么具体内容，并且，他用了"大概"、"猜想"这样的词。这样一种处理造出了巨大的文本张力。一种可能是，如果说我们可以按照善本身来观看来研究，那么，它无非就是灵魂之眼面前的敞开物，并且它就是知识的另外一种客体。尽管它不是实在性的客体，但是本质上它还是可以作为知识的对象。另一种可能是，"直接观看，直接研究"所说的是善以其自身的方式向我们敞开。我们所看到的无非是它向我们呈现的面向，因而善本身有无限的开放性，无论我们抓住了它的哪一个面向，我们都不能说我们把握住了善之全部。因为它还以各种各样的面向向我们敞开。所以，我们所有对于它的研究或者观看都是接受性的。

这样两种理解方式的走向完全不同。在前者那里，所有的一切都是向着灵魂之眼敞开的。只要我们开启双眼，所有的一切都以其自身所是的样子呈现，在灵魂之外，没有任何东西。它走向的是思想的大全，知识的大全。在后者那里，它承认我们拥有关于事物本身的知识，但是这种知识是有限度的。它的限度并不在于经验的干扰，因为关于事物本身的知识根本不受任何经验关联的影响，恰好相反，恰是知识相关的事物本

---

① Plato, *Complete Works*, 509B。
② Plato, *Complete Works*, 516B。

身使得经验得以可能。相反,这种限度乃是根本性的。无论实在世界如何以其自身在灵魂面前绽放,但是存在着一种使得实在世界本身成为可能的"绝对的善之理念"。这样一种善本身的确也向我们开放,但是这种开放是有限度的,即它永远不可能完全向我们绽放。我们永远不可能拥有关于它的全部知识。相反,我们所有关于实在世界的知识恰恰因为它而可能。所以,在这个意义上讲,我们知识的限度是内在的,是根本性的。另一方面,不仅我们关于善本身的"知识"(即我们所把握的那些它向我们所显现的那些东西)是有限度的,我们关于实在世界本身的知识也是有限度的。因为无论我们在实在世界本身上面获得了多少知识,这些知识终究要受制于它们被善本身所照亮的那一片区域。我们永远无法窥探那未被善本身照亮的部分。

按照柏拉图的文本,他本人更倾向于第二种理解。在这部著作的末尾,他说:"无论如何,我们要相信(Believe)灵魂是不朽的,它可以承受一切的邪恶和良善。我们要坚持走向上的道路,在所有时候,都要在智慧中追求正义(Practicing Justice With Reason)。"①所以,由于我们不可能拥有整全的知识,由于善理念无限地向着我们敞开,我们要相信灵魂是不朽的,哪怕遭遇再多的邪恶,我们都要坚持走向善的道路。最终,哪怕我们永远追求不到正义本身,我们都要在善之理念的开放性中追求它。因而最终,我们所有的知识都是向着善之理念开放的,而善之理念也无限地向着我们的知识而敞开。

在这里,我们不能进一步展开对柏拉图思想本身的讨论。但无论如何,在柏拉图这里,我们看到了一个"绝对"的思想维度。因为这个维度的开显,实在世界对我们成为可能,因而我们可以以一种知识的方式占有它们。只要开启我们的双眼,它们就在我们面前全然地开放。但另一方面,即使拥有关于整个实在世界的知识,我们都不能说"绝对"维度就彰显这么多,相反,它依然会无穷无尽地向我们开显。尽管在有限的生

---

① Plato,*Complete Works*,621D。

命之中,我们可以领受它向我们所显现的,但终究我们永远都是走在走向它的路上。这样一种思想洞见,我们也在康德那里看到了。

就思想本身的进展而言,我们依然面临一个问题。即使承认"绝对"本身的力量所在,并且它具有无穷无尽的展示方式,我们还是会禁不住问这样一个问题:"绝对"与我们这个世界的真正关联究竟是什么? 毕竟柏拉图是在以一种比喻的方式说明善之理念与实在知识和真理之间的关系如同太阳与我们借助眼睛所看到的事物一样,我们还是不能明白它们之间的关系究竟是什么。更进一步,难道真的如同柏拉图设想的那样,善的理念永远不能在我们的意识或灵魂之中完全显现吗? 如果真的是这样的话,思想还有什么价值? 因为思想的本性就在于求知,它绝不能容忍有一种东西不能在它里面化解掉,否则,在它之外就一定具有一个神秘。这样一种神秘根本不是它能触及的。更可怕的是,在柏拉图看来,恰好是这样一种东西使得我们的知识、我们的思想成为可能。这简直是不可思议的。难道知识的最终价值就在于它的不可理解性,从而是无思想性吗?

在我看来,这个核心问题构成柏拉图之后思想的真正张力。如果承认柏拉图对"绝对"的洞见,我们就当彻底地在人以及知识之根本限度面前降卑下来。进一步,我们不得不承认,人对实在世界、对"绝对"向我们所显现的东西的理解或知识都不会是整全完善的。即使在领受中,我们对"绝对"所拥有的研究结果也只能是无限开放的,即:"绝对"向我们显现的就是这么多,所有有关绝对的"知识"都是我们领受来的,因而不是最终的。我们看到,恰恰是在这里,柏拉图以及新柏拉图主义学者与基督教神学有一种内在的关联。这种关联根源于人对"绝对(者)"的觉识。前者是沿着哲学的道路达到的,后者则是在信仰中通达的,但它们最终还是汇合到了一起。这种汇合对人类思想史的进一步发展有极大的意义。

但是,如果对"绝对"本身存而不论,而仅仅将关注的眼光盯在实在世界的可知性上,以及是否真的存在实在世界与现实世界之间那么大的裂痕,那么,我们就将走向另外一条思想路线。这就是亚里士多德(Aristotle,约前384—前322)的路线。

第二节　绝对维度的遮蔽:亚里士多德的“这一个”

柏拉图之强调“神”或善理念的绝对性,以及人类知识的有限性,从而在实在世界和现实世界之间划下的裂痕,遭到亚里士多德的反对。作为人类思想史上第一位系统的“逻辑学家”和“形而上学家”,亚里士多德以其出色的工作将逻辑学与形而上学结合在一起,并将这种意义贯彻到了细枝末节,他几乎将那个时代所有的素材统一建构在一起,构筑了无比恢弘的知识体系。

抛开细枝末节的知识,让我们只在逻辑和存在论意义上研究亚里士多德与柏拉图在“绝对”问题上的差异,并尽其所能地评价这种差异所产生的影响,以及这种影响的思想史效应。我们的任务首先就展示为:在亚里士多德这里,是否所有事物都可以展示在思想中,即:那种最原始的存在能否逻辑化,从而成为逻辑的对象,并进一步成为我们的知识。在我看来,无论是柏拉图还是亚里士多德,他们关心的一个核心问题就是我们何以可以拥有知识,以及在知识之外是否还存在着不可被认识的东西。①

与柏拉图不同,亚里士多德试图在严格的逻辑层面和存在论上解决上面的问题,并且,最终这两种追问应该是一致的。由于我们所有的知识都是“说”出来的,亚里士多德就以分析语言的方式分析我们关于事物的思想。在《范畴篇》中,亚里士多德区分了我们现在一直还在使用的“第一实体”(Substance)、“第二实体”、“属性”(Property)等概念:

　　　　实体,就其最本真(Truest)、最原初(Primary)和最确切

---

① 此部分受惠于黄裕生教授《真理与自由》一书讨论“亚里士多德”部分颇多。尽管在问题意识上,我们有所差异。在此表示由衷的感谢。

(Definite)的意义而言,是那种既不陈述一个主体,亦不存在于一个主体之内(Present)的东西,比如某个人或某匹马。①

第二种意义上的实体是那种包含第一意义实体的各种属(Species),以及那些包含属的种(Genera)。②

按照亚里士多德,我们可以在两个层面上追问最原始的事物:一是逻辑,一是存在。按照前者,所谓最原初的事物就是在逻辑上处于优先地位的,因而作为逻辑的开端;按照后者,所谓最原初的事物就是最原初的存在,它是一切其他事物存在的开端,是一切其他事物存在的基础。我们看到,第一实体充当了这样一个角色。进一步,在《范畴篇》中,亚里士多德按照逻辑学的方式追问最原初的存在与其他存在之间的关联。

在分析第一实体之前,我们先看看第二实体是否可以完全作为逻辑学的对象。既然第二实体,即种属,是陈述第一实体的,那么,它们毫无疑问是在宾词(Prediction)的位置上,因而可以作为逻辑学的对象。但是,种属本身包含有两种含义:首先作为定义或概念限定第一实体,其次它们有其自己的“名称”。作为名称而存在的第二实体是否也可以在宾词位置上,从而用来陈述第一实体呢? 亚里士多德说,是的。

显而易见,名称和概念必然都可以陈述该主体。比如,“人”陈述个别的人,“人”这个属名的名称也被用来陈述这个人。因为,我们用“人”这个词语描述一个个别的人;同样,“人”这个概念也被用来陈述某个人,因为某个人既是人又是动物。所以,名称及概念都用来陈述个别人。③

---

① Aristotle, *Complete Work*, trans. W. D. Ross, Oxford: Oxford University Press, 1928, p. 5. 参见中译本:《范畴篇》,方书春译,北京:商务印书馆 1986 年版,第 12 页。引文根据两个版本自行译出。以下不再一一标注。

② Aristotle, *Complete Work*, p. 5.

③ Aristotle, *Complete Work*, p. 5.

这里隐含着更进一步值得追问的问题。我们可以以柏拉图的问题意识作为追踪的线索。在柏拉图那里，作为种属的共相存在于理念世界之中，即使我们可以拥有关于它们的知识，但按照我们对柏拉图"知识论"的分析，这种知识也是具有根本性限度的。由于关于共相的知识要依赖于善之理念的照亮，它们就有其更深而无法被我们所穷尽的来源。所以，如果说我们拥有的知识是关于作为"概念"的共相的，即它是作为共相向我们敞开从而被我们把握的那一部分，那么，那些不能被我们把握的就存在于被我们所把握的之后；于是，因着理念自身的开放性，那些之后的即尚未被我们所把握的东西就等待着与我们相遇。相遇的特性乃是在于它有所绽放地与我们"面对面"，因而我们必定对其有所先在的领会。这种领会所产生的结果，可以被称为"名称"。名称，是我们与对象相照面的第一产物。

所以，按照名称所具有的结构，它必然包含着双重的意义。首先，它是可以向我们显现的，我们也可以把这些显现把握为"我们的对象"，因而我们可以拥有关于它的知识。所谓知识，就是我们对显现的把握。其次，它之显现是以它能够显现为前提的，它背后必定有更深的根源支撑着它向我们显现，因而显现是无穷无尽的。我们永远处在与它相遇的路上，而不可能完全占有它。所以，被柏拉图称为共相的理念，只能凭借灵魂之眼才能被看到，而在其显现背后则有着更深的来源。在我看来，正是由于对柏拉图的理念的本质结构的理解，亚里士多德才多处处理概念和名称的关系问题。比如，我们就极少会注意到"人"会有名称与概念的差异，而亚里士多德则看到了。

所以，当亚里士多德说名称与概念一样都陈述第一实体之时，他真正要说的是，根本不存在柏拉图所说的作为理念的共相。所有与种属相关的东西都是在宾词位置上的，都是逻辑学内部的对象。所谓逻辑学内部的对象就是说它完全是概念性的存在，因而可以呈现在概念之中，从而作为人类的知识而被我们占据。这种对柏拉图思想的背离是本质性的。它彻底解构了柏拉图理念世界或实在世界与现实世界的分裂。在亚里士多德这里,共相作为完全性的概念存在,只是陈谓个体存在的,并且它绝不会比个体存在方式更多;相反,它恰恰比个体性的事物的存在方式更少。少的那一部分就在于它仅仅是一般,从而它只是个体存在的本质属性。也正是因此,亚里士多德绝口不提理念与现实的分别,取而代之的是形式与质料的差别。并且坦白地讲,亚里士多德的这种处理方式远比理念与现实之类的处理要精致得多。从思想史的进展上看,亚里士多德的思想也的确主导了后续的讨论。

另一方面,在我们的语言中,最初的最原始的总是命名。甚至可以说,我们乃是在命名中展开这个世界的,并且也只能在命名中展开这个这个世界。之后我们才会触及各个名称之间的关联。因此,当亚里士多德将所有的共相名称都归于概念之中的时候,他要说这个世界必然是一个概念性联结的世界。之所以给予种属以如此高的位置,乃是在于它们是主体,即:第一实体的第一展开物。因此,按照亚里士多德,我们是按照作为第一概念的种属展开这个世界的。

这就说明,亚里士多德根本不承认存在着不从属于概念关联的存在者。当亚里士多德说第一实体不述谓任何其他东西,而仅仅被其他东西述谓的时候,他设想如果抽象掉所有述谓第一实体的谓词之后,主体究竟剩下什么呢? 他回答说"质料"。但他接着说:

> 这是不可能的。因为本体最重要的必须是可分离的,是"这个"(Thisness or individuality)的。因此,不如说形式以及(形式与质料的)组合物是实体,而不是质料是实体。①

这种追索方式说明了一点:在解构了种属的非概念性之后,他想看一下是否还存在不是概念的东西。因为就第一实体而言,除了种属以及

---

① Aristotle, *Metaphysics*, trans. W. D. Ross, Princeton: Princeton University Press, 1991, 1029a. 27 - 33, p. 91. 中译本有:《形而上学》,李真译,上海:上海人民出版社 2005 年版,第194 页;《形而上学》,吴寿彭译,北京:商务印书馆 1995 年版,第 128 页。译文根据三个版本译出。以下不再一一标注。

其他属性的述谓它的东西之外，它可能还有一种"个体性"的东西。比如苏格拉底，除了"人、动物"这样的本质属性，以及"高的、瘦的"等这样的非本质性属性之外，或许还有一种使苏格拉底这个个体成为可能的东西，并且这个东西不是概念性的。当亚里士多德抽象掉这所有属性时，他发现还有一种叫作"质料"的东西。在此我们也可以看到亚里士多德逻辑推演到了什么地步！但质料又是什么呢？什么都不是。一个连自身都不是的东西根本不具有任何意义。所以，第一实体必然是按照本质以及非本质属性展开的，从而是按照概念展开其自身的。

到现在为止，我们看到亚里士多德的"这一个"究竟意味着什么了。首先，因为它以种属展开自身，因而它是一种一般性的存在，并且这种一般性的存在是完全概念性的。除此之外，它不可能再有另外的呈现模式。其次，毕竟是"这一个"，除了一般性的存在之外，它必然有其个体性所在。由于抽象掉一般属性以及其余几种范畴的属性之后所剩下的"质料"没有意义，所以，它之个体性必然是表现在实体之外的其他各个范畴之上的。这一点，我们也可以从谈论存在问题的《形而上学》中看得出来。

> 事物在两种意义上存在：它或者作为偶性存在，或者作为自身存在……作为自身而存在的事物恰好可以由范畴形式来全部显明；有多少种类的范畴形式，它们自身就有多少存在方式。①

我们看到，在实体的概念性存在上，《范畴篇》和《形而上学》是一致的。"这一个"的意义完全由第二实体及其他属性以逻辑概念性的方式所穷尽，因而第一实体完全处于概念的透明性之中；同样，作为"这一个"的存在意义也完全由范畴性的存在所穷尽。它的存在意义是完全彰

---

① Aristotle, *Metaphysics*, 1017a8 - 1017a23. 由于本段落很重要，我一并给出英文："Things are said to be (1) in an accidental sense, (2) by their own nature . . . Those things are said in their own right to be that are indicated by the figures of predication; for the senses of 'being' are just as many as these figures. "

显的。

我们在这里看到一副完全不同于柏拉图的场景。这个世界不再是忽明忽暗、半遮半掩的，相反，它完全敞开在思想面前。只要开启我们的思想去连结，所有一切都是澄明的。但是，另一方面，它也恰恰是完全无来源的、无根的，因而是一个漂浮的世界。每一个"这一个"或"那一个"都或者作为自身诉说着自己，或者作为关联物诉说着自己，它们不会有其他来源，从而作为自身诉说自己的"这一个"之间根本不存在本质性的关联。它们就好像毫无缘由地组合到一起而漂浮在"无名"之上，并且除了它自己，它不知道之外的其他东西。因而在这个思想体系中根本不存在"无限"的位置。亚里士多德完全洞悉到这一点。在《物理学》中，他拼命地反对"无限"的存在。① 无限本身就意味着不可限制性和不可穷尽性，而亚里士多德的思想根本不容许这样的东西存在。在后续的思想中，我们看到"无限"一度成为所有争辩的焦点。②

到现在为止，我们看到了亚里士多德存在思想的概貌。无疑，按照逻辑学以及存在论，将实在世界与现实世界以"这一个"的方式彻底融贯到一起是思想的巨大进展。但另一方面，"这一个"之间的本质性关联却是无法理解的；这一点如果无法达到，哪怕细枝末节的知识获得再多，它也永远无法成为一个整全的思想世界体系。这是因为，哪怕穷尽所有关于"这一个"或"那一个"的知识，我们依然无法理解它们在根本上关联于何处。在我看来，亚里士多德所以走到这种境地，乃是在于他背弃了柏拉图，却没有打开另外的绝对的维度。只有在绝对（者）中，一切"这一个"都会有来源，都会有根基，因而才是关联一体的；也只有在绝对中，一切"这一个"才不会是自身言说而丧失其相关于整体的绝对意义。

---

① 可参见亚里士多德：《物理学》，张竹明译，北京：商务印书馆 1982 年版（以下不再一一标注该书版本情况），第 75—91 页。

② 柯瓦雷（Alexandre Koyre，1892—1964）追索了无限意义从库萨的尼古拉（Nicholas of cusa，1401—1464）到牛顿、莱布尼茨（G. W. Leibniz，1646—1716）这一段的思想史进展。参见［俄］柯瓦雷《从封闭世界（Cosmos）到无限宇宙（Universe）》，张卜天译，北京：北京大学出版社 2008 年版（以下不再一一标注该书版本）。

这一点，亚里士多德不是没有觉察到。在《形而上学》中，他给出了纯形式，即：没有与质料结合，因而不受质料限制的纯粹形式。[1] 质料必然是在"直观"中呈现的，因而必然有经验性的来源。不受任何质料限制的东西必然不受直观的限定，所以纯粹形式不可能是概念性的——概念意味着形式和质料的结合。虽然在一种程度上可以说，纯粹形式也是来源于逻辑抽象的结果，[2]但亚里士多德否认纯粹质料的存在，却承认纯粹形式的存在。[3] 另一方面，在《物理学》中，经过反复的推论，亚里士多德得出"第一推动者"这样的存在者，[4]它必然是不受任何限制的。因此，第一推动者必然是绝对者。但遗憾的是，亚里士多德的论证表明，纯粹形式和第一推动者只是论证和构造世界的逻辑需要，而对于二者的存在论属性及其与概念性存在物之间的关系，亚里士多德却闭口不谈。

接下来，思想史的任务就要将绝对的意义投射到现实世界当中。当然，此时的现实世界已不再是柏拉图意义的现实世界。这个现实世界是由"这一个"或"那一个"组成的既具有一般性又具有个体性的总体关联；而一旦它们在绝对的意义上得以深化，这个世界就展示为绝对的总体。这也是斯宾诺莎（Benedictus de Spinoza，1632—1677）所谓的"绝对实体"。而当"这一个"获得绝对意义的深化之后，它就是莱布尼茨所谓的"单子"。但无论是斯宾诺莎还是莱布尼茨，都是千年之后思想所达到的顶峰。这中间，发生了西方思想史上最重要的结合，那就是耶路撒冷（Jerusalem）与雅典（Athens）的结合。这个结合对于思想的进展是决定性的。

由于我们的任务是分析康德思想中的"绝对"，中世纪基督教思想不应该成为主题。但在我看来，若要真正理解康德，离开基督教背景又是不可能的。在这种两难的状况下，我们要选取一个中间环节。这个环节

---

① 参见 Aristotle，*Metaphysics*. 1029a。
② 参见黄裕生《真理与自由》，第 40 页。
③ 参见 Aristotle，*Metaphysics*. 1029a。
④ 参见柏拉图《理想国》，第 234—246 页。

需要既能体现希腊哲学的根本问题,又能展示基督教思想的绝对意义。事实上,可以作为这样环节的思想家有很多。这些思想家的核心工作就是:在希腊思想被基督教彻底消化之后,他们又试图回到哲学本身去反思哲学的根基。

如同上面所阐明的,这个时代的哲学根基绝不仅仅是柏拉图或亚里士多德式的。它既要关联到现实世界总体以及其中的种种存在者,尤其是人这样的存在者,又要关联到信仰所揭示的绝对者的绝对意义。并且,最终这两种思想意义要彻底交融在一起,即绝对者的意义要展示在现实世界之中。这有两个方面原因。一方面,这是思想所必然要求的,这一点,我们已经在上面作出了说明;另一方面,这也是基督教思想本身所要求的。因为《圣经》开篇就说"起初,神创造了天地"(《创世记》1:1)。既然是神创造的天地,那么这个天地必然是有真理性的,"神的灵运行在水面上"(《创世记》1:2),神是运行在世界之中的。世界本身具有绝对的意义和价值。

厘清或者试图理解神与世界之间的关系是"自然神学"(Physicotheology)要回答的主要问题。[①] 那些游走在基督教神学和哲学论辩之间的思想家都在进行着思想的"冒险"。首先,他不可以挑战作为"自有永有者"的上帝的绝对位置,唯有上帝才是绝对的"一"。其次,相较于上帝,作为自然事物总体的世界虽然是有限的,但它也应该具有某种意义上的绝对性,否则它自身的真理意义无法得到保证。最后,作为世界与上帝和解的中间者的人也需要具有某种意义上的绝对性,否则,绝对的上帝缘何肉身化来拯救我们呢? 由此可见,自然神学体系应该向两个方面运思,即:首先,作为绝对者的上帝对世界和人的开放,他是如何开放的呢? 其次,世界和人向绝对位置的提升,如何思考甚至看待这种提升呢? 由是观之,上帝、世界和人,应该是这段思想史的关键词。我

[①] 关于这一点,卡斯培(Walter Kasper, 1933—)引证了大量哲学和神学文献。关于这些文献的基本信息汇总,可参照其引证。参见[德]卡斯培《现代语境中的上帝观念——耶稣基督的上帝》,罗选民译,上海:华东师范大学出版社 2011 年版,第 109—125 页。

们会看到，一直到康德，这些问题都是需要反思和回答的。

　　作为中世纪的一位重要的基督教神学家，在库萨的尼古拉那里，我们非常清楚地看到了这些思想脉络是如何汇聚到一起的。下面我们就展开对他的文本的分析。

第三节　绝对维度的完全开放：基督教信仰下的“绝对”

　　在《论有学问的无知》(*On Learned Ignorance*，1440)①一书中，尼古拉系统地展开了他对“上帝”、“宇宙(Universe)”、“人(以 Jesus Christ 作为典范)”的论述。

　　由于上帝之绝对性，他根本性地超出人类可以理解的范围，我们看到，尼古拉仅仅通过数学类比以及“否定神学”(Negative Theology)的方式谈论作为绝对者的上帝。在尼古拉看来，我们所有的知识都是相对于绝对者，或者从绝对者那里所得到的“知识”都是“有学问的无知”。这是因为，对于绝对者，我们所有的知识都是微不足道的，因而这是一种无知；但是毕竟上帝赋予了我们知的能力，并且上帝以其无法为我们所完全理解的方式渗透进我们的所有知识中，并且渗透进这个世界和所有世界的相关物中，所以，我们又在某种程度上有着一种知识。

　　由于尼古拉对上帝绝对性的论证充斥着从基督教神学体系那里所接受的东西，我们不打算细致地分析他对上帝所拥有的“有学问的无知”。我们感兴趣的是他对宇宙和人所“拥有的”知识。按照这项研究的思想进展，同时在我看来，这也是尼古拉所有论证的核心，我们分两部分

---

① 对于这部著作，我们主要参照两个版本：一是尹大贻和朱新民的中译本，一是 Jasper Hopkins 的英译本。由于英译本是网上下载，其页码与纸质本略有差异，因而，在引证中作者只标出其参照文本的原始页码。另一方面，由于中译本经历了诸多锤炼，译文在作者看来大致可靠，如无特殊说明以中译为准。但为了文本的内在连贯性，很多引文重新译出。在涉及很多术语时，作者与中译有不同理解，均按照作者的术语用法，在后面以英文标出。特在此说明。请参见［俄］库萨的尼古拉《论有学问的无知》，尹大贻、朱新民译，北京：商务印书馆 2009 年版。英文版参阅 Nicholas of Cusa, *On Learned Ignorance*, trans. Jasper Hopkins, Minneapolis, MN: Banning Press, 2nd printing, 1990(以下不再一一标注该版本)。

处理上帝的绝对性是如何投射到作为所有事物总体的宇宙,以及其中的所有个体之中的,同时,又是如何投射到作为绝对者与宇宙中所有个体种之中间环节的人的——这以耶稣基督作为代表。

在我看来,尼古拉是从以下几个层面展开论述的:1. 宇宙的存在论性质;2. 宇宙及其所包含的个体物以神秘的方式来自上帝;3. 个体物—宇宙—上帝之间的关联;4. 个体物之间的关联及其存在的"绝对性";5. 上帝与宇宙的存在在何种意义上的一体性;6. 按照我们的主题,给出这种思想的可能走向。这六个环节是层层相扣的。对这几个问题的回答,于我们理解基督教精神,以及柏拉图思想的"绝对"维度何以能够深化亚里士多德的思想,都有着关键作用。下面,就让我们逐条分析尼古拉的论证。

1. 宇宙的存在论性质。"只有绝对的极大是否定式的无限,因而,它自身就是那可能存在的一切。宇宙却无法成为否定式的无限,因为尽管它含纳了一切事物,但它却无法包含上帝;可是就宇宙是无限度的而言,它却是消极的无限。就此而言,宇宙既不是有限的,也不是无限的。"[①]这是尼古拉对宇宙的"存在论"性质所作的提纲挈领的界定。

显而易见,这个论证隐含了一个出于信仰的前提,即作为绝对者的极大是否定式的无限。所谓"否定式",就是说我们永远不可能获得对它进行正面言说的资格,对于它,我们只能说"它不是什么",但对于"它是什么",我们却不知道。并且只要一说,我们就会犯大错。这是因为,就语词或对事物的界定的本性来讲,只要某物是什么一旦被说出来,它就必然要在意识中呈现,因而成为意识的对象而成为宾词物。按照我们在亚里士多德那里所作的论证,一切成为宾词的东西都是概念性的,都是被意识所照亮而全部处于澄明中的。但是,当说"它不是什么"的时候,这意味着该事物不是作为意识面前的那个东西,因而不是概念中所界定

---

① Nicholas of Cusa, *On Learned Ignorance*,边页,第 97 页;[俄]库萨的尼古拉:《论有学问的无知》,第 65 页。引文是自行译出。下同。

的那个东西。同样的，如果一个事物完全是"否定式"的，那么，它就根本不可能作为宾词而处于宾位，因而是我们的意识可能永远都无法完全照亮的。可以说，它是在我们的概念或者意识之外。因此，尼古拉如是"否定地"谈论上帝，就意味着上帝的存在永远不受制于任何一个他者，它自身就是所有可能的一切。其无限就是不可限定，不可被意识所照亮的。

但是，在尼古拉看来，还存在另外一种即使与上帝的无限无法相提并论，但是具有一种"受到限制，或剥夺"（Privative）的无限，那就是宇宙。宇宙就是包含了上帝之外一切事物（all the Things）的总体。就其不包含上帝而言，它是受到限制的，因而绝无可能成为绝对的无限；但就其包含一切事物而言，它又是不受任何除了上帝之外的他物而限制的，因而它又是某种意义上的无限。由是观之，说上帝的无限就在于他的绝对性，即它不受任何存在的限制；但是，说宇宙的"无限"——更恰当地讲是"无限度"——就在于它是"尺度"意义上的无限，即：除上帝之外，我们无法想象还有什么东西比宇宙"更大"（Greater）。在这个意义上，宇宙在其自身之中。这是一个很深的洞见。

如果说，"宇宙在其自身之中"还残留着亚里士多德主义概念论辩的残余，那么，它之"无限度"就在于它必须要被纳入"智性"（Intellect）之中去思考。尽管我们在经验中看到的都是一个封闭的宇宙，但是在也只有在智性之中，宇宙之无限度才是可以被理解的。因此，可以看到尼古拉在这里的双重运思：首先，因着智性，宇宙是无限度的，因为只有在智性之中，宇宙可以被当作一个包含一切的总体，而不受除了上帝之外的任何他者限制；其次，宇宙之无限制性乃是在它自身之中，因为在它之外，不存在任何除了上帝之外的他者。因此，所有在智性之中对于宇宙的言说都是关于宇宙自身的。

在后续的科学思想史进程中我们看到，这两点都是思想家们绕不过去的关节点。布鲁诺（G. Bruno，1548—1600）对前者进行了深入的反思，这是我们后面要进行分析的；后者乃是认识之可能的前提。但是，不得不提的是，后者在尼古拉这里还没有得到主题性的思考，这是因为，上帝是渗透一切的，但是，一旦祛除上帝的作用，一切（宇宙）自身的真理性就会成为思想的出发点。笛卡尔（Rene Descartes，1596—1650）、康德等均走在这条思想路线上。我们会在后面的分析中看到这些。

也是在这里，尼古拉遇到了和布鲁诺一样的问题：如果停留在"智性"之中，因着对上帝的信仰，我们可以理解宇宙之无限制性，但是，这种无限制性不应该仅仅是在"宇宙自身之中的"，它还可以"更大一些"，最终达到绝对的大（空间意义）。当然，如何处理空间意义上的"绝对大"与上帝之"绝对"的关系是极其艰难的，但至少，在智性中，这个问题早晚要被提出，并且布鲁诺实际上也试图回答这个问题。尼古拉如是看待这个问题：

> 它不可能比它自身所是的更大。这源于它自身的缺陷。因为可能性本身，或质料不可能将自身伸展到自身之外。说"宇宙可以总是比其实际所是的更大"就等于在说"可能的存在可以超出自身而成为实际的无限存在"。但是后者是错误的，因为无限的现实性——它是绝对永恒，是全部存在之可能性的现实化——不能够从可能性中获得。因而，尽管相关于上帝之无限权能，宇宙可以无限延展，但是因为可能性（Possibility-of-being）和质料（Matter）的限制，宇宙并没有现实性地延展到无限，相反，它不可能更大。①

此论证有两个关键点：一是由于质料的限制，宇宙不可能是无限的，按照新柏拉图主义的思路，这不难理解；二是由于智性本身的限制，在尼古拉看来，存在于智性中的终究是"可能性"的存在，可能性若要成为现实性必须依赖于绝对的权能，这恰是智性本身所缺乏的。同样的，在后续科学思想史进展中，这两个论证也都非常关键，它们是试图论证宇宙无限所不得不面对的论据。很多思想家诉诸精神性的实体解决前者；相较于前者，后者更难回应，它涉及思想与对象的关系、上帝之全能与自由

---

① Nicholas of Cusa, *On Learned Ignorance*，边页，第 97 页；[俄]库萨的尼古拉：《论有学问的无知》，第 65 页。

意志的关系以及潜能与现实的关系等。在布鲁诺那里，我们会进一步触及这个问题。最终，在尼古拉看来，宇宙就是这样一种存在：

> 它是消极（Privatively）意义上的无限。它的现实存在被它的本性限定为这样：它的存在是其本性条件所许可的最佳可能。另外，因为它是被造之物，它就必然从绝对的存在者，即上帝那里得到其存在。这后一点，我将简洁而又不失清晰地按照我们有学问的无知进行说明。①

2. 被造物如何从绝对者那里获得存在的意义。在尼古拉看来，被造物之存在确确实实来源于上帝，即：只有在上帝那里，被造物才能获得它的存在，才是有存在根据的。但是，另一方面，被造物之存在如何来源于上帝，即：上帝究竟如何将存在赋予被造物却是完全超出于人之理解的：既在感性上超出，也在智性上超出。因此，这是奥秘。我们看到，在莱布尼茨等人试图在形而上学水平上说明这个问题之前，这个问题首先由基督教信仰"促逼"出来。

> 神圣的无知已经告诉我们，除了从绝对者那里获得其自身之存在，就无物存在——因为只有在绝对那里，"自生"（From itself）、"自在"（In itself）、"自为"（Through itself）、"自赖"（with respect to itself）是同一的，即是绝对的存在——因而，每一个在其自身中所是的存在，只要它是其所是，都是来源于绝对存在者的。否则，一个非自生的存在若不是从永恒存在那里获得其存在，那会是在哪里呢？②

这是神学式，或者说形而上学式的论证。任何一种存在都是有来源的，作为根源自身的存在必然不来源于任何他者，从而是不受任何他者的限制的绝对本身。相反，任何一个不是根源的存在者，只要它存在，它

---

① Nicholas of Cusa, *On Learned Ignorance*，边页，第 97 页；［俄］库萨的尼古拉：《论有学问的无知》，第 65 页。

② Nicholas of Cusa, *On Learned Ignorance*，边页，第 98 页；［俄］库萨的尼古拉：《论有学问的无知》，第 65—66 页。

必然不来源于虚无,从而是来源于存在本身的。

由于在基督教信仰中,一切均来源于上帝的创造,从而它们存在的根源都在于上帝。既然任何存在者之存在都来源于上帝,那么,我们无法设想它们不具有上帝的一些属性,比如永恒。但是,被造物却恰恰是时间性的,因而是暂时的存在者,那么,如何来说明被造物之暂时性和上帝的永恒性呢? 要回答这个问题,首先要回答在被造物之中,其来源于上帝的存在的含义是什么,同时要回答其如何区分于存在,以及这两者的结合是如何可能的。

我们可以从上帝的造物中发现种种不足或缺陷,比如必朽性、可分性、不完全性、杂多性等诸如此类的东西。但是,这些属性肯定不能来源于上帝,因为上帝所具有的存在属性恰好与之相反。所以,这些东西只能来源于存在者自身的有限性。但是,被造物不仅仅具有这些属性,否则,它们就会是完全的虚无而不具有任何存在属性。因此,除了这些东西,我们还可以在存在者中发现"被造物也具有统一性、个体存在性(Distinct),并且这些性质与宇宙相和谐;并且存在者的统一性愈大,它就愈接近上帝的形象"①。但是,与上帝之完全永恒性、完善性、单纯性、独一性等相比,被造物之统一性恰恰内在于其复多性之中。

但无论如何需要说明的是,存在物之反面属性尽管不来源于上帝是确定无疑的,但它们毕竟有了这些属性,这些属性究竟来源于哪里呢?尼古拉只能说这是神秘。他举直线的例子说明这一点。相对于曲线,直线之直有绝对性,这种直是曲线所无法企及的;但是,另一方面,按照有学问的无知,所有的曲线又恰恰来源于直线。这种可能性不仅远超出感性的把握,同时也超出了理智的把握。除非借助于绝对,我们的理智无法理解这一点。我们知道,只有在对上帝的信仰中,尼古拉才有可能作出这种论证。但无论如何,有一点是可以理解的,即:既然存在者有着这

---

① Nicholas of Cusa, *On Learned Ignorance*,边页,第99页;[俄]库萨的尼古拉:《论有学问的无知》,第66页。

些反面的属性,那么,这些属性肯定来源于它们的有限性自身;同时,既然存在者是上帝的造物,那么,它就必然拥有存在的属性,比如上面提到的永恒性。可以肯定的是,永恒性必然不在时间之中。因此,当上帝造它,使它可能存在的时候起,它就一直在了;并且这样一种存在超出于时间性,是在不受任何时间,以及其他东西限制的绝对之中的。

但是,两者之间的结合如何可能呢? 不受限制的绝对属性本身必然不在时间之中,但是,复多性、可分离性、不朽性等却是在时间之中而受限制的东西。这两者要结合在一个现实存在者中,这是如何可能的呢? 尼古拉坦白地讲,我不知道,这是神秘。

> 无论如何,(被造物)不能由存在和非存在共同组成。因而,看起来,它既不是存在本身(因为它来源于存在),又不是非存在(因为它先于虚无),同时又不是存在与虚无的结合。现在,无论是分开看,还是结合着看,我们那无法超越矛盾律的智性都不可能理解被造物的存在。虽然我们的智性知道一切被造物都来源于绝对者的存在。①

我们看到,对于为何无法理解两者结合的这些论证都是具有形而上学性质的。支撑它们的前提是存在与虚无之间的绝对区分。对于遵循矛盾律、同一律的智性而言,具有绝对差异的两者如何统一为“一”当然是无法理解的。但是,既然结合无法理解,我们又是如何能够“知道”一个矛盾事物来源于“一”呢? 这个“知道”究竟是什么性质的知道呢?

首先,它肯定不是逻辑性的,因为矛盾来源于“一”是不符合逻辑规律的;其次,它更不是经验性的,因为我们什么都没有看到。既不来源于感性经验,又不是智性推导的,那它究竟来源于哪里呢? 回答只能是:“信仰”。我们看到,在信仰之中,一切理智的推导与经验的看到统统不再具有实质性的效力;在信仰之中,尼古拉见证到了这个世界的一切都

---

① Nicholas of Cusa, *On Learned Ignorance*,边页,第 100 页;[俄]库萨的尼古拉:《论有学问的无知》,第 67 页。

来源于上帝,尽管它与思想的形式不相符合。在我看来,尼古拉之后的整个近代哲学都在试图回答这个问题,当然,他们不再诉诸信仰。之所以特意指出这一点,是为了让我们更加深刻地理解"信仰"在解决希腊哲学遗留问题中所起到的重要作用。同时,理解到这一点,也能让我们更好地理解黑格尔"辩证逻辑"的真正根源(离不开基督信仰)。

我们看到,对尼古拉来说,尽管这些都是神秘而无法被我们的智性所理解的,但在信仰中,我们知道:"由于被造物存在之本性,它的'一',无论是偶然的,还是确定的,都寓于一种复多性之中。这似乎也同样应用于单纯性和复合性,以及其他各组矛盾。"①被造物之复多性中必然蕴含着单一性、永恒性等,它们是来源于上帝的,因而具有某种意义上的绝对性。在信仰中,我们看到:"上帝包含了万物,同时也绽现了万物;因他包含万物,以至于在他之中,万物就是他自身;因他绽现万物,以至于在万物之中,他是它们所是的。这就像实在寓于映像之中。脸在其映像中再现出来,凭借这些映像的展示,我们得以或近或远地目睹这张脸。"②

讨论完尼古拉对宇宙的存在论性质,以及被造物之存在属性的说法之后,我们还需要分析上帝—宇宙—个体之间的关联,以及个体物之间的联系。这是接下来两小部分需要探讨的问题。

3. 有关上帝—宇宙—个体物之间的关系。让我们先来阅读尼古拉的一段文字,它提纲挈领地展示了尼古拉眼中的"信仰—思想世界"。

> 宇宙以一种限定了的式样存在于形成宇宙的一切特定存在物之中,而上帝,他是独一的,则作为一个统一体而存在于宇宙之中。这样我们可以理解,上帝,即无限单纯性中的"一",怎样存在于作为一个统一体的宇宙之中,并且还作为一种必然结果,通过宇宙的中介而存在于一切事物之中;也能够理解,事物的复多性怎么通过作

---

① Nicholas of Cusa, *On Learned Ignorance*,边页,第 100 页;[俄]库萨的尼古拉:《论有学问的无知》,第 67 页。

② Nicholas of Cusa, *On Learned Ignorance*,边页,第 111 页;[俄]库萨的尼古拉:《论有学问的无知》,第 74 页。两个版本略有差异。

为统一体的宇宙而存在于上帝之中。①

我们的任务是细致分析宇宙何以存在于特定存在者之中，以至于通过这些分析，我们会进一步了解那本不存在于上帝中的复多性又是如何存在于上帝之中的。"在我看来，宇宙只不过是极大的一个限定（Contract）了的形式。它是限定了的或具体的，因为它从绝对中抓住它的全部存在；因为它也是一个极大，它以尽可能最大的方式再现着绝对极大。"②由于宇宙从"绝对"中抓住了它的全部存在，所有上帝造物就都在宇宙之中。这包含两方面含义：就统一性的含义言之，抓住全部存在的宇宙有着全部存在的统一性，即全部存在之统一性在于宇宙之中；同时，因为它是被限定了的形式，它的统一性就是与作为相反之物的有限相对的统一性。因此，尼古拉说，在宇宙的统一性之中，它预期着有限这一对立面。正是在后者之中，它可以作为一切事物的开端和终结，以及其他，从而，我们可以说，尽管从统一性或者"一"来讲，宇宙是无限的（相对的无限），但因为这种"一"处处与"多"相对，我们又可以说它的"一"是被"多"所限制的，从而它又不是绝对的极大。

这里隐含着进一步的推论。如上所言，上帝存在于被造物之中，但他又不是被造物。这是因为"一"与"多"在上帝那里是不相容的。但是，宇宙却不同。宇宙以将全部存在之统一性纳入自身之中的方式面对全部存在，即：无论全部存在之统一性还是它们的复多性，都存在于宇宙之中。所以宇宙不是一切事物，但是当它在一切事物之中时，它就是一切事物。这就如同人类对人的关系那样："人类既不是苏格拉底，也不是柏拉图，但是在苏格拉底之中它就是苏格拉底，在柏拉图之中它就是柏拉

---

① Nicholas of Cusa, *On Learned Ignorance*，边页，第 116 页；[俄]库萨的尼古拉：《论有学问的无知》，第 78 页。译文主要参照中译本。

② Nicholas of Cusa, *On Learned Ignorance*，边页，第 2 页；[俄]库萨的尼古拉：《论有学问的无知》，第 75 页。

图。"①需要说明的是,如果严格按照形式逻辑,这样一种推理,以及前一部分的推理都是成问题的,但是尼古拉一再强调这是一种有学问的无知,因而是在信仰之中,试图以不可能真正洞见到绝对以及其与万物的关系的"理智"来理解这些真理。这种谈论方式在很多文化中都有出现,比如佛教的一些智慧言谈。

总而言之,以这样一种几乎无法为理智所理解的论证方式,尼古拉给出了他对于这个问题的论证。借着宇宙之包含统一性与复多性,它存在于所有个别物之中,并因其统一性存在于上帝之中而是受限定的无限,事物之复多性就通过作为统一体的宇宙而存在于上帝之中。这隐含着进一步的问题:既然(1)被造物之存在,即其"一"来源于上帝,(2)被造物之复多性又通过宇宙而存在于上帝之中,那么,被造物之间就具有一种相互"在其中"的关联,并且它们自身就是某种"绝对"意义上的存在。这是我们下一步需要讨论的。

4. 宇宙以其从上帝而来的统一性存在于诸物之中,并且因其被现实存在物限定而现实地成为诸物。那么显然,上帝就既在宇宙之中,也存在于所有个体之中,并且每一现实存在连同宇宙也直接地在上帝之中。这是我们上面所达到的结论。这就必然意味着:"'每一事物都在每一事物之中',也就是说,上帝通过万物而在万物之中,以及通过万物而使万物在上帝之中。"②在逻辑上,这个推论完全是按照上面所达到的结论而获得的。但是,在尼古拉看来,这个结论如此高深以至于超出了普通人的理智水平。还是按照前面的论证方式,尼古拉举了人类与人及其肢体的例子。绝对的人性可以在人之中找到,同时也必然可以在每一个肢体中找到,从而人类的缩影在眼睛中就是眼睛,在心中就是心。

这个进一步的推论有着重要的存在论内涵,虽然它首先是凭借信仰

---

① Nicholas of Cusa, *On Learned Ignorance*,边页,第 115 页;[俄]库萨的尼古拉:《论有学问的无知》,第 77 页。

② Nicholas of Cusa, *On Learned Ignorance*,边页,第 118 页;[俄]库萨的尼古拉:《论有学问的无知》,第 79 页。

的方式达到的：因着每一物在上帝之中，并且上帝在每一物之中，每一物获得了一种绝对性存在，虽然这种绝对性完全不同于上帝之绝对性；但是，完全不同于亚里士多德的"这一个"，这种具有绝对性的个体存在不是漂浮无根的，它以融入万物、融入宇宙的方式而与万物、宇宙建立了绝对性的关联，从而整个造物世界的万有以其特有的方式分享了绝对的意义，并且它们组合成一个被称为"宇宙"的整体，这个整体从绝对者那里获得全部的绝对存在，即"一"的形式。

尽管在信仰看来，这个全部存在的"一"与上帝之"一"相比是微不足道的。但是上帝之"一"一旦被拿去，剩下的这个"一"就具有绝对的意义，这是"自然神学"之根基所在；一旦思想试图按照自身的逻辑（主要是辩证逻辑）把握这个"一"，这样的哲学就是"绝对哲学"，它并没有损失什么思想性的内涵。进一步，按照这种信仰所达到的思想意义，我们可以理解"充足理由律"，即：任何一种存在，都具有存在论意义上的绝对根据。既然每一存在都以自身的方式分享绝对意义，那么，整个宇宙中绝对不可能存在任何两个完全相等的事物，所有的一切之存在的联合就是绝对。这个原理是形而上学的核心原理。同样，按照这个基本思想所具有的效力，尼古拉异常肯定地说：

> 所以，万物就是其自身之所是，因为它们不可能有别样的存在方式，也不可能有更好的存在方式。因而，万物都以并行不悖的方式存在于每一物中，因为每一个存在尺度离开其他存在尺度就不能存在。[①]

在这里，我们看到，尼古拉深刻地推进了柏拉图和亚里士多德的思想。首先，"万物就是其自身之所是"不再是柏拉图意义上的单纯的理念性存在，它同时是贯穿"一"与"多"、"永恒"与"时间"、"不可分割"与"可分割"等诸多含义的相对（只是相对于上帝）意义上的绝对；这种绝对意

---

① Nicholas of Cusa, *On Learned Ignorance*，边页，第 121 页；［俄］库萨的尼古拉：《论有学问的无知》，第 81 页。

义也不仅仅是被绝对本身所照亮，而是因为它分享绝对意义本身，它本身就具有了绝对性。因其分享绝对的意义，它永远有着无限的绽放方式；因其被"多"所限制，它可以呈现在思想面前，从而我们可以对其拥有知识。

另一方面，由于这种知识本身贯穿了绝对的意义，但相对于绝对，它又是不完全绽放的，从而是一种"无知"；又因为这种知识是在"一"的带领下贯穿"多"，所以是一种"智性"内部可以被"直观"到的"知"；并且按照绝对，这种"知"是整体性的，因而是相对性的完满。其次，因为"知"是整体性的、完满的，它的对象就不可能如同亚里士多德所断言的是"这一个"、"那一个"，因而不是无根的漂浮的知识；同样，相关于存在，"它们不可能有别样的存在方式，也不可能有更好的存在方式"。因此，即使是"这一个"，它也不是孤立的存在，相反，"这一个"离开其他的存在尺度是绝无可能的；所有的"这一个"，因为绝对而关联在一起，因为"多"而可以具体呈现。总之，"智性"思想能够获得这些洞见，乃是源自绝对意义的彻底贯穿。不仅如此，尼古拉还以具体的文本展示了他在柏拉图和亚里士多德之间的具体立场。这就引导我们进一步处理他对上帝与宇宙之绝对（相对的绝对）一体性的见解。

5. 绝对—宇宙的一体性。按照前面的论证，宇宙的"一"来源于绝对的"一"并寓于"多"之中。在尼古拉看来，此第二位的"一"因为受"多"的限制而是十重的，即它以十种共相（Universals）的方式存在。换言之，就其相对于上帝之外的对象是更高位的存在而言，它是"一"；但是因为其"一"寓于"多"之中，而以十种方式存在，所以，这十重存在既是"一"，也是"多"，只有依赖于这种方式，宇宙才以缩影化的方式存在于现实个体之中，从而可以说，这十重存在，即十个共相，只有在缩影化，即寓于个体物之中时，才能够存在。除此之外，它们不具有现实的存在。但是，"尽管离开个体，这些共相无法获得现实的存在，它们仍旧不单纯是一种理性存在物……无论如何，通过抽象的过程，智性（Intellect）给予它们一种完全独立于具体存在物的存在。毫无疑问，这种抽象物是一个理性存在者,因为绝对存在肯定不能被归给共相。上帝是那整个儿的绝对的共相。"①既然共相离不开现实存在者,又不仅仅是一种理性的存在,那它的存在性质究竟是什么呢? 按照尼古拉的这个回答,我们至少要澄清以下两个问题:首先,智性何以通过抽象给予共相以存在,并且仅仅是理性的存在;其次,上帝是那整个的绝对共相是什么意思。对这两个问题的回答,对我们理解"绝对—宇宙—智性"三者之间的关系,以及尼古拉如何面对柏拉图和亚里士多德的问题有着重要意义。

首先,关于智性与抽象。何谓"抽象"? 抽象首先就意味着将一个存在者放在意识面前,按照某种方式,意识将其某一部分单独拿出来审视,因而所得到的必然是一个种。所以在它之中就开辟了双重的视域:一是意识前面的"这个";二是它所得到的超出于这个的东西,即种属。因而,它必然意味着我们已经先在地对这种抽象出来的东西即种属本身,有一种先在的领会。"对于已经了解了的事物来说,智性本身的理解力(Understanding)就预先假定着在属性上类似的存在(Being)、生命(Living)和理解力(Intelligibility of nature)。因此,它通过比较而形成的共相是与被缩影化到个体中去的共相相似的,并且,这些共相先于智性对它们的发展。"②至于智性的理解力何以超出于自身而对存在、生命等共相有着一种先在的理解,这不是我们的主题。当然,对于尼古拉而言,这是显然的。我们感兴趣的是,在智性中出现了另外一个由它自身发展出来的"世界",这是一个思想的世界。这种"智性在自身中构建了一个与宇宙相类似的思想世界"的思想远远超出了柏拉图和亚里士多德。在后者那里,思想与世界是结合为一体的。在我看来,若非对上帝之绝对性要照亮整个世界的深深信仰,这种思想是不可能被理解的,而这——亦即对照亮世界的真理的确信——也恰恰是笛卡尔认识思维的

①　Nicholas of Cusa, *On Learned Ignorance*,边页,第 125 页;[俄]库萨的尼古拉:《论有学问的无知》,第 84 页。

②　Nicholas of Cusa, *On Learned Ignorance*,边页,第 126 页;[俄]库萨的尼古拉:《论有学问的无知》,第 84 页。

开端。

很明显,由智性抽象而形成的作为理性存在物的共相不是共相本身。那么,共相究竟是什么,它存在于哪里呢?这是需要进一步追问的问题。要回答这个问题,我们首先要理解宇宙如何来源于上帝。除上帝之外,任何一个事物若要取得存在,它必须包含三重意义(尼古拉也称之为"三位一体"):可限制的客体、施行限制的本原和一种联系或行动。"可限制的客体"以尚未存在的方式拥有存在,因而只是一种可能性的存在。否则,我们无法理解任何事物在其尚未成为可能之前而存在。因此,就"可限制的客体"之逻辑本性而言,它就是一种纯粹的可能性。

问题在于可能性缘何而成为可能性?它必然不是来源于虚无,否则,它无法进一步取得存在。那么,它就是来自于也只能来自于存在本身。"它是从上帝的诸位格中的创造性'一'那里下降来的,正如殊异性从统一性中而来一样。"①由于是从"一"而来,它本身可以不受任何限制;但又因为它只是一种可能性,从而可以分化而受到限制。这个限制的来源就是"施行限制的本原"。这个本原来自于"一"并将可能性带给存在,否则的话,无物可以给予可能性本身以一种限制。并且这种将可能性带给存在的"一"是一种必然性,否则,本原的行动就是无意义的。而这个本原的行动就是联结可能性与必然性之间的力量,通过这个力量,被必然性限制的可能性取得现实性。在基督教中,这样一种本原行动的力量被称为是"爱"的精神。正是通过爱,所有可能性的存在取得现实性,所有的质料可以通过被赋予形式而取得存在。② 在尼古拉看来,宇宙从上帝中起源的过程就是上帝创世的过程,就是对宇宙之"三位一体"性的论证过程。

---

① Nicholas of Cusa, *On Learned Ignorance*,边页,第 129 页;库萨的尼古拉:《论有学问的无知》,第 86 页。

② 我们看到这整个论证过程充满了尼古拉与柏拉图和亚里士多德的争辩。为了在逻辑上说明白,他将"质料"、"形式"、"动力"分别说成是"可能性"、"必然性"、"爱"。当然,质料在形而上学的意义上就是一种"可能性"。并且,在后两者那里,他以"上帝之道"(Word)和"圣灵"(Holy Spirit)说明"必然性"和"爱"的力量。他最终就是要说明,一切都来源于上帝。

我们看到，这十种共相作为可能性和必然性而在上帝之中。因为作为可能性，它们可以与必然性结合而成为现实性，从而使得具体存在者得以存在；因为作为必然性，它们可以限制可能性而使得诸物存在。所以，尽管在智性中，它们可以被理解，但它们并非只存在于智性之中，相反，它们恰是智性理解得以可能的条件。如果说完全在上帝之中时，它们是潜在的，因为在上帝中只有"一"，那么，在宇宙中，或者更恰当地讲，正是依赖于它们的展开，宇宙才得以被创造出来。我们看到，尼古拉彻底地深化了对共相的理解。因为它们存在于上帝之中，因而它们永远不可能完全呈现在智性之中，所以我们的知识总是有限度的；因为它们展示在宇宙之中，从而可以以某种方式为智性理解，因而它们总是对着智性有所开显的，因而我们拥有关于它们的知识。这一点与柏拉图相近，但是深化了柏拉图，因为整个现实世界都被纳入上帝之中；却与亚里士多德完全不同，在后者那里，共相是完全呈现在智性之中的。

完成了这两点论证，我们就可以理解绝对与宇宙之间的"有限意义上"的一体性了。因为共相作为"一"而在上帝之中，作为"多"而在宇宙之中，而宇宙本身是全部存在的整体，所以，作为"一"而在的共相（也称为柏拉图式的"世界灵魂"）必须被看作是包含一切形式（Form）在内的普遍形式，它在诸物中是缩影化了的现实存在。因为现实存在就是这么多，那么，在它之外，除了上帝，不存在任何其他存在。因而，尼古拉说："诸形式只有在'道'（Word）中以及在事物中才是现实的：在'道'中，它们就是'道'本身；在事物中，它们才是有限的。"[1]我们看到，尽管相对于绝对本身而言，宇宙以及形式是受限制的，但是来源于上帝的宇宙就是这一个宇宙，除此之外不存在任何存在者。因而它又是包含一切存在的存在者，而其作为"一"而在的共相就是普遍形式。所以，尽管在上帝中看，宇宙是受限制的；而在宇宙中看，宇宙与上帝是一体的，因为被造的

---

[1] Nicholas of Cusa, *On Learned Ignorance*，边页，第150页；[俄]库萨的尼古拉：《论有学问的无知》，第100页。

存在就是这么多,并且全部来源于上帝。由此,我们进展到对这整个论证以及其可能导致的思想走向作一个整体性评价的结论部分。

6. 结论。尼古拉的整个论证建立在由信仰情感所打开的"绝对"思想前提之上。并且,在我看来,也只有在这个前提之上,思想才有可能进一步往前走。这个前提就是上帝之存在的绝对性。因着"绝对",所有的一切都成为相对;也因着"绝对",一切的相对都要被它穿透。并且,只有在被"绝对"穿透之后,它们才可能被"绝对"意义深化。

在柏拉图那里,我们看到这个思想的萌芽。之所以说是萌芽,是因为柏拉图只是洞见到了绝对维度的意义,并且进一步看到其他所有一切都是被它所照亮。但是对于"绝对"本身的意义,以及这种意义如何渗透到其他一切之中,柏拉图并未找到一条路径。因而他才会产生一种信念,即:不断地走向上的路,而在智慧中追求正义。而在亚里士多德那里,这种"绝对"的意义是他的思想所最终指向的,但是"绝对"本身却没有成为他的核心题材,更不要说把绝对的意义渗透到"这一个"之中。所以,他的思想最终来说是没有根基而飘浮的。

只有在对绝对者的信仰中,"绝对"本身的意义才向思想开放,并且一切被造物才能够真正向绝对者敞开,从而被照亮而存在于绝对者之中,具有相对的"绝对"意义。正是因为在信仰中,思想或知识不再自认为具有"绝对"的意义而能够真正地向"绝对"敞开,从而真正地向万物敞开,而使"绝对"本身的意义以及万物所分享的"绝对"意义本身得以向思想敞开。这是人类思想一个极其玄妙的地方:正是在思想不持守自身而面向无思想敞开之时,真正的思想才能够来临;正是在我们不试图将万有作为思想面前敞开的全部知识之时,真正的万有才能够在思想面前真正绽放,从而我们能够拥有关于万有的真正知识。在尼古拉看来,这是一种有学问的无知。由此,我们可以回答我们在柏拉图部分提出的一个问题,即思想的价值就在于它的无思想性:这两个思想的含义是不同的。如果我们持守于逻辑性的思想本身,这恰是一种无思想;而如果思想真正向绝对以及万有敞开,那它恰是以一种无思想的方式而真正"有"思想,或"在"思想之中。这是绝对或存在本身的奥秘。

但是终究人类智性的理解力试图以其自身的方式领会信仰所呈现的意义。就此而言,它绝不能忍受一种不可理解的东西。其中一个问题就是:既然全能的上帝有能力创造一个在空间上不受任何限制从而是"无限"的宇宙,既然宇宙包含了可能存在的一切存在者,那么,宇宙自身凭什么不能够是"无限"的呢? 中世纪以及基督教化的亚里士多德主义甚至尼古拉某种程度上也是其中之一,以上帝之"自由"与"必然"或"潜能"与"现实"回避了这个问题,[①]即:上帝是自由的,他以其自由意志选择创造了所有可能物中的一部分,也就是说,按照自由,潜能不一定要成为现实。但是问题就在于,在思想看来,这种自由是一种"任意性"的自由,是无法被理解的自由。真正的自由是必然性的自由,即自由就是不受任何限制而必然行使的自由。我们看到,在斯宾诺莎和莱布尼茨那里对于自由的这种理解达到了顶峰。作为过渡——这种过渡既是更好地理解宇宙无限思想得以进一步发展的必要,也是更好地理解康德对自由与必然关系处理的必要——我们在后面要分析布鲁诺对于这个问题的贡献。

另外一个问题就是关于人的问题。在智性之中,人之理解力发展了另一个类似于作为上帝造物的宇宙的世界,人究竟凭什么具有这样一种中枢性的作用? 他与宇宙的关系究竟是怎样的? 宇宙与他所发展的那个世界究竟是什么关系? 这一系列进一步需要追问的问题都提上了日程。真正说来,这就是关于人之自由如何可能、人之自由与宇宙或世界之间的关系,以及人之自由与绝对之间的关系的问题。当然,尼古拉并不用自由这个术语。下面我们就来看在尼古拉这里,人究竟是什么。

[①] 参见布鲁诺《论无限、宇宙和诸世界》,田时纲译,北京:人民出版社 2010 年版,导言,第 9 页。本书主要参照中译本,同时也比较了最新的英译本。为了上下文的连贯,以及由于中译本的一些不可避免的错误,个别之处我会根据两个译本给出自己的译文。以下改动较大之处,笔者会注明。英译本参照 Bruno, Giordano, *On the Infinite, the Universe and the Worlds*, trans. Scott Huginn, Munnin & Co. Publishers, 2014. 以下不再一一标注本书版本情况。

第四节　绝对与人：尼古拉体系中"自由"的可能性

按照上面对尼古拉体系的分析，绝对以缩影化的方式存在于宇宙之中，这种缩影化是按照共相完成的，即：作为"一"，共相存在于上帝之中；作为"多"，共相展示于宇宙之中。但是，上帝有无可能缩影化为一个现实存在的"种"（Species）呢？如果可能的话，那么这个种必须具有这样的特征：

> 它是所有特定缩影（Contraction）的一切可能完善性的实现；并且，这个缩影的更大的完善性是不可想象的，它正是那包含了那个特定缩影的每种性质的无限。正如绝对的极大与绝对的极小是重合的，缩影化的极大同缩影化的极小也是重合的。①

就是说，这样一个缩影化的极大，是其限度之内一切性质的终极，并且包括其限度内的一切完善性。它同任何个体保持最高限度的等同性，在其中，每个物都作为自身存在，不可能更多，也不可能更少，但是这一切事物的完善性又都在这个极大之中。

进一步推论，恰恰是在这个极大之中，每个事物都成为自身之所是，因而它是一切事物的原因；也恰恰是在这个极大之中，一切事物的完善性得以展示在完备性（Fullness）之中，因而它又是一切事物的终结。所以，它绝不可能是一个具体的事物，因为没有事物在缩影中达到这种地步，否则，它就成了上帝；但它也不可能是上帝，因为上帝是不受任何限定的。这样看来，它必然或者是上帝，或者是具体物；但又必然既不是上帝，也不是具体物。在理智看来，它完全是一个矛盾。但是，恰是在矛盾之中，思想才寻找到它真正的力量。

尼古拉说："它是处于一种限制状态的极大，就是说，它既是上帝又

---

① Nicholas of Cusa, *On Learned Ignorance*，边页，第 190—191 页；［俄］库萨的尼古拉：《论有学问的无知》，第 125 页。

是被造之物,既是绝对又是被限定。"①这又如何可能呢?怎么会存在一个既是无限,因而不受任何限制而是绝对本身,同时又是受到限制而仅仅作为被造之物的东西呢?这是完全不能够被理智所接受的。但是,恰恰就是在理智到达其理解的顶点,甚至是超越其顶点的地方,信仰产生了。因为信仰情感揭示出了一个既是无限权能的上帝,又是受尽屈辱而一无是处的耶稣基督。在尼古拉看来,正是在耶稣基督中,人类的智性被无限地提升,从而人性的地位得以绝对地深化。

既然这个"种"具有如此枢纽性的地位,以至于通过它,万物得以作为自身存在,并且万物以其作为终结,那么,哪一个种适合成为它呢?可以肯定的是,一个本性卑下的事物不能被提升到极大,因为它缺乏更高的性质、缺乏某些完善性的缩影,它必然可以变得更大。在尼古拉看来,这样的"种"只能是人。

> 现在,人性被提高得高于上帝的一切造物之上,而只比天使稍低一点儿。它在自身之中包含了智性和感性的性质,同时将万有包含于其中,以至于古人正确地称之为小宇宙,或微型世界。因此,人性具有这样的性质,一旦它被提升到与绝对相结合,它就可以达到将一切事物之完善性展示于自身的完备性。因此,正是在人性之中,万有达到它们的最高等级。②

在前一节我们已经看到,之所以人性可以将万有纳入自身之中,在于它的智性能力。凭借着智性的理解力,它在自身之中发展了一个类似于宇宙的世界。我们看到,也正是在这里,借着人性的这个特点,绝对者将自身与人性相联结,从而他既作为自身而处于绝对的位置上而是万物的绝对来源与依靠,同时借助于人性,他得以成为限定中的一切事物。

---

① Nicholas of Cusa, *On Learned Ignorance*,边页,第 192 页;[俄]库萨的尼古拉:《论有学问的无知》,第 126 页。

② Nicholas of Cusa, *On Learned Ignorance*,边页,第 198 页;[俄]库萨的尼古拉:《论有学问的无知》,第 129 页。

这样看来，上面所涉及的那个缩影化极大就是通过绝对本身和普遍限制的人性而存在。由于耶稣基督之存在论性质不是我们要展开的主题，我们这里主要分析尼古拉所界定的人性是什么，以及对其位置的提升究竟意味着什么的思想内涵。

借助于使徒们的见证，尼古拉认为："在耶稣基督那里，人性与上帝之'圣言'完全结合在一起，以至于人性并非存在于其自身之中，而是存在于圣言之中。因此，人性只有完全在圣子的神圣位格之中时，才能够居于完全的丰盛之中。"①很明显，尼古拉区分了"人性"的两种存在形态（并不是承认有两种人性）：一种是完全存在于圣言之中的人性，它是完全丰盛的；一种是存在于自身之中的人性。何谓存在于自身之中的人性？若要理解它，我们首先需要明白何谓完全存在于圣言之中的人性的丰富性。

上帝存在于万物之中，但上帝并不以某种方式把存在传送给万物，否则，上帝就不是纯粹的"一"，而会包含"多"在里面。所以，万物之差异乃在于它们自身以其特有的方式从上帝那里获得存在，而存在于上帝之中。正是借助于耶稣之极大的人性，上帝存在于万物之中。这样，上帝丝毫没有改变其绝对的创造能力而在耶稣之绝对人性中与极大的人性相结合。所以，正是通过耶稣之极大人性，上帝得以存在于万物之中；同时，也是在这种极大人性之中，耶稣成为上帝的绝对创造能力，圣父与圣灵都居于耶稣之神圣位格中。所以，完全存在于圣言之中的极大人性之丰富性就表现在：在它之中，万物得以存在，从而它也存在于万物之中；在它之中，圣父与圣灵得以彰显，从而它也存在于圣父与圣灵之中。这种极大人性既是神性的存在，也是现实的存在。它是完全现实的存在。而单纯作为现实存在物的物和人性却不具有这种完全或绝对的现实存在性。

---

① Nicholas of Cusa, *On Learned Ignorance*，边页，第 204 页；[俄]库萨的尼古拉:《论有学问的无知》，第 132—133 页。

如同上面引文所提到的,在尼古拉看来,单纯作为现实存在物而存在的人性包含两个方面的存在,即感性和智性。

> 因为感性只认识个体(Particulars),感性知识就是一种特定受限制的知识;与感性相比,智性完全从个体物那里解放出来,因而它的知识是关于绝对的知识……智性是一种抽象的和与感性分开的某种意义上的神圣事物,感性则按照自身的本质而保持为暂时性和可朽性。[①]

所以我们看到,正是因为这种人性包含了智性存在,它才有可能既作为万物之缩影而抽象出统一性形式,而将万物纳入其中,这也就是我们在上一部分提到的它所发展的"世界";同时,它又要作为个体物存在,因为它的感性使其只能停留在个体的层面上,从而是暂时性存在和可朽坏的存在。

在这个意义上讲,这种现实存在的人性潜在地是万物,正如神圣的人性本身现实地作为万物。当它能够一步步地克服掉感性的存在,而仅仅发展其智性,从而将潜能发展为行动,它的潜在性就会越来越少。我们看到,所谓的"存在于自身之中的人性"就是以潜能的方式存在于感性与智性结合的人性中。但是这种人性不是一个静止的存在,它本身就包含了运动在自身。在尼古拉看来,这种运动是由"理性"承担的,是理性将两者关联起来。

> 它们之间存在这样的次序,感性从属于理性,理性从属于智性。智性自身不属于任何时间和空间,而不受它们的任何影响;而感性完全是时间性的,并从属于世界的运动。大致说来,理性与智性处于同一水准,但与感性有着很大偏差,从而它可以使得时间中的存

---

① Nicholas of Cusa, *On Learned Ignorance*,边页,第 205 页;[俄]库萨的尼古拉:《论有学问的无知》,第 133—134 页。

在与超时间的存在在它那里汇合(Coincide in reason)。①

所以,理性的价值就在于以可理解的方式使仅仅停留在时间性之中的感性摆脱时间性的限制,从而使整个人性得以向上仰望,而处身于"一"之中。但在尼古拉看来,人类的理性没有能力做到这一点,对此进一步的论证我们不展开。

所以,更重要的是用智性控制住理性,从而能够处身于超乎理性的信仰之中。正是在信仰之中,我们相信,"在基督里,人类本性通过与神性相结合而被提升到具有最高的权能,并且摆脱了时间和欲念的困扰"②;我们也相信,"耶稣基督的人性作为赎价而为万人之罪做了抵偿。这个极大的人性,包含了人这个种的全部力量,是每一个人存在的直接源泉"③。因而正是在信仰之中,我们相信人性可以被提升,从而与神性结合而具有权能。当然这种权能不可能像上帝之权能那样是完全的,但是至少它可以被提升。

这样,人类可以胜出于时间,以及对整个世界欲念的困扰,而与上帝同在,从而处身于自由之中。虽然这种自由绝非上帝之绝对的自由。因着与上帝同在,人可以解除掉整个世界的困扰,以及时间性的限制,从而可以向着超出线性的时间而具有完全开放性的未来开放。同时,因着信仰,我们相信凭着耶稣基督,我们完全胜过了罪,而获得永生,从而神圣的极大人性成为我们存在的直接源泉。我们有着如同上帝之"尊容"④那样的"尊严"⑤;整个世界都不再是对人性的干扰。凭借与上帝的联结,我

---

① Nicholas of Cusa, *On Learned Ignorance*,边页,第 5 页;[俄]库萨的尼古拉:《论有学问的无知》,第 138 页。

② Nicholas of Cusa, *On Learned Ignorance*,边页,第 218 页;[俄]库萨的尼古拉:《论有学问的无知》,第 140 页。

③ Nicholas of Cusa, *On Learned Ignorance*,边页,第 218 页;[俄]库萨的尼古拉:《论有学问的无知》,第 140 页。

④ 参阅《约翰福音》1:14 等处。

⑤ "尊严"本身就与容貌相关,只不过这种容貌更多的是由内在精神所传达出来的。诸如《荀子·致士》:"尊严而惮,可以为师。"司马光之《进〈孝经指解〉札子》:"体貌尊严,举止安重。"

们自由地胜过了这个世界。所以,经上说:"主就是那灵。主的灵在哪里,那里就得以自由。"(《哥林多后书》3:17)在康德那里,我们看到他的"自由"概念也是在这个层面上展开的。

所以,我们看到,正是因为对耶稣基督的信仰,绝对本身与种之结合才可能作为问题被提出。因为在理智中,我们永远无法理解一个存在者既是不受限制的绝对本身,又是受限制的有限存在。也正是试图对这种结合进行智性方面的理解,人性成为核心主题。通过对于神圣位格中极大人性之丰富性的考察以及对于单纯现实存在意义上的人性之考察,我们对"智性"、"理性"、"感性"之所是作了存在论性质的界定,从而在智性中,我们发现人之存在之最终根源,以及人之存在的自由本性。正是因为人被赋予了如此一种存在,他得以存在于自由之中。现在,我们的思想最终进展到了如何对这种自由的本性作出根本性的断定的阶段,并且这种断定必然是存在论性质的,这种自由在上帝之存在中有其根源。在这个意义上讲,人之自由本身就是由基督教信仰"促逼"出来的。

到现在为止,近代思想的很多核心概念以及问题都已经呼之欲出了。首先是智性与理性的关系,难道理性仅仅具有推论性质,而不具有一种超越性的存在性质吗? 即:它是否可以超出于自身而成为其他存在的根源? 换言之,我们是否可以将智性本身化解为理性,而赋予理性自身以双重功能:它既有推论性,因而是关于概念之间相互转换,从而具有概念性知识的存在;同时它又超出于概念性的知识范围而具有超越性的存在? 这样处理的好处在于,我们可以精简尼古拉刻意仿效"三位一体"而构造的多重术语。

其次,这样理解的理性与信仰之间究竟是什么关系? 也就是说,尼古拉在信仰中呈现出来的东西是否可以完全被理性所理解,以至于最终完全呈现在理性之中? 这意味着,理性需要消化信仰以及信仰所呈现的一切。这样的理性就是绝对理性,它就是"绝对"本身。从布鲁诺开始,经由笛卡尔、斯宾诺莎,到康德、黑格尔,理性的绝对性得到最终的论证。

再次,究竟什么是自由? 自由是否就真的像尼古拉说的那样,仅仅是克服掉时间和对世界的欲念,从而克服掉世界的感性意义,难道它不可以是绝对的吗?即:人类的自由与上帝的绝对自由的关系究竟是什么?另外,我们在上一部分末尾也提出了一系列问题,将这两部分问题关联起来,就呈现出一个极其紧迫的问题,即:人类自由与世界之间的关系应该如何处理?难道这个世界仅仅是用来被克服的吗?这样的话,世界以及其中万物的被造就不具有真理意义,或者人类的自由本身不具有任何意义。这一系列非常棘手的问题都抛给了思想史。在接下来的篇幅中,我们就来一一审视这些问题,并且进一步,我们沿着各个思想家的经典文本,尤其是康德的文本,展开对这些问题的追问。

现在我们有了双重线索:一是按照宇宙或世界展开,二是按照自由展开。由于在文本上,我们不可能同时展开对两者的探讨;另外,按照问题内在的进展,同时也是思想史的实际进展,对后者的追问建立在对前者的追问之上。我们就先来分析前一部分提出的问题,看看布鲁诺是如何面对尼古拉的思想,以及如何推进并回应尼古拉的问题的。

第五节　理性化绝对的开端:"无限宇宙"的形而上学问题

可以说,到目前为止,我们已经将"绝对—宇宙—人之自由—个体存在"这个总体性的问题视域勾勒出来了。在柏拉图和亚里士多德那里,这个视域是完全模糊的。尽管柏拉图意识到"绝对"的意义,但对于绝对如何穿透世界以及世界中的个体,他没有做出什么实质性的推进。尽管亚里士多德在概念上,将世界和世界中的个体关联到一起,但"绝对"的维度却是缺失的。更重要的是,人的自由并未成为他们的题材。因着对绝对者的信仰,千年之后,尼古拉整体性地把这种种线索关联到一起。

但也正如我们所言,智性(或理性)不会永远只停留在单纯的信仰上,它总是要试图突破自身而寻求更高的理解。最主要的,就是要在理性中消化"绝对"——并非取消"绝对"本身,那样的话,它只是避开了问题而从未真正面对问题;相反,它要在自身中承受"绝对",并将其作为自身的安息之地。既然上帝赋予了人理解的能力，这种理解能力就必然无止境地向上攀登，直至到达它的顶峰。到达顶峰是一个漫长的过程。首先，它在宇宙论领域得到突破，这就是对于"宇宙之无限性"的理解。在接下来的篇幅中，我们就展开对宇宙无限性的探讨。

> （空间是）包围物体的界面。而我们所说的被包围物体是指一个能作位移运动的物体。……空间意味着是不动的，因此宁可说整条的河是空间，因为从整体着眼，河是不动的。因此，包围者的静止的最直接的界面——这就是空间。①

这是亚里士多德对空间概念所作的界定。按照这种界定，任何物都在自身之中，因而作为界面的空间直接与物是一体的。如果说空间像一个容器，那么这个容器并不比物体实际所是的更大，当然更不可能更小，这个容器恰好是物体自身的界面。

按照亚里士多德的界定，不存在超出于物体之外的所谓"虚空式的空间"。在后者那里，它自身作为一种存在，尽管这种存在是虚空式的存在，这种存在包含着物体，或者说物体存在于它之中。就此而言，我们可以理解缘何亚里士多德说世界是有限的，它在其之中，而除此之外就是无："除了'宇宙万物'（或曰'万物总体'）而外再无别的什么更大的东西包在外边了。"②在经验的范围内，亚里士多德对空间以及宇宙的界定再正常不过了——我们之所以认为空间是个大框子，甚至整个宇宙都在其中，那是因为我们未曾对我们的实际经验进行反思而接受了近代自然科学，尤其是牛顿力学给出的绝对时间、绝对空间的影响。事实上，只要开启双眼，我们总是看到所有的物体都存在"限"；即使在"没有"物体的地方，我们也总是设想有东西在那里，比如空气或其他什么东西；而且就人类之视觉经验所及，我们总是看到一个完全封闭的区域，似乎所有的一切都是包围在一块儿的。

---

① 亚里士多德：《物理学》，第 103—104 页。
② 亚里士多德：《物理学》，第 105 页。

　　基督教世界接受了亚里士多德的宇宙观念,即:宇宙是有限度的,是封闭的。上帝以其无微不至的目光注视着他所创造的这个封闭的宇宙,也是在宇宙中,人类在上帝的眼光中享受着安宁。上帝本身是绝对存在者,没有任何东西包括时间和空间可以限制得住他,因而他处于这个封闭的宇宙之外,是无限的。

　　但是,我们看到,正是因为对上帝之"无限"的沉思,人类能突破其狭小的感性经验。这种沉思使我们把宇宙作为一个总体来思考,并且思考宇宙自身的界限究竟在哪里。我们看到,尼古拉已经开始偏离亚里士多德那种朴素的经验界定,而在上帝之无限之中思考宇宙的无限度问题。由于信仰情感所揭示的上帝的无限,我们无法接受另外一个"无限者",但思想又确实看到,除了上帝之外,宇宙不受任何其他的限制。所以,尼古拉只是将"无限度"给予了作为一切现实存在总体的宇宙。布鲁诺却要比尼古拉更加前进了一步。

> 　　如果世界是有限的,那么在世界之外是无,我问您,世界在哪儿? 宇宙在哪儿? 亚里士多德回答:在自身内。第一层天的凸面是宇宙的地点。而作为第一包容体,并不存在于其他包容体中。由于地点(Position in space)只是包容体的表面和末端;从而,谁没有包容体,谁就没有地点。①

　　这句话是布鲁诺论证的核心。它首先指明了布鲁诺本人所确立的论证根基;其次,通过这段话,我们也可以看到他批评亚里士多德的立论基础。我们先看前者。布鲁诺问:"世界在哪儿? 宇宙在哪儿?"亚里士多德肯定不会问这样的问题。因为从整个亚里士多德体系中看,这是个无比愚蠢的问题。既然空间只是包围物体的界面,那么,所有的物体都在其自身之中。怎么还会有"物体在哪儿"这样的问题呢! 所以,亚里士多德可以很干脆地说,"世界在世界自身之中,宇宙在宇宙自身之中"。

---

① 布鲁诺:《论无限、宇宙和诸世界》,第 55 页。英译本:Bruno, Giordano, *On the Infinite*, *the Universe and the Worlds*, pp. 37 - 38。

但是问题就在于，为什么偏偏在这里？布鲁诺要问亚里士多德主义者这样一个问题，并且布鲁诺并非不懂亚里士多德。这充分说明，到了布鲁诺这个时代，人们对空间的理解产生了完全不同于亚里士多德时代的变更。当然这并不是说，在希腊，人们未曾意识到空间具有另外不同的含义，《物理学》中"空间"开篇就批评人们对空间理解的偏差。[①] 布鲁诺理解的空间究竟是什么意思呢？当然，我们现代人并不陌生，它就是牛顿力学中所确立的那个"绝对空间"。布鲁诺本人并没有完全意识到，当然更不可能意识到他所开端的这种追问对未来两三百年的思想进展所起到的决定性作用。至于这种空间在布鲁诺那里的内涵，我们将会在下面的篇幅中集中展示。

接下来，布鲁诺批评了亚里士多德体系中一个"虚妄的、混乱不堪的，并引起自身土崩瓦解"[②]的定义，即"地点"这个概念。按照亚里士多德定义的地点或位置概念，它是作为包容体的表面，因而只有相对于包容体与被包容体两者，位置才可能存在，因为它是作为"限"的界面的位置。而在第一层——天——那里，它仅仅作为包容体而非被包容体出现，那么，位置这个概念对于它根本不适用。所以，在布鲁诺看来，这个概念完全是无效的和易引起混乱的，而其根源就在于"天外是无"。正因为"天外是无"，位置概念才会引发第一层——天——与其他部分之间的差异。按照这个推论，以及上面提到的那种空间观念，布鲁诺展开了对亚里士多德式"有限宇宙"的整体批判。

> 在天之外是无，天就在自身，它被偶然地放置，并且偶然地产生地点，也就是限于其各个部分。……这就更难以想象：思维宇宙是无限的、无边无垠的。……因为哪里是"无"，那里就没有差异；哪里没有差异，那里就没有能力大小之分；哪里没有任何东西，那里可能

---

① 参见亚里士多德《物理学》，第 93 页及之后。
② 布鲁诺：《论无限、宇宙和诸世界》，第 57 页。

也缺乏才能。①

这是布鲁诺对"无"的批判。这里,我们看到一个非常有趣的现象,那就是布鲁诺批评亚里士多德的第一个理由,与莱布尼茨批评牛顿②以及笛卡尔批评摩尔(Henry More,1614—1687)③的理由完全一致:在无之中,所有的东西都是偶然的。

但是不得不说,这是布鲁诺对亚里士多德的刻意曲解。在后者那里,这样的问题根本不存在,亚里士多德根本性地弃绝了虚空这样的东西。相反,更加讽刺的是,布鲁诺对亚里士多德的批评恰好是落在自己身上的。莱布尼茨和笛卡尔的批评说明了这一点。④ 在此,我们不能进一步展开。总之,如果亚里士多德真的像布鲁诺所说的那样,将宇宙置于"无之中",那么,这个批评是完全合理的。因为在无之中,根本不存在任何差异,一切都是偶然地配置到一起的。布鲁诺批评亚里士多德的第二个理由建立在认识论的分析之上,我们会在接下来细致分析其可能的根源。第三个理由根本性地建立在对于上帝权能的理解上。

既然是"无",那它就不存在差异,从而不存在能力方面的差异。进一步推论,它就既没有接纳世界的才能,更不应该有拒绝世界的才能。但是在第二个理由中,思维宇宙可以是无限的,在思维中,我们可以思想一个无限的空间(对于这一点,我们会在后面加以特别的说明)。在这个无限的空间之中,"无"或"有"都可以存在——需要说明的是,布鲁诺明显误解了"无"与"空间"的差异。我们先不管"无"的形而上学含义,单单在认识论层面上,所谓"无"就是虚空本身,怎么还能说空间之中一无所有是"无"呢? 柯瓦雷说:"我不得不遗憾地说,布鲁诺并不是一个很好的

---

① 布鲁诺:《论无限、宇宙和诸世界》,第 57—58 页。
②《莱布尼茨与克拉克论战书信集》,陈修斋译,北京:商务印书馆 1996 年版,第 62 页等处。
③ 柯瓦雷:《从封闭世界到无限宇宙》,第 131—137 页。
④ 笔者有文章专门探讨了这个问题,详细参见尚文华《莱布尼茨对牛顿绝对空间的批判》,载《西江月》2013 年 5 月中旬刊。

哲学家。"①但是他就是一个糟糕的哲学家。如果布鲁诺故意这样处理，那只能说明他是为了批评亚里士多德而批评亚里士多德——并且进一步，这个无限的空间具有接纳天体的能力。因而，在布鲁诺看来，既然"无"不具有拒绝世界的能力，而无限空间本身具有接纳世界的能力，那么，我们需要考察的就是接纳世界与不接纳世界之间的差异。现在的问题就转化为，空间完全"充盈"是否合适。这就涉及对于上帝之能力与自由意志之间关系的彻底理解。

现在我们对充盈原则本身进行分析。"我问你们，这个世界如此地好吗？（So we arrive at the question, is it good that the world is here?）……因此，同世界规模相同的这一空间同样充盈，很对。[Then it is well that this space, equal to that of the world（for so I shall call it 'empty space', to distinguish it from the nothingness beyond the first heaven）, is therefore full.]……从而，鉴于这个空间能够并且必然完美以包容这个宇宙天体，正如你所说，那么全部其他空间绝不可能不如此完美。"②我们看到，布鲁诺的这个论证完全超出了尼古拉所接受的范围。在尼古拉那里，我们看到他反对宇宙之无限性，而仅以无限度指称之的理由就在于：可能性存在不等于现实性存在。即使上帝有能力创造一个无限的宇宙，但是因为可能性自身的限制以及质料的限制，上帝没有创造这个无限的宇宙。当然这并非因为上帝没有能力创造它，而是因它本性即是如此，即宇宙自身相对于上帝就是受限制的，并且它与"多"、与可能性相联系。

但是，布鲁诺根本性地拒绝了这一点。因而，接下来，艾尔比诺问："我赞同这一点，但为什么这样呢？可能存在？可能拥有？因此存在？因此拥有？（A thing can be or can have: therefore is it or have it?）"③

---

① 柯瓦雷：《从封闭世界到无限宇宙》，第48页。

② 布鲁诺：《论无限、宇宙和诸世界》，第59—60页。英译本为：Bruno, Giordano, *On the Infinite, the Universe and the Worlds*, p. 42。

③ 布鲁诺：《论无限、宇宙和诸世界》，第60页。

布鲁诺的回答也很干脆：可能存在，就应当存在，并且就存在。进一步，布鲁诺给出了一种论证，即："若一个良好的、有限的、完美的、有界限的空间有道理，则一个良好的、无限的空间无与伦比地更有道理；因为有限成立是由于适应性和理性，而无限成立是由于绝对必然性。"①

到这里，我们看到布鲁诺立论的基础：无限宇宙的存在是出于绝对必然性。首先，布鲁诺凭什么说"有限成立是由于适应性和理性"呢？适应性究竟要适应什么？理性究竟如何界定？在我看来，这是布鲁诺在隐隐约约地批评那个信仰的时代。明明我们已经在思维世界见证到宇宙的"无限"，为什么你们还要偏偏说宇宙是有限的？难道这仅仅是为了适应基督教教会所给定的那些东西吗？既然我们已经见证到宇宙的无限，为什么还要惧怕上帝的无限，而在推论中为有限找理由呢？在这里，我们看到一旦思想本身得到深化，它就只相信在思想面前呈现出的东西。因为尽管教会教导说宇宙是有限的，只有上帝才是无限的，或者，人类的思想是微不足道的，但我们看到，在布鲁诺这里，人类的思想展示了自身强大的力量：只要在思想中呈现的，就具有真理的意义。从这里，我们可以隐隐约约看到启蒙时代思想家的雏影。

按照上面的分析，可以说"绝对必然性"包含了两个方面的内涵：一是对于思想自身力量的觉识，二是对于上帝之绝对性的深入反思。首先，若非对思维世界自身无限性的接受，我们无法理解何以布鲁诺如此强硬地坚持宇宙之无限性，并且言辞激烈地将之表述为绝对必然性。其次，这涉及对上帝之本性的思考，也就是说，上帝自身也成为思想的对象。

> 因为他（指上帝）是恒久不变的，在行动中不具有偶然性，在功效上也没有偶然性，但恒久不变的确定结果由确定的功效决定；从而只能是现在的存在而不是另一个存在，是现在的状态而不是其他状态；不可能有其他世界，只能是他能创造的世界；不可能是他不愿

---

① 布鲁诺：《论无限、宇宙和诸世界》，第61页。

意的世界，只能是他愿意的世界；他必然只能干他所干的事。鉴于他行动的杰出潜能只能适合于千变万化的万物。①

我们看到这短短的几句话出现了多少个"只能"，就可以想象思想本身的力量有多么强大。这种话，尼古拉是万万不敢说的。在布鲁诺这里，我们看到，所有的一切，哪怕是上帝的行为，都要遵守必然性的理由。在这里，根本不存在自由，或者更恰当地讲是任意性的自由，哪怕是作为全能者的上帝。尽管他的一切行为都是出于自由本身，但是这种自由恰恰是一种必然性的自由，并且是一种绝对的必然性。在这里不存在任何"现实"和"潜能"之类的划分，一切潜能性的东西，只要是合理的，就必然成为现实；一切可能性的东西，只要是合乎丰盈原则，即它是合乎思想本身的，它就必然要取得现实性的存在。因此，唯一的尺度就是思想本身的合理性，也就是绝对必然性。最后，弗拉卡斯托里奥终于明白菲罗泰奥（布鲁诺的代言人）的思想了："鉴于其（上帝）必然行动，因为行动起因于那一意志，而意志又恒久不变，甚至就是不变性本身，所以意志就是必然性；从而，实际上自由、意志、必然性是一码事，此外，行动和愿望、可能性和存在也一样。"②

按照对布鲁诺思想及其文本的分析，我们看到，在尼古拉之后短短的 150 年时间内，理性已经完全摆出一副要彻底消化信仰，及其所揭示的对象的姿态。当然，正如布鲁诺明确指出的，这样的理性绝非仅仅只是推论性的理性，相反，它自身要取得绝对性的存在。它不再能够忍受由信仰所揭示出来的上帝的自由，在它看来，这种自由是一种任意性的自由。因为明明按照上帝的权能和慈善，他可以创造一个与他这些特点相匹配的宇宙，但是他偏偏没有，而且还将之归于上帝的自由意志，这难道不是任意性的自由意志吗？

我们同时看到，一旦抛弃上帝之中的这种"自由意志"属性，全部的

---

① 布鲁诺：《论无限、宇宙和诸世界》，第 68 页。
② 布鲁诺：《论无限、宇宙和诸世界》，第 69 页。

存在,包括上帝自身,都要绝对遵循必然性了;所有的存在及其相应的行动,都完全有着充分的理由根据,它们在理性面前完全透明了。我们看到,布鲁诺的丰盈原理最终就会发展为充足理由律原理,即:任何存在、任何行为就其本性而言,都是有着充分的理由根据的。但是需要说明的是,这个原理不再仅仅停留在亚里士多德式的朴素经验直观之上,相反,这是绝对理性自身的原理,因而是一种绝对的理性直观。这些思想要素最终一一汇集到黑格尔、谢林等人那里,我们不在这里具体展开。

这里,我们还剩下一个遗留的问题,那就是:无限空间或无限宇宙究竟是如何呈现在思想之中的? 当我们这样问问题的时候,就表明我们的思想不满足于仅仅停留在形而上学的思辨上,而是试图在认识论上澄清无限之谜。我们将通过对布鲁诺思想的论述展开更为详细的分析。

第六节 绝对的认识论基础:对"无限"本身作认识论分析的可能性

亚里士多德的有限宇宙有着充分的认识论基础。如果仅仅停留在经验直观中,我们所看到的一切确实都是有限度的;所有的事物也都处于他者的限制之中。比如书在桌子上,桌子在讲台上,讲台在教室里,教室在大地上,而大地又被我们眼目所及的范围所限制。无论空间何等开阔,我们总是可以看到两物之间交接的地方。

正是在这种经验中,我们说"天水一色"、"地平线"以及"斗转星移"、"昼夜更替"等。也恰恰是按照这种经验,在天文学上,我们可以将天空划分为黄道二十四宫,遥望牛郎织女。在人类的生活经验中,这种直接的经验感知是我们具体生活所相关的一切。也正是在这种生活体验中,我们的生活可以充满安宁与意义。也正是在这个意义上,艾尔比诺说:"如果我们想要凭借感觉进行判断,或者只想赋予感觉相当的首要性,鉴于从感觉得到的所有消息,我们可能会发现,很难找到一种方法以验证你所说的结论(即宇宙是无限的),更可能得出相反的结论。"①这个结论是完全正确的。不仅我们的经验感觉无法为我们提供关于宇宙无限的任何论证,而且,即使无限的空间就展示在眼前,我们也永远无法作出判断说,它(空间)是无限的。这是因为,即使我们看到的只是没有限度的延展,但无限(空间)的结论的获得却是永远不可能的:无限本身压根就不是经验性的概念。

> 不能要求从感觉中得出这个结论,因为无限不能成为感觉的对象;因此,谁要说要求凭借感官感觉认识(the knowledge of)无限,就类似于想要用眼睛看到实体和本质,这无异于因未感觉到、未看见就否定事物,否定其实体和存在。②

我们看到,布鲁诺彻底地放弃了从感觉中获得关于无限、实体、存在等的知识的可能性。这一点,我们已经在尼古拉那里看到了。但布鲁诺与尼古拉不同,只有在涉及与上帝的知识时,尼古拉才提到"智性",智性是与信仰相关的;而布鲁诺却要将其作为获得关于"无限"的知识的途径,并且是唯一的途径。

这个从感性到理性的转变是决定性的。一旦实现这个转变,不仅"无限"问题,实体、本质和存在问题都要成为理性的对象。而在尼古拉那里,关于存在的问题还是要在信仰领受中才是可能的。既然感觉不能认识无限或存在这样的对象,那它是否可以作为证据而认识其他对象呢? 布鲁诺依然保留着怀疑态度:

> 应当存在要求感觉作证的方式,但若未交由理性进行判断,只能置于感性事物而非他处,则不能不产生疑惧……因地平线以一种仍能发现其变化无常的方式造成的有限外观让它供认出自己的愚

---

① 布鲁诺:《论无限、宇宙和诸世界》,第54页。此部分英译本与汉译本在理解上存在偏差,在此列出英译本信息:Bruno, Giordano, *On the Infinite, the Universe and the Worlds*, p. 36。
② 布鲁诺:《论无限、宇宙和诸世界》,第54页。英译为:Bruno, Giordano, *On the Infinite, the Universe and the Worlds*, p. 36。

蠢和低能。①

我们看到,布鲁诺给出了如何认识的总体原则。即:若非经过理性的确认与判断,一切感觉的确证都是不可靠而值得进一步怀疑的,因为它在很多时候是愚蠢和低能的。由于我们现在生活在一个所谓理智的时代,布鲁诺的整个论证似乎看起来如此的平常,以至于好像是常识一样的东西。但真正来说,它并不如此平常。在信仰时代,在每日生活都需要牧师指导的时代,哪里会有这样的理性判断?

但是,我们也不可将布鲁诺的理性标准看作康德在《何谓启蒙》(1784)中将理性作为绝对标准的翻版。布鲁诺充其量是个前奏。在尼古拉那里,"智性"是上帝之"一"在人类中缩影的核心要素,理性只是充当了联结智性与感性的环节。在信仰中,智性只是上帝对人的一种恩典,恰是通过这种恩典,我们得以与上帝之神圣位格联结。因而在智性的理解力中,我们思索上帝本身,同时产生对上帝的信仰。可以说,尽管智性是人类存在的一种展示方式,但是最终说来,它是源于上帝,并只面向上帝的。理性的位置更次,它只是以推理的方式使人摆脱纯粹感性的影响,而面向上帝,从而使被赋予的智性得以最大限度地在信仰之中。可以说,感性和理性最靠近人本身,即最可能首先从信仰中解放出来,而成为人自身的存在;而智性则更多地与上帝之存在相连。

对于这样几种划分方式,以及对各自的功能区分,布鲁诺也做出了相应的表述:"在可感觉的对象中,就像在镜子中一样。在理性中,通过推理以及论证的方式。在智性中,或者通过原则的方式,或者通过结论的方式。在思想中,以自己的活生生的形态。"②布鲁诺本人没有进一步

① 布鲁诺:《论无限、宇宙和诸世界》,第 54 页。英译为:Bruno, Giordano, *On the Infinite, the Universe and the Worlds*, p. 36。

② 布鲁诺:《论无限、宇宙和诸世界》,第 55 页。译文根据英文版做了不小的修改。我把相应的英文放在这里:"In the sensible object, as if in a mirror; in reason, by way of argument and discourse; in the intellect, through principle and conclusion; in the mind, in proper and living form."参照 Bruno, Giordano, *On the Infinite, the Universe and the Worlds*, p. 37。

介绍这四种与认识相关的机能究竟是什么。但是,按照术语的界定,他还是用了与尼古拉大致一致的术语,只是增加了"思想"这个维度。所以,我们的问题就在于理解何谓"以自己的活生生的形态"。在我看来,这与布鲁诺对"动"的强调有关系,他甚至接受永恒的推动,即瞬间运动这样的观点。① 并且,在《论原因、本原与太一》(1584)中,他将所有的根源都追到"一",而这个"一"是永恒流动并自身保持不变的。②

所谓"活生生的形态"就是要融入作为"一"的存在本身之流转不息并与之保持同一,而在人这里,思想恰恰承担了这一存在,从而正是在思想中,人之存在参与存在整体的运动,这同时是变化与兴衰的过程,因而乃是在认识存在本身。正是在存在的运转中,"无限的宇宙就变成上帝的真正肖像、神像、耶稣降生恢复真正、唯一上帝的圣子的特征,通过对此的沉思和认识,哲学家布鲁诺赞同和神性的结合"③。因而恰是在思想中,人才可以与整个无限的宇宙,与上帝同在,从而能够真正获得关于宇宙以及上帝的认识,并真正生活于其中。

我们看到,这种界定方式与尼古拉在"智性"中把握的东西是接近的。他们的不同在于:尼古拉距离信仰中的上帝更近一些,而布鲁诺距离思想中呈现的上帝更近一些。但无论如何,他们都没有完全进展到近代以来的绝对自主性的理性;而对绝对理性作论证从笛卡尔的时代才真正开始。从笛卡尔开始,所有的一切,哪怕是上帝,都需要在"我思"里找到其存在论的根据。笛卡尔的"我思"在康德那里得到"绝对"的深化。在康德看来,自我意识融贯一切,除此之外别无他物;整个哲学思想体系

---

① 布鲁诺:《论无限、宇宙和诸世界》,第71—75页。"瞬间运动"是基督教神学家证明上帝创造的世界是有限世界的重要证据。即:若上帝在强度上具有无限潜能,那么由于其行动与潜能同一,这个世界就会在瞬间被推动。但事实是,物体的运动是有限的。若是限制上帝之无限潜能,则运动可以被理解。因而创造无限世界和无数世界的潜能将被创造有限世界和有数世界的意志所限制。我们看到,布鲁诺以另外一种对运动的理解化解了这个矛盾,即论证瞬间运动与不运动的同一性。这也可以追溯到库萨的尼古拉。
② 这是第二篇对话的主题。
③ 布鲁诺:《论无限、宇宙和诸世界》,导言,第4页。

也只是对自我意识之先验性、纯粹性和形式性的最高表述。在我们理解尼古拉、布鲁诺和康德之间的差异的时候，这是尤其需要注意的。否则，我们就会产生一种错觉，好像他们谈论的东西是一样的。

但是，我们也万不可小觑从尼古拉到布鲁诺的转变。按照前面的分析，充足理由律的基本原则已经被提出，上帝之自由、意志与必然性成为一回事，这些都意味着，所有的一切必须要纳入理性本身之中进行检验。这样的理性就是绝对理性。它不相信在它之外，还有什么不可被思想的东西。如果这一点达不到，无限本身绝不可能被作为一个思想内部的主题来处理，当然更谈不上分析它的认识论基础。因此，表面上看，似乎文本上认识论处理在先，但是真正的事情是：只有在理性本身的绝对性得到彻底的自觉之后，这些才有可能成为问题。这是我们违背布鲁诺文本的顺序，而将"无限"之形而上学根据放在认识论的反思之前的原因。我们看到这一切的思想线索以及思想的最高准则即绝对本身，完全被后续的思想家所接受。但是不同的是，在他们那里，自我意识成为思想的基本原则。

但不得不说，尽管布鲁诺提出了近代思想最高的准则，他却不是个好的哲学家。在上面对"无"与"空间"的差异性理解上，我们已经看到这一点。他更不是个好的科学家。在这一点上，他完全背离了哥白尼（Mikolaj Kopernik，1473—1543）、伽利略（Galileo Galilei，1564—1642）等人所确立的科学认识最起码的原则。在我看来，这也是可以理解的，布鲁诺所面对的主要对象是亚里士多德的朴素经验论，但是他对伽利略等人对经验的彻底考察缺乏绝对必要的理解，对经历理性彻底审视之后的经验之可靠性缺乏足够的理解。而这是理性得到彻底自觉之后，思想所要面临的首要任务，即：相关于"绝对"原则本身，所有的一切都要经历认识论的彻底反思。

在康德那里，我们见证到全部存在都展示为经历"自我意识"考察的一个恢弘的体系。它的底端是科学认识的真理，中间是与道德自觉相关联的自由，顶层是人类生活实在总体的伦理共同体，而这所有一切都最终要关联到绝对本身。在接下来的部分中，通过对整个康德思想体系作全面的审视，我们会看到这样一种思想结构可以得到清晰的证明。

第二章 绝对在康德思想体系中的展示维度：
真理 自由 希望

第一节 康德绝对思想的体系性彰显

牛顿(Isaac Newton，1643—1727)《自然哲学的数学原理》(1687)的发表标志着近代自然科学的最终成熟。它的意义在于给出科学体系的经典范式，从此之后，只有按照这种经典范式，我们才可能建立科学体系。反之，凡是不满足这种范式要求的体系就不被认为是科学性的。历史的发展也表明了这一点，从牛顿之后，几乎所有伟大的头脑都被这种东西武装而积极拓展它所应当具有的包罗万象的知识。

但是有一点却持续不断地困扰着人类的思想，那就是这种体系的根据何在，即它的认识论意义究竟是什么。更进一步，传统理性形而上学的意义何在，以及形而上学作为形而上学本身的意义何在。尤其严重的是，作为西方文明承载者的基督教究竟处于何种地位，因为既然一切都被认为可以纳入这样一种自然科学的体系之中，那么，基督教历史承继下来的那些明显与这种思想体系不相容的内容，以及更加深刻的基督教信仰本身究竟以何种面目面对这种科学体系支配之下的人等一系列的问题困扰着这个时代的几乎所有人。

狄更斯(C. J. H. Dickens，1812—1870)的一段话可以恰当刻画当时那个时代："那是最美好的年月，那是最坏的年月，那是智慧的时代，那是愚蠢的时代，那是信仰的新纪元，那是怀疑的新纪元，那是光明的季节，那是黑暗的季节，那是希望的春天，那是绝望的冬天，我们将拥有一切，我们将一无所有，我们直接上天堂，我们直接下地狱……无论说那一时代好也罢，坏也罢，只有用高级比较级，才能接受……"①我想，在那个时代，凡是有思想的人都可以刻骨铭心地认可这样一种状况，而康德就是生活在这样一个科学的时代。

不同的人对科学有着种种不同的理解，因而作为体系性的科学本身的本质难以界定。我们可以从牛顿力学中拿出一个概念来分析科学的工作性质。比如"物质"(Matter)这个概念。所谓"物质"就是"物—质"，即一个"物"，它本身是具有"质"的规定的。我们首先要问何谓"物"。一个对象可以呈现在意识之中，这种呈现具有两个方面的含义。其一，对于意识而言，它仅仅如此这般地呈现，至于这种呈现是否就是物本身，即物是否只能如此这般地呈现，意识不对此作任何规定。这就意味着物还具有其他诸般的呈现方式，因而意识中的呈现远远不是物的全部，从而意识永远不可能完全地占有这个物。在这种意义下，这个物本身不具有"质"的规定，因为一旦意识将其作为自身，那么它转而又不是其自身了，因为它有着无穷无尽的呈现方式。相反，其二，一旦意识断言说物具有"质"的规定，这就意味着物之呈现方式就是这么多，它不可能更多，也不可能更少，从而这样的物只是意识相关物，即它只有在意识中呈现，并且是完全地呈现。除此之外，物不能有别的呈现方式。这样的物也就完全是意识自身之中的对象。也正是因此，凡是在意识中呈现的就都是相关于意识自身的知识。

我们已经在前几部分提到，这样一种仅仅在意识中考察事物的方式是库萨的尼古拉和布鲁诺所未曾设想过的。在尼古拉那里，出现了感性与理性的区分，但是理性更多的是联结感性与信仰层面的东西，因而是

---

① [英]狄更斯：《双城记》，石永礼、赵文娟译，北京：人民文学出版社，2004 年版，正文第 1 页。

为信仰服务的;在布鲁诺那里,一切的感性都要经历理性的考察,但是由于他过分地不相信感性,而仅仅在理性之中进行形而上学的思辨,这种在意识中考察经验性呈现物的维度是根本性地缺失的。牛顿等人确立的自然科学却将这一点作为所有工作的关联点。这是需要注意的。

从对"物质"的这个分析中,我们看到,在自然科学中,一切物的呈现都是相关于意识的,并且意识本身穷尽了所有的呈现方式,从而这种知识必然是可靠的。因为在它看来,物之呈现方式就是这么多。这也就意味着,物在意识中是完全敞开的,从而仅仅是一种意识性的存在和概念性的存在。

但是与亚里士多德不同的是,这种知识经历了"绝对"的深化,这是布鲁诺确立的无限宇宙原则以及丰盈原则所造成的直接后果,即:这种知识要关联到无限、绝对必然性本身。

> ……最初的设计制造也都不外乎出之于一个强有力的、永存的代表的智慧和技巧,他是无所不在的,按他的意愿在他无限的、均一的感觉中枢里使各种物体运动,从而形成并改造宇宙的各个部分,胜于我们按我们的意愿来使我们身体的各个部分运动。……感官并不是用来使心灵能在本身的感觉中枢中感知各种事物,而是仅仅用来把它们输送到那里……①

在牛顿看来,经验性的感官并非仅仅是物在人之感官中的呈现,因而它不仅仅是主观性的;相反,因为上帝是无所不在的,他以无限的空间作为其感知各种事物的"器官",从而按照其无穷的智慧使得万物运动。而人对事物的认识就是窥探上帝的整体作品,因为这件作品是出于上帝之智慧与权能,这种认识必然是合乎理性的,是具有真理性的。所以我们看到,尼古拉和布鲁诺等人所确立的基本原则都被牛顿等人完全继承下来。

---

① [英]艾萨克·牛顿:《光学——关于光的反射、折射、拐折和颜色的论文》,周岳明等译,北京:科学普及出版社 1988 年版,第 224—225 页。

但是，正如我们在比较尼古拉和柏拉图、亚里士多德的思想时所提到的，如果说认识的本质就在于将所有的物都放在意识面前，从而在意识中穷尽万物的存在，那么，自由的本性是什么呢？是否存在着超出于绝对必然性的自由？另一方面，既然所有的物都是意识中完全呈现的相关物，那么，整个形而上学谈论的物之存在本身究竟还有无意义？更加严重的是，上帝之存在性质如何得到断定。因为一旦我们认为一切都遵循着绝对必然性，一切都是在意识之中的完全敞开物，那上帝是不是这样一种完全敞开的存在呢？如果是这样的话，那么，意识究竟是一种什么样的存在呢？它竟然可以向所有的万物开放，并且完全将其纳为它自身之中的相关物，甚至还可以断言上帝也无非是它之中的存在者，那它究竟是什么呢？等等，我们还可以列举其他一系列的问题。我们看到，思想一旦走到试图在绝对理性中化解整个形而上学传统，以及基督教神学传统的境地，简言之，思想一旦意识到自身的绝对性，这些传统的问题都要得到重新思考。

为了使这个思想背景得到更深入的刻画，让我们首先重新梳理一下前一章触及的核心问题。尼古拉在基督教信仰中彻底回应了柏拉图和亚里士多德等人遗留下来的问题，即关于"绝对—宇宙—人之自由—个体存在"之间的关联。"绝对是绝对本身"，这是尼古拉对上帝存在的本质论断。它意味着双重的含义。首先，这是信仰性的，它侧重于主位上的绝对，即相关于它，我们没有任何言辞可以陈述，因而是"否定式"的。其次，这是认识性的，它侧重于宾位上的绝对，即尽管对于绝对本身，我们只能保持沉默，但是毕竟它启示给了我们，我们试图在启示的层面上理解它。这是延续了安瑟尔莫（Anselmus，约 1033—1109）以来的整个中世纪传统。由于对于主位上的上帝，我们无法进行任何肯定式的谈论，那么，宾位上的上帝就成为所有讨论的焦点。

既然上帝是自有永有、遍在永在的，整个宇宙、所有个体都因他而在。上帝之绝对性或上帝之存在就必然要贯穿整个宇宙及其中的所有个体。但无论如何，作为造物的宇宙和个体之存在并非仅仅作为"一"存在,相反它们包含着"多"的规定。尽管"多"只是经验水平上的,也就是说只有相关于它们的可能性或质料性时,"多"才是可以作出逻辑规定的。所以,对于尼古拉来讲,他的核心任务就是调和具体存在之绝对维度与相对维度之间的矛盾,即将上帝之绝对的精神意义渗透到所有具体存在物之中。

"宇宙"和"人性"是他解决这个问题的枢纽性概念。按照这个目的,必然的,宇宙和人性既具有相对的绝对性,又具有杂多性。通过宇宙之绝对性,上帝之绝对精神渗透进所有个体物之中;通过宇宙之杂多性,所有个体渗透进上帝之绝对精神之中。通过人性与神圣位格的联结,人性以及其他诸种可以联系于上帝之绝对精神;通过人性之感性、理性存在,人性可以与个体性存在相关联。更进一步,通过对于共相存在属性的理解,尼古拉解释了创世,从而将被造物之"一"和"多"的存在都纳入上帝之中。我们看到,按照这种解决,在尼古拉这里,可能性、必然性与现实性是存在绝对差异的。这是布鲁诺得以突破尼古拉的关键所在。这整个论证走下来,尼古拉彻底地解决了希腊人的遗留问题:绝对在个体之中,个体在绝对之中。这也是对中世纪遗留问题的解决。

但同时,这种解决方案也留下了永恒的困惑:究竟宇宙和人性的相对性和绝对性是什么呢?换用近代以来的术语,自然的绝对性和自由的绝对性究竟意味着什么,它们与绝对本身究竟是什么关系呢?另一方面,对于"智性"的强调,以及对智性具有发展另一个世界的能力的强调,意味着思想要出现一个新的开端,即:是否可以摆脱信仰,而仅仅在智性之中理解这些问题。

我们看到,布鲁诺就是沿着这两个方向前进的。首先,只有在思想中,我们才能思考无限,这意味着信仰的原则要让位于理性的原则。其次,一旦可以在思想中理解无限,无限本身就变成了绝对必然的东西,并且上帝本身也要遵循绝对必然性。在此,自由、意志与必然性成为一体的东西。按照这种思想方式,除了绝对必然性之外,别无其他性质的存在。但在这种思想背景中,自由究竟意味着什么呢?尼古拉按照人性之相对的绝对性所开辟的自由领域就彻底被堵死了。因为在尼古拉那里，自由恰恰意味着突破感性所强加给人的欲念冲动，而向着上帝本身，以及无限地向着未来开放。另一方面，遵循绝对必然性的上帝还是上帝吗？换言之，绝对的意义难道仅仅意味着绝对必然性，除此之外，还有无其他方式谈论绝对本身？

我们看到，上面所提到的这些思想线索都成为康德本人的思想背景：如何处理绝对问题？绝对必然性与自由之间的关系如何处理？自然之绝对性与自由之绝对性有何种关联？自然科学知识如何获得恰当的定位？并且最终，如何以理性或自我意识作为出发点、作为最高的原则来进行这一系列的论证？我们看到，这一系列问题都涉及绝对本身。在这个层面上讲，康德要讲的内容与尼古拉完全相同，但因为时代的进展，也因为人类理性的进展，他们的处理方式也存在着根本性的差异。在下面的篇幅中，我们就简略地展开对康德整体思想体系的划分。

首先，康德根本性地接受了整个自然科学的知识体系，并且试图为其确立认识论上的根基。因为在自然科学看来，只有当意识中的呈现物是整全的，是完全敞开的，我们才能获得关于它们的可靠知识。康德完全接受了这一点，这是通过对经验的分析做到的。在经验中，一切经验的相关物都是相对于意识的，并且是在意识中呈现的。康德将意识中对象所呈现的内容界定为"现象"。"现象"之所以能够呈现在经验之中，是因为主体具有接纳它们的能力，并且意识以其自身的形式将现象纳入其中，康德将这种形式称为是"时间和空间"。因为这种形式的存在，经验中的呈现才成为意识的相关物。因为现象仅仅是意识的相关物，我们在意识中所确立的现象之间的关联才具有普遍性和必然性。

但另一方面，对象在经验中的呈现并非对象存在的唯一方式。因为除此之外，它还以另一种方式存在，这种存在完全不是意识性的，即它存在于意识之外。康德将之称为"物自体"（Noumena）。按照形而上学的术语，所谓"物自体"就是"存在"（Being）。因而在康德看来，存在本身是永远存在于意识之外的。我们所有关于对象所拥有的知识都是关于它在经验中向人类所敞开的，而它自身却永远处于敞开的经验之外。存在本身不是由经验性的因果关系必然性所规定的，它敞开为一个自由的领域。对于"现象"和"物自体"的划分的详细分析，我们将在第二节展开。但是在现实世界中，我们所经验到的都是具有必然性的知识，以及由自然的因果必然性所规定的自然世界。但是，自由究竟存在于哪里呢？由此，康德创造了一个叫作"理智世界"的概念，在这个世界中，一切都是出于自由的原因性。它完全远离必然性世界的规定。这里就存在一个问题：自然如何可能与自由并存。这是我们第三节要研究的问题。

其次，我们在尼古拉那里看到人类自由的可能性。但因为对绝对必然性的强调，这个维度在布鲁诺那里丧失掉了，或者说，至少在尼古拉和康德对自由所作界定的意义上丧失了。康德本人坚决地捍卫了我们在尼古拉那里所引申出来的自由概念，并且自由成为整个康德体系中最关键的一环。既然自然科学所断言的自然与自由本身格格不入，康德的任务就是要将它们之间的裂痕补上。否则，思想本身就会是不连贯的。所以，相关于自然科学知识的自由之可能性就成为康德要论证的一个重点。另外，自由不仅仅具有一种相对于科学知识的消极存在意义，在康德看来，相关于道德领域，自由还可以取得一种实在性。这是我们第四节要处理的问题。

最后，自然与自由能够相互并存并建立一种消极的关联，不能是思想的终极。因为理性绝不能允许两种有着绝对意义的存在者存在，思想最终必然是"一"。为了能够达成两者之间的和解，在《判断力批判》中，康德采纳了"目的论"的方案，将自然理解为一个"目的论体系"。这个体系最终走向了道德性，更恰当地讲是伦理性信仰的上帝概念。这是本章第五节要处理的问题。

另一方面，由于人类自由之根本限度，他无法使整体性的"至善"施行在大地上。因此，在伦理共同体领域，康德不得不走向对绝对者或者上帝的信仰。但是，这种信仰不再是传统基督教意义上的信仰。首要地，他要通过自己行为的完善来配得上帝的恩典；完善的基础就在于他是处身于自由之中的,从而可以做出道德性的行为。因此,最终"人类究竟如何做,上帝的恩典才会降临"是康德论证信仰的归宿。正是在这种信仰意义之上,人类是"有希望"的,即:通过有所作为,他能够指望来自上帝的帮助。因此,人类的希望最终奠立在两块基石上:其一是自由,因为自由,人才有希望;其二是绝对,因为绝对者在,人才有希望。真正说来,正是因为绝对维度的开显,人才有(Being)自由、有希望。这个问题会在本章第六节详加论述,此处就存而不论了。

第二节　绝对维度的消极彰显:"现象"与"物自体"的划分

在布鲁诺那里,我们看到了对究竟按照什么原则来评判真理标准的讨论。尽管在一定限度上保留了感觉的认识地位,布鲁诺还是说:

> (感性)只是用来激起理性,用以说明并证实部分,而不能证实整体;更不能用以判断,用以谴责并定罪。因为不能说感觉(即使完美无缺)从未造成任何紊乱。正如真理的一部分源于虚弱原则,真理的一小部分也源于感觉,但真理并不存在于感觉中。①

但在后续的思想进展中,感觉经验的实证性恰恰成为一切科学认识得以可能的最终根据,尽管科学知识本身不是感觉性的。在这里,我们看到一条表面看来非常奇特的思想路线。通过批判亚里士多德的经验论,布鲁诺将理性的位置凸显出来;奇怪的是,之后的科学进展恰恰又把亚里士多德的经验论接了回来。但真正说来,这种重新接回来只是表面性的。科学时代的经验论已经大大超出并深化了亚里士多德的朴素经验论。这是理性绝对深化感性的结果。此时的经验已经不再是"眼见为实",而是经历理性彻底批判的经验论。它试图将一切经验都纳入意识中来考察。因此,这些经验内容是完全向意识敞开的,从而它们可以取

---

① 布鲁诺:《论无限、宇宙和诸世界》,第 55 页;英译本:Giordano Bruno, *On the Infinite*, *the Universe and the Worlds*, p. 36。

得必然性、确定性、普遍性的规定。这是康德对经验作论证的起点。

另一方面,也正如布鲁诺所说,如果仅仅停留在经验之中,哪怕这种经验是经过意识绝对考察过的,那经验还是经验。它无非如此这般地在意识中呈现过自己而已,根本谈不上任何知识。所以,只要谈到知识,它必然意味着双重的含义。一方面,经验性的呈现保证了有对象存在于意识面前;另一方面,意识肯定增添了什么,以至于我们能说"这"是一个"什么",从而意识具有一种将之"作为"什么的活动发生。意识究竟增添了什么呢?

概念。康德回答说。并且意识增添的这种概念是普遍和必然的。因为所谓概念,就是人的一种抽象能力,它将所呈现表象中共有的部分内容抽象出来,从而将其作为共同物而给予其某种指称。但在康德看来,如果这样界定概念,我们就不能解决这样的问题:"凭借这些概念及其所导致的原理,要超出经验的界限是不可能的。"[①]也就是说如果所有的概念都是这种经验抽象的结果,那么超出于经验本身的东西都是不可能的。因此一切形而上学式的、神学式的概念都是不可能的。进一步还存在这样一个问题:如果所有的概念都来源于经验,那么,理性凭什么能够将经验中所呈现的共同之处抽象出来呢? 也就是说,如果没有一种共同的表象基础在,理性不能从各种各样的经验呈现中将共同表象表象出来。这必然意味着理性具有一种超出于经验,并且不来自于经验的概念存在,并且恰恰因为这些概念存在,理性才可能将经验中呈现出的共同特征表象为普遍一般的概念。否则的话,意识中的呈现哪怕有再多的共同表象可以被表象出来,理性也无法做到这一点。

以上分析表明,理性中应该存在一种超出于经验并且不来自于经

[①] 康德:《纯粹理性批判》,邓晓芒译,北京:人民出版社 2009 年版,第 86 页,B128。英译本参照:Kant, Immanuel, *Critique of Pure Reason*, trans. Werner S. Pluhar, Indianapolis/Cambridge:Hackett Publishing Company, 1996, B128。引文主要参照中译本。在个别的地方,如果涉及术语的采用,或表达的连贯性要求之处,笔者会自行译出。术语英译主要按照这个英文本。以下引用该书时均为此版本,采用此做法,不再一一标注。

验,却恰恰使得经验可以被表象的概念。正是按照这种概念,意识接纳外部事物对它的刺激,从而我们认为所有的东西都是如此"平常"。可以想象,如果不是这样,即意识中的呈现对于它而言都是陌生者的话,那将是多么稀奇的事情。既然如此,康德的任务就是分析这些概念究竟是什么。但是这种分析必须要按照经验本身来进行。我们看到,康德也确实是这么做的。[①] 在这里,康德处理问题的思路完全不同于库萨的尼古拉和布鲁诺等人。在后者那里,他们或者按照信仰中所接受的,或者按照形而上学原理展开。

但是,不得不说,康德这种对经验的处理具有致命的缺陷。其实,首要地,我们的经验并不仅仅是关于具体存在事物的经验,或者说仅仅是将其放在意识面前审视。比如桌子,在我们的经验中,它首先不是作为有腿、有面、白色的等,相反,它只是用来学习的。另外,我们可以拥有对于上帝、对于鬼神的经验,这种经验恰恰不是康德所界定的那种经验。但无论如何,康德的经验与自然科学的经验息息相关,可以将之看作是自然科学性的经验。

这种经验将所有的一切都纳为它的对象,从而使其站立在意识前面。它的本性就在于将对象完全展开,而使其全部暴露在概念之中。这种暴露包含有三个方面的含义。首先,它是作为意识的对象而暴露在意识面前,因而是意识相关物,以此,我们对它们的知识具有必然性和普遍性。因为意识就是如此的结构,以至于所有的事物在它面前的显现都是这样的。其次,因为意识是完全开放的,它本身不具有生产对象的能力,因而凡是在它面前显现的,必然是来自于外部对象的刺激,从而这些知识是相关于对象,而非其他超出于形体性呈现的东西。最后,意识自身是一种超验性的存在,它凭其自身可以打开一个先验的维度,使得物作为自身来呈现。[②] 因此,所有与对象相关的知识都具有客观性的规定。

---

① 参见康德《纯粹理性批判》第一卷,第一章,A66－A83,B91－B116。
② 参见康德《纯粹理性批判》,B132－B140。笔者有文章专述这个问题,参见尚文华《康德判断理论的存在论阐释》,载《山东科技大学学报》2011年第5期。

因为这些具体的论证,康德认为我们可以为自然科学性的认识提供一个超验的根据,因而这些知识是普遍必然的,是具有客观性的。

这种对经验的处理方式意味着,在意识之中,一切物都是完全显现的。只是它们的显现方式有差异。一是自身同一性的显现,二是经验性的显现。① 但是无论如何,在此没有任何超越于经验性的存在。即使是自身同一性存在,它也是相关于意识而构造自身的。但是,我们在尼古拉、布鲁诺等人那里确确实实见证到了超越经验的存在。比如,绝对的上帝、无限的宇宙等。如果按照康德式的彻底经验性原则,这些东西是不可理解的。但问题是,既然承认存在不可理解的东西,那么,这些东西来源于何处呢? 如果它们没有对人的"经验"造成影响,它们怎么能够被提出来,并且被作为对象来专题地加以言说论证呢?

我们看到,在贯彻经验原则(当然是以理性贯穿的经验原则)的同时,康德也触及这些问题:

> 这种知识(即经验知识)只适用于现象,相反,自在的事物(the thing in itself)本身虽然就其自己来说是实在(inherently actual)的,但对我们却处于不可知的状态。因为那必然推动我们去超越经验和一切现象之界限的东西就是无条件者,它是理性必然在自在之物本身中并且完全有理由为一切有条件者追求的,因而也是诸条件的系列作为完成了的系列所要求的。现在,如果我们假定我们的经验知识是依照作为自在之物本身的对象的,那就会出现这种情况,即无条件者绝不可能无矛盾地被设想;相反,如果我们假定我们的物的表象正如它们给予我们的那样,并非依照作为自在之物本身的物,反而这些对象作为现象是依照我们的表象方式的,上述矛盾就消失了;因此无条件者绝不可能在我们所知的(被给予我们的)那些物那里去找,倒是必须到我们所不知道、作为自在之物本身的物那

---

① 参见尚文华《康德判断理论的存在论阐释》。

里去找。①

如果缺乏时代背景关联，单单从文本上看，康德在这个序言中提及"自在之物"是非常突兀的。既然按照经验的原则解决问题如此地合乎认识准则——当然是科学性的认识准则——为什么偏偏在这里提出"自在之物"这样的东西，并且对于这种东西，我们完全处于不可知的状态。既然是不可知的，康德却又偏偏称之为"实在的"，这是不可理解的。

但在处理尼古拉和布鲁诺的文本时，我们已经指出，因为对上帝的信仰，因为"无限宇宙"的绝对必然性对理性所具有的效力，他们才试图理解"绝对"问题。同样，康德也说"自在之物"是实在的。在我看来，这里"实在"的含义更多地是指对人是"有效"的，这也是普拉汉英译本将其译为"Inherently Actual"的原因。"内在的有效力"更能体现出这方面的内涵，即：自在物本身内在地引起了理性对它的觉识。但尽管如此，由于人类经验的限制，我们无法像上帝那样进行纯粹理智的直观，因而只能接受经验对象的刺激，并且只有在那里，我们才可能寻求到"确定性"。正是在这个意义上，自在之物对我们保持为不可知状态。但它对我们理性的影响却是实实在在的。

另一方面，在康德看来，它们不仅仅内在地对人类理性产生实在的效力，同时，如果人类的知识要获得一个完整的系列，它必然要求自在之物的存在。这是因为，不管人类经验如何伸展，它终究只是停留在有条件的基础上，即它永远是一个条件系列；在任何时候，我们的经验都建立在时间性的因果关联系列中。这是由我们接受外部刺激的本性决定的。作为纯粹形式的空间和时间，它们是外部对象刺激感官，从而意识得以拥有呈现物的最基本形式。因此，只要是意识相关物，它们首要的规定就是空间性和时间性。而空间性本身意味着限制，意味着它之存在具有一个广延性的界限；而时间性意味着表象呈现在一个一维的时间序列之

---

① 康德：《纯粹理性批判》，第二版序，第 17 页；Kant, Immanuel, *Critique of Pure Reason*, p. 24, BXX.

中,正是依赖着因果性的关联,这些一维的时间序列才会产生关系。依赖于这两点,意识才能将这些关系建立在知识网络中。就此而言,所有在意识中建立起来的知识都是有限度的、有条件的。但这恰恰是理性所不能满足的。理性自身追求一种完善性,它不会满足于仅仅是有限制、有条件的知识系列,因而康德说:"一般理性(Reason as such)(在逻辑的运用中)所特有的原理(Principle)就是为知性(Understanding)的有条件的知识找到无条件者,借此来完成知性的统一。"①而这样一种无条件者就只能在自在之物中去寻找,经验序列的存在是不可能承担这种功能的。因此,自在之物的存在也是经验序列本身所内在要求的。

尽管自在之物的存在既有其实在性或有效性的根源,又是经验序列本身的内在要求,但它却不能成为我们的知识,因而不能有经验表象式的应用。很明显,在康德这里,所有的知识都是相关于经验意识的,即那种可以完全在意识中呈现的表象。否则的话,就会引起一种矛盾。这也就是二律背反。只要理性试图通达"绝对",这样一个矛盾就会与理性自身必然相伴随。

我们看到,因着这两个方面的论证,康德断然地在"现象"与"自在之物"或"物自体"之间划下了一条深深的界限。在康德看来,正是这个界限,我们所有关于意识相关物的知识都具有普遍性、必然性和客观性。作为现象,它们乃是按照意识自身的超验性而被规定为自身同一物,从而可以成为经验性的事物,因而我们拥有关于它们的知识。另一方面,也正是这个界限维持着我们的理性不将其自身作经验性的应用,这样既保障了知识的地位,也保障了知识的完整性,同时也保障了另外一个维度可以向理性敞开。这个维度就是"绝对"的维度。因为这个维度超出了一切经验性的界限,从而超出了一切经验性的因果性法则。它是无因果性的原因性,即:它具有一种打破一切自然因果链条,而自行开启一个

---

① 康德:《纯粹理性批判》,第 266 页;Kant, Immanuel, *Critique of Pure Reason*, p. 357, A307, B364。

没有自然因果的原因性的能力。康德称之为"自由因"。

所以，我们看到，在作为现象存在的经验领域，我们永远发现不了绝对的维度。在经验领域，一切都是敞开的、赤裸裸的，因而是完全呈现的。但正因为它的完全敞开性，我们才能拥有关于它的确定知识，从而科学性的知识是可能的。这是必然性的领域。在它之中，整个的经验链条一环扣一环，环环相连，因而必然性、因果性是它的基本法则。但是，就哲学试图超越出一切给定现象而追求"绝对"，而我们将这种追求称为追求真理而言，科学中就没有任何哲学性的真理可言。

但与之相对，自在之物或物自体领域的开显则充当了这种追求哲学性真理的任务。它首先由"自由因"来界定其本质。在这个领域中，一切都成为不透明的，因为一旦试图去抓住它，它已经不再是那个它了。它以其自身自行开启一个原因性的链条。它不受任何必然性的约束，不受任何因果性的干扰，它之所是就是其自身，除此之外别无他者。这是一个无条件的绝对性领域。恰恰是这个绝对领域保障了经验性知识的完整。

但同时我们也应该看到，康德这种界定"绝对"的方式不同于尼古拉。在后者那里，绝对者的存在意义要穿透一切存在物；它在一切之中，一切也在它之中，从而绝对者与具体存在者之间不存在割裂。但康德不同，"绝对"领域只是保障了具体存在者在整体上的完整性，它并没有将其意义展示在具体存在者之中。因此，这样的绝对者只是空洞的绝对者；而与之相对的具体存在者则是无依托的、漂浮的存在者。就具体存在者的无根基性而言，康德与亚里士多德相同。但是康德思想比亚里士多德思想多开辟了一个存在领域，那就是绝对者的领域。我们也看到，在《判断力批判》中，康德试图弥合这两者之间的裂痕，这是我们后面要分析的。

经验领域的完整得益于无条件的绝对领域，这只是在消极的意义上说明了自然界与自由因之间的关联，即：只有后者在，前者才可以成为完整的。而现在，前者已经作为一个确定的知识体系给予了我们，那么，后者也就有其存在的理由。但是毕竟,在存在方式上,这两者是截然不同的。现在的问题就是,这两者能否并存在一个世界上? 这是进一步的问题,即自然与自由之并存的可能性。

第三节　自然的必然性与自由的自由因的可并存性

在康德看来,如此理解经验世界与自在之物之间的关联,并不是他本人的独创。相反,在柏拉图那里,我们已经看到过这种理解方式。

> 柏拉图这样来使用理念这种表达,以至于人们清楚地看到,他是将它理解为某种不仅永远也不由感官中借来,而且甚至远远超出亚里士多德所研究的那些知性概念之上的东西,因为在经验中永远也找不到与之相符的东西。理念在他那里是事物本身的蓝本,而不像范畴那样只不过是开启可能经验的钥匙。据他看来理念是从最高理性那里流溢出来的,它们从那里被人类的理性所分有,但人类理性现在不再处于自己的本源状态(Original state)中,而是必须通过回忆(也就是哲学)而努力地去唤回那过去的、现在已被遮暗了的理念。①

柏拉图的理念是从最高理性那里流溢出来的,因此理念自身是被最高理性所照亮的,从而可以被人类理性所分有。但这种分有远不是经验性的分有,即:我们在经验中永远找不到与之相符的东西。另一方面,即使可以按照经验来分析我们所拥有的一切,我们依然可以"感到"一种远在经验之上的东西。

> 为了能把现象当做经验来解读,我们的认识能力会感到(Feel)有一种远比仅仅按照综合统一性来逐字拼写诸现象还更高的需要,而我们的理性会自然而然地腾飞到那些知识上去,这些知识远远超

---

① 康德:《纯粹理性批判》,第 270 页;Kant, Immanuel, *Critique of Pure Reason*, p. 362, A314, B370。

出随时都能有某个经验所能提供的对象与之相符合的地步,但尽管如此,它们却具有自己的实在性(Reality),而绝不仅仅是一些幻象。①

这里我们需要分析两点。第一,"我们的认识能力会感到有一种……"究竟"feel"是什么意思,它意味着什么? 第二,"它们却具有自己的实在性","实在性"意味着什么?

我们先来看第一点。"Feel"是一种非常"经验性"(当然不是科学意义上的经验)的概念。比如,"我感到快乐","我感到悲伤"。在我们说出这句话的时候,无论是"快乐"还是"悲伤"都是发生在我们身体或心灵之中的一种感受。也就是说,这种快乐和悲伤作为一种存在方式对我们造成了某种后果,正是这种后果使我们能够"感觉"到什么,从而这种存在对我们产生一种有效性。如果进一步反思,这种存在究竟是什么样的存在呢?"快乐","悲伤",我们永远不能看见它们,也永远不能摸到它们,但是它们难道不存在吗? 如果不存在,它们又是怎么使我们感觉到它们的呢? 当然,这种分析会引起很大的争议。很多人会说,所谓快乐、悲伤无非是神经刺激的结果,它们本身根本不具有存在的性质。但无论如何,我们是处身于"快乐"或"悲伤"之中,而非神经刺激之中,即:无论它们的物理机制如何,我们是实实在在地"处身于……之中"。逻辑上,这种现象是永远不能够被还原成物理原因的。所以,所谓"处身于……之中",首先就意味着这种对象对于我们是有效的,否则,我们无法"处身于"。其次,"……"是存在的,或者更好地讲是有存在意义的,当然这种存在绝不意味着经验性的具体存在。因为我们没有实际地看到它,从而没有将其概念化。相反,一旦我们将其概念化,那它将不再是其自身。比如,我们可以分析"快乐"是什么性质的,它的神经基础、心理基础、因果联系等,但是这所有的分析加在一起也不是"快乐"。这是由它们的基本现象学性质决定的。

---

① 康德:《纯粹理性批判》,第 270 页;Kant,Immanuel,*Critique of Pure Reason*,p. 362,B371.

因着对"Feel"的分析,我们就可以理解"实在性(Reality)是什么意思了。首先,它不可能是科学经验意义上的实在性,因为在概念上,它与经验实在性是不同质的。但它又必定是存在的,是一种绝对不可能被概念化的存在。否则,它就会展现在经验之中而被固定化,从而与我们分析的第二点不相符合。但它又在我们的"现象经验"中产生一种效果,从而我们能够"feel"到它。因此,在这里,"实在性"就等同于"有效性"。所谓"现象经验"就是指我们心灵中所能感受到的"什么",它永远不能被还原为自然性的因果关联。即使我们拥有关于它之可能的所有经验性知识,但是它本身却不在这些知识之中,它超越出这一切。也正是在这个意义上,康德批评柏拉图:

> 他(指柏拉图)也把他的概念(指理念)扩展到思辨的知识上
> 去——如果这些知识只是纯粹地而且完全先天地被给予的话——
> 甚至也扩展到数学上,虽然数学除了在可能的经验中之外,在任何
> 地方都没有自己的对象。正是在这一点上我不能附和他,就像在对
> 这些理念的神秘演绎中,或者在他似乎用来将这些理念实体化的夸
> 大言辞中,我也不能附和他一样;哪怕他在这一领域中所使用的那
> 种高超的语言完全能够作为一种更宽松的且适合于事物本性的
> 解释。①

康德之所以不能接受柏拉图的处理,就在于理念之实在性永远不能展示在科学性的经验之中。按照对"Feel"、经验以及实在性的这些理解,我们就可以更好地理解自然必然性与自由之原因性之间并存的可能性。

首先,那摆脱一切原因性和条件性限制的自由原因性肯定不存在于自然经验世界之中,否则它就是受限制的。其次,所谓自由之"原因性"必然是指理念或自在之物对我们产生了一种实在性的效果,因而我们只按照理念自身对我们的有效性开启一个原因系列。按照这两个方面,康

---

① 参见康德《纯粹理性批判》,第 271 页;Kant, Immanuel, *Critique of Pure Reason*, pp. 362 - 363, A315, B372 的解释。

德说:

> 我把那种在一个感官对象上本身不是现象的东西称之为理知的(Intelligible)。因此,如果在感官世界中必须被看作现象的东西本身自在地也有某种能力,这种能力并非任何感性直观的对象,但它凭借这种能力却可以是诸现象的原因:那么我们就可以从两个方面来看这个存在者的原因性(Causality),既按照其行动而把它看作理知的,即看作一个自在之物本身的原因性,又按照这行动的结果(Effect)而把它看作感性的,即看作感官世界中的一个现象的原因性。因此我们关于一个这样的主体的能力将会造成对它的原因性的一个既是经验性的,同时也是智性的概念,这两者是在同一个结果中一起发生的。①

人类具有一种宿命性(Fatal)的缺陷,那就是:无论做什么,以及怎么做,他所要做的全部都要展示在自然世界之中。因此,如果我们把人类所有的行为,及其在历史中所造成的结果"看作"什么,这些东西都要按照自然的因果性发生。在我看来这也是为什么心理学、行为分析得以可能的根本前提。但按照我们上面所进行的分析,无论这些行为及其后果经历怎样的经验性分析,总是有一种东西超出于这种分析之外,并且恰恰是这些东西对我们产生一种"实在性"的影响。

康德将这样一种东西称为"理知的"。因为,一方面,它要展示在感官对象之中;但另一方面,它又不是现象的东西。就它不是现象性的东西而言,它永远不能被纳入科学经验的范围来进行分析;就它要展示在感官对象之中而言,它的结果却恰恰要可以进入科学经验分析的范围。这导致我们不得不将同样的自然结果作两个方面的分析。第一,按照这种东西对人类具有"有效性",它可以作为原因,即一种超出于自然经验之原因性的原因,因而它是一种自在之物本身的原因性。但第二,按照

---

① 康德:《纯粹理性批判》,第436—437页;Kant, Immanuel, *Critique of Pure Reason*, p. 539, A538, B566。

这种东西的结果注定要展示在自然世界之中,我们可以将之看作是现象因果系列所造成的结果。所以,如果我们仅仅就结果来看,那么只有一个结果,并且这个结果是按照自然的因果系列达到的。但是,一旦我们试图寻求超出于这种结果的原因性,这种原因性立刻就分裂为二:一是自然因果性的原因性,一是出于自在之物之无因果性的原因性。因着这两点,康德说,对结果之原因性的追索既是经验的,同时也是智性的。

一个结果的原因既是经验的,又是智性的,这是否意味着矛盾呢?在康德看来,这里不存在任何矛盾。因为按照康德的界定,经验本身乃是由先验的对象规定的,正是因为先验对象的存在,经验才是可能的。而经验只是被规定为相关于先验对象的表象,从而它没有任何理由阻止先验对象在它之外赋予它另外一种原因性。相反,这种原因性相对于表象之原因性具有更加根本的地位。因为这是先验对象自身的原因性,即它是不受任何条件限制的纯粹原因性自身。

在这个角度上讲,康德的经验论出发点只是为了保证知识本身的确定性,而其更深的出发点却是先验对象,即不受任何条件限制的绝对本身之与经验相关的展示维度。也正是在这个意义上,康德一直强调自己在为形而上学奠基。① 因此,任何一个感官世界的主体身上就具有双重属性,一是经验性的品格,一是理知的品格。"我们也可以把前一种品格称之为一个这般在现象中之物的品格,把后一种品格称之为这个自在之物本身的品格。"②

尽管理知的原因性具有如此核心性的作用和意义,但是它却根本不能显现出来。即使它在任何时刻都作为"有效性"的原因对人类产生影响,它所显现出来的东西也只能都是经验性的。所以,这种理知的品格永远超出于直接认识的范围,因为我们所能看到的、所能认识的只是显现出来的东西。

---

① 参见康德《纯粹理性批判》,第一版序 AXⅢ,第二版序 BXV 等。
② 康德:《纯粹理性批判》,第 437 页;Kant, Immanuel, *Critique of Pure Reason*, p. 540, A539, B567。

但按照其(指主体)理知的品格(虽然我们对它所能拥有的无非只是这主体的普遍概念),同一个主体却必须被宣告不受感性和由现象而来的规定的任何影响……所以这个活动的存在者就此而言将会在自己的行动中不依赖于并且摆脱一切自然必然性这种只有在感性世界中才见到的东西。①

因此,也正是这种开启原因性的自由之存在摆脱了一切经验性的影响,我们才能够说它不依赖于任何自然必然性,并彻底摆脱自然必然性。进一步,这种自由存在才有可能割断与自然世界的一切关联,而仅仅凭其自身开出一个"理智世界"(a world of understanding)②。尽管对于理智世界,我们不能拥有知识,但恰是在这个世界中,我们能够成为自由王国的一员。因此,正是因为这种自由之在,主体才能够从眼下的这个经验世界中"解—放"出来,从而能够"解除"自然世界,而向自由王国"开放"。正是凭其自由存在,我们能够向无条件性的"绝对"本身开放,"绝对"本身也能够向我们敞开。对此,我们会进一步讨论。

所以,自由之无条件性自行开启了它在感官世界中的结果,但这些结果并不能自行开启自身。这是因为,在经验中,我们总是可以在经验性的关联中确定任何一个结果的因果性关联网络,因而这个结果只有作为自然因果性的序列才是可能的。"这样,自由和自然,每一方在自己完全的意义中,就会在同一些行动上,按照我们把它们与自己的理知的原

---

① 康德:《纯粹理性批判》,第 438 页;Kant, Immanuel, *Critique of Pure Reason*, pp. 540 – 541, A541, B569。

② Kant, *Groundwork for the Metaphysics of Morals*, ed. and trans. Allen W. Wood, New Haven and London: Yale University Press, 2002, p. 67. 中译本参见康德《道德形而上学原理》,苗力田译,上海:上海人民出版社 1986 年版(以下不再一一标注该书版本),第 106 页。此著作更好的译名是邓晓芒先生的"道德形而上学基础"。"基础"更有为道德的形而上学寻找根据或根基的意义,而"原理"则侧重于推演体系。但就本书主旨来看,康德试图把"自由"论证为道德的基础,而非体系。鉴于引文更多地采纳苗先生译本,在本书出现此著作时,一并用《道德形而上学原理》。

因还是感性的原因相比较,而没有任何冲突地同时被找到。"①

因着上面的论证我们看到,尽管在自然世界中,我们无法找到自在之物和无条件的自由因的存在,但是经验知识之完整性要依赖于这样的自由因。并且另一方面,自在之物恰恰对我们产生了"有效性"的影响,因而它又是实在的。但是这种有效性的结果却又是完全展示在经验世界之中的。因着对"有效性"本身的分析,我们论证了两种原因性并存的可能性。而按照形而上学谈论存在意义的方式,恰恰是自由的原因性揭示了自在之物的存在的意义,而经验性因果性远不足以做到这一点。所以,一旦依赖于先验概念完成对经验知识之确定性、必然性、普遍性的分析,我们马上迎来一个全新的领域,那就是对于存在本身的分析。只有在这里,我们才有可能发现形而上学的真理。现在,对自由的追问成为我们追问形而上学真理的唯一线索。

第四节　绝对维度的进一步彰显:从真理到自由

在前一节中,我们已经指出,由于经验知识之完整性的需要,自由因的存在是必然的。这是对自由存在的消极的论证。为了更突出这个问题的重要性,即:为了更好地理解自然与自由之间的关联,在这一节中,我们专门开辟一小部分论证自由的这种消极意义。另一方面,我们已经提到,自在之物的存在具有"实在性",即它对人的行为是有效的。正是这种有效性保障了自由的积极意义,从而我们要相关于实践领域来谈论自由的这种积极意义。我们看到,这个维度已经在《纯粹理性批判》中有所预表,而到了《道德形而上学原理》(1785)和《实践理性批判》(1788),这个维度则完全彰显出来。

因此,在这一节中,我们对自由的讨论将在两个维度展开。首先是相关于经验知识的消极维度,我称这个维度为"自由之可能性",即从真

---

① 康德:《纯粹理性批判》,第 439 页;Kant, Immanuel, *Critique of Pure Reason*, p. 541, A542, B570。

理性知识到自由概念的可能性。其次是相关于实践领域的积极维度，我称这个维度为"自由之现实性"。

在进入正题之前，先让我们做一个术语方面的说明。根据近代经验论传统，"实在性"（Reality）一词更多是指对象在时间中的具体的经验性存在。但很明显，自由概念恰是不可能被时间规定的，否则，它就是受时间限制的。但由于道德行为可以且必须展示在时间之中，或者更恰当地讲，道德行为的结果要展示在时间之中，由此我们才能证成自由。毕竟存在着这样一种行为，它凭其自身超越出一切自然性的因果关联，因而行为可以不受制于任何自然条件。从此出发，我们才能论证人自由存在（Being）。尽管这种"存在"本身不从属于任何时间，但是它确实对人产生一种影响，从而它可以将这种无条件的原因性之结果展示在现实时空中。

正是因为自由存在对人的实际行为产生的实际影响，我称"自由"是具有"实在性"的。关于"实在性"的这一点含义，我们已经在"Inherently Actual"的翻译问题上做了一定的说明。按照我们的这种界定，这个词更恰当地应该被译为"有效性"（Effectiveness）。但是鉴于"有效性"作为术语极少被康德使用，我就只能选用一个相对不太恰当的词，即"实在性"。交代完这个术语背景，让我们首先展开对"自由之可能性"的论述。

一、自由存在的可能性

我们的一切知识都开始于感官，由此前进到知性，而终止于理性，在理性之上我们再没有更高的能力来加工直观材料并将之纳入思维的最高统一性之下了。现在，当我要对这一最高认识能力作出一种解释时，我感到有某种尴尬。在理性这里，正如在知性那里一样，当它抽掉了一切知识内容时，有一种单纯形式的亦即逻辑的运用，但它也有一种实在的运用，因为它本身包含有既非借自感官亦非借自知性的某些概念和原理的起源。前一种能力固然早已由逻辑学家们以间接推理的能力（不同于直接推理）而作了解释；但后面这种自身产生概念的能力却还没有借此得到解释。既然在这里出现了理性的逻辑能力和先验能力的划分……我们在先验逻辑的第一部分曾以规则(Rules)的能力来解释知性;在这里我们把理性与知性相区别,将把理性称为原则(Principle)的能力。①

无论对于思考知性能力和理性能力或先验能力的差异的认识、存在者学知识与存在论知识的区分②、规则与原则的区别,还是在文本上划分分析论与辩证论,我们会看到,以上这段引文都是极端重要的。它对于理解康德整个思想体系,无论是知识论体系还是实践哲学体系,都有着穿针引线的作用。③

理性有两种运用:形式的或逻辑的运用和实在的运用。前者即是知性能力,它将来源于感官的直观材料纳入思维的统一性之下,因此,尽管就形式而言,它是纯粹的、直接的,但它终究要应用于直观材料。离开直观它就是空的。正是在这个意义上,我们的一切知识都开始于感官,这是一种经验性的知识。但对于实在的运用,理性④却可以抽离于一切感

---

① 康德:《纯粹理性批判》,第 261—262 页;Kant, Immanuel, *Critique of Pure Reason*, pp. 351 - 352,A299, B356。

② 康德本人并未采取这样的说法。在解释康德的一系列著作时,海德格尔炮制出了这两个概念。按照这两个概念,国内学者黄裕生解读了康德的《纯粹理性批判》。大致说来,所谓存在者学知识,指的是被构造出来的自身同一物在经验中将自身展开所获得的知识;存在论知识指的是,思想如何构造自身同一物,以及超出这种逻辑性的自身同一物的自在之物如何在自身的位置上存在,以及关于两种知识如何相关联的"知识"。用康德的术语大致对应于逻辑性的"知识"以及不可认识但可思想的"本体"领域。可参见黄裕生《真理与自由——康德哲学的存在论阐释》。

③ 但在黑格尔(G. W. F. Hegel, 1770—1831)看来,这种理性能力的提出并非理性必然的要求。因此,康德依然是"按照心理学的方式"由知性进展到理性的,因为按照知性能力本身,它恰恰不需要这种主观性的要求。"他在灵魂的口袋里尽量去摸索里面还有什么认识能力没有;碰巧他发现还有理性——即使不能再发现什么能力也同样无碍于事,正如物理学家碰巧发现磁力一样,不论磁力存在或不存在都没有多大差别"。感兴趣的读者可以参阅黑格尔《哲学史讲演录》第四卷,贺麟、王太庆译,北京:商务印书馆 1997 年版,第 275 页。

④ 康德在用词上有很多含混的地方。比如这里,知性本身就是理性的一种能力,或者说,知性乃是理性在面对经验世界时所展开的一种存在方式,即:它以知性的形式将经验事物构造成一种具有自身同一性的存在物。但除了这种存在方式外,理性还有其他的存在方式,即:它可以持守于自身,而让其他存在者在其自身的位置上来相遇,这是一种"自在的存在方式"。很明显,按照这里,"理性能力"更多地指后者,而"知性能力"指前者。但是需要注意的是,知性本身也是一种理性能力。在后面的篇幅中,我严格按照康德这里对知性和理性的区分。

官、一切经验和知性原理本身。因此，无论知性知识进展到何种包罗万象的地步、具有如何强大的预测功能、给人类生活带来何等巨大的影响，但它却丝毫未曾触及理性的实在运用。因此康德说，无论逻辑学家们对知性形式，及其概念、原理解释了多少，这种自身产生概念的能力却并未得到解释。

我们该怎样理解这种"既非借自感官亦非借自知性的某些概念和原理的起源"的理性先验能力呢？康德认为我们应该凭借对"原理"的理解做到这一点，因而如何理解原理成为我们理解理性这种最高能力的线索。由于出于知性的知识已经获得确定性，知性又是理性本身的一种能力，我们能否通过对知性"规则"知识的分析获得某种启示，从而能够对理性"原理"有所理解？我们看到，这正是康德本人的分析路径。

在知性中，我们通过规则解释知性，通过对判断形式的分析来理解范畴。"则"，恒常不变之意，①即："（统一）于……常"之下。"规则"更加强调了这层含义，即："将……约束、规制于……统一"之下。"知性能力"正是如此。它将被动、混乱的"无则"的东西纳入某种统一性之中。这种"无则"的东西就是感官中最初的质料。因而"规则"能力不可能脱离开质料，否则它无以具有"规""则"的东西。

但与之相对，康德却说理性中存在一种摆脱一切感官质料而仅仅出于概念的"则"的能力，康德称这种能力为"原则"的能力。这几乎是难以想象的。没有什么内容的概念是什么东西呢？既然没有内容，那么究竟是将什么"统一于……常"之下呢？康德说，"当我要对这一最高认识能力作出一种解释时，我感到有某种尴尬"。我想，尴尬的意义就在于此吧。

但另一方面，我们却可以说，正是因为知性"规则"仅仅是将直观材料纳入统一性形式之下，因而是有所"则"的，它才只能被称为是"规则"。而那种脱离开所有感性限制，仅仅出于概念的能力，才可能被称为是"原

---

① 《尔雅》中如是定则："则，法也；则，常也"。

则"。因为所谓"原"必须是"第一性"的,它不能有所依赖,而只能自己出于自己。这样看来,要理解"原则"的意义,我们必须从两个方面进行分析。首先,它是"则",即:要将"某种……规制于……统一"之下,它终究要统一着"什么"。其次,它是"原",是第一位的,是第一原理。我们首先需要厘清"第一"是什么意思。

> 知性尽管可以是借助于规则使诸现象统一的能力,而理性则是使知性规则统一于原则之下的能力。所以理性从来都不是直接针对着经验或任何一个对象,而是针对着知性,为的是通过概念赋予杂多的知性知识以先天的统一性,这种统一性可以叫作理性的统一性,它具有与知性所能达到的那种统一性完全不同的种类。①

就概念界定而言,很明显,知性借助于规则所产生的统一性能力不同于理性借助于原则而产生的统一性能力。首要的一点就是规则统一现象,而原则统一知性知识本身。何谓"统一知性知识本身"? 这一统一知性知识的原则应该如何被刻画呢?

在逻辑判断中,我们应该对直接认识的东西与只是推论出来的东西作一个区分。比如,对于"三角形的概念",以及"它的三个角之和等于两个直角"两个命题。前者是我们直接认识到的东西,在直观中,由三条线所界定的一个图形就是三角形,它不包含有任何推论。但后者却是一个推论的结果,因为在直观中,我们无法得到它的内角和等于两个直角的和。

推论本身也应该包含有两种。首先是前提中直接包含了结论的推论。对于这种推论,我们不需要借助于任何第三者就可以知道结论的真实性与前提的真实性是连结在一起的。另外一种推论是,除了前提之外,我们还需要另外一个判断才能知道结论的真实性。比如从"一切人都是有死的"到"苏格拉底是有死的",我们必须知道"苏格拉底是个人"

---

① 康德:《纯粹理性批判》,第 263 页;Kant, Immanuel, *Critique of Pure Reason*, p. 353, A302, B359。

这一知识之后,才能得到那个结论。

　　康德将第一种推论方式称为"知性推论",将第二种称为"理性推论"。这样看来,理性推论的任务就是,"首先通过知性想到一条规则(大前提)。其次我借助于判断力把一个知识归摄到该规则的条件之下(小前提)。最后,我通过该规则的谓词因而先天地通过理性来规定我的知识(结论)"①。因此,从需要获得结论的知识角度来看,理性推论就要从已经被给出的前提,以及完全不同的被思维的对象出发,在知性中寻找结论的实然性,看它是否处于规则的条件之下。它与知性推论最大的差异就是,它要将一种综合的知识纳入条件之下,而知性推论不包含这样的知识要素。

　　根据知性推论和理性推论的差别,康德说:"理性在推论中力图将知性知识的大量杂多性归结为最少数的原则(普遍性条件),并以此来实现它们的最高统一。"②也就是说,理性通过其原则的能力为知性知识寻求最高的前提,因而理性能力关联着知性能力,但又绝不只局限于知性能力。如何刻画这种能力,即:如何理解"第一原理"的"第一"本身呢?按照康德的用语习惯,这个问题应该表述为:只有借助于知性能力,理性才能与对象发生关系,但理性是否本身就具有一种纯粹的运用呢?

　　首先,理性推论不直接针对经验直观,而只是针对概念和判断。其次,当它针对概念和判断时,它并不会满足于已经达到的条件,它总是要寻求条件的条件,只有这样,它才会不断推进知性判断。最终,为了完成知性本身的统一,它必须要为知性的有条件的知识找到无条件者。"但这条逻辑准则不能以别的方式成为纯粹理性的一条原则,而只能这样来假定:如果有条件者被给予,则整个相互从属的本身是无条件的条

---

① 康德:《纯粹理性批判》,第 264 页;Kant, Immanuel, *Critique of Pure Reason*, p. 355, A304, B361。
② 康德:《纯粹理性批判》,第 265 页;Kant, Immanuel, *Critique of Pure Reason*, p. 355, A305, B361。

件序列也被给予(即包含在对象及其连结之中)。"①

　　由于知性本身仅仅停留在经验领域中,它只关心如何将范畴应用于经验直观,因而它只能在有条件的领域中寻求它所能理解的一切,它不会思维它的最高原则在哪里。但理性却不同。只要有条件序列被给予它,它总是要将这个条件序列完成,因而给出最终的无条件者。这一无条件者,由于是无条件者,必定超出于一切有条件的经验直观、一般知性知识,因而它只能由纯粹理性给出。正是因为纯粹理性必须要给出无条件者,理性的逻辑运用(即知性)才能得以最终完成。因此,不能说理性的逻辑运用给出无条件者,相反只能说,恰是无条件者使得理性的逻辑运用得以可能。这是关键的一点。如果这一点不能得到恰当的理解,知性能力就会成为理性能力的出发点,在此基础上,我们就无法理解自由,以及与之相关的一切。

　　因此,就理性推论来看,理性必然要给出纯粹理性概念,即:摆脱一切经验直观的无条件者概念。它应该涉及一切经验性知识,但经验知识只是它的知识的一部分,因为它不限于经验之内。我们"暂时如(我们)曾把纯粹知性概念称之为范畴那样,赋予纯粹理性概念以一个新的名称,而把它们称之为先验的理念"②。因为康德是按照理性推论来论证先验理念的,按照大前提中的"条件"与小前提中的"知识"类型之间的关系,理性推论的形式应该有三种,即定言、假言和选言。因此,按照在知性部分,以判断形式来分析范畴的类型,这里的理性推论也有三种推论类型,所以也应该有三种纯粹理性概念,即三种理念。它们分别是:"第一级包含思维主体的绝对的(无条件的)统一,第二级包含现象的诸条件系列的绝对统一,第三级包含思维的所有一般对象之条件的绝对统一。"③

---

① 康德:《纯粹理性批判》,第 266 页;Kant, Immanuel, *Critique of Pure Reason*, p. 357, A308, B364。

② 康德:《纯粹理性批判》,第 269 页;Kant, Immanuel, *Critique of Pure Reason*, p. 360, A311, B368。

③ 康德:《纯粹理性批判》,第 282 页;Kant, Immanuel, *Critique of Pure Reason*, p. 376, A334, B391。

在此，我们只分析与"条件—无条件者"相关的自由因概念，以及与先验理念相关的自由存在者本身。根本上讲，它们最终是一回事。我们看到，知性知识就在于以范畴来规范所有经验现象，因而它只局限于诸现象的综合；但对诸现象综合中的绝对总体性概念，却必须要由理性能力给出。

> 我把所有那些只要是涉及诸现象的综合中的绝对总体性的先验理念都称之为世界概念，部分是因为，就连本身只是一个理念的世界整体概念也恰好是基于这个无条件的总体性上的，部分则是由于这些理念所针对的只是诸现象的综合，因而只是经验性的综合……理性作出这种要求所依据的是这条原理：如果有条件者被给予了，那么它惟一曾由以成为可能的那整个条件总和因而绝对的无条件者也就被给予了。①

所谓世界概念指的就是那些涉及诸现象综合中绝对总体性的理念。既然针对的是现象综合，因而它会与经验性综合相关。但另一方面，它也必须是建基于无条件的总体性之上的。后者也恰恰使一切有条件者成为可能。对于理性而言，一切有条件者都是以绝对无条件者为前提而存在的。因此，对于一切有条件的现象存在和无条件者的绝对总体性来说，现象已经是一种离开自己本位的存在，它必须要依赖于无条件者才可能被理解；而无条件者因为是绝对总体，它必定是一种"自由—自在"的存在，亦即它是持守在自己的位置上的存在，它是"自在之物"。如果说有条件的存在，因为是有条件的，所以能够在因果关联中展开它的存在，那么，无条件的存在，正好是处于因果关联之外的，是自在的，否则的话，它就不能是无条件的。因而它是一种"自由因"。所谓自由因，就是出于自由本身而存在，是"因果"关联之外的存在。

但无论是有条件者的存在，还是无条件者的存在，它们都应该是一

---

① 康德：《纯粹理性批判》，第 266 页；Kant, Immanuel, *Critique of Pure Reason*, pp. 444 – 445, A408—409，B434—436。

种思想性的存在,即:只有在思想的逻辑把握住、理性持守住自身,从而使他者能够自在存在的时候,它们才是可能的。因此,纯粹理性首先应该是一种"自由—自在"的存在。否则,我们就无法理解他者何以可以在自己的位置上存在。正如绝对总体性的自在存在是一切现象存在的前提,理性的"自由—自在"存在必定是理性一切能力和活动的前提。所以,当康德说"如果有条件者被给予了,那么……绝对的无条件者也就被给予了"的时候,他真正要说的是,理性的自由存在恰好是现象性存在的前提和条件,即自由应该是真理的条件。因而对于人本身来说,"他的自由就是他的最高真理。一切真理如果要有自己真正的真理性,都必须以自由这个最高真理为前提。在这里,人的自由存在与他的真理性存在是直接统一的"①。

按照以上分析,我们从理性推论所要求给出最终原则的方面阐述了自由的可能性。② 这具有两方面的意义。首先,知性所给出来的现象知识本身是有条件的,因而它需要一种无条件者来完成知性本身的统一。正是理性的自由存在完成了这一点,因而我们说自由是知性真理知识的前提和条件。其次,自由存在的可能性也得到应有的证明。毕竟自由本身无法被人直观得到。对于不能为我们直观的东西,如何才能证明它的存在呢?知性本身的有待完成性正好完成了这种证明。

但无论如何,在理论方面,我们只是从知性活动的待完成角度阐述自由,因而它只是一种可能性存在。"思辨理性只能将自由概念以或然的,即并非不可思维的方式树立起来,而不能确保它的客观必然性,而且思辨理性如此办理,只是以免将那些它至少必须承认可以思维的东西,

---

① 黄裕生:《真理与自由》,第300页。

② 在此,康德论证的原则只是,"一条日常处理我们知识性的储备的主观规律,即通过比较知性的诸概念而把它们的普遍运用归结为尽可能最小的数目,而并不因此就有权要求对象本身有这样一种一致性"(A306、B363)。因而还需要进一步论证理念本身的可能性。在宇宙论理念部分,康德提出著名的"二律背反"难题。这进一步论证了作为理念的世界概念与作为现象的世界概念之间存在的对立,从而论证了自由存在与现象存在的割裂。这为进一步论证自由的可能性,甚至是实在性提供了基础。由于不是这里的主题,我们就不进一步分析。

假定为不可能,从而危及了理性的存在,使它陷入怀疑主义的深渊之中。"①但在我看来,这种可能性却也应该是一种必然的可能性,即:若是不设想自由,我们就无法理解知识本身。因此,在我看来,康德这段话说得稍微有些过。但无论如何,自由的客观实在性不能通过思辨理性得到论证却是个基本事实。

但是,一旦离开理性的思辨领域,而进入理性的实践运用领域,我们就立刻可以找到这种理性能力的实际运用。这一点,康德已经在《纯粹理性批判》中做了预表。下面。我们就沿着这个提示,进入对"自由的实在性"的分析和论证。

二、自由概念的实在性

于是这个理性具有原因性,至少我们在它身上设想这一种原因性,这一点从我们在一切实践的事情中作为规则而加在实行的力量之上的那些命令中就看得很清楚。应当表达了某种必然性,以及那种在整个自然中本来并不出现的与诸种根据的联结。知性从整个自然中只能认识到什么是现有的(what is),或是有过的(has been),或是将会有的(will be)……于是这个应当就表达了一种可能的行动,这行动的根据不是别的,而只是单纯的概念。②

这是《纯粹理性批判》对自由的实在性的预表。通过这段话,我们可以区分两种"原因性"的概念。在自然中,知性认识到一种原因性,那是一种他律性的必然因果关系,即一个现象被给出了,那与之相关的一系列现象都可以必然地被给出。但在纯粹理性概念中,因为它给出的是摆脱一切因果性关联的无条件自由概念,因而它必定是自律的。"自由尽管不是得之于自然的、意志所固有的性质,但并不是无规律的,而是一种

① 康德:《实践理性批判》,韩水法译,北京:商务印书馆 2003 年版(以下不再一一标注该书版本),序言,第 1 页。
② 康德:《纯粹理性批判》,第 442 页;Kant, Immanuel, *Critique of Pure Reason*, p. 545, A547, B575。

具有不变规律的因果性。它不过是另一种不同的规律罢了;如若不然,自由意志就变成荒唐了。"①所谓"自律"指的就是在自身的位置上、仅仅按照自身而行动,这是一种:

> 出于自由的因果性法则,因而也就是一个超感性自然的可能性的法则,一如感觉世界之中种种事件的形而上学法则就是感性自然的因果性法则;于是,道德法则就决定了思辨哲学必须留而不决的东西,也就是说,决定了用于某种在思辨哲学那里只有其否定性概念的因果性的法则,并因而也第一次给这个概念谋得了客观实在性。②

我们看到,这种自律概念是道德法则的最核心概念。③ 这是因为,道德要普遍地施行,它必定要建立在自律的基础之上,因而它必须要有一个"法则"。所谓法则就是出于自身、为了自身的普遍性而意志行为的普遍依据。所以,我们看到康德如是界定"出于自由的原因性",它就是一个出于自由的自律、法则的行为关联。这样自由、自律、道德法则、道德这几个概念就完全关联到一起了。

> 作为一个有理性的、属于理智世界的东西,人只能从自由的观念来思想他自己意志的因果性。自由即是理性在任何时候都不为感觉世界的原因所决定。自律概念和自由概念不可分离地联系着,道德的普遍规律总是伴随着自律概念。在概念上,有理性的东西的

---

① 康德:《道德形而上学原理》,第 100 页。
② 康德:《实践理性批判》,第 50—51 页。
③ 由于这里是按照自由概念探讨道德概念,因而我们更侧重于强调自由是道德的存在基础。但另一方面,正如我们上面一再强调的,自由是不可直观的,而只能从理性推论的推理形式角度切入它的可能性;在实践领域,它同样是不可直接认识的。按照康德体系,道德行为才是认识自由的基础。随着论证的进展,我们会在后面分析如何按照道德探讨自由这条路径。康德本人对这两条路径有明确的说法:"自由诚然是道德法则的存在理由(ratio essendi),道德法则却是自由的认识理由(ratio cognoscendi)。因为如果道德法则不是预先在我们的理性中被明白地思想到,那么我们就不会认为我们有正当理由去认定某种像自由一样的东西(尽管这并不矛盾)。但是,假设没有自由,那么道德法则就不会在我们内心找到。"(康德:《实践理性批判》,第 2 页,注释一。)

一切行动都必须以道德规律为基础，正如全部现象都以自然规律为基础一样。①

出于自由的自律完全按照自由的因果性法则规范一切行为，因而在理性的实践运用中，作为自由的理性既是一切行动的出发点依据和原因，也应该是一切行为的最终目的和落脚点。由于自由是一切意志决断的最终根据，理性可以彻底切断与一切经验要素、质料的关联，而仅仅凭其自身意志一切。这是理性自身的同一性规定，也可以说它是不可以被规定的。换用费希特（J. G. Fichte，1762—1814）的说法，这是自我的绝对设定，一切的行为：

> 直截了当地而且仅仅由于它一般地被设定于自我之中；这就是说，下述事实就被设定了：在自我之中，有着永远是等同的，永远是单一的、永远是同一个的某种东西；而且那直截了当地被设定起来的行动（X）也可表述为：我＝我，我是我。②

这种自我规定自我、彻底抽象掉一切特殊经验条件的纯粹自由品性乃是一切意志决断的原因和最终根据。我们看到，与黑格尔不同，康德的自由规定完全是形式性的。在《实践理性批判》的"理性原理"中，康德集中论证了自由概念何以只能是形式性的。另一方面，自由是自律，理性的任何实践运用都应该是把它的概念所包含的内容在具体的语境中"完全地"实现出来。这一方面是因为人有一个身体的规定，他注定要在这个世界中展示他所拥有的一切，这是他的天命。另一方面更主要的是，命令人去行为的理性自身就栖身于理念之中，只要某种存在者被赋予了理性，他就天命般地去欲求无所限定，即无限。这是理性的高贵天命所在。

尽管很多时候甚至在任何时候，我们都看到人类行为的不完满，甚

---

① 康德：《道德形而上学原理》，第 107—108 页。
② 费希特：《全部知识学的基础》，王玖兴译，北京：商务印书馆 2010 年版，第 9 页。

至是,即使表面上我们似乎做出了完满性的善行,但我们自身都无以确定这种行为本身究竟是否具有道德性,但是终究,这丝毫不能抹杀作为自由的理性或理性理念所具有的价值。相反,我们恰好是按照理念本身来评判我们的一切行为。① 而理念也实实在在地作用于我们整个的生活,它保障我们有一个最终的未来和希望,而且为我们持续不断地走向这个未来提供不竭的动力。对于这些东西,尽管我们无法像直观现象那样直观得到,但它们却是我们有勇气面对这个现象世界的最终根据,也是我们一切行为的最终目的与希望。"在这个意义上,理念(当然是自由的理念)虽不是实在的(指能够为我们所直观,或是有具体性的榜样),但却是最现实最有力量的,因而是最真实可靠的。"②

作为与现象世界有条件性的因果性的对比,我们上面主要在自由作为因果性法则方面论证其实在性。当然不得不与之相伴随地谈到道德法则,即出于自由的自律概念,也正是在这个基础上,先验自由这一理念在学理上被证明,并最终完全奠基在纯粹实践理性的基础上。下面我们需要从另一方面,即从认识证成自由的道德法则方面理解自由的实在性,以及必然与"道德—自由"相联结的几个"具有主观必然性"的理念。从自由到道德是一条从上往下的思路,而从道德的要求到自由是一条从下往上的思路,最终这两条思路必然会聚合到一起。这是由自由的实在性本身决定的。

在日常生活中,我们能够发现一些符合普遍观念的行为。所谓"普遍观念",我们指那些被普遍认可的道德或责任要求。这些责任要求是什么性质的呢? 凭什么说它们是道德的呢? 这属于道德哲学问题。在

---

① 理性理念对人的实际生存是有效力的,它能够成为人的实际的生存经验,为了说明这个问题,Jeanine Grenberg 通过"对绞刑架前的人(Gallows Man)"的经验——屈服于欲望,还是屈服于理性秩序的生存经验——说明,屈服于理性秩序的经验并非哲学的或建构的,相反,它乃是每个人的深刻经验。在 Grenberg 看来,这种"理性事实"是康德维护道德生活和自由之先验性的关键。可参阅 Grenberg, Jeanine, *Kant's Defense of Common Moral Experience: A Phenomenological Account*, New York: Cambridge University Press, 2013, pp. 137 – 186。
② 黄裕生:《真理与自由》,第 262 页。

康德看来,若要讨论某种道德哲学,我们就需要思考:"人们是否认为有必要制订出一个纯粹的,完全清除了一切经验、一切属于人学的东西的道德哲学……每个人都会承认,一条规律(若是)被认为是道德的,也就是作为约束的根据,它自身一定要具有绝对的必然性。"①

很明显,一种具有绝对必然性的规律所规范的行为一定不能是从经验出发、以有条件的现象为依据的行为,因为那样的行为只具有个别的主观依据。它或者是以某种质料作为出发点,或者是以一种主观性的幸福作为出发点。但所有这些并不是对每个人都有效的。因此"约束性的根据既不能在人类本性中寻找,也不能在他所处的世界环境中寻找,而是完全要先天地在纯粹理性的概念中去寻找"②。既然如此,这种约束的根据既不在于人的本性,也不在于人的生活环境,那它就只能是一种形式性的东西。因为除了与人的自然本性,以及外界质料相关的约束根据外,我们的理性所能找到的、具有必然性的东西也就只有形式要素了。

所以,我们需要在人类行为背后,寻找到一种能够规范人之行为的形式性规律。由于是绝对必然的,它就必定是不受任何条件约束、限制的,因而必定是出于自身的;又由于是绝对必然的,它就必定是"在……之下",而不能是任意的,所以它要按照某种形式。结合这两个方面,它只能是"自一律"的(这与我们从出于自由的因果性法则所推出的"自律"是等同的)。正是在这个基础上,康德能够给出这种道德形而上学的几个特点。③ 更进一步,在给出这种单纯的立法形式之后,④我们需要确定通过它才能被决定的意志的性质。因为终归立法形式不是目的,它之所以要被给出乃是人之实践理性的要求。我们需要在纯粹理性概念中寻找它的依据。

---

① 康德:《道德形而上学原理》,第 37 页。
② 康德:《道德形而上学原理》,第 37 页。
③ 由于不是这里的主题,不加详细论述。具体参见康德《道德形而上学原理》,第 62 页。
④ 康德在《实践理性批判》的"纯粹实践理性原理"部分给出了这一立法形式。具体参见康德《实践理性批判》,第 17—43 页。

　　这种出于道德法则的单纯形式不能是感性对象，因而不能从属于现象界。由于现象界的事件的决定根据遵循因果性法则，它是一个有条件的系列，所以最后的条件也不过是现象本身。作为意志决定根据的这种形式法则就必须是区别于这种因果性法则，或现象本身的。"如果除了那个普遍的立法形式之外，并没有其他的意志决定根据能够用作这个意志的法则，那么这样一个意志必须被思想为在相互关系上完全独立于现象的自然法则，亦即因果性法则"①。这样的一个完全独立于一切现象的因果性法则的意志必定是不受任何条件限制，因而是自由的，这种只能以单纯立法形式作为法则的意志就是自由意志。它只能由纯粹理性本身来表象。

　　在此，我们得到与《纯粹理性批判》相同的结论。在《纯粹理性批判》中，那由理性推论所不得不给出的作为无条件者的"先验理念"，与《实践理性批判》中的自由概念，②正是同一个概念。不同的是，在前者那里，自由只是一种必然的可能性；而在这里，自由是实在的，即是对人的实践有效应的。因此，只有在这里，我们才能"认识到"作为纯粹理性概念的自由的实在性。③

　　这样看来，要建构一门道德哲学或者讨论道德形而上学，我们就离不开纯粹理性概念，即自由概念。后者恰恰是前者的基础。既然就人类的生存而言，他能够意志善，并且有建立道德哲学以指导实际生活的欲

---

① 康德：《实践理性批判》，第 29 页。

② 表面看来《纯粹理性批判》给出了三个理念，即绝对主词、绝对无条件者、绝对全体，但由于绝对本身只能是"一"，而不可能是其他，因而理念只是"一"而绝不可能是多。我们只是从不同的方面去说而已。

③ 道德是通过人的实践行为分析出来，而非建构起来的；如果人不是自由的，就不会有这样的道德。因此，道德是分析出来的，自由也就是实在的。这里不存在 Henry E. Allison 所谓的道德与自由相互循环论证的问题，从 Groundwork 到 Critique of Practical Reason 也并非解决所谓的互为前提的问题，后者只是把自由原理充分揭示出来而已。请参阅 Allison, Henry E. , "Morality and Freedom: Kant's Reciprocity Thesis," *Immanuel Kant: Groundwork of the Metaphysics of Moral in Focus*, ed. Lawrence Pasternack, London and New York: Routledge, 2002，p. 205。以下不再一一标注该书版本。

求,那么自由概念就是不可避免的。这种自由的必然性是人类理性的根本特点,只要是一种理性存在者,自由就会是他的天命。因而对于理性存在者来说,自由的必然性同样就是它的实在性。因为它必定对人的生存产生着某种效应,并且必定是人类行为的最终原因和目的,同时也是人类的"有希望"的原因。之所以特别提出"希望"问题,是因为它关涉人类的实际生存,它给人以力量和光明。不管现实如何黑暗和堕落、他的生活如何痛苦与悲惨,自由永远作为前方的灯,直至来世的希望。在此,希望是与目的相连的,我会在后面进一步分析这个问题。

"这种既是一切(德行)行为之原因,又是一切(德行)行为之目标的理念,只能是一种绝对完满和至善的理念。"①由于实践理性是一种通过自由而可能的行为的"集合",它必然具有一个对象概念。这样一个实践理性对象的概念就是"一种作为通过自由而可能的结果的客体之表象"②。因此,它意指的是意志对行为的关联。通过这个关联,对象以及它的对立面被现实地造成,这就是我们就行为结果而称为"善"或"恶"的客体。很明显,在这个界定中,在"意志"与"行为"之间有一种"关联",正是通过关联,我们的意志才得以与善或恶的客体相关联。在康德看来,这个关联,也正是我们判断对象或行为是善的还是恶的之基础。

> 如果客体被取作我们欲求能力的决定根据,那么在判断这个客体是否是实践理性的一个对象之前,这个客体通过我们自由应用我们的力量而具有的自然可能性,必须先行具备。反之,如果先天的法则能够被看作行为的决定根据,从而这个行为也被看作是由纯粹实践理性决定的。③

因而康德有理由说,在我们能够指向某客体的实存行为之前,行为的道德可能性必须先行。按照这个规定,善和恶的概念必定不是先于这

---

① 黄裕生:《真理与自由》,第 261 页。
② 康德:《实践理性批判》,第 61 页。
③ 康德:《实践理性批判》,第 62 页。

个关联,即决定根据的。相反,正是决定根据本身决定了善和恶的概念。按照我们上面的分析,作为意志决定根据的,或者是现象法则,或者是道德法则。前者无非是现象的因果性法则,或者现象本身,因为现象界中的因果性法则是一种从属于自然世界的必然性,因而以之作为决定根据的意志必定是一种机械性的意志,或者说是动物性的"意志"。主观上,它就是与"福祸"相联系的快乐、痛苦。后者是出于自由本身的因果性法则,因而不从属于任何自然性法则。

康德如是界定两者:"在后一种情况下(指按照自然法则决断行为),目的本身,即我们寻求的愉悦,不是善,而是福,不是一个理性的概念,而是感受对象的一个经验概念。"①它是一种恶的概念。而对于善的概念,康德说:"法则于是直接决定意志,符合法则的行为是自在地善的,一个其准则始终符合这个法则的意志,是绝对地善的,在一切方面是善的,并且是一切善的无上条件。"②因此,在康德这里,只要是自由意志决断行为,它必然要以法则直接性地决定意志,因而它应该造就自在的善。既然自由作为对人类生活有效应的理念,既然它应该是人类一切行为的最终原因和目的,它必然要指向自在的善。

相关于人有一个身体在大地上生活,他的一切行为都有主观的基础,即行为关联于意念需要有一个主观的基础,所以,对于意念能否直接性、纯粹性地符合法则本身的要求,我们永远不知道。但在理论上,我们可以假设它符合这个要求与否。康德将意念完全符合法则的要求所产生的这种"自在的善",称为"最高的善"。因而我们也可以说,"道德—自由"必然指向一个最高的善的概念。

另一方面,正如在理性的思辨应用中,我们需要为有条件者寻找绝对的条件总体;在理性的实践应用中,同样的问题也是存在的。单就自由意志采纳道德法则决断行为而产生"单个"的善而言,它毕竟是有条件

---

① 康德:《实践理性批判》,第 67 页。
② 康德:《实践理性批判》,第 67 页。

的——虽然就善本身而言，它是无条件的。对于意志来说，它要考察善的结果的可接受性。理性必定不会沉溺于有条件的受限制的东西，因而寻找所有"单个"善的绝对条件总体就是实践理性的目标。康德将此无条件的总体称为是至善："作为纯粹实践理性，它同样为实践上有条件者寻求无条件者，虽然不是以其为意志的决定根据，而是在它业经给予之后，以其为纯粹实践理性客体的无条件的总体，而名称是至善。"①这是比照理性的思辨运用，从学理上说明至善的必然性。

我们也可以从另一个角度阐释这个问题。道德行为终究会与一个目的观念相联系，即使这个目的观念本身不作为我们采纳行为的根据，但是我们应该把它看作道德行为的必然结果，原因在于：

倘若不与目的（End）发生任何关系，人就根本不能作出任何意志规定，因为意志规定不可能没有任何结果（Effect），而结果的观念（Representation）必然能够被接受，虽然不是作为任性②的规定根据和在意图中先行的目的，但却是作为它被法则规定为一个目的而产生的结果被接受。没有这一目的，任性就不能满足自己本身……（这样就势必要求一个客体的理念）这个客体既把我们所应有的所有那些目的的形式条件，同时又把我们所拥有的一切目的的所有与此协调一致的有条件的东西（与对义务的那种遵循相适应的幸福），结合在一起并包含在自身之中。也就是说，它是一种尘世上的至善的理念。③

---

① 康德：《实践理性批判》，第 119 页。

② 意志和任性，是康德实践哲学的关键词。英译一般用大写的"Will"表示意志，用小写的"will"或"choice"表示任性。它们都表示理性去决定某种外在行为。但是意志一般与自由连用，自由意志表示理性按照出于自身的法则选择行为，因而这种行为表现为"善的行为"。任性就是一般的理性行为，它按照理性的盘算，或者按照感性的自利准则，或者按照所有人幸福的准则去选择行为，但无论如何这些准则都不是法则，因而不是出于理性的绝对命令。在本书的后面，我们会无数次地遇到这两个词，恰当地理解它们的含义能有助于我们理解康德思想。

③ 康德：《纯然理性界限内的宗教》，第一版序言第 5、6 页；英译本：Kant, Immanuel, *Religion within the Boundaries of Mere Reason and Other Writings*, p. 34.

　　因为实践理性必然要在实践生活中展开，它也就不仅仅是学理问题。它所决断的行为也就必定符合纯粹理性本身的要求，因而纵然是由单纯形式的法则规定行为所产生的结果也必须要符合目的本身。在这个意义上，由德行和幸福所构成的至善理念也必定要具有实在的意义，即它应该是对我们的实际生活有效应的，或者是要展示在我们的实际生活之中的。就其根源来讲，这是"道德—自由"所必定指向的，因为自由是最真实、最有效应的。

　　按照以上两个方面，我们可以说，因为自由既是一切行为的最终原因，又是一切行为的最终目的，它必然要指向一个最高的完满的至善理念。这是由自由理念的实在性所决定的。但这里也存在一个悖论。在我们依照道德法则决断行为时，与行为相伴随产生的结果未必符合道德目的本身，即德行与幸福可能总是不匹配的。这也很明显，因为行为一旦做出，它依据的是自然的法则，因为它不过是自然的一部分，因而它所产生的效果并不会取决于意志的道德意向。产生这个困境的根本原因是自然与自由之间的分裂。① 这是康德体系必然的问题。因为他在《纯粹理性批判》与《实践理性批判》之间为两者划下了一个深深的割痕。但也是在这里，康德为哲学论证宗教找到了一条出路。这是进一步的问题，我们会在下面的论证中具体展示它。

　　到现在为止，我们看到康德对自由问题进行论证的最终走向。一方面，自由是道德行为能否成为可能的根据。没有自由，人就根本性地受制于经验的因果链条，从而完全遵循绝对必然性。这样的话，我们所有

---

① 在我看来，这个分裂最终能否得到弥合是判断康德哲学体系是否成功的根本标准。原因在于，就哲学本身而言，论证"一"是它的核心主题，在康德哲学中，这个"一"就是理性，但是因为康德分裂了自然与自由，他也就必然地分裂了理性，对于哲学而言，这是不合法的；就人的生存而言，他也不会容忍这个巨大的割裂，他只要试图寻求精神自身的统一性，那么，这个体系就会被瓦解。事实也证明了这一点，就在康德还在世的时候，他的整个体系就被那群年轻人完全肢解了，尤其是谢林(F. W. J. von Schelling，1775—1854)和黑格尔。而对于弥合人类精神统一性有着巨大作用的宗教问题成为所有人思考的重心，也说明了这一点。另外，康德在《判断力批判》(1790)中也做了同样的工作，当然如何解读这部著作是一个很大的问题。中国学人中，叶秀山、赵广明等更多地在这个角度关心这部著作。

的行为都是动物性的。恰恰因为自由，我们可以突破一切自然的因果性关联，彻底将经验世界踩在脚下，从而可以仅仅按照自由的原因性来行动。这种行动是出于道德法则的，因而是一种道德性的行为。这样一种道德行为必然要指向一个"最高的善"的概念。在这个概念中，自由存在者应当彻底解除掉这个自然世界对他的所有干扰，而仅仅出于道德法则之纯粹性与直接性决断自己的行为。这就要涉及自由存在者遵循道德法则的意念问题，它要求其意念必定达到道德法则所要求的纯粹性与直接性。就这一点而言，一个理性存在者，无论其理性何等的强大，我们都无法设想他能够在时间性的现实存在中达到这种纯粹性与直接性。对于人而言，这是一个深深的矛盾。但恰恰因为是矛盾，它才展示了自由自身的深度和超越性。因为一旦执着于时间性和现实性的限制，那么他不得不又再一次坠入经验世界强加给他的所有限制，尽管这种限制对于他来说已经是反思性的了。即正是因为对于自由的觉识，他才彻底意识到自己存在的根本限度，即尽管他是自由的，但是这种自由不是无限的自由，相反，这种自由需要展示在时间之中。

因此，正是在这种对于自身自由之限度的反思中，他才能真正地理解到绝对本身的绝对无条件性。也就是说，正是因为对于自由的反思，他才意识到这种自由有其更加深刻的根源。这种根源就在于，在其之上，还存在着永不受任何条件限制的绝对本身。因而正是对自身自由的有限性的反思，他才有可能更进一步思想这种有限性自由的绝对基础，从而他能够把这种有限性自由承担下来，而选择进一步走下去。这种进一步走下去的决心来自对绝对本身的仰望。可以说，正是在这种仰望之中，他处身于希望之中，从而哪怕他今生不可指望意念之纯粹性与直接性的获得，但是因着对绝对者的仰望，他可以希望一个无穷无尽的时间系列向他展开，以至于他可以凭借这个系列将自己应当获得的纯粹性与直接性意念实际性地获得。这是道德行为最终会指向的最高的善。这个最高的善必然要与希望相联系。这是我们后面需要分析的一个问题。

另一方面，因为自由而可能的道德必然要指向一个"完全的善"，这是至善理念。也就是说,由于人的自由存在的根本有限性,他的所有行为必然要展示在经验世界之中,因而他必然与幸福联系在一起。一方面,他所有的行为必须是符合道德法则规定的;另一方面,这些行为的后果却是按照自然必然性发生的。这两者必须要协调一致才是理性本身所要求的。就人之自由根本性地不能左右自然的发生而言,这种协调一致构成了理性最大的问题。如果说,就最高的善即达到道德意念之纯粹性与直接性部分取决于人之行为的话,那么,这种协调一致却完全超出了我们的行为。无论如何做、做什么,我们都根本不能促成这种协调一致。首先,自然的发生根本不取决于我们的任何什么,它只是按其自身的法则运行着;其次,即使我们掌握自然的法则,在我们的行为中,既遵循自然法则又遵循道德法则,这两者要协调一致也几乎是不可能的。再次,由于其他的自由存在者的存在,他者完全不能展示在自我意识之中,因而对于我们来讲,他者完全是封闭的。这种封闭性以及对自然无可干扰的性质直接决定人类无法凭其自身来指望完成两者的协调一致。

但是,正如上面所言,因着自由,我们是有希望的,或者说,我们是生活在希望之中的。在希望中,绝对者向着我们的自由敞开,我们的自由也完全向着绝对者敞开。如果说在与个人的行为相关时,希望是因着自由而可能的,那么,在此,我们的自由因着希望而可能。在自由存在者面向其他自由存在者之时,因希望而打开一个绝对的维度,在对绝对的敞开中,我们相信绝对本身必然参与进我们的至善理念的实现中来。因此,相关于至善理念的现实性,康德再次走向对绝对本身的希望。这个希望是超出于自由的。我们会把以上两种希望放在一起处理。

按照我们的问题进展,至善理念必然涉及自然与自由的关系。一方面,就哲学思想本身而言,它不允许出现两个根本性对峙的概念同级并存。另一方面,如果按照这种自然概念,思想根本无法设想自然与自由的调和。因此,在《判断力批判》(1790)中,康德再一次处理了自然概念,不过这次他是按照目的论体系处理的。下面我们先分析这个问题,然后再处理希望问题。这个问题的解决对于我们处理希望问题有很大帮助。

第五节　自然与自由的调和：目的论体系下的自然概念

我们看到,按照对经验概念的科学式界定,康德思想本身造成了自然与自由之间的分裂,而德性与幸福的割裂也是这个分裂带来的结果。但是康德本人并不这样看待这个问题。正如在《纯粹理性批判》中分析"二律背反"那样,康德认为德性与幸福的分裂只是一种幻像。"那在德性与幸福依照一条普遍法则联结时的二律背反,使这种客观实在性起初就受到一击,不过这出于一种单纯的误解,因为人们把现象之间的关系当做物自身与这些现象之间的关系。"①

康德真正要说的是,因为道德法则乃是出于作为纯粹理性概念的自由理念,它不是现象界的法则,因而它所规范的行为必定要被设想为是纯粹理智世界中的行为。在这个层面,康德有理由说,借助于一个理智的自然创造者,意向的德性作为行为的原因和作为行为结果整体的幸福可以产生必然性的关联。但这个意义上的自然,绝不是完全遵循机械论原则的自然,而只能是出于一个绝对理性存在者所按照"目的"创造的自然。所谓"目的"就是指一个概念本身不应该是"空洞的",即它必然包含其能够取得现实存在的根据。也就是说,只要我们设定一个概念,这个概念必然是可以实现的,否则,就无所谓目的。可以举一个日常的例子。我们说,"你做事情要有目的",就是说你做任何一件事情,必须保障它能够取得一种效果。否则就无所谓"设定它"。

为了更好地界定"目的"概念,以及与其相关的绝对理性存在者概念,我们首先需要处理"幸福"概念。否则,我们就不能很好地理解学理、逻辑上的推论与现实生存之间的关联,这也不利于理解康德思想。在康德看来,在决定行为时,若是将愉悦作为行为的主观基础,也就是以禀好(与质料相关)作为动机,我们就是在意愿恶。它是以幸福作为一切行为

---

① 康德:《实践理性批判》,第 126 页。

的最高准则。所谓幸福就是:理性存在者有关贯穿他整个此在的人生愉悦的意识,而使幸福成为意愿的最高决定根据的那个原则,正是自爱原则。"①在这里,幸福应该是一种以质料为目的,主观上以快乐或愉悦这样的情感意识为标志的概念。

但另一方面,在以道德法则作为意志决断的根据时,人也会产生一种情感。因为道德意向直接通过法则决断行为与对意志决断的意识必然地关联在一起,但与后者相伴随的必然有一种欣慰、惬意的意识,它是对决定恶的主观感情的平抑,也是对超越性法则决断行为的敬重。与出于愉悦本身决定恶这一主观基础相比,这种与意志决断相伴随的情绪本身不是行为的主观基础,它只是对于行为能够被道德法则自身规范的一种伴随情感。②

因而主观上,我们可以得到两种表面看来没有什么差异,但是在意志决断行为时却表现完全不同的情感。一种是为了幸福的目的得到满足而产生的快乐、愉悦情感,另一种是为了德性目的得以完成而产生的欣慰、惬意。康德将后者,即本身不像幸福那样标志着一种享受的情感,却"仍然指示必然伴随德性意识的一种对其实存的惬意,一种与幸福类似的东西"③,称为"自足"。在源头上,它应该是对人作为人的人格的满足。因此,康德说:

> 自由本身因这样一种方式(也就是间接地)就能成为一种享受,这种享受不能够称作幸福,因为它并不依赖于情感的积极参与,确切地说它也不能够称作洪福,因为它并未包含对于禀好和需求的完全独立性……至少就其起源而论它与人们仅能归于至上存在者的自满自足相类似的范围内,它仍然是与洪福有相似之处的。④

---

① 康德:《实践理性批判》,第 21 页。
② 在第三章,我们会对这种情感,以及这种情感所关涉的问题作全面的分析。
③ 康德:《实践理性批判》,第 129 页。
④ 康德:《实践理性批判》,第 130 页。

在此，我们可以看到康德所说的德性与幸福相一致的"幸福"的真实含义了。就人的生存而言，毕竟在行为的后果按照他的意愿发生之时，即当达到了想要的目的的时候，他会在主观上有一种感受。我们一般界定幸福概念时，也恰好是按照这种主观意义进行的。正是在这种意义上，康德说幸福依赖于情感的积极参与。而这恰好是康德要弃绝的。

只有在那种完全按照德性本身生活的人中，即只有当一切行为的决断依据是道德法则，而与这种德性意识相伴随的主观惬意才是康德接受的情感状态。这种情感状态的真正的来源是人格本身。它之产生也恰好在于人有身体，因而不可能完全脱离与禀好和需求的关联。上帝不会有这种情感状态，因而上帝的自满自足被康德称为是洪福，从而在行为的最高决断依据上讲，人的这种"福分"与洪福更接近，而非幸福。这是就人生活的主观层面来讲的。但是在主观层面之外，存在着意愿（行为）与目的的联系，这是德性与幸福一致的进一步内涵。

客观上，就幸福指的是"世界上理性存在者在其整个实存期间凡事皆照愿望和意志而行的状态，因而依赖于自然与他的整个目的并与他意志的本质的决定根据的契合一致"①而言，由于道德法则完全独立于自然、欲求，或者自然与欲求的一致，理性存在者也就不是自然本身的原因。所以，在道德法则中没有任何东西可以说明德性与部分依赖于自然的理性存在者所应得的与德性相配的幸福必然一致的必然关联。但是，对于理性存在者的自由存在而言，这种联系是必定会被设定的，我们在上一部分已经充分论证了这一点。

这样，一个本身包含着这种必然关联的存在者必定也就被同时设定了，这是理性必然的要求。这个存在者必定包含两方面的原因规定："这个无上的原因不仅应当包含自然与理性存在者意志的法则契合一致的根据，而且也应当包含自然与这个法则的表象契合一致的根据。"②于是，

---

① 康德：《实践理性批判》，第 136 页。
② 康德：《实践理性批判》，第 137 页。

只有在自然原因本身被认定,并且这个原因在合乎道德意向的因果性的范围之内,至善在世界上才是可能的。就前者而言,他应该是理智直观者;就后者而言,他应该本身就是自由意志存在者。这样一个存在者就是上帝。因而在道德领域,我们可以说,这个至善世界的存在本身就应该是"源始至善"世界的存在,这也是"上帝存在"这一公设所表达的意义。

但近代以来,由于对自然的除魅,它本身得以自足自立,上帝就被清除出自然世界。但因为人不仅仅是自然的一部分,更恰当地讲,他首先不应该是自然的一部分。而另一方面,由于对于自由的觉识,以及通过对自由本身可能性和实在性的论证,上帝必然要被重新请回到我们的世界。不过这个世界并非是作为自然的世界。尽管对于自然的世界来说,在绝对的意义上,它仍然需要第一推动力或第一因,但这并非是上帝本身的内涵。从实践方面来看,更主要的是,因为人类要在实际生活中展开一个世界,对于这个生活世界来说,上帝本身的存在是必然的。因此,康德有理由说,这个上帝的实存只是一种道德的必然性,因而是主观的。相对于理论理性而言,他没有科学经验意义上的客观性。而且对于理论理性来说,我们也没有任何必要去论断上帝这样的存在者的实存,这本身就是非法的。对于不能在直观中给予的东西,它不可能是实存的。

这样我们看到,通过对自由实在性的分析,我们走向了至善概念;而由于人这种理性存在者独特的存在方式,至善这个概念必然指向上帝的存在(以及灵魂不朽)。不同于在一般自然目的中,上帝仅仅作为第一因的概念性存在,至善理念所指向的"上帝存在"乃是具有实际效应的。对于实践理性来说,在事关至善概念的可理解性的时候,这种认定本身就应该是一种信仰。所谓信仰,就是对于一种超出人的能力限度的,但又是生活的整体意义所指向的对象的一种认信。在认信中,人的能力被补足,因而它是对人之为人的实际生活有效果的。

我们会看到,信仰产生的效果绝不亚于先验理念对于人之生活所产生的效果。这是由人类理性本身的有限性决定的。由于人类理性的限度,纯粹理性自身必然要试图跨越这种限度,正是这种试图跨越的人类理性产生了超越一切的信仰。我们既定的历史深深地证明了这一点。它是人类生活在这片大地之上,经历无尽的苦楚而又坚定不移地生存下去的希望所在,是人生存的最终动力。但在这里,康德并未由一个上帝的概念走向对于宗教概念的理解。我们下面的研究就是要沿着这个思路进入《纯然理性界限内的宗教》这部著作,从而分析康德是如何处理这个题材的。

但在哲学上,这里还存在一个重大问题。康德说上帝的概念应该在两个方面得到规定。一是它包含自然与意志法则的契合一致,二是它包含自然与意志法则表象的契合一致。前者毫无疑问是指自然本身应该是合乎目的的,因而是理智存在;后者是指自然本身按照存在者的因果性规定,因而是意志存在。① 这两者有什么先后关系呢? 作为目的存在的自然究竟是什么呢? 自然明明是自立的,怎么又是合目的性的呢? 这是我们不得不进一步追问的问题。我们首先要对"目的"概念进行分析。

自然科学按机械论的方式思考自然,因此它所理解的自然必然是与目的无关的。但在我们的"实际经验"(Actual Experience)②中,我们恰好更多地不是按照严格机械论的方式思考自然的。

> 从属于知性所提供的普遍先验规律的规定性的判断力只是归
> 摄性的;规律对它来说是先天(a priori)规定的……不过,自然界有
> 如此多种多样的形式,仿佛是对于普遍先验的自然概念的如此多的
> 变相,这些变相通过纯粹知性先天给予的那些规律并未得到规定,

---

① 我们看到,叔本华(Arthur Schopenhauer, 1788—1860)就是从这两个方面规定世界。在我看来,他无非将康德的思路作了扩展而已。读者可参见[德]叔本华《作为意志与表象的世界》,石冲白译,北京:商务印书馆 2009 年版。

② 我用"实际经验"这个词指称,在实际生活中,我们不只是将物作为外在对象来"研究",相反,我们更多地是按照日常经验所实际运行的那样,按照生活本身的样子"经验"物的方式。在《存在与时间》(1927)中,海德格尔以"现成状态"和"上手状态"来区分这两种经验方式。其实康德在用"经验"这个词时,也会不甚明晰地将这两个方面杂糅着用。下面,我会在细致区分这两种经验概念的基础上解释康德问题。

因为这些规律只是针对着某种(作为感官对象的)自然的一般可能性的,但这样一来,对于这些变相就也还必须有一些规律,它们虽然作为经验性的规律在我们的知性眼光看来可能是偶然的,但如果它们要被称为规律的话(如同自然的概念也要求的那样),它们就还是必须出于某种哪怕我们不知晓的多样统一性原则而被看作是必然的。①

按照康德的界定,人的判断力有两种理解自然的方式:其一是规定性的,其二是反思性的。前者针对的是作为感官对象的自然,它按照纯粹知性先天给予的规律规定感官对象,因而对象可以得到普遍必然的规定。后者针对的也是经验性的自然,但不同于纯粹知性的先天概念统摄感官对象时所具有的普遍必然性规定,它为难以知晓的多样性经验提供统一性的原则。虽然在纯粹知性看来,它所赋予这些经验的统一性原则是偶然的,但鉴于它乃是出于判断力自身的反思,出于反思性的经验也应该被认为是必然的。

因此,在这里我们可以区分出两种经验概念,尽管康德经常将两者混起来使用。首先,作为知性先天概念所统摄的经验概念,应该是抽空一切与人之生活意义相关之物的经验概念,因而它是完全"被给予"的。即:它是脱离开人的生活的意义,仅仅由知性所建立起来的"对—象"。即使这种"对—象"完全与人的生活意义不相关,我们还是被赋予一种"先天"的东西,以至于这种先天的东西能够规定这种完全与生活意义无关的"经验对象"。这是人的一种"卓越性"②的存在方式。我们暂且不讨论这种卓越的存在方式。就人的知性可以规定外在对象而言,他可以获

---

① Kant, Immanuel, *Critique of Judgment*, trans. Werner S. Pluhar, Indianapolis/Cambridge:Hackett Publishing Company,1987, p. 19. 中译本参见康德《判断力批判》,邓晓芒译,杨祖陶校,北京:人民出版社2010年版,导言第14页。如无特别问题,所有引文出自中译本。若个别术语以及译法与我们的处理有差异,我会斟酌自行译出。后面的英文术语出于此版本。以下不再一一注明。
② 这个术语采自我的老师叶秀先生。他用这个术语刻画人这样一种存在者的"天命"。

得一种完全摆脱一切"主观性"因素干扰的知识,因而这种知识是普遍必然的。因为人是在作为类的意义上被赋予这种先天概念的。

其次,在人的实际生活中,我们恰好不是在这样一种经验概念里存在的。因为外部对象总是与我们的生活意义相关联,这就是上面所说的作为"实际经验"的经验概念。在实际经验中,我们的理性要赋予经验关联整体以某种意义,否则,我们无法理解我们的生活,甚至生活根本就不可能进行下去。因而我们必定要"从自然中的特殊上升到普遍"①。按照这样的经验概念,以及它与我们实际生活的密切关联,我们可以给予这种出于反思判断力的统一性原则以定位,它同样是一种先验原则。因为尽管它是由经验出发的,却不能被认为是从经验中借来的,相反,"该原则恰好应当为一切经验性原则在同样是经验性的但却更高的那些原则之下的统一性提供根据,因而应当为这些原则相互系统隶属的可能性提供根据"②。只有在这里,我们才能理解理性所必然要求的目的、合目的性以及自然的合目的性这一系列概念。

既然有关一个客体的概念就其同时包含有该客体的现实性(Actuality)的根据而言,就叫作目的,而一物与诸物的那种只有按照目的才有可能的性状的协和一致,就叫作该物的形式的合目的性:那么,判断力的原则就自然界从属于一般经验性规律的那些物的形式而言,就叫作在自然界的多样性中的自然的合目的性。这就是说,自然界通过这个概念被设想为好像有一个知性含有它那些经验性规律的多样统一性的根据似的。③

所谓"目的",就是客体概念自身就应该包含有其获得现实性的根据,而不需要依赖于任何一个他者。所以它必然排除机械论的思想方

---

① 康德:《判断力批判》,中译本导言第 14 页;Kant, Immanuel, *Critique of Judgment*, p. 19。
② 康德:《判断力批判》,中译本导言第 14 页;Kant, Immanuel, *Critique of Judgment*, p. 19。
③ 康德:《判断力批判》,中译本导言第 15 页;Kant, Immanuel, *Critique of Judgment*, p. 20。

式,同时那种外在的合目的也应该是一种偶然的合目的性。① 它应该是确定性地要给予相对于思维的客体以自在位置的概念。因为一物只有在自己作为自己的目的时,我们才有可能设想它就是物本身,即它的存在本身。但遗憾的是,康德并没有沿着这个方向谈论自然的存在论意义。② 这表现在"形式"的概念上。

所谓"在形式上的合目的性"就不应该是该物"在实存上的合目的性",因而它的合目的性就只是反思性判断力所"看待"自然的方式,而不是自然本身所具有的属性。因而它只是一种主观上的合目的性。所以,康德会说:"自然的合目的性是一个特殊的先天概念,它只在反思性的判断力中有其根源。因为我们不能把像自然在其产物上对目的的关系这样一种东西加在自然的产物身上。"③正是因为如此界定自然目的概念,康德说自然通过它被设想为"好像"是有一个知性含有经验性规律多样统一性的根据。现在的问题是,既然目的是就客体概念包含其自身现实性的根据而言的,那么究竟如何按照形式将作为自然目的的个体进展到一个目的论的体系呢?

一种本身既作为自己的手段又作为自身的目的的存在物是有机物。④ 因而康德认为可以被认作是自然目的的自然物只能是有机物。

> 所以只有就物质是有机的而言,它才必然带有它作为一个自然目的的概念,因为它的这个特殊的形式同时又是自然的产物。但现

---

① 对这一点的论证可以参见康德《判断力批判》,第 63 节"自然的相对合目的性区别于自然的内在和目的性"。

② 正是在这个意义上,黑格尔批评康德,认为康德所采纳的原则只是思想的主观性原则。因为仅仅是主观性原则,康德就没有对对象的客观本性说出任何东西。"因为一下子把自在存在固定在自我意识的外边,而知性又仅仅被认作在自我意识的形式之内,不被认作在向对方转化的过程中"。在我看来,黑格尔的这种批评是完全到位的。既然在《实践理性批判》中,我们走向的是理智自然概念,为什么真要处理这个概念的时候,却总要把它局限在主观性之中呢? 在此意义上,我们甚至可以说,康德根本就没有达到过真理概念。具体参见黑格尔《哲学史讲演录》第四卷,贺麟、王太庆译,北京:商务印书馆 1997 年版,第 298 页。

③ 康德:《判断力批判》,中译本导言第 15 页;Kant, Immanuel, *Critique of Judgment*, p. 20.

④ 由于不是这里的主题,对于如何根据"目的"概念讨论它的特点以及符合此特点的自然物,更进一步讨论此自然物本身,我们不作详细论证。可参见康德《判断力批判》第 64、65 节。

在,这个概念必然会引向全部自然界作为一个按照目的规则的系统的理念,这个理念现在就是自然的一切机械作用按照理性诸原则所必须服从的。①

这里的论证可以在两个层面上展开。首先,就单个有机物而言,它的各个部分与整体之间互为手段和目的,因而在知性看来,它应该是其自身。但另一方面,作为有机物,它又是为自然所生,因而自然中的一切对于它都应该是好的,亦即自然中的任何东西都不是白费的。虽然在康德看来,"理性的这一原则只有作为主观的即作为准则才被归于这个理念。"②其次,既然是有机物组成的整体自然,那么在理性看来,我们只能按照生命本身的原则来审视这个自然整体。这是物活论、进化论等思考自然问题的落脚点。在这个意义上,目的概念必然要被引向一个全部自然作为按照目的规则的系统的理念。

另外,就理性理念自身而言,它也不会停留在相对的层面上,相反,它必定要寻求表象的绝对统一性。单就物在质料方面具有某种多数性而言,这种多数性不能为其自身提供任何确定性的统一性原则。但如果理性理念要为这些在质料方面多数性的复合物提供一种自然律的先天规定根据,那么这种规定就只能是形式方面的,并且它必然要涉及自然产物整体,即为它所包含的一切东西提供绝对的统一性根据。因为质料的多数性要获得统一只能涉及多数性总体,也就是说也涉及自然整体所关涉的一切。这就要求一个形式性的全部自然按照目的规则的目的论体系。

我们看到,也只有在这个基础上,自然目的论才有可能与"一个超越于盲目的自然机械作用之上的超感性的规定根据相联系"③。这正是反思性判断力,以及理性自身所应该停止的地方。否则的话,它会不断要

① 康德:《判断力批判》,第 229 页;Kant, Immanuel, *Critique of Judgment*, pp. 258 - 259。
② 康德:《判断力批判》,第 229 页;Kant, Immanuel, *Critique of Judgment*, p. 259。
③ 康德:《判断力批判》,第 227 页;Kant, Immanuel, *Critique of Judgment*, pp. 256 - 258。

求超出它所已经达到的结果。这是理性要求无限的结果。我们究竟应该如何思想这样一种最终的超感性规定根据呢?① 在康德看来,这只能落脚在对于作为自然界"最后目的"的人的考察上。

> 如果我们看看植物界……把它看作只是自然在矿物的形成过程中表现出的那种自然机械作用的产物。但对其中那无法描绘的智慧的有机组织有了进一步的认识,就使我们不拘泥于这种想法,而是引出了这样的问题:这些被造物是为了什么而存在的? 如果我们回答说:是为了以它们为生并借此能够以多种多样的种类扩展到了地球上的那个动物界,那么又会产生这个问题:这些食草动物又是为了什么而存在呢……人就是这个地球上的创造的最后目的,因为他是地球上惟一能够给自己造成一个目的概念并能从一大堆合乎目的地形成起来的东西中通过自己的理性造成一个目的系统的存在者。②

我们已经看到,从文艺复兴以来,大小宇宙类比的思想方式、基督教思想所隐含的"人是自然与上帝和解的中介"的思想方式,以及启蒙时期对人的绝对地位的提升等内容,无论在自然研究领域还是人文领域,都可以在目的论体系中得到最终的展现。在康德看来,试图突破机械论思想方式的目的论思想体系不仅是按照知性和理性性状所允许做出的,它也是理性的无限性本质所必然要求的,"我们也被理性召唤着去做这件

---

① 沿着这个问题,康德批评了以往所有自然目的论所采取的路径。康德认为,他们的失误在于混淆了现象与物自体,当这些目的论体系将自然目的建基于作为目的的自然实存上时,它就偏离了目的论自身。因为既然自然物自身作为目的,既然要在自然内部处理作为整体的自然概念,即自然目的论本身,那么,最终的超越性根据只能在自然之外,这恰恰超出了自然目的论本身。因而由这样的自然目的论出发,必然无法走向一个超感性的最终根据,也就是说自然神学在根本上是不能成立的。借此康德批评了"偶因论"和"宿命论"的思想方式(伊壁鸠鲁和斯宾诺莎是这两种体系的代表),以及"物活论"和"有神论"的思想方式。具体论证参见康德《判断力批判》,第 72、73 节。
② 康德:《判断力批判》,第 281—282 页;Kant, Immanuel, *Critique of Judgment*, pp. 313 - 314.

事"①。在我看来,这并不是简单的人类中心主义。只要自我意识所觉识到的理性绝对性得到确立,出于理性体系的思想内容就不再是人或人性问题。人不过是承担了这样一种"天命"罢了。与其说"人"处于这样核心的位置,还不如说人所秉承的"天命"即理性存在处于这个位置。但鉴于人是以身体的方式处在这个位置上的,所以一切问题也都由此而来。

但是相关于人这种存在者,理性"天命"般地被赋予一个身体,这就会涉及"主观"的方面。康德本人的思想也正是在"主观"的方向上打着转转。这也是黑格尔批评康德思想不彻底的原因所在。我们看到,康德如此阐述这个问题:

> 由于我们知性的特殊性质和限制的种种主观理由(而绝不是由于这种产生的机械作用与按照目的的起源本身有什么矛盾),我们这样做是永远不够的;并且最终,在(不论是我们之外还是我们之内的)自然的超感性原则中也许根本就不可能有这两种表象自然可能性的方式的一致,因为按照目的因的那种表象方式只是我们的理性运用的一个主观条件。②

在上帝那里,并没有机械论与目的论思想方式的差异,也没有自然与意志的差异。对于理智直观者来说,事物的本性与目的本就是一回事,行动本身也是按照事物的本性发生。但在人这里,情况却完全不同。在机械论表象方式中,自然按照自然的本性运行;但目的论的表象方式,在康德看来,却只是人理性运用的一个主观条件。因此,按照机械论和目的论的特点,这两种表象自然的方式的谐和一致并不在自然本身之中。但无论如何,在整个自然中只有人是具有理性规定的,因而在理性中,一切其他自然物都与之相关,他是目的论体系的自然的最后目的。所有通过人类与自然的联结,从而应当作为目的而得到促进的东西必须

---

① 康德:《判断力批判》,第 284 页;Kant, Immanuel, *Critique of Judgment*, p. 316。
② 康德:《判断力批判》,第 284—285 页;Kant, Immanuel, *Critique of Judgment*, p. 316。

在人本身中寻找。也是在人本身中，我们发现：

> 这种目的或者必须具有这种方式，即人本身可以通过大自然的仁慈而得到满足；或者这就是对能够被人利用（外在的和内在的）自然而达到的各种各样目的的适应性和熟巧。前一种自然目的将会是幸福，后一种目的则将是人类的文化。①

按照康德，幸福绝无可能成为自然的最后目的。因为自然有其自身的机械论规律，它不会"为了"人类的什么而怎样。相反，它对人类反而比对其他东西更加严酷。人自身的自然禀赋也不会成为自然目的，我们可以从他们的相互伤害甚至屠戮中看出这一点。这样看来，自然的最后目的以及终极目的根本不必到自然性的东西中去寻找。只有文化才可能使人作为自然的最后目的。② 文化就是要把理性存在者的意志从欲望的专制中解放出来，因为正是这些专制阻碍了我们的自由选择能力，而使我们被限制在本能的冲动里面。因而它会是与目的相关的概念，并且自身就应该作为自然的最后目的。这是启蒙所达到的原则，同时也是现代社会由以确立自身的原则。这是从自然到自由的整体目的论原则。

更进一步，自然的最后目的概念必然要关联到终极目的的概念。即："这样一种目的，它不需要任何别的东西作为它的可能性的条件"③。因为目的概念本身包含着现实性的根基，尽管康德认为它只是理性的一种主观形式，但是理性本身不会仅仅满足于此。因为一旦我们把世界中的目的关系看作是实在的：

> 并（且）为之假定一种特殊的原因性，即某种有意起作用的原因……一旦想到某种知性必须被看作像在事物身上被现实地发现

---

① 康德：《判断力批判》，第 285 页；Kant, Immanuel, *Critique of Judgment*, p. 317。
② 在这里，康德指示出文化哲学、文化批判的最终根基，以及文化本身的根基所在。也就是说，文化的整体跨度应该是"自然—自由"。
③ 康德：《判断力批判》，第 290 页；Kant, Immanuel, *Critique of Judgment*, p. 322。

的这样一些形式的可能性的原因,那么也就必须在这个知性中询问其客观的根据了,这个根据能够规定这一生产性的知性去得出这种类型的结果,它才是这类事物之所以存有的终极目的。①

在《纯粹理性批判》中,康德论证到,知性规则对无条件的先验理念的要求是必然的。在这里,我们看到康德采纳了与之相同的论证方式。这些都是源于理性必然要求其具有绝对性。因为目的论体系是经验体系的必然要求,所以哪怕追踪到自然的最后目的,它依然是有条件的。因而在理性看来,它必然要求绝对的无条件性,即:一种绝不需要任何东西作为其可能性条件的东西,而这就是终极目的。

因此,自然的最后目的概念必然要导向终极目的概念,终极目的概念也正是最后目的概念之所以可能的最终根据。既然终极目的本身不依赖于任何东西作为它所可能的根据,这就是自由概念。因此,在这里,反思性的判断力与规定性的判断力走向了汇合,这是理性的必然要求。而处于这个关联点上的核心概念就是自由。在实践哲学中,自由的实在性已经通过人的道德性存在方式获得证明。

到现在为止,我们看到,不仅规定性的判断力,即知性规定的感官自然指向绝对无条件的先验理念;反思性的判断力,即一般实际经验所要求的目的论自然也指向绝对无条件的自由概念。因而人的道德性存在方式,即人的自由存在,就成为整个世界中的最高目的。并且通过自由的实践能力,他必然"能够尽其所能地使全部自然都从属于这个最高目的,至少,他可以坚持不违背这个目的而屈从于任何自然的影响"②。

只有在作为道德主体的人这里,我们才能找到目的上的无条件立法,正是这种道德立法使人成为终极目的。这样,全部的自然都在目的

---

① 康德:《判断力批判》,第 290 页;Kant, Immanuel, *Critique of Judgment*, p. 322。
② 康德:《判断力批判》,第 291 页;Kant, Immanuel, *Critique of Judgment*, p. 323。

论上从属于这个终极目的。① 所以,我们不仅可以使一个世界②的概念按照目的得以可能,而且通过实践理性的自由,我们能够为它的实存配备一个终极目的。这就涉及我们在上面谈到的"至善"概念。因此,正是在"终极目的"概念中,至善不仅仅具有"主观实践的实在性"③,也具有"客观实在性"④。这个终极目的本身就应该是至善。

现在,我们就可以更好地理解前面论证的至善概念所指向上帝的两方面规定。因为终极目的本身是自然最后目的得以可能的根据,它必定要超出康德主观层面界定的自然目的,而达至事物的实存。"对于按照某种终极目的的事物的实存,首先必须设定⑤一个有理智的存在者"⑥。另一方面,它是通过实践性的自由而可能的,因此,"不仅仅假定一个有理智的存在者,而且还必须假定一个同时作为创始者的道德的存在者,因而假定一个上帝"⑦。因此,在实际经验的领域,康德得到了与《实践理性批判》中同样的上帝存在的论证。

与《实践理性批判》所论证的"上帝存在"意义相比,这里的"上帝存在"不仅丰富了从纯粹实践理性出发论证上帝存在的内涵;更重要的是,通过将机械论的思考方式纳入目的论中思考,即通过自然哲学性质的论证,康德可以将"上帝存在""纳入"实际经验中。这是非常重要的。虽然由于过分地局限在意识的主观方面,康德没有最终迈出关键性的一步,但这种论

---

① 在论证人的道德性存在如何能够成为最终目的的同时,康德也批评了自然神学的缺陷。他认为自然神学不仅不能指向神的概念——这一点我在前面的注释中提出过——也不能指向终极目的的概念,因为在这里,自然的目的概念被看作是以自然为条件的。具体论证参见康德《判断力批判》,第 85 节。
② 这个世界概念已经不再是"自然"意义上的"世界"。相反,它是自然通过目的论体系而被我们造就的"世界"。这是一个与文化而非幸福相关的世界概念。
③ 康德:《判断力批判》,第 310 页;Kant, Immanuel, *Critique of Judgment*, p. 343。
④ 康德:《判断力批判》,第 311 页;Kant, Immanuel, *Critique of Judgment*, p. 343。
⑤ 在我看来,邓晓芒教授的版本将之译为"假定"是值得商榷的。因为"假定"在逻辑上本身就是一种不确定,是一种可有可无的假设。但在理性看来,一个有理智的存在者的实存却是理性所必须要设定的,只是理性无法对其进行经验性的确定,所以它应该是一种"设定"。
⑥ 康德:《判断力批判》,第 312 页;Kant, Immanuel, *Critique of Judgment*, p. 345。
⑦ 康德:《判断力批判》,第 313 页;Kant, Immanuel, *Critique of Judgment*, pp. 345 - 346。

证本身为思想的进一步发展指明了方向。在后续的神学思潮和现象学思潮中，我们会看到施莱尔马赫、海德格尔、舍勒等人在这方面做了大量的工作。

更进一步我们看到，与实践理性领域的论证相比，通过这里的论证康德可以更恰当地走向"宗教"概念。这是从人的实际经验范围出发开始的证明。正是在这里，康德更恰当地说：

> 它（指自由）正是由于这一点（指由于自由在自然中可能的效果而在自然身上证明其客观实在性）而使另外两个概念与自然界以及所有这三个概念相互之间联结为一个宗教成为可能；所以我们在自身中拥有一条原则，它有能力把我们之内的超感官之物的理念，但由此也把在我们之外的超感官之物的理念，规定为一种哪怕只是在实践的意图中可能的知识。①

在这里，我们看到康德论证理性的最终落脚点。即：无论相关于科学式的经验，还是相关于实际性的经验（Actual Experience），人类自由都必然指向作为绝对者的上帝概念。否则的话，自由就是无根基的。一方面，若非绝对者的存在，人类自由存在无法克服时间性存在的限制，从而他无法指望在时间中获得道德意念的纯粹性和直接性。另一方面，若非绝对者的存在，人类自由存在无法面对实际经验向他揭示的自然最后目的以及最后目的所必然指向的终极目的，从而无法看到目的意义所要求的事物的实存。分别从这两方面来看，这种绝对者既是理智性的存在，凭此与自由相关的自然事物获得真正意义上的实存；这种绝对者也是道德性的存在，凭此与自由相关的实践行为可以实现道德法则所要求的主观意念之纯粹性和直接性。只有这样，至善或者终极目的才不仅仅具有一种"主观实践的实在性"，同时它也获得了"客观实在性"。②

---

① 康德：《判断力批判》，第334页；Kant, Immanuel, *Critique of Judgment*, p. 368。
② 此部分主要通过对《判断力批判》之目的论的分析揭示康德体系，笔者有文从《判断力批判》之"审美情感"部分揭示康德形而上学体系的完整性。这两部分合起来是对《判断力批判》重要作用的全面揭示。参阅尚文华《情感分析与形而上学——再论康德的物自体概念》，载《学术研究》2017年第10期。

论证进行到现在,我们终于看到了康德思想的最终指向,那就是"绝对"本身的到场。在科学经验领域,我们拥有的只是真理性的知识。但这种知识若要获得真正的完成,它必须依赖于绝对的无条件者。因而在这里,尽管在科学知识中我们不能发现绝对本身,但是它以另一种方式向我们展示了绝对之在的可能性,即:只有相关于绝对本身,我们才能获得真理性知识的最后根基。可以说,在真理性知识中,绝对以一种消极的方式显示自身的存在。康德将这种在消极维度下展示的绝对断言为"自由"。因为自由就是一种不受任何条件限制的无条件的原因性。

正是因为作为无条件的原因性,自由可以自行开启一个原因系列。尽管因着自由本身的受限性,即作为原因它是完全开放而可以突破一切,但它的结果却宿命般地要展示在经验世界之中,这种原因性还是会在人类心灵中取得效果,我们可以"Feel"(感觉)到它的实在性,从而这种无条件性的原因性可以与经验世界的因果系列同时并存。同时也是因为这种自在之物的实在性所造成的效果,我们可以在实践行为中更好地理解无条件的原因性。这样,康德进一步的研究就是从正面来刻画这种自由。

正是因为作为自在存在的人被赋予了这种自由的天命,他的行为才可能是道德的。因为如果他只被感官所限制,从而没有任何能力突破自然世界强加给他的一切,我们也就根本无法指望他能够做出道德行为。因为在康德看来,所谓道德行为就是突破一切自然的因果性所加给他的一切限制,而仅仅按照道德性的法则决断自己的一切行为。这样一种法则必定只是一种形式性的法则,即它排除一切感性要素的规定,而仅仅出于无矛盾性和普遍性。这是任何道德行为在形式方面的规定。除此之外,它还有内容方面的规定,就是说它要被实行出来还要涉及主观性的基础。即:人的意念能够将完全形式性的道德法则纳为他行为的准则。① 因此,我们只能这样规定道德行为:在意念中,将道德法则完全纳

---

① 参见康德《纯然理性界限内的宗教》,第一篇附释,第 22 页;Kant, Immanuel, *Religion within the Boundaries of Mere Reason and Other Writings*, p. 50。

为准则，而做出行为。对康德来说，人的意念能否达到道德行为所要求的意念纯粹性与直接性，就成为分析自由和善的关键。因为只有人的意念可以达到这种状态，道德行为本身才是可能的。

进一步，由于自由及其相关行为内容要展示在所有理性存在者的个体之中，每一个体之道德行为才有可能联合起来，从而他们能够结成一个自由的联合体，因此，自由联合体中所有个体的行为能否协调一致，从而构建一个公义流行、普遍良善的伦理性共同体就会成为进一步的问题。① 但在这个问题之前，我们首先要看到，因为人的时间性存在，不仅他的行为要展示在时间之中，他的意念也要在时间之中得到完善。按照上一节的分析，人那受到限制的自由存在必然要走向"有希望"的存在，正是因为"人在希望之中"，我们才能指望那受限制的道德性和不完全的善能够被完成。从而更进一步讲，所有自由者联合体的伦理共同体，或至善理念能够实行在大地上，就更加需要通过"人是有希望的"来分析。②

做个简短的小结。我们看到，通过真理性的知识，"绝对"消极地展示了它的存在。在对自由本身的实在性所作的分析中，"绝对"依然不是作为自身出场，或者更恰当地讲，"绝对"因为人的自由存在本身的限度进一步彰显出来。并且这种彰显是自由的实在性所必然指向的。因为没有这种彰显，自由就缺乏其根本的实在性。同样，恰恰因为人的自由存在的这种根本性限度，希望问题才是可能的。

---

① 参见康德《纯然理性界限内的宗教》，第三篇，第 98—101 页；Kant, Immanuel, *Religion within the Boundaries of Mere Reason and Other Writings*, pp. 111 - 113。

② 自然与自由之间的分裂和弥合是康德哲学的一个关键问题，审美是解决两者分裂的一种重要的情感，但是康德又认为它只是主观性的。可以说，只有在宗教哲学中，也就是说，只有当上帝的存在被某种情感所支撑的时候，自然与自由之间的分裂才得以真正弥合，我们接下来通过分析"希望"和"信赖（信仰）"说明这一点。Hud Hudson 梳理了 Allen Wood，Lews White Beck，Robert E. Butts 从哲学方面对此问题解答的不成功，他引入了"相信"命题这一弱的解释，给出自己的解决方案，并评述了现代心灵哲学对之的一些回应。读者可参阅 Hudson 的相关评价和解决方案：Hudson, Hud, "Kant's Third Antinomy and Anomalous Monism," *Immanuel Kant: Groundwork of the Metaphysics of Moral in Focus*, pp. 234 - 267。

按照我们下一节即将展开的分析，"希望"情感揭示了双重维度的存在。首先，它是"绝对者"在人的主观方面所产生的效应，从而我们可以说"我们是有（being）希望的"，或者说"我们在（being）希望之中"。其次，反过来，它必然指向超越一切的绝对者的存在。否则"希望"就是无所指向的空洞的希望。因而正是在希望中，人全面地向着"绝对"本身开放。在这种开放中，所有经验性真理，甚至人的自由（这里主要指自主性自由①）都不再显现，唯一的显现是"绝对与希望"之间的场域。因为一旦这个场域中夹杂了"什么"，"希望"自身的结构就会遭到破坏。因此，在与绝对者相交的场域中，"绝对"的意义自身展示自身。

当然，希望情感所指向的绝对者是否完全彰显了自己，我们是不知道的。因为一旦我们断言绝对者在希望中将自己全部展示出来，那也就不再存在"有希望"的维度了。因而在希望之中，没有任何的断言，所有的一切作为自己而自行地展开着。在这种自行展开中，从而在放弃个体判断的基础上，也就是说在希望情感及其所指向的对象里，个体道德的纯粹性与直接性，以及伦理共同体是可以被完成的。下一节，我们就展开对"希望"问题的分析，同时分析这种"被完成"的性质。

第六节　绝对维度的全面彰显：从自由到希望

这部著作主要讨论康德宗教哲学的哲学基础及其基本内容。我们会看到，康德宗教哲学的哲学基础是"自由"和"希望"；"希望"情感所指向的绝对者，以及在绝对者的帮助下所能实现的至善理念，则构成其宗教哲学的基本内容。简单地讲，要理解康德宗教哲学体系，"希望"题材是我们所不得不面对的。在接下来的两章里，我会全面展开康德对"自

---

① "自主性自由"概念来源于谢文郁教授。这个概念强调人行为的自主性；与之相对，人的行为并非是完全自主的。后者会引导我们思考人的另一种存在维度。这是我们后面要着重呈现的。具体参阅谢文郁《自由：自主性还是接受性？》，载《山东大学学报》2006 年第 1 期，第 47—57 页。

由"和"希望"的探讨,作为两者共同指向对象的"善"概念则是沟通两者以及绝对概念的关键。因此,接下来的两章分别被我命名为"善的内在可能性"和"善的现实性"。

在展开对其宗教哲学的整体讨论之前,我们需要相关于"自由"概念对"希望"作出基本的厘定。这样我们就能够为下两章的分析作出准备,同时也为窥视康德宗教哲学厘定一个基础。就具体内容而言,若要界定"希望",我们就需要在概念上分析究竟在什么范围内切入"希望"问题,这会涉及它与自由概念和绝对者概念之间的关联。下面我们就展开对这几个问题的文本分析。

一、希望问题被提出的内在依据

根据前面的分析,我们已经揭示了康德在"理性"范围内取得的所有确定性内容。所谓"确定性",我用来指完全可以在理性范围内说清楚的问题。它包括:① 经验知识的确定性问题,② 自由的可能性问题,③ 自由的实在性问题,④ 目的论范围内自然与自由的和解问题。这四个问题在康德的理性体系中是完全连贯的。因着对先验概念的论证,经验知识可以取得其必然性和普遍性;因着经验知识所必然带有的局限性,自由因得以可能;因着自由因之原因性所带来的实践性问题,自由之实在性可以得到恰当的说明;因着理性之判断能力,可以在目的论范围内分析自然与自由之和解的可能性。

康德分别以思辨理性、实践理性、判断力指称之。如果可以抛开作为理性存在者的人的因素,可以说理性本身就是绝对。但这是有限度的,即:在作为绝对的理性之中,没有自然与自由的分裂,所有关于自然的知识同时是关于自由的知识,而所有关于自由的知识也必定是自然的知识,因而在他那里,意志与自然是同属一体的。[①]

但是,终究康德不是像斯宾诺莎和莱布尼茨那样的形而上学家。他

---

① 参见 Spinoza, *Ethics*, Part Ⅰ: Concerning God, Proposition 5、8、29、30、32。

试图从认识论的层面,即在自我意识之中揭示人这样的理性存在者的具体理性存在方式。在揭示过程中,康德发现了人类知识的限度、人之自由所拥有的限制,以及我们即将处理的希望题材的可能性和重要意义(宗教哲学的内容)。

首先,按照康德的论证,道德存在揭示了一个法则,就是:"你们(在自己的生活方式中)要圣洁,就像你们的父在天国是圣洁的一样!"①既然是道德法则,就必然是人的义务。而所谓义务必定是可以被完成的,否则,我们就不能称之为义务。因而这条法则本身就蕴含着它必然是能够被完成的。但毕竟我们不能指望一个短暂生存的存在者可以在有生之年完成它。这首先是因为,作为以身体作依托的自由存在者,他的任何行为都相应地伴随着主观性的意念,而这种意念是无论任何人都无法揣度的,即使是我们自己。在这个意义上,我们不可能说哪些行为是出于法则的结果。当我们这么断言的时候就意味着我们完全处于理智直观者的位置,而这是感性存在者永不可能做到的。因此,人之意念具有永远不可能被弥补的缺陷,更不用说我们能否事实性地做出符合这种法则本身的行为而在行为上达到圣洁了。

所以,现在就出现了一个张力。一方面,既然是法则,就是义务,就是可以被完成的;另一方面,就人这样的自由与感性并存的存在者而言,义务又恰是不可能被完成的。这是人之自由所特有的张力与悖谬。一方面,它给出了出于自由本身的绝对尺度与绝对力度;但另一方面,它却根本性地不能将此绝对尺度与力度揭示出来。因着第一方面,绝对必然要被实现出来,因为它是有力度的,即它可以凭其自身作为义务;但是因着第二方面,绝对必须要自身揭示自身,因为人之自由无法做到这一点。正是在这个意义上,人之自由必须依赖于希望。因为正是在希望之中,

----

① 康德:《纯然理性界限内的宗教》,第 66 页;Kant, Immanuel, *Religion within the Boundaries of Mere Reason and Other Writings*, p. 84。

绝对才能够将自身展示出来。①

其次,就人在时间之中展开自己的生存,因而是有所需求而不自足的而言,"我们是从恶(Evil)展开自己的"②。这一点有其形而上学和事实性的根据,我们会在下一章处理。但是,人又是被自由所规定的,寻求与立法者的圣洁性相联系是其最终的生存指向。因着这两点,道德及与幸福相匹配的道德上的幸福就成为他最终的目的。但是,因为人这种自由存在者是在有限的时间之中的存在,后两者均无法在其有生之年被达到。更深重的是,如果按照公义本身,作为其出发点的恶就永远不可能被克服。即使我们想象一个最高的存在者,但是这个存在者必须是公正,他又如何能够抹掉我们所开端的恶呢? 所有这些,我们都不能指望在人之自由存在的范围内得以解决。那怎么办呢? 我们看到,康德依赖着对希望的理解处理这些问题,并且将希望揭示为整体的时间统一体。

最后,既然理性得到了自我意识的觉识,它就必然不能仅仅停留在不经批判的希望之上,否则,我们就不知道在哪里谈论"人可以希望什么",不知道希望对于自我意识所揭示的知识和自由的限度的解放途径。更主要的是,在刚刚脱离教会统治,甚至还未曾全部脱离这种统治之时,那种不经历批判的希望会产生诸多的狂热与迷信,这也是康德实际的工作背景。因而我们现在的任务就是相关于自我意识对理性

---

① Paul Guyer 从道德自主性方面同样发现,一方面,按照康德,道德要求是终极性的,我们或者是道德自主的,或者是道德不自主的,这里不存在进步问题;而另一方面,康德却认为道德是不断进步养成的。这似乎是一个矛盾。Guyer 同样通过分析康德的宗教哲学文本解释这一问题,他认为,一旦对理智直观者的"相信"和"希望"情感建立起来,从更高者视角看,人或者道德自主,或者道德不自主,但在具体的生存经验中,人永远生活在理性判断和信仰的张力之中,这是一个渐进的过程。在这部著作中,我们侧重于通过希望情感揭示绝对者对我们的生存意义。Guyer 的论述可参阅 Guyer, Paul, "Progress toward Autonomy," *Kant on Moral Autonomy*, ed. Oliver Sensen, New York: Cambridge University Press, 2013, pp. 71 - 86。

② 康德:《纯然理性界限内的宗教》,第 66 页;Kant, Immanuel, *Religion within the Boundaries of Mere Reason and Other Writings*, p. 84。

所进行的论证,首先分析希望的本质内涵,即它在人心灵之中的结构以及它与绝对的关联,其次分析它对于解决知识和自由限度所能够贡献的东西。

二、希望情感的时间性结构

按照上面的分析,人之自由存在表现出极大的张力和悖谬。这导致康德不得不重新分析在我们的生存经验(不是科学性的经验)中究竟还有什么样的精神维度能化解自由问题的张力。我们看到,对"意念"①和希望情感的分析做到了这一点。我们看康德的说法:

> 但是,因着那种派生出无限进步的超感性意念,我们可以设想一个具有纯粹理智直观能力的知人心者将那朝向圣洁法则永恒不息地进步的行为判定为一个已经被完成的整体〔But because of the disposition from which it derives and which transcends the senses, we can think of the infinite progression of the good toward conformity to the law as being judged by him who scrutinized the heart(through his pure intellectual intuition)to be a perfected

---

① "Gesinnung"是《纯然理性界限内的宗教》中的一个关键词,它总共出现了 159 次。它与"Anlage"(Predisposition)、"Propensio&Hanger"(Propensity)构成一组概念。Anlage 在人的存在中是源始的,它们属于人的本性的可能性,因而是善的;Hanger 在人的存在中是偶然的,是由人自己招致的,它们属于人的本性在时间中展开的可能性;Gesinnung 是人的实际存在过程中展开一切的主观基础。由于康德思想的基督教背景和形而上学背景,Hanger 所展开的人之存在由"恶"来规定,这个问题谢文郁教授做了解释。而在我看来,Gesinnung 的灵活用法使得康德摆脱了 Anlage 对人的存在论规定、Hanger 对人的基督教神学规定,从而他可以在道德哲学及其神学思考中展开其思考体系。按照杜登字典(少有哲学字典收录这个字),Gesinnung 指人对其对立者所采取的主动态度或倾向,这种态度无论是感官的还是精神的。在结构上,它指主体对他者的一种带有意向的姿态,因而,正是在 Gesinnung 中,主体与他者得以双向地揭示,与被动的情感不同,它更侧重主动性。因着它所能揭示意义的丰富性,康德将这个词与"感性的"、"道德的"、"精神的",甚至"超感性的"连用。按照对这个词的分析,我主张将其译为"意向"。但鉴于大量引用李秋零译本,而李秋零译本将之译为"意念",在本书中,我暂且按照李秋零的这种译法。在单独成篇的学术论文中,我会按照"意向"的译法使用这个词。可参见谢文郁《性善质恶》,载《哲学门》,北京:北京大学出版社 2007年版。

whole even with respect to the deed(the life conduct)]。①

首先需要问的问题是："超感性意念"究竟指什么,它何以具有如此大的力量,以至于我们可以依据它设想纯粹理智直观者? 所谓意念,就是主体与对象之间的某种关联在人主观方面产生的效应。一般而言,感性意念就是主体与外在对象发生某种关联比如欲望性关联、审美性关联(审美行为要更加难以处理一些)的时候,这种关联在我们的主观上产生一种效应,比如主体对对象是"欲求的",是"审美的"。在这个意义上讲,感性意念敞开了主体与外部对象的互动方式,在此互动之中,主体的某种机能以及对象相对于这种机能产生的一种响应得以被揭示。因而在意念之中,主体是"欲求性的"、"审美性的",而对象是"可被欲求的"、"可被审美的"。与情感对对象的揭示方式不同的是,前者更多地是被动的、回应式的,而意念更多地带有主体的"意向"。通过此意向,主体主动向对象开放。

与感性意念相对,康德更多地分析道德意念。在道德意念之中,主体具有更多的主动性,它依据法则决定自己的选择行为。所以,正是在道德意念之中,法则自身被揭示出来,同时,与法则相关的行为被行出来。但与感性意念相比,道德意念是一种超感性的意念,因为它要依据的东西不再是感性事物,而是一种纯粹形式性的道德法则;它所要揭示的关联也不再是欲求性的。但无论如何,在道德意念中揭示的东西是可以被完全揭示的,比如义务,它必然可以在道德性的意念中显现出来。至于相关于感性存在,人能否行得出来,这是另外一回事。

按照上面的分析,很明显,康德这里提出的"超感性意念",既不是一般的感性意念,也不是道德意念。因为在它之中,纯粹理智直观者出场了,这是后两者所无法做到的。按照意念的一般结构,这种超感性意念

---

① 康德:《纯然理性界限内的宗教》,第 67 页;Kant, Immanuel, *Religion within the Boundaries of Mere Reason and Other Writings*, p. 85。参照德文版,根据三个版本译出,以下不再说明。在这一部分,我将尽量将相关的英文翻译附上。主要是因为,在我看来,中译本忽视了康德思想中自由与希望之间的内在张力。

必然要涉及两者之间的关联,即:一方面,主体在主观上"Feel"①到了他面对的东西;另一方面,这种东西对主体有所敞开。正是因为这种东西对主体产生一种效应,从而主体可以"Feel"到它。否则的话,我们无法理解康德所说的"设想"。这是因为如果仅仅将"设想"理解为理论性的,它就无法面对实践性的问题,而这个设想恰恰要解决道德行为的不完善性问题。同时,在这种"Feel"之中,这个东西显现出自身,并且这种显现是有意义的。因为在这种显现之中,它使主体完成了"什么",这个"什么"就是离开这种显现主体所不能够自行完成的。

所以,正是在超感性意念之中,作为纯粹理智直观者的"绝对"能够出场,并且他的出场能够帮助主体完成其所不能完善的道德行为和圣洁性,将之作为一个整体来判定。这是因为"设想"不仅仅是设想,它同时具有实在性,或有效性。正是因为这种有效性,主体能够"Feel"到绝对存在者,并且见证绝对存在者所能够帮助他完成的凭其自身不能够完成的东西。所以,康德完全有理由说,因为超感性意念的存在,绝对者得以敞开,并且将行为判定为完成了的整体。这是由超感性意念本身的结构决定的。

在我看来,这个超感性意念就是作为希望情感存在的。因为希望情感就是这样一种打开绝对维度,并在主体中产生一种效果的结构。康德的文本也证实了这一点,"所以,尽管人具有恒久的缺陷,他依然可以希

---

① 这是极难找到恰当的术语来刻画的,尤其在康德哲学中。正如前面所分析的,康德将经验界定为科学性的经验,这种经验损失掉很多内容。比如,如何刻画自在之物的实在性? 而这种实在性就显现为自在之物对人心灵产生的影响。这里,超感性意念所揭示的关联必定意味着对象对主体产生某种影响,以至于我们可以设想它,否则,思想怎么能设想一种从未引起某种效应的东西来解决道德行为所涉及的问题呢? 但是,按照康德,这种"Feel",又不能作为知识的对象来谈论,因而不能作为经验。另一方面,如果能够接受这种"Feel",我们怎么能判断它所揭示的对象呢? 这不可能是一种幻象吗? 中世纪传统出现了太多这样的东西。但是,有两方面的理由保障了康德可以处理超感性意向:一是我们确实可以"Feel"到它,二是理性本身必然要指向它。否则,人类理性自身的局限就不可能得到解决。因而,这种"Feel"有其理性根据。

望成为根本上讨上帝喜悦的对象,无论他的存在何时被打断"①。什么是讨上帝喜悦的对象呢?就人之有着恒久缺陷的行为而言,他永远不是上帝所喜悦的,我们无法想象绝对者喜欢不完善的行为。但是,他却可以成为上帝喜悦的对象,这依赖于什么呢?正是希望。在希望之中,我们可以成为上帝喜悦的对象。这是因为希望打开了一个绝对的领域。在这个主体与绝对者所打开的场域中,人可以打破一切时间性的限制,因而无论他的存在在何时被打断,他总是处于绝对者向他显现的场域中。

在与绝对者共在的场域中,他可以指望取得无穷无尽的进步。并且,在这个场域中,他可以希望仅凭其超感性的意念,上帝就将之已完成、未完成的行为作为一个整体来判定。因为一旦这个视域被打开,他所有的行为都是按照绝对者所显现的东西来完成的。这意味着在康德的理解中,人之道德性的法则出于绝对者自身的显现。正是按照绝对者的显现和法则,我们可以希望,无论我们做什么,都是可以讨上帝喜悦的。也就是说,并不是现实性地将一切完成,只要我们处于绝对的场域,按照上帝的显现和法则,我们都是讨上帝喜悦的。这种理解与基督教神学的理解有着很大的差异,在后者那里,法则根本不等同于上帝的显现。但是,无论如何,希望沟通了人残缺的圣洁性与蒙上帝喜悦之间的裂痕。

如果说,圣洁性关联到人最终行为的完善性,因而对于人来说,这是一种未来性的存在状态,那么,道德上的幸福则直接关联到现在的存在状态。道德上的幸福(Moral happiness)不是指拥有自然的幸福(Physical happiness),或对自然状况的满足,而是指"永远拥有一种在善之中向前进步的意念的坚定性与实在性的确信(the assurance of the reality and constancy of a disposition that always advances in goodness and never falters from it)"②。我们看到,康德尤其强调"确信"

---

① 康德:《纯然理性界限内的宗教》,第 67 页;Kant, Immanuel, *Religion within the Boundaries of Mere Reason and Other Writings*, p. 85。

② 康德:《纯然理性界限内的宗教》,第 67 页;Kant, Immanuel, *Religion within the Boundaries of Mere Reason and Other Writings*, p. 85。

(Assurance)这个词，这是由希望本身所决定的。正是在由希望所打开的由主体与绝对所展开的视域之中，人不仅可以确信因其向绝对敞开而做出的行为讨上帝喜悦，而且，他可以确信其超验性意念所具有的坚定性与实在性。因而，在确信中，这种意念必定是坚定与恒久不变的，他会在善之中永远不断地往前走。在这个意义上：

> 持久地"追求上帝的国"本身就意味着知道自己已经拥有这个国。因为在这种情况下，持有这种意念的人已经发自内心地相信，"其余的一切（涉及自然幸福的东西）都会给他"。①

所以我们看到，在确信之中，人以现在的存在方式拥有了他未来的存在。即：即使他没有见证到与道德相匹配的自然幸福，甚至在有生之年，他都不可能见证得到，但是因着确信，也就是希望的力量，他可以现在拥有这种道德上的幸福。这就如同，我们根本没有完成圣洁的行为，但是在希望之中，绝对向我们敞开，我们是讨上帝喜悦的，并且这种喜悦具有现在性的特点。所以，希望的力量就在于它打破了现实的时间顺序，从而可以将未完成的未来状态当作现在的状态。这正是它突破一切的力量所在。在感性经验中，人只能停留在时间、空间顺序之中；在人之自由之中，尽管自由具有突破一切经验世界的因果性的能力，但它却根本性地受制于它所依托的身体，因此，我们不能指望人仅凭其自身的自主性自由就可以在时间之中完善其道德行为，并将所有的个体性自由联合起来。而希望恰恰做到了这一点，在绝对者的敞开中，希望可以突破一切时间、空间性要素，而仅仅向着绝对本身开放。希望还展示在另一

---

① 康德：《纯然理性界限内的宗教》，第 67 页；Kant, Immanuel, *Religion within the Boundaries of Mere Reason and Other Writings*, p. 85. 因为与中译本的差别，我把相应的英文放在这里："For, if one were absolutely assured of the unchangeableness of such a disposition, the constant 'seeking after the Kingdom of God' would be equivalent to knowing oneself already in possession of this kingdom, inasmuch as a human being thus disposed would from himself derive the confidence that 'all things else (i. e. what relates to physical happiness) will be added to him'. "

个维度中,那就是过去的维度,我们看到它同样将过去纳入现在的存在状态之中。

无论具有怎样的关于绝对存在者的信念,也无论如何坚持这种信仰以达到善的纯粹性,人这样的存在者终究是从败坏开始的。也就是说恶"事实性地"规定了他的起点。我们会在下一章详细展开这个问题。因而在康德看来,对于人来讲,这种罪——债是永远无法被抹除的。如何相关于这一点处理最终的审判问题,就成为检验善之完成的最重要依据。因为我们不能想象正义的审判能够容忍恶的起点,尽管恶最后能够被克服,但是终究正义无法接受带着污点痕迹的善。因而审判必然意味着惩罚。但是这种惩罚首先不在人改善自己的行为之前,因为从不改善的恶行要受到永罚,这是不需要讨论的。但它又不能存在于人改善之后,因为那时他已经是上帝所喜悦的道德上的新人了。所以,对恶或罪的惩罚就必须相关于改善的过程。也就是说,这种惩罚是在道德的改变过程的状态中符合上帝智慧,并被实施的。因此:

> 作为一种理智规定(的审判正义),这种转变并非被时间隔开的两种道德行为。相反,它们只是一个行为。因而,离开恶之意念和接受善之意念包含有同样的善原则。而正当地伴随着前者的痛苦则完全由后者所产生。[1]

正是因为处身于善意念的进步中,我们将所有与恶意念之祛除所带来的痛苦,以及一切灾害看作是由自己的状态所招致的。对此来说,"这种惩罚既是结果,也是原因,因而是存在于对自己在善之中进步(它借助于离开恶而做出的行动)的意识中的那种满意和道德上的幸福的原因。"[2]在前面,我们已经分析了,道德上的幸福是对以现在的状态承受未

---

[1] 康德:《纯然理性界限内的宗教》,第 73—74 页;Kant, Immanuel, *Religion within the Boundaries of Mere Reason and Other Writings*, p. 90。

[2] 康德:《纯然理性界限内的宗教》,第 75 页;Kant, Immanuel, *Religion within the Boundaries of Mere Reason and Other Writings*, p. 91,康德注释。

来状态结果的纯粹超感性意念的确信。而现在，按照正义的审判，我们将因过去的恶所承担的惩罚当作道德上幸福的原因之一，这只有在希望和相信中才是可能的。否则我们只是将之作为沉重的审判。

另一方面，在上帝之子的死亡中，我们相信我们的罪孽完全因为无辜人的血而洗净而成为新人，这一点与前面的分析并无二致。只是前者是作为新生过程所招致的苦痛，而后者是作为一劳永逸的死亡。在这两个方面，都有"神恩"涉入，"因为我们将那种在尘世生活中（也许还在未来时期以及所有的世界里）永远仅仅处于生成之中的东西（Always only in mere becoming）（即做一个讨上帝喜悦的人）归给我们，好像我们已经（as if already）完全拥有（in full）了它似的。"① 将一种永远生成之中的东西当作完全被自己拥有，并且这种完全拥有符合绝对本身的心意，这种"当作"必然要依赖于绝对本身的显现。否则这种"当作"就仅仅是一厢情愿的主观愿望，但情况恰恰不是这样。

按照我们上面所进行的分析，恰恰是在超感性的意念中，主体与绝对之间敞开了一片场域。在这场域中，绝对自身的意义向我们显现，因而我们可以按照上帝自身的显现来做出行为，从而这是可以为上帝所喜悦的。正是在这场域中，我们可以将对未曾见证上帝时所作出的行为的惩罚当作是无限进步之中的痛苦，因而两者同是善之展现的过程，进而我们的行为可以成为上帝所喜悦的。

我们看到，在希望之中，一切线性的时间都被打破了。过去消融在未来和现在之中，而现在与未来相互消融在一起，最终我们以现在的方式生存在未来之中，同时未来的道德性幸福以及圣洁性完全被展示为现在的状态。所以：

> 评价人生所必须依据的意念在道德上的主观原则（作为某种超感性的东西），并不具有可以将自己在存在的时间中划分为阶段的

---

① 康德：《纯然理性界限内的宗教》，第 75 页；Kant, Immanuel, *Religion within the Boundaries of Mere Reason and Other Writings*, p. 91。

方式,而是只能被设想为绝对的统一体。而由于我们只能从行为(作为意念的表现)推论出意念,所以为了这种评价起见,只能把人生作为时间统一体,即作为一个整体来考虑。[①]

所以我们看到,正是在希望之中,人才彻底突破了具体线性时间的限制而处身于自身存在的绝对整体结构中。它之所以能够成为整体性的时间结构,就在于希望所打开的绝对维度。只有相关于绝对,人才能够作为完成了的人。否则,他就是碎片化的。即使是自由存在,他也根本不能完成自己,因为他不能指望在时间中达到纯粹性的道德意念。但也正是因着自由,他能够突破经验因果性的限制而开启自由的原因性,因而可以自行决定行为,这样道德行为才是可能的。在道德行为之可能性与完全性之间,构成了自由与希望相互交织的区域。没有自由,希望的领域是不会被打开的,在这个意义上讲,自由是希望的基础。但如果没有希望,自由就永远无法达至完满整全,因而希望是自由得以完成的最关键因素。当然我们在此谈论的只是人的自由存在。在这个意义上,我将人的自由称为希望之中的自由。

但我们也进一步看到,希望的意义不只是展示在人之自由行为的具体关联中,它还有其更加重要的展示维度,那就是对绝对自身的彰显,即相关于人类生活总体之至善理念的展示维度。相较于人之自由行为,这个维度更深地展示了希望的根基。这一切是源于希望情感所打开的绝对者概念。

三、希望情感所打开的绝对维度

在此,我们有了一种具有其独特方式的义务,不是人对人的义务,而是人的族类对自己的义务。因为有理性的存在者的每个物种在客观上,在理性的理念中,都注定要趋向一个共同的目的,即促进

---

① 康德:《纯然理性界限内的宗教》,第 70 页;Kant, Immanuel, *Religion within the Boundaries of Mere Reason and Other Writings*, pp. 87 - 88,康德注释。

作为共同的善的一种至善。①

按照这个界定,如果说人对人的义务表现为行为必须具有道德性的话,那么,这种"独特方式"的义务就是人种意义上的义务。即:作为族类的人必须要致力于一种善的共同体的实现,因而这种善就是作为共同体的善,即至善。道德性的义务是完全向我们敞开的,也就是说,即使按照感性存在,我们无法现实地将这些义务如其本身地展示出来,但终究在自由之中,我们知道我们应当做什么。尽管这种应当更多的是形式方面的规定。但对于族类至善的达成,我们能够做什么呢?

首先,所有自由存在者个体在其自身的位置上是永远无法向我们展开的。否则的话,他就不是自由的存在,而是经验性的存在。在自我意识中,一切经验性存在可以完全展示在意识面前,并且它们不可能展示得更多,或更少。但是自由存在恰恰不是这样的。因而所有出于自由的行为都是我们所无法揣度的。在这个意义上,我们如何能够指望所有的自由行为都能够指向这样一个至善呢? 更进一步,即使每个人的行为都能够指向它,那么它究竟是什么样子呢?

因为所谓意识行为能够指向它,就必然意味着它能够在意识中呈现,即它能够成为意识行为的相关项。而这恰恰违背了至善本身的意义。因为一旦成为意识行为的相关项,至善就已经成为经验性对象了。至少按照康德对经验、意识的界定,情况就是这个样子。也正是在这个意义上,康德说这种至善不仅仅通过单个人的自由行为,而更多地出于为了达成同一目的的联合整体。但即使是这个整体,我们也无法知道它能否被我们支配,因为它根本性地不能在意识中呈现。在这个意义上,

---

① 康德:《纯然理性界限内的宗教》,第 97—98 页;Kant, Immanuel, *Religion within the Boundaries of Mere Reason and Other Writings*, pp. 108 – 109。因为这段文字的重要性,我同时把英文放在这里,读者可以参考: "Now, here we have a duty sui generis(of a unique king), not of human beings toward human beings but of the human race toward itself. For every species of rational beings is objectively-in the idea of reason-destined to a common end, namely the promotion of the highest good as a good common to all."

康德说：

> 这种义务无论在品类上（in kind），还是在原则上（in principle），都与其他一切义务不同。我们已经可以预先猜测到，这种义务将需要以另一个理念为前提条件，即一个更高的道德存在者的理念。①

这里，我们需要分析这种义务究竟来源于什么，并进一步指向什么样的对象；更进一步，我们需要分析这个更高的道德存在者的属性，以及它向我们显现为什么。最终，我们会发现，这两者是同一个问题。

所谓义务必然意味着立法，无论这种立法是出于自身，还是出于另外一个存在者，它终究要求"按照……"来行。可以肯定的是，道德义务是自我立法，而政治义务是外部立法。但是，与至善理念相关的这种义务是谁立法呢？它首先不是自我立法，因为我们已经谈到这种理念远远超出了自我立法的范围；其次它也不应该是政治性的立法，因为政治只关乎外在的行为，而至善理念的施行要依赖于内在性的立法。因而在康德看来，它必然来自于至善共同体的最高立法者。这种立法者具有这样的特点：他只关乎内在的行为；他必须了解所有人的心灵，否则，他就不能保障这个共同体的实现。因而义务就是来源于这样一个关乎人之内在行为，并知晓人心的具有理智直观的道德存在者。

就这种独特义务完全脱离人之可以做出的行为来说，它更恰当地应该被称为"神圣诫命"。因为对于人来说，它仅仅意味着一种接受性，即：对于它，我们不具有任何主动性的权能。因为它完全超出了我们的理解范围以及自我立法的范围。尽管如此，我们依然不能说它没有任何存在性，相反，它是理性所必然要求的。这首先是因为既然作为理性存在者，他就应该做出道德性的行为，但是这种道德性的行为必定要在一个善的共同体中才是可能的，因为"无论单个人如何想要致力于摆脱恶的统治，

---

① 康德：《纯然理性界限内的宗教》，第 98 页；Kant, Immanuel, *Religion within the Boundaries of Mere Reason and Other Writings*, p. 109。

恶都要不停地把他滞留在返回这种统治的危险之中"①。这也是我们时刻可以感受到的。其次，理性自身的概念就包含了作为"一"的存在，它不能容忍原子式的个体，如果所有个体都存在于自身之中，那恰恰是"多"的存在，这不符合理性自身的概念。这是形而上学方面更深的根源。人这样的理性存在者恰恰是单个的自由个体，就理性自身的要求而言，他们必须要被纳入整体之中，才能拥有自己存在的意义。

按照以上两个理由，即使每个个体都无能占有这个整体，甚至这个整体根本不能进入人的直观范围，但按照理性自身的要求，他们必须要按照组成整体的理念来运行。在这个意义上讲，我们并没有任何主动性，所有的只能是聆听来自绝对者的召唤，这就是神圣诚命。面对这种神圣诚命，人所能做的只是等待和盼望（《圣经》将之译为盼望，下面我用"希望"这个词取代之）。"我的心哪，你当默默无声，专等候神，因为我的盼望是从他而来。"（《诗篇》62：5）"等候所盼望的福，并等候至大的神和（或作无"和"字——引者注）我们救主耶稣基督的荣耀显现。"（《提多书》2：13）在这个意义上，这种神圣诚命是来源于最高者，并施于人的一种命令。就是说，因为人之有限性，是我们所不能主动做，甚至不能理解的，只有在绝对者的临在，或理念之中，这种诚命才向人显现，并且人必须要将之纳为自己必须要做的。在这个意义上，它可以被称作是义务。

在分析了这种义务的诚命性质之后，我们就可以理解它的来源与指向了。首先，它必定是来源于绝对者的，并且这种绝对者是绝对的理性存在者。因为他向我们施放诚命，因而要求我们的行为贴合他的意思，就人可以理解的范围来讲，这应该是符合道德的。因而这个绝对者是绝对的道德存在者理念。其次，它所指向的绝不是单纯的具体道德行为，而是那种超出于仅凭人本身能够完成的行为，因而是绝对者自身向人所显现的那些东西。在康德看来，这种显现不能成为知识的对象，因为我

---

① 康德：《纯然理性界限内的宗教》，第 93—94 页；Kant, Immanuel, *Religion within the Boundaries of Mere Reason and Other Writings*, p. 109。

们缺乏对超感性对象的任何直观。但是，"就我们在道德上颁布命令的理性指示我们去造成的对象而言，一种预告宗教之终极目的实践的，因而也是自由的实然（Assertoric）信仰，却被当做了前提条件"①。

在这里，我们看到康德思想内在的一种张力。一方面，就如此被规定的义务而言，它必然意味着人是在等待与希望中承受的。并且，承受的东西是不能作为直观对象来研究的。否则，它就不是等待与希望的对象。另一方面，他还是将这种对显现内容即作为义务的内容的信仰限定在实践和自由的范围之内。也就是说，这种信仰完全是从人的实践能力和自由存在引发出来的。实在说来，这个张力就是信仰与理性或实践理性的张力。一方面，如果完全处身于信仰之中，那只有等待与相信，至于希望情感所指向的内容，我们不能作任何范围的断定；另一方面，如果完全处身于实践理性之中，那么，一切都是自主性的，根本不存在信仰的维度。但恰恰因为完全自主性的实践理性无法保持理性自身的绝对性，它必然引出对绝对者自身显现的神圣诫命的遵从。在这种情况下，康德一方面要保持实践理性自身的价值，又要保障它的完整性，他只能引入希望的维度。但是根本讲来，这两套思想方式不能完全相容在一起。因而这种张力就必然要呈现出来。所以，在我看来，当 Wood 将这个义务概念也界定为"Moral law"时，②他忽视了自由与希望情感的张力。

终究，康德还是以"实践的"、"自由的"来限定上帝的这种显现意义，同时也以此来限定这种信仰，也就是希望所指向的对象的显现方式。相关于这两者，我将康德在这里处理的自由称为是"等待性的自由"③，它与

---

① 康德：《纯然理性界限内的宗教》，第 155 页；Kant，Immanuel，*Religion within the Boundaries of Mere Reason and Other Writings*，p.153。两个版本译法稍有差异，我们更侧重于 Wood 译本，这主要是参见德文版的结果。

② 参见 Allen W. Wood，*Kant's Moral Religion*，Ithaca and London：Cornell University Press，1970，pp.189-193。

③ 笔者曾专门分析过这个概念。可参阅尚文华《柏拉图—〈约翰福音〉"问题"的康德式解释》，载《哲学分析》2013 年第 1 期。

自主性自由相对。① 如果说自主性的自由意味着凭其自身完成自由的行为，那么，等待性的自由就意味着在希望之中承受来自绝对者对它的显现。之所以还称之为"自由"，就在于它是康德谈论希望的出发点，即相关于人之实践理性和自由存在处理希望问题。我们认为这两个概念可能的基础就在于信仰与理性之间的张力与争辩。

但是，在康德这里，尽管存在着信仰与理性之间的张力，我们试图界定的希望情感的结构还是没有发生本质性的变化。因为尽管绝对者显现的范围限制于实践理性和自由存在，但是我们对绝对者的显现本身却只能是接受性的。如果说实践和自由的行为可以展示在一个可见的世界之中，那么，绝对者的显现所展示的东西只能是不可见的，并且是真正的。康德将这种不可见但真正的绝对展示领域称为"不可见的真正教会"（the True Invisible Church）。《圣经》中也有同样的谈论方式："我们得救是在乎盼望；只是所见的盼望不是盼望，谁还盼望他所见的呢？但我们若盼望那所不见的，就必忍耐等候。"（《罗马书》8:24—25）。

但与《圣经》不同，康德没有将它仅仅停留在希望上面，相反，他设想了一种可见的真正教会，它是对不可见教会的模仿。尽管是模仿，康德还是没有给出其基本内容，因为真正说来，这种内容也是不可能给出的。但是尽管如此，他还是给出了这种教会的形式原则，即教会的普遍单一性、教会的纯粹性、自由原则之下的关系以及教会模态的不变性。很明显，这种原则的给出依赖于他试图限定绝对者显现的范围，即他应该是在实践和自由领域中的，尽管仅仅凭借人之实践理性和自由存在，我们绝对无法真正实现它。

到现在为止，因着对这种独特义务概念的分析，我们看到了康德的希望概念所指向对象的更进一步内涵。即：它不再仅仅相关于人之自由行为的可完成性，而是完全关联到绝对本身。在希望之中，绝对向我们

---

① 谢文郁教授专门讨论过这个概念；与之相连，他还界定了"接受性自由"概念。可参阅谢文郁《自由：自主性还是接受性？》，载《山东大学学报》2006 年第 1 期。

展示为不可见的真正教会,并且在其中:

> 这个父亲(指上帝)的那个圣子(Holy son)知道他的意志,同时又与这个家庭的所有成员都有血缘关系,在这个家庭中代表着父亲的地位,他向这些成员们更详尽地宣讲父亲的意志,因而这些成员们崇拜这位圣子就是崇拜父亲,并且彼此之间达到一种自由的、普遍的和持久的心灵联合(a free, universal and enduring union of hearts)。[①]

所谓"更详尽地宣讲父亲(上帝)的意志"就意味着,在希望之中,绝对者自身向我们敞开,并且敞开在每个人的心灵之中。从这里,我们就可以看到希望的双重结构。首先,绝对者自身在希望中向我们显现出来,康德认为这种显现是意志性的显现,因而是与实践和自由行为相关的。其次,我们的心灵也进入其中,在这种进入中,我们的心灵向上帝的意志敞开,并且向其他他者敞开,因而这种自由、普遍和持久的心灵联合既是相关于绝对者的,也是相关于其他个体自由存在者的。正是在这种联合之中,不可见的教会,即绝对者相对于人之希望的显现实体就展示出来。当然,这种展示出来的实体并非现实性的存在,相反,在希望所敞开的与绝对者共在的领域之中,绝对本身就已经降临了。这是希望本身的力量所在。

正如经上所言:"神的国来到,不是眼所能见的。人也不得说,'看哪,在这里','看哪,在那里';因为神的国就在你们心中。"(《路加福音》17:21—22)因为神的国既不在这里,也不在那里,所以我们不应该在时间性的存在里面寻找它,而只能在心灵之中。而恰恰在心灵之中,我们已经与上帝,以及其他他者联合为整体。正是在这个意义上,彼得说:"愿颂赞归与我们主耶稣基督的父神。他曾照自己的大怜悯,借耶稣基督从死里复活,重生了我们,叫我们有活泼的盼望。"(《彼得前书》1:3)正是因为希望从上

---

① 康德:《纯然理性界限内的宗教》,第 102—103 页;Kant, Immanuel, *Religion within the Boundaries of Mere Reason and Other Writings*, p. 112。

帝而来,而上帝已经按照他的怜悯,将他的儿子从死里复活,从而我们得以复活,正是在复活之中,上帝的国已经降临。在我们看来,正是在这个意义上,康德要诉诸那种独特的义务,及其所来自的绝对者来解决至善理念的现实性问题。也正是相关于伦理方面的思考,古德(Sharon Anderson - Gold)认为康德的上帝类似于布伯(Martin Buber,1878—1965)的上帝,而非齐克果(Soren Aabye Kierkegaard,1813—1855)的上帝。[1]

论证走到这里,我们看到正是在希望[2]之中,绝对者本身得以彰显,并且因着这种彰显,我们在心灵中能够与上帝和他者联合,进而"看到"那绝对者所彰显给人的意义,即不可见的真正教会变得对人可见。这也是我们所说的上帝能够"显现"的意义所在。在这个范围内,可以说,希

---

[1] 参见 Anderson - Gold, Sharon, "God and Community: An Inquiry into Religious Implication of the Highest Good," *Kant's Philosophy of Religion Reconsidered*, ed. Philip J. Rossi and Michael Wreen, Bloomington and Indianapolis: Indiana University Press, 1991, p. 130。

[2] 在《圣经》中,关于希望的经文可以分为两类:一是希望所指向的对象,即绝对者本身;一是希望所涉及的内容。关于其指向对象的经文主要有:"我的心哪,你当默默无声,专等候神,因为我的盼望是从他而来。"(《诗篇》62:5)"主耶和华啊,你是我所盼望的,从我年幼,你是我所倚靠的。"(《诗篇》71:5)"愿颂赞归与我们主耶稣基督的父神。他曾照自己的大怜悯,借耶稣基督从死里复活,重生了我们,叫我们有活泼的盼望。"(《彼得前书》1:3)"你们也因着他,信那叫他从死里复活,又给他荣耀的神,叫你们的信心和盼望都在于神。"(《彼得前书》1:21)"我们得救是在乎盼望;只是所见的盼望不是盼望,谁还盼望他所见的呢?(有古卷作"人所看见的何必再盼望呢?"——引者注)但我们若盼望那所不见的,就必忍耐等候。"(《罗马书》8:24—25)"是为那给你们存在天上的盼望;这盼望就是你们从前在福音真理的道上所听见的。"(《歌罗西书》1:5)"叫他的荣耀,从我们这首先在基督里有盼望的人,可以得着称赞。"(《以弗所书》1:12)。关于其所涉内容的经文有:"保罗看出大众一半是撒都该人,一半是法利赛人,就在公会中大声说:'弟兄们,我是法利赛人,也是法利赛人的子孙。我现在受审问,是为盼望死人复活。'(《使徒行传》23:6)"并且靠着神,盼望死人,无论善恶,都要复活,就是他们自己也有这个盼望。"(《使徒行传》24:15)"我们靠着圣灵,凭着信心,等候所盼望的义。"(《加拉太书》5:5)"在神我们的父面前,不住地记念你们因信心所做的工夫,因爱心所受的劳苦,因盼望我们主耶稣基督所存的忍耐。"(《帖撒罗尼迦前书》1:3)"但我们既然属乎白昼,就应当谨守,把信和爱当作护心镜遮胸,把得救的盼望当作头盔戴上。"(《帖撒罗尼迦前书》5:8)"等候所盼望的福,并等候至大的神和(或作无"和"字——引者注)我们救主耶稣基督的荣耀显现。"(《提多书》2:13)"好叫我们因他的恩德称为义,可以凭着永生的盼望成为后嗣(或作"可以凭着盼望承受永生"——引者注)。"(《提多书》3:7)"忍耐生老练,老练生盼望;盼望不至于羞耻。因为所赐给我们的圣灵将神的爱浇灌在我们心里。"(《罗马书》5:4—5)。这些文本可以使我们更好地理解希望自身的结构。

望是自由的基础。因为只有在希望之中，人才能够聆听上帝对我们宣讲他的意志，从而能够实现心灵之中的联合。并且只有实现这种联合，我们才能指望人的自由能够得以最终完成，甚至相关于个体性行为也是如此。这是因为我们无法设想，在恶的统治之下单个人能够实现出善。

但另一方面，康德毕竟处于启蒙的时代。面对基督教传统留下的诸多不可被理性理解的奇迹等迷信的成分，康德需要澄清真正宗教信仰和希望的纯粹性与直接性。因此，对教会信仰的批判成了这部著作（指《纯然理性界限内的宗教》）一个表面上的主题。但是需要强调的是，在我们看来，这个主题背后所掩藏的希望的本质结构以及理性与信仰之间的争辩，却是真正的思想内核。①

在上面所揭示的思想内涵基础上，我们可以更好地理解康德的文本。因而这一节总论式的概览能够深化第三章和第四章要展开的分析。同时，由于在某种程度上，康德将希望限定在实践理性和自由存在之上，因而按照认识论的方式，他必定从实践理性和自由存在本身入手正面地切入希望问题，并祛除在这个问题上所产生的那些狂热与迷信。对于康德的这种研究方法，我们将在接下来的章节中细致展开。但需要说明的是，我们在这里的处理与后面的处理在内容上是完全一致的，只是切入的角度有所不同。在这里，我们按照希望概念的本身结构进行展开。在后面，我们要按照对希望问题的可能认识方式进行分析。

四、从"人可以希望什么"到"人是什么"

在进入对希望的认识方式的分析之前，作为指引，我们需要切入对

---

① 也正是因此，在 Matthew A. Ray 看来，康德之所以要在道德维度内处理上帝的存在问题，同时要按照道德原则解释《圣经》，本身意味着其对希望、信仰等情感的弃绝，以至于后续的叔本华、尼采等人拒绝对上帝的认识，进而为完全的无神论和不可知论奠定了思想基础。在我看来，这完全是在启蒙的立场上理解康德，以至于忽视了康德思想中理性与信仰之间的张力。Ray 的相关说法可参阅 Ray, Matthew Alum, *Subjectivity and Irreligion: Atheism and Agnosticism in Kant, Schopenhauer and Nietzsche*, Farnham and Burlington: Ashgate Publishing Limited, 2003, pp. 15 – 26。

"人是什么"这个题材的先行思考。这是因为,由于人的自由存在的限度,希望问题才是可能的——对于上帝而言,无所谓希望问题——因此,若要分析希望的认识结构,我们首先必须要理解"人是什么"。只有对这个问题有了深入的理解,我们才能理解康德何以要处理善和恶的主观基础,以及善的实在性与现实性等问题。

在一封致法拉特的信件中,①康德谈到他关心的四个问题。即:我们可以知道什么、我们应当做什么、我们可以希望什么,以及人是什么。其中,第一、二这两个问题是对纯粹理性进行批判所能够达到的,而对第三、四这两个问题的回答则必须要相关于"人是什么"来回答。通过上面的分析,我们看到第三个问题,即"我们可以希望什么",正好处于纯粹理性批判与人是什么这两个核心问题的关联点上。

在康德看来,就道德行为而言,人所能够希望的只能奠定在纯粹理性批判的基础之上,否则它就是狂热和虚空,因而这种希望应该是纯粹理性限度之内的。换言之,这种希望至少在理性看来是可能的。另一方面,既然是希望,当然不仅仅是纯粹理性的。因为就纯粹理性本身而言,它无所谓希望不希望,它的可能性就是它的现实性,因而上帝没有宗教和希望问题,在他那里,只要符合理性的东西都是完全现实的。只有像人这样的理性存在者,他的理性被天命般地赋予一个身体,因而会有主观方面的规定,因而才会有希望这样的问题。

所以,我们看到,要谈论希望,就必须在两个层面展开,既要相关于纯粹理性,又要相关于一个身体规定。因而对于这个问题的回答必须要回到"人是什么"这个问题。这是康德体系的最终落脚点。这是海德格尔(Martin Heidegger,1889—1976)认为只有相关于"人是什么"这个问题才能真正理解《纯粹理性批判》的关键所在,所以在他看来,康德的时

---

① 参见康德《致约翰·卡斯帕尔·法拉特的信》,载李秋零主编《康德论上帝与宗教》,北京:中国人民大学出版社 2004 年版,第 505—506 页。

间问题、想象力问题都要相关于它来理解。[1]

我们先撇开这一点，回顾一下我们在这一章所采取的论证方式。在这一章的分析中，我们主要在对纯粹理性的批判中分析"至善"问题，以及它所必然指向的上帝概念。也就是说，按照对纯粹理性的切入方式，我们首先是抛开人性的规定，而仅仅就理性必然要求一种绝对无条件的先验理念，因而自由概念是可能的来展开论述。但在这个基础上，相关于人的实践能力，他恰好是由无条件的道德法则规范的，因而自由本身在实践理性中获得了一种客观实在性。因为道德法则本身是无条件的，所以在规定行为时，它必然指向一个无条件的、不受任何限制的善的对象。同时，尽管理性本身不要求有后果性的规定，但在所有目的取得现实性的时候，它们的总和必然要相关于一个整体性的结果概念。在这个基础上，道德法则所指向的不受任何限制的最高善的对象与这一整体性结果相联系。这样一个整体性的结果概念就与一个作为所有最高的善集合相联系的整全完满善的概念相一致。康德将这两者的一致称为至善。

但是，如果脱离开这些概念层面的论证，而仅仅相关于人本身，道德性的善以及整体的至善是否可能呢？因为毕竟，在这个世界上，我们看到的恶远远要多于善，甚至那些滔天的罪行持续不断地运行在这个世界上，以至于哪怕见到一种小小的善行，我们都会被感动得一塌糊涂。如果按照我们的实际经验来看，康德对于善的论证似乎仅仅是概念游戏，而不具有丝毫的"人性论"基础。真的是这样吗？

另外，我们在上面提到，由于自由的客观实在性，它与上帝、灵魂不朽以及自然界的联结使得宗教概念获得最终的根据。但也正如上面所

---

[1] 参见海德格尔《康德与形而上学疑难》，王庆节译，上海：上海译文出版社 2011 年版，第 194—237 页。以下不再一一标注该书版本。在这部著作最后这一部分，海德格尔详尽论述了这个问题，读者可以参阅。另外，在我看来，邓晓芒先生按照先验人类学的思路解释《判断力批判》也是出于同样的考虑。参见邓晓芒《论康德〈判断力批判〉的先验人类学建构》，载康德《判断力批判》，第 378—409 页。

言,如果不相关于这片大地上时时刻刻所发生的事情,一种宗教,即使它的成立获得学理上的论证,它又有什么意义呢? 毕竟宗教之为宗教就在于它为人类的现实实际生活提供了另一种可能性。所以,论证走到现在,我们应该离开看似仅仅是学理上的论证,而回到人类的实际生活本身,从而相关于"人是什么"这个问题来处理希望题材与宗教概念。这也是我们这项研究所要处理的核心问题。

我们看到,在处理希望问题的《纯然理性界限内的宗教》这部著作中,康德正是从两个层面展开论述的。首先,我们需要分析希望问题在"人性"中的理性基础。其次,我们需要分析作为希望载体的宗教本身。我将前者界定为"善的内在可能性",后者界定为"善的必然性"。① 这分别是第三章和第四章的主题。

在进入这项研究的核心主题之前,我们需要做一个先行的说明。按照我们对"善的内在可能性"的分析,康德论证道德性善的落脚点是"道德情感",也就是说,康德对人类自由进行论证的落脚点是"道德情感"。只有在道德情感中,人的道德性行为才是可能的,从而人的自由身份是现实的。因而在具体的道德行为方面,似乎人的存在并未涉及希望问

---

① 为了照应康德的术语,我在后面的分析中,将"必然性"换作"现实性"。在我看来,如果一个东西是希望的对象,虽然我们没有看到这个对象实际地被造成,但它具有在理性看来终究会实现的那一个时刻,无论那是怎样一个时刻,但我们会说"看呢,它降临了",我称这个对象是必然的,那么它就具有必然性。但是康德似乎并不是这样界定必然性的。我们看康德是如何界定现实性、必然性和可能性的。"现实性的图式是在一确定的时间中定在"(《纯粹理性批判》,A145、B184),"必然性的图式是某一对象在所有时间中的定在"(《纯粹理性批判》,A145、B184),"可能性的图式就是一物在任一时间内的表象规定"(《纯粹理性批判》,A144、B184)。因而在康德的术语中,必然性指的是一个对象在所有时间中的定在,而现实性指的是一个对象在某个确定的时间内的定在(可能性界定得很含混,我们不去管它),很明显,一个希望的对象,在康德的术语中,不可能是必然的,因为所谓"希望"就是尚未取得定在;但是说它是现实的,似乎也不太妥当,因为康德在界定一个纯粹宗教终将实现在这个大地之上的时候,选用的词语都具有末世论的味道,似乎它的实现就是时间性的终结,因而不像是某一确定的时间。但是在我看来,康德选用具有末世论性质的词语只是表明他能达到的结论是与基督教等同的,而最终纯粹宗教的实现就是落实在实际人间的,而根本没有一个断裂时间的彼岸,简单地讲,就是纯粹人间宗教的实现是落实在人间的。因而按照康德界定的术语,我将纯粹宗教必定要最终落实在人间的认定称为是"现实性"。

题。但真实的情况并非如此。

由于人是有身体的存在者，他的任何行为必然伴随着主观基础；即使在某个具体行为中，人可以在道德情感中做出道德行为，但因为在时间中的持续性，他绝不可能设想整体时间中的道德性。康德将未来整体时间中的道德性界定为圣洁性。因此，纵然我们可以设想人的具体行为表现出道德性，但圣洁性却是无法设想的。在第四章中，我们看到，未来的圣洁性、现在的幸福以及过去的恶的赦免，都是在希望中化解的。

因此，尽管具体当下的道德行为是可能的，但就人类生存的时间性，以及他要在整体时间中为自己的生存赋予意义来说，道德行为只有在自由与希望之间才是真正可能的。这也是我将"善的内在可能性"同样界定在"自由与希望"之间的原因所在。在交代完这样处理的原因之后，让我们进入这项研究的主题部分。

第三章　在绝对与希望之间：善的内在可能性（一）

按照我们的理解，康德是从两个维度——善的内在可能性和善的现实性——分析自己的宗教哲学核心问题的。在本书中，我们将用两个章节来分别阐释它们。在这里，我们有必要对它们的具体内容做一个先行的勾画。

我们首先分析善在人性中的根据，也就是善的内在可能性问题。在后期奥古斯丁（Aurelius Augustinus, 354—430）看来，善在人性中根本就没有任何根据，人的本性是完全堕落的，尽管最初作为上帝的造物，他被赋予了纯善的原初本性，但是在他堕落之后，这种原初本性完全被掩盖，而只剩下堕落的本性。[1] 而在路德（Martin Luther, 1483—1546）看来，根本就没有什么原初本性，人只有堕落的本性与被捆绑的意志。[2] 因而人若走向善就只能依赖于外在的帮助，即来自上帝的恩典，这是基督教思想家谈论人之善行的出发点。

但是，康德却根本性地否决了这种思路。在康德看来，人具有向善

----

① 这是奥古斯丁《论本性与恩典》一文的说法。文章载[古罗马]奥古斯丁《论原罪与恩典——驳佩拉纠派》，周伟驰译，北京：商务印书馆 2012 年版。以下不再一一标注该书版本。
② 这是马丁·路德在《论意志的捆绑》(1524—1525)中要处理的核心主题。

的源始禀赋，它是人之为人的本质性规定。① 即使犯下滔天的罪恶，这都不能证明他没有这种禀赋；相反，它是人承担的一种天命，是永远无法被抹去的，在存在论上，这是人的本质性存在。即使在尘世上存在着诸多的罪恶，甚至是一种普遍性的恶，但是这更加证明了这种禀赋存在的可能性。因为正是通过它，这种普遍性的恶可以被战胜，因而凸显出人之为人的一切高贵品性之所在。所以，这种禀赋是一种可能性，但却是一种必然的可能性，因而是实在的，因为它对人能够产生一种效应，使其能够胜过这个世界上的一切罪恶，并最终彻底胜过这个世界。我将康德论证的这一点称为是善之可能的理性原则，这是通过对"恩典"作为出发点的信仰原则的批判达到的（第三章的第一节）。

接下来，我们需要分别处理善的可能性，即作为人之本质性规定的源始禀赋概念（第三章的第二节）；以及恶的可能性，即作为人之事实性规定的倾向概念（第三章的第三节）。因为既然将源始向善的禀赋作为人之为人的本质性规定，那么，面对恶的普遍性存在，康德只能将之也纳入"人性"之中，因而人性中有一种恶的主观倾向。但是后者却不应该是本质性的，因为它没有理性的来源，它是理性所无法理解的一种存在，因而我将之称为"人的事实性规定"。它是与"根本恶"概念联系在一起的。

尽管有了这些对于人性的基本规定，还是存在着这样一个问题：既然要谈论人之善行的内在可能性，那就是要用人性中的本质性规定取代事实性的规定，即要处理从恶向善的问题。这样谈论问题的重心就是一个转变的动力问题，亦即凭借着何种力量，人能够由被事实性的东西所规定转向被本质性

---

① 确切地说，将禀赋当作人的本质性规定是不太恰当的。按照康德的界定，禀赋是人在存在论上的一种本然的存在方式，因而道德性存在是人的一种本然的存在方式。这是康德在出发点的意义上对人的界定。这与海德格尔的现象学式的界定方式有所不同。在后者那里，人只是一种作为可能性的时间性存在，他的任何规定都不可能是现成的，因而只是一种可能性取得现实性而已，而他总是比这些取得现实性的规定要多。但在康德看来，人应该有一种本然性的存在方式，这就是道德性存在。因为这里要在论证中呈现康德对人的规定，我把"本然性存在方式"换成"本质性规定"这一术语，但要注意，"本质"并非固定不变的东西，相反正是在生存中，它将自身展示出来，从而本然的可能性取得现实性存在。因此，需要声明的是，康德的界定首先应该是存在论式的，其次才是要在认识论中推论展开的。

的东西所规定。在康德看来，解决这个问题的动力就是道德情感。这样我们下一个要处理的问题就是"作为转变动力的道德情感"(第三章的第四节)。

沿着上面的分析，第四章将主要处理"善"最终的现实性问题，这是"希望"问题的最终落脚点。我们在前面分析了宗教概念的可能性根据，即：它应该是相关于自由、不朽、上帝这些先验理念的实在性，以及与自然界作为一个目的论整体而可能的。因而康德将宗教概念界定为"把我们一切义务都认作是上帝的诚命"①。但是终究只要谈论宗教，康德就不得不面对基督教传统，而且在我看来，整个康德哲学只有在基督教思想背景下才有可能得到理解。

康德必须要在他的整个思想框架中处处直面基督教的挑战。这是康德提出一种按照理性原则解释《圣经》，以及相关的宗教思想的原因，我们称之为"康德论证善的基本原则"。因而，在这项研究的开头，我也将按照康德的思路对此进行解释(第四章的第一节)。在此部分，我将从基督教思想角度以及康德思想角度分析康德的核心问题，它将初步涉及道成肉身观念、实践概念、神恩和行动，以及宗教教派等几个问题。此节具有提纲挈领的作用。

对于基本原理的分析是远远不足以揭示善的必然性的。因而，康德需要相关于道德情感和人的实践行为处理"善的实在性"问题，这里的"实在性"指的是最高善的实在性，即相关于个人的实践行为的善之实在性。这就势必要更加深入地分析"道成肉身"②的观念。在此，康德从对完满道德意念最终达到的信赖、纯粹道德意念作为一个整体最终完成涉

---

① 康德：《纯然理性界限内的宗教》，第 155 页。
② 我们需要从两个方面理解"道成肉身"。其一是在理性肉身化理念的榜样意义上，其二是在理念本身的现实性意义上。前者是个人化的层面，即：那绝对的完满者应该对我们的实际行为产生效应，从而我们可以做出善行，用基督教的术语来讲，这是"个体化的信仰"层面。后者是伦理层面，即：那个绝对完满的理念应该成为整个世界的现实，它应该对应于一个"地上天国"的观念。否则，理念就不会是理念，而只是遥远的理想。在这项研究中，我们就是要在这两个层面展开论述。汉语学界曾经探讨过"汉语神学"问题。其中，刘小枫先生比较侧重"个体化信仰"层面，因而在我看来，他深刻体察到了前一个层面。但由于对它的过分强调，刘小枫似乎忽视了后者，即：这个理念应该成为我们实际的生活效果。（转下页）

及的行为,以及道德意念完成之后对于之前所作罪恶的承担三个维度(即时间性的三个维度)论述了善的实在性的困难及其解决(第四章的第二节)。因而,康德这里对"道成肉身"的分析表面看来是哲学化基督教观念,实则是为其纯粹宗教的可能性作论证,因而是相关于宗教的希望问题对善本身能够展示在个人的实践行为中的论证。

尽管我们设想最高的善可以落实在个人的实践行为中,但是至善本身也要求实在性,我称之为"至善的现实性"(第四章的第三节)。这也是道成肉身另一方面的重要内涵,即要相关于人类生活的总体建立一个"地上天国",这就要落实在一个"真正教会"的观念之上。之所以是一个必然要联结于"上帝"概念的真正教会,是因为在人之善的内在可能性中,他无法凭其自由意志意志一个伦理共同体的整体理念,虽然他的义务应该关涉这个整体理念,但是义务对象的最终实现却是在义务之外的。因而,我们看到,在这里康德的论证走向了一个整体性的理念,一切伦理学思想、历史批判、政治哲学都是从这里出发的。因而,只有相关于一个与上帝联系的"真正教会"的概念,我们才能理解善本身的现实性问题。因而,这是一个与希望直接相关的概念。在理性看来,那个教会我们虽然没有实际看见,但是它的实现就是在那个时刻。"上帝的国来到,不是眼所能见。人也不得说,看哪,在这里。看哪,在那里。因为上帝的国就在你们的心里"(《路加福音》17:21—22)。

第二节的最后一部分就是要处理善之落实的主观基础(第四章的第四节)。尽管真正教会的降临不是在人的能力之内的,但是却是人的一种义务,因而,为了它的降临,人还是应该做些什么的。康德将这种人的作为称为"宗教事奉"。在此,康德从他的基本原理出发,批判了各种各样的"伪事奉",并且指出了它们的主观基础;并且进一步,康德提出了真

(接上页)在基督教中,这要相关于"教会"概念,以及现实的教会来讨论。可能是因为路德或者巴特等人对教会的暧昧态度导致了刘小枫的这种理解。对于这一点,赖品超先生曾经给予了一定程度的纠正。感兴趣的读者可参阅赖品超《汉语神学的类型与发展思路》,载李秋零、杨熙楠主编《现代性、传统变迁与汉语神学》,上海:华东师范大学出版社 2009 年版。

正宗教事奉所应该遵循的原则。最终，康德将一切宗教事奉的原则建立在"良知"概念之上，我们会对此概念进行存在论性质的分析。

到此为止，我们从纯粹理性批判层面阐述了康德哲学论证的最终目的，那就是要进展到一个绝对的理念，就是上帝概念。相关于他，与人类理论、实践理性相关的东西（包括自然整体）都要纳入这个绝对理念之中，即取得真理的意义。但是这离不开分析"人是什么"，我们这项研究就是以"宗教—希望"概念为核心分析人是什么。因为，最终，一切真理的意义都要相关于人这样的存在者来谈论。这样，如果可能，我们下一步的任务就是直面"人"的问题，可惜的是，康德并没有在这个方面为我们提供太多的哲学思考。

以上我们简要地说明了第三章和第四章内容安排上的逻辑考量。下面我们将进入对善的内在可能性的分析。

我们认为，善的内在可能性只能相关于希望来处理，因而我们将与善相关的自由论断为"希望中的自由"。这种自由是那种有（being）希望的人的自由，因而绝不是上帝的自由。上帝的自由是无限性的自由，它彻底摆脱一切的限制而是绝对的自由。但是，希望中的自由不是这样。尽管就自由的本身内涵而言，它是摆脱一切的，因而是无条件的自由因本身。但是人的自由却恰恰受到外界的限制，并不是说它本身受制于这种限制，而是说，一方面，原因性所展示的结果施行在自然界之中；另一方面，它不能指望其相关的行为能够贴合它本身。这是因为人有一个身体，他以身体的方式存在，因而人之自由是有依托的，更好的说法是，人以身体的方式存在于自由之中。

正是因为这一点，他永远处身于不断的突破之中，因而是可以不断地进步的。正是因为这种进步，我们见证到了人类自由的力量所在。这种力量可以突破这个世界的一切，甚至自己的生命。我们每个人都见证到死亡的力量，它是如此的可怕，以至于我们有"苟且"这样的词。但是，自由却完全可以凭借自身来决断死亡，因着这种决断，它自身胜过了死亡。因为死亡对于它不再意味着什么。就此而言，另外一种含义就开始向我们显现:尽管自由可以征服死亡,但是死亡也同样取消掉了自由所依托的身体。因而,这种自由就其自身来讲就是受到时间性制约的。也正是这种制约使得我们能够向外展望,即超出于自身而向一个更高的存在展望。这就是希望所在。因此,人之自由必然是一种向外展望的自由,是一种希望中的自由。

问题在于,自由要展示自身,并不是停留在理念的水平上。相反,它要勇敢面对这个世界的一切而展开自己的存在。因而,我们眼下的任务就是分析如何相关于这种希望中的自由面对这个世界中的一切,当然包括我们的行为本身,而这恰恰是最重要的。首当其冲的问题就是"恶之存在"。既然人处身于自由之中,他何以要选择恶呢?就绝对自由本身而言,恶是不可能存在的。因为恶意味着受限制,但是绝对自由本身是无限的。所以我们看到,既然可以在某种程度上讲,人处身于自由之中,但是人又选择恶,那么,现在就有一个双重的问题:人之自由本身的形而上学基础以及恶的形而上学基础。在这个问题上,以奥古斯丁为代表的基督教神学家和以康德为代表的哲学家产生了重大的分歧。我们将通过分析康德对基督教神学家的回应,在厘清康德立场的同时,阐释他对"希望中的自由"的深度理解。

第一节 作为出发点的理性原则:对"恩典"的批判与颠覆[①]

"善恶"问题对于宗教和哲学都具有重要的意义。它关涉人类知识以及人类如何在这个大地上生活的一切。如何讨论这个问题以及如何寻求讨论这个问题的出发点,对于任何一个重要的思想家而言都是极其重要的。作为在基督教史上具有开端性意义的思想家,奥古斯丁对"善恶"问题的规定影响了后继一系列基督教思想家,也影响了启蒙以来的诸多哲学家。康德就是其中最重要的一位。无论是直接性地或者间接

---

① 此节经过修改发表于《东岳论丛》2011 年第 9 期。

性地，康德对"善恶"问题的处理总是要回到奥古斯丁或者受奥古斯丁影响深远的路德，甚至他们对很多问题的提法都是完全一致的。但是最终，他们的出发点却迥然不同。下面，我们就来看看他们相互之间就出发点问题所进行的争辩。

一、恩典与本性：奥古斯丁思想体系的出发点

奥古斯丁本人在其自传性思想著作《忏悔录》中透露，①"善恶"问题是他早年思考所有问题的核心，正是由于对这个问题的深入思考，他被逼迫皈依基督教。也正是由于对这个问题的深入思考，成为基督徒之后的奥古斯丁一生都在围绕着这个问题为基督教进行辩护。无论是完整的著作还是与别人进行的辩论，人是否能够凭其自身超越于这个世界而有能力行善，以及就这个世界中普遍存在的恶而为作为造物主的上帝之存在作辩护，这两个问题都是他的核心问题。前者是自由意志要回答的问题，即人能否自主地做出善的行为，并为其恶的行为负责。后者是神正论问题，进一步也是人的自由意志问题：作为上帝造物的人本应该是趋向于上帝而行善的，但是他却作了恶，恶能够被人自身所克服，还是败坏之后的人无能克服恶而最终只能靠上帝来帮助他完成？

奥古斯丁认为，就人的原初本性而言，他本可以凭着上帝赋予他的自由意志而走向公义走向善。但是，由于人的堕落，他的原初本性被其败坏，因而凭其自身再也无法回到上帝那里，而只能依赖于上帝的恩典。奥古斯丁将败坏之后的原初本性称为第二本性。在其思想后期，奥古斯丁慢慢地不再谈论原初本性，而只关注堕落后的本性。我们会看到，正是对这两种本性的理解使得"恩典"成为奥古斯丁追问"善恶"问题的出发点。

---

① 参见[古罗马]奥古斯丁《忏悔录》卷七，周士良译，北京：商务印书馆 2010 年版，第 116—119 页。

1. 原初本性与堕落本性

"我说本性,是按通常所谓实质说的,而每一实质,要么是上帝,要么是从上帝而来,因为每一件善事,或是上帝自己,或是从上帝而来。"①"它们的本性乃是从上帝得到的,而它们也只因离开上帝造它们的目的才是恶的,而它们也只是因为那谴责的人在它们里面看不到它们受造的目的,才是该受谴责的。"②

根据以上两段引文,我们可以理清奥古斯丁对本性的基本界定。首先,本性是指上帝,或者是从上帝那里得来的,因而本性就是上帝所造成的存在物如此这般的"样子",上帝就是按照"……样子"造我们的。这种说法是延续《圣经》的。所以,我们这样的存在者以及一般存在者乃是按照上帝的目的被造出来的。其次,既然它们是上帝按照"……的样子"造的,以至于是按照上帝的目的造的,它们必定是一种整全的存在。这是因为,它们乃是上帝按照某种目的造的,并且已经被造了出来,因而它们不只是具有一种本质并且获得了存在,所以这整个存在必定是整全完满的。最后,由于是上帝按照其目的造的,并且已经获得了存在的整全,所以,一旦它看不到它受造的目的,并且离开上帝的目的,亦即一旦它脱离整全而自身不再完满,那么恶也就产生了。因此,正是因为它脱离上帝的目的而不再自足完满,它就变得是可以谴责的,并且要进一步接受惩罚,以显完全的公正。进一步的问题就是,究竟什么样的存在者有能力看不到它受造的目的,并且离开上帝的目的呢?上帝为什么要造这样一种能够离开他的目的的存在者呢?

在我们所能见的范围之内,有三种本性存在者:存在、活着、理解。一块石头存在着,一个动物活着,一个人理解着。活着的兽类具有感官官能,其官能存在于感官器官;理解着的人也具有感官官能,其官能却寓于灵魂之中。因此,兽类能够听、嗅、尝、触,人却可以把握它们,并且知

---

① [古罗马]奥古斯丁:《论自由意志》,载奥古斯丁《恩典与自由》,奥古斯丁著作翻译小组译,南昌:江西人民出版社 2008 年版,第 121 页。以下不再一一标注该书版本。
② [古罗马]奥古斯丁:《论自由意志》,载奥古斯丁《恩典与自由》,第 124 页。

道这是他自身所具有的，奥古斯丁将这称为是"内在意识"。"我认为内在意识不仅感知那由五官所提供的东西，也感知五官本身。兽类除非已经意识到它感知了，就不会寻找或躲避什么，不过这种意识，绝不仅是由五官而来。我不认为，兽类的这种意识已经达到了知识的程度，因为知识是属于理性的，只有这种意识，乃是行动的先决条件。"①所以，人之超出于其他存在者，就在于他拥有一种具有知识的内在意识。

　　人的内在意识远不同于兽类的"意识"。他乃是可以自知的，即他不仅能感知到什么，而且能够感知到感知本身。所以，人是这样一种存在者，他不仅仅只是处于对外在感知的接收之中，更重要的乃是他处身于一种"知"的状态之中，并且这种"知"的状态是他的一切行为的先决条件。即：他对其所有的行为都具有"知"，因而他对其所有的行为都是可"决断"的。我们称这种决断为"人的意志拥有一种自由选择"。这也是基督教所说的人是一种"灵"的存在的一个方面的内涵。

　　在这种"灵"的存在状态之中，我们可以发现什么是可变的、什么是不可变而是永恒的，并且在对于什么是永恒的追求中，我们可以发现一切造物的形式。"由此我们知道万物是由天命掌管。若是将形式从万物撤去万物便不复存在，这形式使凡可变之物存在，并以数目实现自己。凡朝着智慧（即永恒）前进的人，一旦用心反省整个创造，就会发现智慧在他的道路上，向他和蔼地显明自己，并在每种天命的运行中迎接他。他渴慕追求永恒，旅途就愈来愈可爱，他就愈加热心行完他的路途。"②在奥古斯丁看来，上帝之所以造这样一种灵性的存在者，乃是在于上帝为了荣耀自己，从而使得他的造物可以知道万物的永恒形式，知道离开上帝万物都将不复存在。并且进一步，在明白这些之后，我们能够符合上帝旨意地追求这种永恒渴慕上帝的智慧。一旦我们这样去做，永恒本身就会更加激励我们去热心完成当走的路途，从而能够荣耀上帝。

---

① ［古马罗］奥古斯丁：《论自由意志》，载奥古斯丁《恩典与自由》，第 54 页。
② ［古罗马］奥古斯丁：《论自由意志》，载奥古斯丁《恩典与自由》，第 83 页。

我们看到,按照奥古斯丁,上帝之所以给我们自由决断的能力,就在于上帝要我们能够自主地选择走一条直到永恒的道路,从而能够远远超出于其他种类的存在者,而更加荣耀上帝。因此,即使这种具有自由意志的本性能够偏离开上帝的目的自身,自由意志本身仍然是善的,因为这种本性之被造乃是为了它能够追求永恒、决断永恒之路,从而能够更大程度地荣耀全能的上帝。也只是在这个意义上,奥古斯丁说:"甚至这些堕落醉酒的人,还是高于那本身可称道之物体。他们的败坏乃是由于对此物贪得无厌。但他们之所以较为高贵,不是由于他们的败德,而是由于他们尚存的本性。"①这种"尚存的本性"之所以使得人远远较其他存在者高贵,就在于他的被造乃是要自主决断走向上帝的路,过正直的生活,从而荣耀上帝。这是奥古斯丁赋予"原初本性"的真实内涵。

尽管上帝赋予人这种原初本性是要让人过正直生活,走"走向上帝"的道路,但是人还是没有恪守住这种原初本性而走向了堕落。眼下就存在这样一个问题:意志如何能够从注视不变的善转向注视可变的善呢?上帝肯定不是源头。那究竟是什么使意志从上帝那里偏离而选择并产生恶呢?"若你这样问,我只能回答,我不知道。你也许要大失所望,然而这是一个真实的回答。"②在奥古斯丁看来,恶是一种缺陷,而缺陷乃是从虚无中产生。然而,上帝是自身完满的存在者,而由其创造的万物也应该处于完满的状态之中,就像我们上面分析本性时说的那样,一切都应该是整全完满的。那么虚无是从哪儿来的呢?这是无法理解的。我们看到1500年之后的康德也面临同样的问题,而且令人惊奇的是,康德的回答与奥古斯丁完全一样:这是荒谬,从而是无法理解的。在本章第三节,我会详细分析康德的立场。

虽然我们无法知晓恶的来源,但我们却知道:"缺陷乃是在于意志,它受我们管理。你若畏惧它,就必须不要它;你若不要它,它就不会发

---

① [古罗马]奥古斯丁:《论自由意志》,载奥古斯丁《恩典与自由》,第105页。
② [古罗马]奥古斯丁:《论自由意志》,载奥古斯丁《恩典与自由》,第90页。

生。凡你拒绝的事就都不会发生,有什么生活比这更安全呢?然而人堕落虽是出于自己的意志,他却不能靠自己的意志爬起来。我们要以坚定的信仰抓住那从高天向我们伸出来的上帝的右手,我们的主耶稣基督;又要存坚定的盼望等候这帮助,用热烈的爱心渴慕它。"①在这里我们看到这样几点。首先,恶产生于意志决断,而作出决断意志的是我们,所以我们要为恶负责。其次,若本性未曾堕落,我们就有能力不意志恶,因此我们本可以无罪。但我们还是意志了恶,因而我们现在就开始拥有一种堕落之后的本性。在堕落后的本性中,我们再也没有能力凭我们自身重新站立起来,除非抓住主耶稣基督伸给我们的右手,并且存坚定的信、恒切的盼、热心的渴慕。因此在批判佩拉纠的时候,奥古斯丁说:"他不会提到另一本性,就是败坏了的本性。后者需要医生来救治并康复的……人愿意做某事但不能做,这时他就虽有意志,却失去了能力。"②

所以,在奥古斯丁看来,堕落之后的人取了败坏了的本性。在这种本性之下,人可能有做善事的意愿,但他却不再有为善的能力。因此这时候,人的意志自由不再是自足的,因为人的原初本性已不再整全。但是,奥古斯丁并未完全放弃原初本性的说法,否则,也就不存在人有做善事的意愿问题了。因此可以这样说,相较于原初本性,堕落之后的本性是不再整全的本性,此时的自由意志也不再是自足的。因为一个不再自足的个体无法凭其自身走向完满,所以,他需要上帝的帮助。也只有来自于上帝的恩典才能使人重新完满,进而恢复到原初本性的状态。

在我看来,奥古斯丁的后期思想就是要处理人如何由堕落后的本性恢复到原初本性。即:"你看,意志的悖逆给人的本性带来了多大的损害!愿他祈求得到医治!他为何还要相信自己本性的能力呢?它已经被伤害、摧残、败坏了。它需要上帝的恩典,不是为了可以受造,而是为了可以重造。"③所以,我们现在的问题就是重造人那堕落了的本性。我

① [古罗马]奥古斯丁:《论自由意志》,载奥古斯丁《恩典与自由》,第90—91页。
② [古罗马]奥古斯丁:《论本性与恩典》,载奥古斯丁《论原罪与恩典——驳佩拉纠派》,章59。
③ [古罗马]奥古斯丁:《论本性与恩典》,载奥古斯丁《论原罪与恩典——驳佩拉纠派》,章62。

们看到,康德遇到了同样的问题,他要"重建向善的原初禀赋的力量"①。但是,奥古斯丁要求助于上帝的恩典来重造,而康德要求助于人自身重建。

在接下来的篇幅中,我们需要进一步分析的是,奥古斯丁究竟如何处理人那不再自足的意志自由与上帝的恩典之间的关系,即:上帝的恩典如何成为奥古斯丁处理善恶问题体系的出发点。理解了奥古斯丁的路径,我们就能更好地看清康德所采取的路径,最终,他们要处理的问题是一致的。

2. 恩典:作为自由体系的出发点

按照奥古斯丁,在堕落之后,人的意志自由不再自足,并且他的本性不再整全;同时,因为不完满的东西无法凭其自身再次完满起来,因而此时,人的犯罪就是必然的:"既然由于本性的败坏,而不是由于本性的构成,人有某种必然犯罪的倾向,人就应该倾听,并且为了上述的必然性不再存在,还应该对上帝说'求你救我脱离必然的祸患'(《诗篇》:25:17)……所以,凭着我们的主耶稣而来的恩典之助,恶的必然性将被消除,完全的自由也将被赐予。"②

根据上面的引文,我们注意到,奥古斯丁从两个层面分析了自由意志。第一,尽管人的本性已经败坏,所以人有一种必然犯罪的倾向,但是本性的构成还是如初的。这是因为,本性之败坏乃是由一种无法理解的虚无所致,虚无不可能使实体本身有所损坏,因而作为实体的本性在构成上是没有变化的。这样看来,出于本性的意志自由,尽管已经不再自足,但它还是在那里的,从而人还是"应该倾听"。我们无法想象一个不具有自由意志的东西能够"应该倾听"。因此,这个层面的自由应该是一种能力或者说意愿,尽管它有这样的能力或意愿,但它却无法将善行出来。也正是在这个意义上,奥古斯丁将之称为"不完全的自由"。

① 康德:《纯然理性界限内的宗教》,第44页。
② [古罗马]奥古斯丁:《论本性与恩典》,载奥古斯丁《论原罪与恩典——驳佩拉纠派》,章79。

　　第二，凭着主耶稣基督的恩典，完全的自由可以被赐予。因为主凭其大能制服一切恶，也就不再有那种无法理解的虚无来侵害人的意志。在这种情况下，我们获得的是"完全的自由"，即：我们既有能力和意愿，同时也可以将善"完完全全地"行出来。但是需要警醒的是，战胜罪或恶之必然性的乃是上帝的恩典，因而这样一种战胜必然性的自由乃是"恩典之中的自由"。①　没有恩典的自由只是空空的意愿，它无法战胜必然性的恶。所以，接下来的问题就是要分析奥古斯丁如何以恩典作为出发点，从而将人的自由由第一个层面提升到第二个层面。

　　"所以，亲爱的弟兄们，正如我们前面已经用圣经见证证明了的，在人里面有着为求活得公义、行得公义而做出的意志的自由决断；现在让我们看看，关于上帝的恩典，什么是神圣见证，没有这恩典我们就不能行出任何善事。"②"因为我们乃是借着上帝的仁慈行出配得桂冠的善行的。"③"所以我们按着我们卑微的尺度从他的丰盛接受了我们的一份能力，使得我们可以过着善的生活。"④根据这些文本，我们可以更清楚地看到，如同上面的分析，正是借着上帝的恩典，我们才能行出善，才可以过善的生活。没有恩典，我们任何善行都不会行出来。尽管《圣经》的见证证明人里面有意志的自由决断，因为"当上帝说'你们要转向我，我就转向你们'（《撒迦利亚书》1：3）该句中有一个词——要求我们转向上

----

① "恩典之中的自由"这一主题不是奥古斯丁思想的重心，因而我们少见他对于这种自由的论述。尽管如此，这种自由还是激起了后续思想家的思考，路德和齐克果都用大量的篇幅谈论过这个问题。比如，齐克果在《或此或彼》中称这种自由是"自由地选择不自由"，因而是一种"跳入罪"。因为无论在面对上帝以及接受上帝的恩典上是如何的自由，最终人还是要将之行出来，这就要涉及选择的问题。而选择还是在理智判断中作出的，因而就会再次"跳入罪"中，即"自由地选择不自由"。同样，路德也深深地感受到这样一种状态。因此，笔者上面对"完完全全"打引号就是出于这样一种考虑，"完完全全"乃是在上帝看来的，他赦免了我们的一切罪；但就我们是在判断中行出来而言，绝对不是"完完全全"的。

② ［古罗马］奥古斯丁：《论恩典与自由意志》，载奥古斯丁《论原罪与恩典——驳佩拉纠派》，章7。

③ ［古罗马］奥古斯丁：《论恩典与自由意志》，载奥古斯丁《论原罪与恩典——驳佩拉纠派》，章21。

④ ［古罗马］奥古斯丁：《论恩典与自由意志》，载奥古斯丁《论原罪与恩典——驳佩拉纠派》，章21。

帝——显然是属于我们的意志的;而别的词,即应许他转向我们的词,就属于他的恩典"①。

因此,在奥古斯丁看来,尽管在人转向上帝的过程中,意志与恩典都起了作用,但这并非是说因为意志的功德,我们才得到上帝的恩典。恰恰相反,人之能够转向上帝本身就是上帝的恩典,因为堕落之后的本性无法凭其自身转向上帝。因此经上说,"拯救我们的上帝啊,求你使我们回转"(《诗篇》85:4);"我对你们说,若不是蒙我父的恩赐,没有人能到我这里来"(《约翰福音》6:65)。这样看来,即使人的意志在某种程度上参与了行出善,但我们必须以上帝的恩典作为一切的出发点。因为没有上帝的恩典,人凭其自身什么都不会行出来,这是奥古斯丁对善行的根本理解。那么,使人类由堕落的意志转向整全的意志的恩典究竟包含什么内容呢?

既然上帝的恩典不是按照功德给的,所以在恩典之前的一切意志选择及其努力都是没有成效的。但我们还是要时时刻刻面临生存性的决断,我们应该按照什么来决断行为呢?——信仰,作为上帝恩赐的信仰。在信仰中,"我们的一切行为都是发自信,而不是信仰发自行为"②。保罗说,"那美好的仗我已经打过了,当跑的路我已经跑尽了,所信的道我已经守住了"(《提摩太后书》4:7);"并不是我们凭自己能承担什么事,我们所能承担的,乃是出于上帝。"(《哥林多后书》3:5)因此,正是因为我们完全放弃自身意志的判断,而完完全全地顺服于上帝,依据在信仰中领受的去行,我们才能胜出一切。所以,正是借着对上帝的信仰,我们能够行出所当行的一切,持守所应该持守的一切道。因而我们所取得的一切胜利、所行出的一切善行,都是来源于上帝的恩典,来源于对上帝的信仰。

另一方面,对于那些愿意遵守上帝诫命但是不能行出来的人,他已

---

① [古罗马]奥古斯丁:《论恩典与自由意志》,载奥古斯丁《论原罪与恩典——驳佩拉纠派》,章10。
② [古罗马]奥古斯丁:《论恩典与自由意志》,载奥古斯丁《论原罪与恩典——驳佩拉纠派》,章17。

经拥有一个善良的意志，但是这意志仍是小，而且弱的。若能获得一个强大的意志，他就会变得有能力。"当殉道者行出了他们顺服的大诫命时，他们凭借的是强大的意志而行——就是说，带着博大的爱行的。"①正是凭着来自上帝的大爱，我们才能够获得强大的意志，从而完成我们当行的善。因为"爱里没有惧怕；爱既完全，就把惧怕除去，因为惧怕里含有刑罚，惧怕的人在爱里未得完全。"(《约翰一书》4：18)"谁能使我们与基督的爱隔绝呢？难道是患难吗？是困苦吗？是逼迫吗？是饥饿吗？……都不能叫我们与上帝的爱隔绝；这爱是在我们的主耶稣基督里。"(《罗马书》8：35—39)我们看到，正是基督里的爱使我们超越惧怕，超越于尘世的一切困苦阻隔而完成我们当行出的善。而这大爱就是来自主耶稣基督的，从而爱也是来自上帝的恩典。

在奥古斯丁看来，正是凭借着来自上帝的信仰和爱，我们的意志能够彻底超出堕落本性而成为整全的意志。按照这种理解，奥古斯丁彻底弃绝了人可以凭着自己的意志行善这样的想法。在其最后一篇完成的文章《论圣徒的预定》(428—429)中，奥古斯丁彻底走进了预定论，从而完成了将恩典作为出发点的整个体系。"那些见证可以显示信仰的长进是上帝的恩赐，但信仰的开始(借此人开始相信基督)却是人自己的，不是上帝的恩赐——但是上帝需要这个，只有它(信仰的开始)在先，别的恩赐才会在此基础上跟着来，这样它们就都不会是白白给的，若不是白白给的，它们就不是恩典。"②

因此，我们看到，即使信仰的开始也必须是上帝的恩典，从而意志自由不再具有任何出发点的意义。唯一的出发点就是上帝白白的恩典。奥古斯丁这种谈论善恶问题的思路也根本性地规定了后续基督教思想。在路德时代，因为出现了种种问题，路德要重新回到奥古斯丁的思路上处理基督教信仰，因而"唯独恩典，唯独信仰"成为宗教改革的核心思路。

---

① [古罗马]奥古斯丁：《论恩典与自由意志》，载奥古斯丁《论原罪与恩典——驳佩拉纠派》，章33。

② [古罗马]奥古斯丁：《论圣徒的预定》，载奥古斯丁《论原罪与恩典——驳佩拉纠派》，章53。

康德本人就是在这种路德宗背景中长大的,但是康德却根本性地颠倒了这一思路。我们现在就要回到康德的思想体系,分析康德思想的出发点,在这个出发点上,我们才能真正理解康德对善恶问题的处理。

二、理性与本性:康德思想体系的出发点

无论康德如何确立讨论善恶问题的出发点,但有一点却是绝对不可改变的,那就是由基督教思想所开辟出来的"内在化路径"。这条路径反映在宗教实践上就是灵修生活。正是因为对内心的绝对考察,人可以弃绝尘世的一切而弃恶从善。这条道路是由奥古斯丁开辟的。正如我们前文所述,奥古斯丁从内在意识角度阐释自由意志,从而使人的一切决断都要以内在意识所产生的知识为依据,"因为知识是属于理性的,只有这种内在意识,乃是行动的先决条件"①。因此,人之一切决断所依据的绝不是任何外在的东西,而仅仅是内心的召唤,并且这种召唤是处于"知"的状态。

也正是这个意义上,康德处理出发点问题时,总是要批评斯多亚学派和伊壁鸠鲁学派,认为他们都是从质料出发,而错失了哲学的根本精神。② 但关于基督教对善恶问题的处理方式,康德却说:"因此,当一位使徒把这个不可见的,仅仅由于其对我们的影响才是可以认识的、败坏了基本原理的敌人,说成是我们之外的,而且说成是恶的精灵时,就不值得奇怪了。……这是一个不把我们的知识扩展到感性世界之外,而仅仅是为了使我们无法探究的东西的概念对于实践的运用变得鲜明生动。因为,为了后者,我们把诱惑者设定在我们内部,还是设定在我们外部,是无所谓的。"③

因此在康德看来,要追究善恶问题的根源,我们必须深入意识内部。

---

① [古罗马]奥古斯丁:《论自由意志》,载奥古斯丁《恩典与自由》,第 54 页。
② 参见康德《实践理性批判》,第 43 页。
③ 康德:《纯然理性界限内的宗教》,第 58—59 页。

恶之产生在于意识原则的根本败坏,而并非感性世界如何如何,在这一点上,康德完全赞同基督教。但是究竟"恶的精灵"像基督教所断言的那样,存在于我们之外,从而最终依赖于上帝的爱战胜这个撒旦的世界,还是应该将之设定在我们内部,从而我们可以在某种程度上依赖我们自己战胜它,正是在这里,康德根本性地背离了基督教传统思想。

1. 对"恩典"出发点的批判

因为要在意识内部处理善恶问题,康德要处理的就是纯粹理性限度内的问题。因此,对于康德来说,所有的神恩、奥秘、奇迹,及其他各种邀恩手段(指敬拜、祈祷等)就都不过是理性限度外的一种补遗而已,因为它们不过是"理性意识到自己无能满足自己的道德要求,就扩张自己,一直扩展到似乎能够弥补那种缺陷的超越性理念,但它不能把这些理念当做扩展了的领土据为己有"①。因此,虽然可以说它们在某种程度上对于弥补道德无能是有益的,但这却丝毫改变不了它们仅是一种"补遗"的性质。我们无法认识它们,从而无法拥有关于它们的知识,因为这是超出理性自身的限度的,从而一旦我们试图在理性的限度内分析问题,这些东西就都要被清除出去。康德从两个方面解释了理性缘何不可以将这些神恩之类的东西纳入其界限之内。

首先,在理论上,"说明这些作用的根据何在(即为何它们是神恩的作用,而不是内在的自然作用),是不可能的事情,因为我们对原因和结果概念的使用不能被扩展到经验的对象之外,因而也不能扩展到自然之外"②。由于对于因果概念的规定是在经验世界之内的,如果发生某种事件被说成是神恩的结果,所谓的神恩就不会遵循内在的自然作用,因此,神恩这样的东西不存在于经验世界之内。但另一方面,说神恩不是经验世界之内,因而无法用因果观念来说明,这只是说明神恩不在理论理性的限度之内。那它是否可能有实践上的应用呢?

---

① 康德:《纯然理性界限内的宗教》,第53页。
② 康德:《纯然理性界限内的宗教》,第54页。

其次，在实践上，康德也认为是不可能的。"假定在实践上运用这一理念，则是完全自相矛盾的。因为作为运用，它就需要假定一种规则，来规范我们为了达到某种东西就必须自己（出于某种意图）造成善的东西；而期待神恩的作用，则恰恰意味着相反的东西，即善不是我们的行为，而是另一种存在者的行为，因而我们只能通过无所作为来获得它；而这是自相矛盾的。"①既然恶是一种既成状态，我们的任务就是要消除恶，当然不仅仅要消除恶的行为，还要彻底转变人的心灵。这一条内在化道路是康德和基督教共有的，因而眼下的任务就是使人获得一个善的心灵。恰恰在这个关键点上，神恩出现了问题。因为就神恩本身的含义而言，人从恶的心灵转变为善的心灵，是上帝白白的恩典，也就是说人什么都没有做。但是在实践上，人从恶的心灵转变为善的心灵，恰恰是人的内心发生了根本性的变化，这两者是自相矛盾的。因为这个问题涉及人之生活的根本性改善，我们无法选择一个自相矛盾或者得不到理解的东西来作为我们生活的基本原则。所以，"我们可以承认，它是某种不可理解的东西，因而，无论是为了理论上的使用，还是为了实践上的使用，我们都不可以把它接纳入我们的准则"②。

但是，需要格外强调的是，康德认为我们不可以把它们接纳为我们的准则，只是说在实际行为中，我们不可以将这种理解善恶的方式作为准则来依据。这并不意味着康德完全弃绝上帝的恩典和启示。他只是说这些东西不在我们理性的限度之内，因而无法作为人采纳行动的依据，否则，就会产生种种超出于人之限度的东西。比如宗教狂热、迷信、魔术等。因为它们的产生在于人超出理性的限度，而滥用了神恩和启示。其实这也是《圣经》所根本弃绝的。因此康德如此理解《马太福音》第 25 章 29 节："谁把人性中蕴藏的趋善自然禀赋（作为委托给他的才能）搁置不用，懒惰地相信一种更高的道德上的影响将会另外弥补自己

① 康德：《纯然理性界限内的宗教》，第 54 页。
② 康德：《纯然理性界限内的宗教》，第 54 页。

所缺失的道德品行和完善，他(指耶稣基督)就警告这种人说，甚至你从自然的禀赋出发可以做出的善，也要由于这种耽搁而对你无用。"①

因而在康德看来，人与其先"祈祷上帝"，不如先"双手劳作"。因为即使在上帝看来，首先"慰藉心灵"的是"双手劳动"②，其次才是上帝的恩典。这种思路毫无疑问是对奥古斯丁—路德传统的根本背叛，但这种背叛并非意味着他要弃绝恩典或者启示等内容本身。

因此，我们看到，正如奥古斯丁并未完全弃绝自由意志，而只是将其置于恩典之后，因此是一种从恩典概念出发处理善恶问题的思路，康德也并未完全弃绝恩典概念，只是认为它超出于理性限度之外，因而是我们所无法理解的，更不可能将其作为一切行为的准则，从而康德要寻找另外一个出发点来解决善恶问题。在我看来，这是康德的根本问题意识。

康德这样界定他的基本原理："知道上帝为他的永福在做或已做了什么，并不是根本的，因而也不是对每个人都必要的；但是知道为了配得上这种援助，每个人自己必须做些什么(着重号为原文所有——引者注)，却是根本的，因而对每个人都是必要的。"③对于康德来说，知晓上帝的旨意、接受上帝的恩典不再是根本性的。相反，自己必须做什么才是根本的。因而对于康德来说，人凭其自身来决断行为的自由意志是我们理解善恶问题的出发点。也正是在这一点上，康德对基督教做出了根本性的改变和批判。因此，他将自己的著作命名为"纯然理性界限内的宗教"。他要做的就是重新理解基督教信仰、重新解释人之为人的"本性"，这个工作与遥远的奥古斯丁相互呼应。下面，我们就进一步细致地分析康德处理善恶问题的出发点。

2. 自由：重建向善的禀赋

由于放弃从恩典角度说明人如何由败坏重新走向善，康德就不得不

---

① 康德：《纯然理性界限内的宗教》，第163页。
② 此处引用海子的诗歌"重建家园"，海子是重建破碎的家园，而康德在这里要重建人之败坏的心灵。
③ 康德：《纯然理性界限内的宗教》，第53页。

从人自身的角度来说明这个问题；又因为他不再可能离开人的"内在化路径"追问善恶问题；最终，康德把善和恶——主要是它们由以可能的条件——都纳入人之"本性"之中，因而康德就要谈论"人之本性中向善的原初禀赋"①、"人之本性中恶的起源"②。我们看到，康德的这种处理与奥古斯丁是非常相似的。

但是，康德已经不再像奥古斯丁那样，将本性溯源到上帝那里，从而从来源方面思考本性。康德更多地从本性的构成方面思考本性。康德说："我们有理由把这种原初禀赋与其目的相联系分为以下三类，来作为人的规定性的要素。"③这样，以"人的规定性的要素"规定本性，就接受了人之存在的双重身份。就其命定地要在世界中展开存在而言，这种本性包含了他的感性存在，从而避免了宗教性的弃绝尘世追求。康德就可以给予人之尘世幸福以一定的价值。这是康德所谓的"人性的禀赋"，它避免了人窃取上帝位置那样的狂热。这是因为，人终究是人，作为有限的人追求尘世的幸福本身就是合情合理的。不仅如此，他还必须要保持住奥古斯丁所界定的原初本性的根本价值，那是作为能够为自己负责任的存在者的基本规定，康德称之为"人格性禀赋"。

我们可以看到，这样的本性规定就能够作为出发点意义上的规定。因为一方面，它恪守了理性存在者的根本规定，作为理性存在者，因为被赋予一种人格性禀赋，他是自由的，因而能够为自己的行为负责；另一方面，它又还原出人自身的限度，毕竟他是一种以身体性方式存在的理性存在者。如同奥古斯丁和路德认为的那样，人的行为动机必须是纯粹和单纯的，他不可以心无旁骛地只顾追求自己的幸福，康德也将这种纯粹和单纯的动机纳入他的体系之中。但也是在这一点上，他与奥古斯丁和路德有着重大的差异。

在解释《圣经》中的"爱上帝"和"爱邻居"时，康德说："爱上帝意味着

---

① 康德：《纯然理性界限内的宗教》，全书第一章题目，第 24 页。
② 康德：《纯然理性界限内的宗教》，全书第四章题目，第 39 页。
③ 康德：《纯然理性界限内的宗教》，第 24 页。

乐意执行他的诫命,爱邻居意味着喜欢做我们职责以内的事情……而律法不可能命令我们去爱。"①如果"乐意"被认作是被"命令"的,我们就会出现行为的僭越。因为,按照概念,以及我们的实际生存体验,"'喜欢'是一个理想,我们应该在一个经常而无止境的接近它的过程中奋力去实现"②。如果自认为满怀喜悦地践行上帝的旨意,那我们就常常会把自己喜欢的当作让上帝喜欢的,把自己想做的事情当作让上帝喜欢的。在无形之中,我们就会把自己放在上帝的位置上。"康德因此降低了耶稣诫命的锐利性,因为他看到了我们的实际情况,并认为我们达不到这么高的要求。"③

按照康德对本性中"人性的禀赋"和"人格性的禀赋"的规定,恶乃是产生于人这种理性存在者的根本限度,但是恶又不应该是人的本质规定。因为它不是理性自身的产品,而人在本质上讲是理性存在者。在本章第二、三节,我会详细展开对本质性、事实性等概念的辨析。在这里,我们先提纲挈领地将康德的问题勾画出来。在已经建构起来的轮廓中,我们看到,康德的任务就是按照这几个概念说明恶的来源,以及人如何从恶转向善。

康德将人的禀赋称为是"源始"的,所谓"源始"指的是:"它(指人性)所必须的成分,也理解为这些成分要成为这样一个存在者的结合形式,它们必然地属于这样一个存在者的可能性,因而它们就是源始的。"④这样看来,禀赋是人之本性的本质性规定。与之相对,康德将人之"向恶的倾向"规定为"偶然"的,所谓"偶然"指的是:"假如该存在者即使没有它们也自身就是可能的,它们就是偶然的。"⑤也就是说,这样一种"向恶的倾向"并非是人不得不承担的一种存在。它的存在只是因为某种说不清

---

① 康德:《实践理性批判》,第90页。
② [德]保罗·阿尔托依兹:《马丁·路德的神学》,段琦、孙善玲译,江苏:译林出版社1998年版,第132页。以下不再一一标注该书版本。
③ [德]保罗·阿尔托依兹:《马丁·路德的神学》,第132页。
④ 康德:《纯然理性界限内的宗教》,第27页。
⑤ 康德:《纯然理性界限内的宗教》,第27页。

的因素而被加到人身上的。之所以这么说，是因为就人的本质规定而言，我们无法合乎逻辑地将这样一种存在状态从其本质中推演出来，它是莫名其妙地被加载于人的。尽管如此，在康德看来，我们还是不得不把它归之于人的本性，因为"倘若不是所有准则的主观根据与人性自身——无论以何种方式——交织在一起，仿佛是植根于人性之中，上述情况（指恶会发生在好人身上）就会与恶的普遍性无法协调"①。尽管理性存在者之本质规定不可能产生出恶的问题，但是恶却是事实性地普遍存在着，而且决断这种恶的乃是人之任性，因而，若不将准则的主观根据联结于人性，普遍存在的恶就是无法协调的。所以，我们必须将恶之根据纳入人性的规定之中，尽管它不是本质性的。

在这里，我们看到康德与奥古斯丁的差异。奥古斯丁直接将产生恶之后的本性称为堕落的第二本性。尽管原初本性还有一点儿残留，但它却被完全败坏，从而不再是整全的。因而只有依赖于上帝的恩典，堕落的本性才能够恢复起来。但在康德看来，恶的产生只是借着一种主观的倾向，因而只是偶然性地加载在本质性的本性之上。因此作为人之禀赋的"源始的"本性还是人的本质规定。在此基础上，康德可以求助于"源始的"禀赋重建人之向善的本性，从而可以避免只能求助于上帝的恩典的境地。无论如何，在我看来，康德对这个问题的处理至少在学理上是讲得过去的，并且在逻辑上也没有什么跨越。当然，相关于至善理念的施行，即如何建立一个"地上天国"的理想，我们还是在某种程度上依赖于上帝的帮助。在第四章，我们会进一步展开对这个问题的分析。

但即使如上所述，康德依然没有说明恶的来源问题。因为理性的本质性规定无法解释恶的事实性存在，即使我们把恶归于人性中的一种主观倾向，但这种主观倾向却无法从理性中得到说明。因为就本质而言，"源始的禀赋"是向善的禀赋。对此，康德说："人就好像是直接从天真无

----

① 康德:《纯然理性界限内的宗教》，第 32 页。

邪的状态陷入到它里面一样。"①如同上面分析,我们看到康德的说法与奥古斯丁何其接近。既然我们不能理解恶的起源,我们也就不能从恶的产生的角度切断恶的来源。那么,我们还有什么样的途径能够切断恶的来源呢?对于康德来说,这个问题是最紧迫的。

我们看到,康德转而从人的本质性规定,即原初禀赋入手来回答向善的问题。因此,康德的任务就是"重建人之向善的原初禀赋"。按照这个分析,我们就可以清晰地界定出康德体系的出发点了。他不再试图从铲除恶的角度来走向善,这是基督教的立场,即所谓赎罪。相反,康德要从人的本质性规定角度回答重新向善的问题。因而如何分析"源始的"禀赋中的核心要素(下面我们会看到,这种核心要素就是道德情感),并且以此为出发点重新建立起人纯粹、单纯的源始禀赋,就成为康德回答这个问题的关键。我们看到,康德的路径根本性地不同于奥古斯丁的路径。对于后者来说,耶稣基督的到来,就是要战胜撒旦,以洗清人的罪,从而将人从罪中拯救出来。康德凭着什么重建人的向善禀赋呢?

由于决断行为动机的不纯洁性,人往往以禀好作为行动的准则依据,从而只以幸福作为最高的价值。在康德看来,重建向善的禀赋关键就在于祛除任性选择的这种依据。仔细分析感性选择,我们会发现,以幸福为追求目的的任性选择总是与"快乐"的情感相伴随,暂且不论究竟是快乐情感推动了任性选择,还是由于任性选择的满足引起了快乐,无疑感性选择与快乐是相互伴随、相互建立的。"因为一切禀好和每一种感觉冲动都是建立在情感之上,所以(通过禀好所遭遇的瓦解)施于情感的否定作用本身是情感。"②所以,如果出于向善禀赋的意志要决断行为,它首先就要瓦解掉任性的感性选择,因而瓦解建立感性选择的快乐情感。而瓦解情感的也必定是一种情感。

既然这种情感可以起到否定作用,它也就同时是对于某种因果性作

---

① 康德:《纯然理性界限内的宗教》,第41页。
② 康德:《实践理性批判》,第79页。

用的一种肯定,康德将这样一种情感称为道德情感。① 由于和基督教一样,康德必须采纳一种绝对内在化的路径,因而"道德法则必须要直接性地决定意志"②,所以"行为的客观决定根据必须始终同时就是行为唯一主观充分的决定根据"③。这种道德情感就是康德所谓的"行为唯一主观充分的决定根据"。

从否定的方面看,这种情感要"瓦解自私"、"平伏自负";④而从肯定的方面看,它要"敬重什么",它要敬重的是道德法则。因而"道德法则就是最大的敬重对象,从而也是一种并无经验起源而被先天认识的肯定的情感的根据。对于道德法则的敬重是一种情感,它产生于理智的根据,并且这种情感是我们完全先天认识的唯一情感,而其必然性我们也能洞见到"⑤。既然道德法则连同其产生的道德情感瓦解了自私、平伏了自负,从而幸福和自我中心不再充当任性选择的准则,"这样,道德法则,一如它通过纯粹实践理性乃是行为的形式决定根据,一如它乃是善恶名下行为对象的虽系质料却纯客观的决定根据,因而也就是行为的主观决定根据,即动力;因为它对主体感性施加影响,产生了一种促进法则去影响意志的情感。"⑥

于是,在康德看来,因为瓦解了感性情感,从而取消了任性以感性冲

---

① 在本章第二节和第四节,我会详细讨论道德情感问题。它是我们理解康德整个实践哲学的一个关键概念。在我看来,无论怎么评价它,都不会过分。20世纪思想家海德格尔注意到了这一点,在其著作中,他多次谈到康德的道德情感概念。在海德格尔看来,任何情感的被触发都同时通达了被感受者,以及感受着的人自身。因而如果说一种道德情感,它就揭示出人的非感性规定性,即作为行动者的理性存在自身。因而道德情感乃是人之生存在其中彰显的本真状态。无论对于道德情感,还是对于海德格尔的进一步分析,我们都会在本章其余的几节中加以进一步展开。对海德格尔的分析感兴趣的读者可参阅海德格尔《现象学之基本问题》,丁耘译,上海:上海译文出版社2008年版,第173—182页。以下不再一一标注该书版本。
② 康德:《实践理性批判》,第77页。
③ 康德:《实践理性批判》,第78页。
④ 康德:《实践理性批判》,第79页,"自私"指以幸福为核心的利己主义,"自负"指对自己过度钟爱惬意的利己主义。
⑤ 康德:《实践理性批判》,第80页。
⑥ 康德:《实践理性批判》,第82页。

动作为准则来选择行为,对道德法则的敬重就成为唯一的同时又无可置疑的道德动力。这种情感"除了仅仅是出于这个根据的客体之外就不再指向任何客体"①。在理性的判断中,它弃绝掉一切外在的、感性的世界因素的干扰,从而道德法则完全客观地直接决定意志。因此,人的自由意志选择,其因果性只能由法则决定,它将一切禀好,从而将对人本身的尊重完全限制在纯粹法则之上。在这个基础上,意志绝无可能产生任何恶。因而正是凭借对道德法则敬重的道德情感,并且以此作为行动的唯一根据,即作为我们行为的出发点,我们就可以在人之心灵中重新唤起向善的禀赋,进而弃绝掉恶,从而将法则作为准则行出善。这是康德所达到的结论。

我们可以看到,康德将奥古斯丁所开辟的"内在化路径"在人的意义上推到了极端,并且最终康德的论证形成一个完全自足的体系的形式——这是康德之于启蒙时代的最重要的意义。从这样一种出发点的意义上作分析,我们可以更好地见证到奥古斯丁与康德的内在争辩,从而更好地理解康德与基督教思想的错综复杂的关联。

上面我们仅仅在思想史的角度处理了奥古斯丁与康德对"自由"和"罪"的学理性思考。但是,我们还是面临着这样一个问题:纵然我们可以像奥古斯丁那样将"罪"看作"自由"的开端,或者也可以像康德那样将"自由"看作"罪"的开端,从而在"自由"与"罪"之间寻求到一个平衡,但是"自由"与"罪"必须要相关于人的行为以及行为所能够取得的实际效果来思考。所以,我们眼下的问题就是分析出于"自由的行为"与出于"罪的行为"各自的主观基础,这样我们才能更好地理解"自由行为"与"罪行为"之间的更进一步的关联。下面,我们就按照康德在这个思想上的进展逐一加以分析,并最终找到克服"罪"而进入自由的路径。而这正是自由行为,即善行为的内在可能性问题。

---

① 康德:《实践理性批判》,第 85 页。

第二节　人的本质性规定：论"禀赋"概念[①]

我们看到，康德确实深入反思了自由行为的主观基础，以及罪的行为的主观基础，并且把对这两者的处理放在其宗教哲学文本《纯然理性界限内的宗教》的正文开篇。首先，我们遇到的是"禀赋"（Predisposition）概念，相关于此，康德讨论"善"概念。引入此概念之后，康德提出另外一个与之相关的概念，即"倾向"（Propensity），与这个概念相关，康德阐释"恶"的问题。纵观整部著作，甚至广言之，从《道德形而上学原理》到《道德形而上学》期间的一系列的实践哲学以及宗教哲学的著作中，我们会发现，这几个概念都是极其重要的。[②]

本节，我们要分析"禀赋"概念，并回答如下几个问题。第一，康德由于"方便（Conveniently）"的缘故而将"禀赋"分割成三个部分，它们分别意指何种思想背景。第二，在这些思想背景中，我们分析与"禀赋"相关的这个"善"究竟意指什么。第三，由此能够看清，我们一直称呼康德或其他西方哲学家是"性善论者"或"性恶论者"究竟有没有意义，即：相关于"人性"来谈哲学究竟有没有意义。最后这个问题是严肃的，因为一旦我们将康德的论证建立在人性论的基础上，绝对的维度就会被遮蔽掉。而我们认为，康德的整个运思由绝对所贯穿。

我们首先需要界定康德的"禀赋"概念。在"论人的本性中向善的原

---

① 本部分经修改后，曾经作为论文提交给由中国社会科学院世界宗教研究所、宗教学理论研究室、《世界宗教文化》编辑部共同主办的"终极关切：宗教与哲学——宗教哲学 2011 青岛论坛"。论文被收录于该论文集。后结集出版，详细参见尚文华《康德与人性论》，载金泽、赵广明主编《宗教与哲学》第一辑，社会科学文献出版社 2012 年版。

② 作为齐克果研究专家，C. Stephen Evans 认为，如果不从思辨或理论的视角，而是从人的实践性或生存的视角理解康德哲学，那么，康德的形而上学就可以理解为对生存或实践问题所指向的对象的"知识性"界定，而这正从属于齐克果思想的"主观性"范畴。我赞同 Evans 的分析，并试图从宗教性的生存维度解释康德的实践哲学及其对宗教的相关论述，读者会在后面看到这一点。Evans 的分析可参阅 Evans, C. Stephen, "Kant and Kierkegaard on the Possibility of Metaphysics," *Kant and Kierkegaard on Religion*, ed. D. Z. Philips and Timothy Tessin, New York: ST. Martin's Press, INC., 2000, pp. 3 - 24.

初禀赋"①一章中，康德将与功能（Function，这个词采用 J. W. Semple 的译本）相关的禀赋区分为三种：第一种是与"作为有生命的存在者"相关的动物性（Animality）的禀赋，第二种是与"作为与生命（Living）和理性"双重相关的人性（Humanity）的禀赋，第三种是与"作为理性和能够担当责任"双重相关的人格（Personality）性禀赋。

第一种相关于 Living 的禀赋很好理解，它指的是相关于人有一个身体而不得不照料自己的生存、繁殖以及群体性的本能，它之所以与第二种禀赋中的 Living 不同乃是源于后者与"自爱"相关，"自爱"不同于仅仅出于本能这一自然目的的第一种 Living，因为"自爱"关联于理性。下面我们主要分析与理性相关的第二、三两种原初禀赋。

一、第二禀赋："自爱"原则与启蒙时代

康德认为人性的禀赋并非仅仅是自然的，它也必须相关于"出于比较而寻求什么"的"自爱"原则，因此禀赋势必与理性相关。无论按照此著作，还是按照《道德形而上学原理》和《实践理性批判》的界定，自爱总是与幸福相关，同样地，只要理性的总体性的获得与个人的幸福相关，理性总是要与"自爱"原则相关。

在康德看来，幸福无怪乎是"一个理性存在者有关贯穿他整个此在的人生愉悦的意识"②。这样一种快乐，或者建立在欲望的满足上，或者是与他人比较时产生的一种相对愉悦的感情。在理性的自然状况下，也就是说，在没有与他者相比较的存在状态下，说幸福是没有太大意义的。正是因为如此康德说："只有与其他人相比较，才能断定自己是幸福的还是不幸的。"出于自爱，人至少要保持与他人相平等的状态，他总不会允许任何人对他拥有优势。

---

① 康德：《纯然理性界限内的宗教》，第 24—27 页；英译本见，Kant，Immanuel，*Religion within the Boundaries of Mere Reason and Other Writings*，1998。
② 康德：《实践理性批判》，第 20 页。

但是，由于所有人都保持在同样的状态下是不可能的，而一旦失去平衡状态，剩下的，就是个体追逐自己的利益与幸福，此时，一切罪恶与恶习就在所难免了。这样一种相关于或建基于理性之上的恶要远远超出自然本身的界限，甚至超出人性的极限。但是，在康德看来，这种失衡之恶的产生并不可归诸人之本性，本性并不是它们的根源，因为我们完全可以产生出另一种可能性。这正是康德在《实践理性批判》中所谈到的，自爱不仅可以将自己的幸福作为出发点，同时，它也能将与他人共同的幸福作为出发点。甚言之，我们也不可以说，种种恶的行为或者共同的幸福嫁接在这种人性的禀赋之上，因为对于康德来说，这种禀赋只是一个出发点、一种可能性，它本身不与任何现实内容必然相连：一切都可能从它开始，但却不可归咎于它。

相较于基督教处理善恶问题的方式，我们会发现康德的处理是独特的。在基督教中，人有身体、有种种欲望，这总是与作为完满的"一"不相称的。所以，人要不断地去克制欲望，直至彻底戒除私己的欲望而与其作为有限者的身份相脱离，重新达到与无限者的合一。康德理解的作为出发点的人性禀赋却根本不同于这种处理方式：作为自爱所要求的幸福并不是需要戒除掉的，相反，它乃是人之为人所必然处身的可能性。说它必然，乃是源于他不得不以一种有生命（Living）的存在方式存在；说它可能，乃是因为他恰恰可以将这一点戒除掉。在分析第三禀赋的时候，康德深入反思了后一种可能性。

对于与自爱相关的幸福，人完全可以追求，而且"大自然也是要把这种竞争的理念当做促进文化的动力来利用"①。在其政治哲学论著中，康德将出于禀赋追求幸福从而促进文化发展这一点进行了充分的展开："自然用来实现其所有禀赋之发展的手段，就是这些禀赋在社会中的对立，只要这些对立毕竟最终成为一种合乎法则的社会秩序的原因。"②由

---

① 康德：《纯然理性界限内的宗教》，第 26 页。
② 康德：《关于一种世界公民观点的普遍历史的理念》，李秋零译，载《康德著作全集》第八卷，北京：中国人民大学出版社 2010 年版，第 27 页。

于人无法容忍他人对自己的优势，以及他们之间的对抗状态；但同时，他又不得不在群体中生活，因为离开同伙，他甚至不能单独为自己赢得一席之地，人才迈出他跨向文化的真正一步，而这，也正是人之异于一切动物的社会价值。

一旦跨出这一步，接下来的一切就会得到逐步的发展。通过不断地启蒙而开始建立一种思维方式，"它能够使道德辨别的粗糙的自然禀赋逐渐转变为确定的实践原则，使一个病理学上的社会转变成一个道德的整体"①。在这部著作的后面，康德给出了他对普遍历史的看法。我们看到，康德对人类普遍历史的理解正是建基于他对人之生存的这种可能性的分析。这种把追求与自爱相关的幸福的禀赋解释为整个人类历史普遍原则的思想完全不同于基督教的历史观念：人按照自己被赋予的禀赋追求自己、成就自己的历史观念，开始取代神学的救赎史观念。很多启蒙思想家都分享了康德的这种人类历史观念。

与禀赋作为文化的起点与动力，并最终发展为世界公民观念下的普遍历史观念相连，在《实践理性批判》中，康德不再仅仅关注作为生存起点的禀赋概念，而是将之直接与幸福的准则和义务概念相连。这里的幸福乃是要扩展到他人的幸福："如果我把它（指幸福或质料）授予每个人（就如事实上我可以把它授予有限存在者一样），那么只有在我把别人的幸福也包括在它里面的时候，它才可以成为客观的实践法则。"②"理性本身就可以给予自爱的准则以法则的客观有效性……"③根据这些文本，我们可以大胆地说，在康德看来，采纳自爱原则的禀赋不仅可以被理解为开启人类历史的基石，同时，在病理学上的社会（即：在自然意义上的，个人成就自身的社会）转变为道德社会的时候，它依然拥有合法的地位。这是康德所代表的启蒙时代特有的不同以往的观察人类历史的方式。

---

① 康德：《关于一种世界公民观点的普遍历史的理念》，李秋零译，载《康德著作全集》第八卷，北京：中国人民大学出版社 2010 年版，第 28 页。
② 康德：《实践理性批判》，第 36 页。
③ 康德：《实践理性批判》，第 36 页。

"自爱"总是指向幸福,而幸福总是与人生愉悦相联系的意识,同时,与快乐相关的愉悦感情总是表达一种与外在客体的关系。这样,由于"自爱"原则作为人性禀赋被接受下来,那与欲望感情相联系的对外在客体的享有就是合法的。所以,与中世纪传统对个人欲望以及外在世界的排斥不同,在康德这里,作为感性存在者的人,以及与感性欲望相关的各种福利都可以得到辩护,从而有一种合法性基础。我们看到,近代以来,即使笛卡尔这样侧重对理性或认识本身进行分析的思想家也总要关心普遍的福利。这是近代社会不同于中世纪基督教统治时代的显著特点。

回到康德思想本身。我们看到,当康德将"自爱"原则作为人性的禀赋,并将之作为自明的原则提出来的时候,这体现的是启蒙时代对人性最基本的论断,同时我们看到,这种论断为开启一种全新的历史观念奠定了思想基础。我们已经在康德与奥古斯丁的争辩中看到,康德对人性的看法是在与基督教的人论进行对峙中提出的。现在,相较中世纪时期的历史观念和启蒙时代的历史观念,我们能更清楚地看到这一点。

二、第三禀赋:道德情感与心灵转变

但无论如何,纵观其实践哲学文本,与其他一些启蒙思想家相比,康德对以"自爱"原则为出发点所开启的生存方式是有很大保留的。在这部宗教哲学著作中,康德一再强调在这个原则之上可以嫁接无限度的恶——尽管禀赋本身不应该为这些恶行承担根源性的责任。康德认为,在人类发展到道德社会的阶段,我们要做的就是最大限制地降低这种恶行发生的可能性。虽然完全制止恶行几乎是不可能的,但是,为了营造一个道德的普遍法权的社会,我们依然要做。如同以上所引用的《实践理性批判》文本,康德本人赞成将共同的幸福作为客观的实践准则。

但是,我们却看到,康德的本意并非要说明共同的幸福原则可以作为奠基性的原则。事实上恰恰不是如此。"共同幸福原则"之所以可以成为实践准则,并非因为它可以作为法则本身,而仅仅因为它并不与纯形式的实践法则相矛盾："共同的幸福不是纯粹意志的决定根据，而唯有单纯的法则形式才是纯粹意志的决定根据。"①只有通过纯粹的法则形式对自爱原则的强力限制，而非"自爱"本身所具有的对人的外在动力，人才能将自爱原则扩展到普遍幸福这种义务概念之下，从而才有可能产生出人所不得不遵守的命令。这种纯粹的形式法则究竟是什么呢？它何以具有如此强大的力量，以至于能够对出于"人性的禀赋"的"自爱"原则有着强大的限制力，以至于"让人"能够对出于生存本能的快乐或幸福说"不"呢？

在此，康德开始了对人性的另一种禀赋的论述。在康德看来，除了动物性的生存欲求目的，以及由"自爱"（要求有理性）原则所展开的有生命的存在方式之外，人还被赋予了与作为感性存在者所需要的生存方式完全不同的另外一种禀赋。这种禀赋仅仅与人作为一个理性存在者相关。由于仅仅与纯粹理性相关，它就以无条件的绝对立法开启自己。康德将这样一种"易于接受对我们心中的由理性所立的道德法则的纯然敬重（Sufficient incentive）的素质"②称为人格性的禀赋。

这种人格性禀赋也被康德称为道德情感。康德说："这种情感自身还没有构成自然禀赋的一个目的，而是仅仅当它是任性的动机时，才构成自然禀赋的一个目的。这样一种道德情感只有在自由的任性把它纳入自己的准则中的时候才是可能的……"按照康德的用语习惯，只有相关于现实生活中的选择意志，或者说，只有选择意愿采取具体行动所依据的东西，才可以被称为准则。明确了这一点，我们就可以很好地理解这句话了。只有在自由的任性出于现实的选择而自由地行动时，它才将道德情感纳入准则之中。换言之，只有当道德法则被采纳为意志行动的准则，即道德法则作为行为的最终依据的时候，道德情感才构成自然禀赋的一个目的。而道德情感自身无法构成自然禀赋的目的。

---

① 康德：《实践理性批判》，第 36 页。
② 康德：《纯然理性界限内的宗教》，第 26 页；Kant, Immanuel, *Religion within the Boundaries of Mere Reason and Other Writings*, 1998, p. 52。

在这里,我们需要解释康德语境下"自然"(Natural)一词的意义,以及当它与"禀赋"连用时,"自然的禀赋"的意义。在这部著作开头,康德将"自然"(Nature)一词界定为:"一般的运用于人的自由、先行于一切被察觉到的行为的主观根据,这个主观根据只能存在于任性为了使用自己的自由而为自己指定的准则之中。"①也就是说,只要我们在道德(即:相关于感性存在,意志还是采纳道德法则决断行为)的语境下谈论 Nature,它就必须被理解为,在相关于感性存在采取行动时,任性采纳何者作为准则,作为行为的依据。

但是,在道德语境之外,康德也在更宽泛的背景下用这个词。比如,我们前面所引用的"大自然将这种理念当做促进文化的动力","论人的本性(Human Nature)中向善的原初禀赋"等。"自然的禀赋"也是如此,它指的乃是这种存在者本来就有的东西。我们可以比照两个英文版本对这句话的翻译:"This susceptibility to simple respect for the moral law within us would thus be the moral feeling, which by itself does not yet constitute an end of the natural predisposition but only insofar as it is an incentive of the power of choice."② "Mere susceptibility for reverence toward the law is the moral sense; but this in itself would not justify us in taking it for any particular predisposition pointing to any particular end; it can be held so only so far forth as it is an original spring of will."③我们看到 Allen Wood 的译本与李秋零教授的译文接近,而 J. W. Semple 的译本可以给我们提供另一种参照。

何谓"自然禀赋的一个目的"呢?在这部著作的"第一版序言"中,康德对"目的"概念作了相对清晰的界定。"道德为了自身起见,并不需要

---

① 康德:《纯然理性界限内的宗教》,第 19 页。
② Kant, Immanuel, *Religion within the Boundaries of Mere Reason and Other Writings*, p. 52.
③ Kant, Immanuel, *Religion within the Boundary of pure Reason*, trans. J. W. Semple, London: Nestler and Melle, Hamburgh, 1838, p. 28.

必须先行于意志规定的目的观念,它也可能与这样的目的有一种必然的关系,就是说,它不把这样一种目的当做依据法则所采用的准则的根据,而是把它当做它的必然结果……没有这一目的,任性就不能满足自己本身。"①这样看来,"目的"必须要相关于任性采纳准则作为根据来理解,它是意志行为的最终结果。

但是,道德情感怎么会成为"意志的结果"呢? 这就要涉及我们上面所分析的道德情感的用法,即:仅当其作为任性的动机时,道德情感才可能获得实在性,也就是说,它能够将自身展示出来而成为决定行为的依据;但就其自身而言,道德情感并不具有实在性,它只是一种禀赋,是一种生存可能性。所以康德下面说,要使获得的善成为可能,必有某种禀赋存在。

按照上面的分析,很明显,上面引文中的"end"译为"目的"是不恰当的,至少我们会看到它与康德本人对"目的"概念的界定相冲突。相对的,我们把道德情感理解为禀赋,它就只是一种生存的可能性;由这种可能性而来的现实,即具体的行为,就是一种"结果"。因此,这里的"end"应该译为"结果",它是由生存可能性而来的现实性,是可能性获得的存在。

下面我们继续分析人格性禀赋,即道德情感之于人的生存的意义。我们看到,康德所界定的人格性的禀赋自身并非"自然禀赋"的结果,只有当它能够充当任性的动机,也就是说,只有相关于人的感性存在而在现实世界中展开它的生存可能性的时候,它才是具有实在性的。而当任性(will)将其采纳为准则的时候,这样的任性也就是善的意志(Will)。康德认为:"要使它可能,就必须有一种禀赋存在于我们的本性中,在这种禀赋上面绝不能嫁接任何恶的东西。"②这句话的含义还是很明显的。即:对于人的生存而言,作为人格性禀赋的道德情感乃是作为一种必然

---

① 康德:《纯然理性界限内的宗教》,第5页。
② 康德:《纯然理性界限内的宗教》,第26页。

的可能性而存在。它实实在在地在我们的实际生存中展示出来,任性之所以可以作为善的意志,乃是源于道德情感的存在。

但是,道德情感并不是现成地存在于那里的,尽管如此,它的可能性存在却是一种本真的可能性。因为在康德看来,无论是善的行为,还是任性所决定的其他行为,都只是一种已经获得的东西。但是,就(先验)自由或理性本身来看,它本不必须要在尘世中展开。比如上帝,作为理性存在者,他的现实存在并非是尘世的。但是,与理性立法相关的道德情感的存在可能性却是本真可能的,因为一旦理性要获得尘世的展开,这种可能就要成为现实而具有实在性。所以,康德说:"它们(禀赋)都是源始的,因为它们都属于人的本性的可能性。"①康德这样界定"源始"一词:"倘若它们必然的属于这样一个存在者的可能性,它们就是源始的;但是,假如该存在者即使没有它们也自身就是可能的,它们就是偶然的。"②也就是说,人这种理性存在者的宿命就在于他的理性必须在尘世中展开存在,从而与理性原则相伴随的道德情感禀赋是必然可能的。

如果进一步反思道德情感,我们会发现,它是非常难处理的。甚至在《实践理性批判》中,康德径直称之为一种理性的情感。情感怎能是理性的呢? 由于理性情感的难以理解性,H. E. Allison 在《康德的自由理论》中,径直将引入道德情感的学说归咎于康德晚年思想混乱的结果。③与阿利森的看法不同,我认为道德情感是一个非常关键,也极其重要的概念。它回答了康德非常核心的问题,即:由恶迁善的"心灵改变"问题。这个问题正是善的内在可能性如何可能的问题,这也是我们本章要解决的问题。在第四节,我会详细地展开对这个问题的论述。

梳理一下我们的思路。之所以在这部著作的开头就将一个难以理解的概念拿出来讨论,是因为康德真正要解决的问题是任性何以会采纳

---

① 康德:《纯然理性界限内的宗教》,第 27 页。
② 康德:《纯然理性界限内的宗教》,第 27 页。
③ 参见[美]亨利·E. 阿利森《康德的自由理论》,陈虎平译,沈阳:辽宁教育出版社 2001 年版,第 175—186 页。

道德法则作为准则。而真正说来，只有相关于人这样的理性存在者总是要按照感性的"自爱"原则选择行为，因此这必然要涉及作为命令的理性立法问题。因为对于无限的存在者来说，他不需要任何立法来传达命令，相反，他的意志本身就是真理，因而于他而言不存在不合法地运用理性这样的问题。而作为有限的理性存在者，也只有因为在他面前矗立着一个无限吸引他的欲念的感性世界，他才会敬重理性的绝对原则，也才会有道德情感这种本真的可能性。

因此，无论是道德法则还是道德情感都要关涉于感性存在者，要展开实际的生存。但是，只有当任性采纳实践法则为准则，从而以自由意志决定行为时，道德情感才将其实在性展示出来，因而这种敬重情感只能作为行为的主观根据。因此，表面上看起来，这个主观根据好像只是人格性禀赋的一个附加物。康德为什么要引入这样一种看起来似乎不太重要的道德情感来解释人格性禀赋呢？

结合下一节的"根本恶"问题，我们能够更好地看清引入道德情感的根源。按照康德的分析，尽管人被赋予了人格性的禀赋——因此本质上讲，他是道德性存在——但是，事实上，人却是被"根本恶"所规定的。如同前一节对奥古斯丁的分析，按照人被上帝所赋予的原初本性，人应该是善的，但是，因为堕落，人被恶规定。恶又来源于哪里呢？奥古斯丁只能说，我不知道。在本质上，人被赋予人格性禀赋，是一种道德性存在，但事实上，他又被恶规定着。我们看到，康德分享了奥古斯丁的界定，同时也分享了这种界定所带来的问题。

对于康德来说，尽管事实上人被恶规定，但就其本质言之，人是道德性存在。如何从事实规定进入本质规定，即：如何在生存上分析人由恶转向善，就成为康德要思考的核心问题。在我看来，正是这个问题主导着康德寻找一种转变动力。在概念上讲，这种转变动力不能是实在地存在于人身上的某种东西，因为除了行为，以及行为所依据的东西外，我们不能设想还有其他什么。康德设想了道德情感（敬重情感）这一推动行为的情感，来分析这一点。这正是我们上面所分析的，道德情感是一种本真可能性的情感,是一种必然的可能性存在。

但是,无论如何,如果相关于纯粹理性,作为理性主义者的康德实在不好处理这种似乎与感性相关但又不是感性的道德情感。由于要探讨宗教的实践问题,康德无法在概念上展开更多的思辨,因而在这部著作后面的篇幅中,他尽量少用道德情感这个概念。相关于"心灵转变"问题,他更多地用"重建"、"利用"、"宣示"等词语。比如:"重建以及利用我们向善的原初禀赋,以便成为更善的人(a better human being)"①,"宣示圣洁起源的禀赋,即使它是不可理解的,也必然对心灵起着振奋作用,鼓舞它做出只有对自己义务的敬重才能要求它做出的牺牲"②。

而在我看来,这一系列用语正是对作为道德情感的原初禀赋的论述,这是因为,最终,它们都是为使采纳"恶的准则"的任性转变为采纳"实践的道德法则"的自由意志提供可能性。在这个意义上,我们可以更好地理解,道德情感是一种相关于感性存在的一种本真的但又必然的可能性的结论。因为"心灵转变"之所以可能,乃是在于这种理性存在者在其"自然禀赋"中被赋予一种转变的可能性,尽管就其自身而言,它不是作为"自然禀赋的结果"。③

按照上面的分析,我们已经看到,人格性禀赋必须要与道德法则的理念相连,并且作为道德情感的敬重情感只能指向道德法则。④ 我们也注意到,在《道德形而上学原理》和《实践理性批判》这两部著作中,康德完成了对道德法则的论证。在《实践理性批判》中,经过一系列的界定和论证,康德如此谈论道德法则,"自由和无条件的实践法则乃是相互呼应的"⑤。因此,之所以首先就行为分析实践法则,是因为有限的理性存在

---

① 康德:《纯然理性界限内的宗教》,第 52 页;Kant, Immanuel, *Religion within the Boundaries of Mere Reason and Other Writings*, p. 71。

② 康德:《纯然理性界限内的宗教》,第 51 页;Kant, Immanuel, *Religion within the Boundaries of Mere Reason and Other Writings*, pp. 69 - 70。

③ 参见康德《纯然理性界限内的宗教》,第 26 页。

④ 参见康德《实践理性批判》,第 83 页。

⑤ 参见康德《实践理性批判》,第 30 页。

者无法直观到自由。而一旦在人的行为里,我们可以发现一套完全独立于现象界之自然因果律的实践法则,自由的实在性也就被证明了,以至于纯粹理性的二律背反问题也可以得到解决,否则引入自由就会是空洞的理论悬设。从此以后,"自由"成为贯彻所有领域的理念。

虽然在论证上,实践法则的发现证明了自由理念的实在性,但是自由概念一旦得以实在地证成,它就成为最高的理念。因为若不是与经验内容相关,"如果设定了自由意志,通过对概念的分析,就可以从这一前提,把道德及其原则推导出来"[①]。一旦自由的实在性被证明,道德及其原则就完全可以被推导出来。我们看到,在自由的理念之下,无论是自然方面还是伦理方面,都可以得到贯彻一致的说明。因而正是自由概念构成康德理解、批判基督教神学的关键。

自由理念对康德体系如此重要,那么证成自由实在性的道德就显得更加重要。而如同我们上面的分析所显示的,自由意志能够采纳道德法则作为准则根源就在于道德情感。因为正是道德情感作为动力促使采纳恶准则的任性转而采纳道德法则作为准则。在这个意义上讲,道德情感概念及其所依附的人格性禀赋,就构成了康德思想体系的一个关键环节。

重新回到我们的主题。对于人间的恶如何能够转变为善的问题,康德的回答是,因为作为人格性禀赋的道德情感是人的一种本真可能性存在,我们可以通过种种方式唤起他对义务的敬重,从而使其以纯粹的道德法则决断自己的行为,因而人能够完成心灵的转变。更进一步,通过将基督教中的上帝作为道德原型的楷模来尊重,以及其他种种在理性范围内处理基督教的各种观念的方式,我们可以建立一种普遍的理性宗教。在这部《纯然理性界限内的宗教》的接下来的篇幅中,康德对这些问题都进行了深入的反思和分析。

以上的分析表明,对人格性的禀赋,即道德情感的恰当理解,贯穿康

---

① 康德:《道德形而上学原理》,第 70 页。

德整个实践哲学的框架,它是我们理解康德哲学体系的关键。仅就这部宗教哲学著作来看,康德思想的落脚点是解构基督教的传统观念,即:将基督教传统神学中的拯救、恩典、奇迹等概念纳入理性可以理解的范围。我们会看到,人格性禀赋,即道德情感在其中起到了决定性的作用。这是因为,对于康德来说,最难解决的问题就是有限存在者如何凭其自身完成灵魂的彻底改变,这正依赖于道德情感概念的引入。这样看来,道德情感无疑在某种程度上回应了基督教拯救、恩典的说法,正是由它所揭示的道德法则告诉人应该如何去生活,如何去追求善的原则的统治。

三、人性论与绝对理念

为了防止不必要的麻烦,我们在这里需要专门开辟一小部分说明这样一个问题,即:尽管康德要讨论善与恶的主观基础,并相关于主观基础分析人之本质性或事实性的规定,但是,这绝不意味着康德仅仅在一般认为的"人性论"的层次上谈论问题。否则,我们就无法理解康德对绝对理性所进行的论证。我们已经分析了"绝对"在人的存在中所展现的三个层面,即真理性知识以消极的方式揭示了绝对之在、人类行为之相关的自由实在性进一步彰显了绝对的维度、因人之自由的根本限度而使"我们何以有希望"成为可能,这是绝对之彰显的另一个更深的面向。下面,我们需要在康德的文本中寻找对康德作"人性论"解读的错误之处。

对第一种禀赋来说,它仅仅相关于感性存在而不以理性为根源,说性善性恶根本没有意义。对第二种禀赋而言,人在时间中展开具体的生存,其"自爱"原则隶属于理性,但这种理性从属于各种质料性的动机。如同我们的分析所显示的,无论是要求平等价值的偏好,还是欲求比他人强的偏好,这些偏好仅仅是展开生存的可能性。尽管在它上面可以嫁接各种各样的,甚至滔天的恶,它本身却不是恶的根源,因为它只是一种生存的可能性。具体采取何种形式的或质料性的动机作为原则,从而开启或善或恶的生存,都不可归咎于这种可能性。因此,在这一点上,我们无法谈论人本性上的善或恶。

　　从另外一个方面,我们也可以按照善恶概念分析这个问题。究竟善和恶意味着什么,或者相关于什么才能谈论善和恶,康德的界定还是清楚的:"意志是这样一种能力,它只选择那种,理性在不受爱好影响的条件下,认为实践上是必然的东西(即由法则规定了的),即善的东西。若理性不能完全无遗地决定意志,为与客观不一致的某些动机(即由感性质料规定的)所左右;总而言之,像在人身上所表现出来的那样,就是主观偶然的(从而就是恶的)。"①所以,只有参照意志决定行为所遵照的准则,我们才有可能界定善恶。区分善恶的关键在于,任性究竟按照作为普遍形式的法则决定行为呢,还是按照质料(或出于"自爱"原则的感性情感)决定行为? 在这个层次上,我们几乎不可能谈论人性论,因为无人能晓得具体行为背后的动机。这样,在第二种禀赋上,很难说存在人性论问题。

　　我们再换一个角度审视这个问题。对于第二种禀赋,除了"自爱"原则,它没有其他可选择的准则,如果按照概念,由这种禀赋所开启的行为只能是恶(如果按照自爱原则界定恶的话),似乎它意味着性恶论;但是尚未进行选择的人性,称它性恶,有什么意义呢? 毕竟在进入具体选择行为的时候,人格性禀赋是在与感性原则对峙中展开自身的,因而此时选择行为是在善恶之间展开的。这就提示我们,只有在讨论人格性禀赋,即在讨论行为的善恶的时候,才可以讨论人性善或人性恶。

　　在讨论人格性禀赋与人性论的关系之前,我们试着界定一下人性论到底说的是什么。

　　近年来,谢文郁教授做了不少有关康德的道德哲学,及将其与儒家思想进行比较的工作,我在这里主要参照谢文郁关于"性善论"的一些界定,以期展开对人性论的分析。"性善论则认为,人的本性出自天命,禀赋为善,因而虽然当下生活在一种恶的生活中,只要人反求诸己,发扬并遵循与生俱来的天性,就能一步一步地走出罪恶,最后过上一种天人合

---

① 康德:《道德形而上学原理》,第 30 页。

一的善的生活。这两种关于人的生存(指基督教与儒家)的说法指称着人的两种生存意识,即原罪意识和本善意识。本善意识是一种人的生存的原始意识。"①按照谢文郁的理解,性善论指的是一种人之为人的本善意识,无论当下的生存状态如何罪恶,但是,人具有一种本性,虽然当下没有实现出来,但这种本性乃是善的。康德界定的人格性的禀赋,即作为与道德法则紧密相连的道德情感,是这种人之为人的本善意识吗?

"由于这种道德情感只有在自由的任性把它纳入自己的准则中的时候才是可能的,所以,这样一种任性的性质就是善的特性;善的特性一般与自由任性的任何特性一样,都是某种只能获得的东西……在这种禀赋之上,绝对不能嫁接任何恶的东西。"②在前面的分析中,我们已经澄清了"准则"一词的用法,即:只有在相关于人的感性存在,任性(自由)决定意志时,它所采纳的规则才被称为准则。因此,只有当任性将道德法则纳为自己的准则时,其自由选择的结果才会表现为善。同时,按照我们的分析,道德情感自身并非自然禀赋的目的或结果。因此,"善"本身并非人格性禀赋自身所具有的属性,它与行为结果的善或者恶没有必然性的关联,除非自由的任性采纳它作为动机使得理性存在者将实践法则作为准则并以此作出种种决断时,它才与道德上的善相关。但是,由于作为人格性禀赋的道德情感仅仅揭示那绝对无条件的道德法则,并促使任性将法则纳为准则而决断行为,因此,自由(的任性)一旦采纳它作为动机,它就只能选择善的行为,任何恶都绝对不能嫁接到它的上面。

但是,康德的用词有时也不够严谨。比如,"我把善(法则)("法则"为康德原文所加——引者注)采纳入我的任性的准则之中,但是,善客观上在理念中,虽然是一种不可战胜的动机……"③在这里,康德直接用"善"这个词界定法则。这种界定方式与上面的界定有所不同。在我看

---

① 谢文郁:《走出文化盲点:原罪论视角下的性善论》,载《文史哲》2010 年第 2 期。
② 康德:《纯然理性界限内的宗教》,第 26 页。
③ 康德:《纯然理性界限内的宗教》,第 29 页;Kant, Immanuel, *Religion within the Boundaries of Mere Reason and Other Writings*, p. 53。

来,这里用来指称法则的"善"这个词不是指道德意义上的善,道德意义上的善必须与行为相关。康德对这一点说得也是很清楚的:"道德法则在理性的判断中自身就是动机,而且谁使它成为自己的准则,他在道德上就是善的。但是,假若法则并没有在一个与它相关的行动中规定某人的任性,那么,就必然会有一个与它相反的动机对此人的任性发生影响;……此人的意念就道德法则而言绝不是中性的。"①因此,只有当任性规定行动时采纳何种规则作为准则时,才会涉及道德上的善恶。

论述完三种禀赋,康德说:"这些禀赋都不仅仅(消极地)是善的(即它们与道德法则之间都没有冲突),而且都还是向善的禀赋(即它们都促使人们遵从道德法则)。它们都是源始的,因为它们都属于人的本性(Human Nature)的可能性。"②在我看来,或许认为康德是性善论者的人都过分地关注了这里的说法。我们看到,只是在这些禀赋自身并不与道德法则相冲突的方面,康德才说它们是善的。也因为它们可以促使人们遵从道德法则(更多地指人格性禀赋),康德才说它们是向善的。

如同我们上面的分析,康德也给出了这样的结论,即:这些禀赋是人本性的可能性,是源始的,是作为出发点的。既是如此,这些禀赋就不可能具有道德上的善恶性质。因为只有当这些禀赋嫁接上东西时,道德上的善恶才是可能的。既是这样,康德为何还要用善或向善这样的词语来言说禀赋呢?

很明显,"消极地是善的"说的是前两种禀赋,因为它们与道德法则不冲突,但也谈不上促使。而"促使人们遵从道德法则"指的是第三种禀赋。分开理解这两句话,我们就可以很好地理解康德要表达的意思了。与动物性相关的第一禀赋肯定谈不上善。至于与理性相关的"自爱"的禀赋,在康德看来,凡是以"自爱"为原则的任性决定都不可能建立道德法则,③它怎么可能本身是善的呢? 与理性立法相关的人格性禀赋,即道

---

① 康德:《纯然理性界限内的宗教》,第 22—23 页。
② 康德:《纯然理性界限内的宗教》,第 27 页。
③ 参见康德《实践理性批判》,第 20—21 页。

德情感,能够作为动力促使任性采纳道德法则作为行为准则,而做出善的行为。它当然具有向善的特性,但它本身却不是善,至少不是道德意义上的善。道德意义上的善必须是相关于意志决定的行为。

退一步讲,如果性善论者认为,他们所理解的善也不是道德意义上的善,因此善只是人之生存方向的一种可能性倾向,沿着这个倾向,人可以做出善的行为,这种理解就与康德的理解相一致了。但是,在我看来,由于这种性善论者所界定的"善"不具有任何道德价值内涵,而只是生存的一种可能性、一种倾向性,这样的性善论和无人性论也就不再有什么内涵上的差异。这是因为,可能性或倾向性并不是某种实在的东西,为某种非实在的东西赋予本性,本身就没有多大意义。这样看来,康德根本不在某种本性的意义上理解人,因而以某种"性论"概述康德是不恰当的。

在《道德形而上学原理》中,康德明确地表示,其形而上学体系绝非建立在人学(人性论是其一部分)的基础上。在那里,他给出了道德的五个特征,即:先天地导源于理性,不具有任何经验性,纯粹性,不受任何限制性,规定整个实践的和纯粹理性的范围。[①] 康德论证道:"在这样做(以道德概念规定理性范围)的时候,决不能使这些原则从属于人类理性的某种特殊本性,而是一般的从有理性东西的普遍概念中导引出道德规律来,因为道德规律一般的适用于每个有理性的东西。从而,在应用于人的时候,道德虽然需要人学,然而作为纯粹哲学,作为形而上学首先必须离开人学来充分说明。"[②]

按照康德,道德法则绝非从属于人类理性的某种特殊的本性,相反,它源出于一般的理性概念,从而适用于一切理性存在者。就其本性而言,它甚至与具体的作为人这样的理性存在者并不必然相联,虽然人必须要从属于它,并凭借它决断自己的行为。因此,只有在它应用于人的

---

① 康德:《道德形而上学原理》,第二章。
② 康德:《道德形而上学原理》,第 29 页。

时候,它才与人学相关,而就其作为纯粹哲学的对象来说,它与人的存在并没有必然的关系。这也适用于和道德法则一起组成人格性整体的道德情感。只有相关于人这种理性存在者的时候,我们才说道德情感,即第三种禀赋是"向善的",但它本身并不需要人学来说明。相反,只有完成对纯粹理性概念的彻底的批判之后,那些人学理论、人性论才能得到真正的澄清。因此,与其说康德是人性论者,还不如说他是理性主义者。

第三节　人的事实性规定:论"根本恶"概念[①]

按照"自由"与"罪"两条路径的进展,仅仅谈论自由行为的主观基础是不够的,我们还需要分析康德究竟是如何将出于罪的行为的主观基础揭示出来的。这种揭示必须具有形而上学性质,因为如果仅仅停留在恶之行为的心理学分析上,我们永远找不到一条路径真正地克服"恶之存在"。当然,如果仅仅停留在概念水平上,恶自身是不存在的,这是形而上学谈论最核心的一个问题。[②] 但是,这种在形而上学上无存在性的东西却恰恰事实性地堵塞了所有人的心灵,因而是一种"根本恶",我们就需要相关于人之事实性存在处理"根本恶"的主观基础,以及它之可能性的根源。

我们看到,恶不仅仅是道德哲学问题,它也是基督教神学的一个核心论题。在近代哲学家中,斯宾诺莎、莱布尼茨、康德、谢林、黑格尔等都探讨过恶的问题。但是无疑,康德的探讨具有重要意义,他不再将其作为神正论问题,而仅在理性论证的限度内考虑这个问题。这为谢林、黑

[①] 本节部分文字经过修改后作为单独论文发表于洪汉鼎、傅永军主编《中国诠释学》第八辑,山东人民出版社 2011 年版。

[②] 在形而上学中,存在是完满,是"一",它不能够被限制,因而永远无法在概念上被穷尽。相反,"恶"本身意味着限制,即它无法克服掉对象对它的限制,因而才会产生恶。在这个意义上讲,恶恰好是存在的缺失,正是因为这种缺失会产生一种自身的局限性,"恶"才会在这个基础上显示出来。所以,如果说存在自身是存在,那么,恶就是虚无。至于虚无如何具有力量来侵蚀存在,这是思想的奥秘。正如我们在上一部分所谈到的,无论是奥古斯丁还是康德,都认为这是不可理解的。

格尔、马克思及至海德格尔的后续讨论框定了范围。这里，我们以《纯然理性界限内的宗教》为范本，讨论康德的"根本恶"问题，进一步，我们讨论在理性限度内思考恶的问题对后续讨论的意义，甚至在整个思想史中的启示意义。

一、本质与事实：关于"源始性"与"偶然性"的区分

在进入研究主题之前，我们首先划定康德探讨恶的问题范围。在《纯然理性界限内的宗教》的第一篇第一、二两章，康德分别在"论人的本性中向善的原初禀赋"和"论人的本性中趋恶的倾向"两个标题下讨论了"人的本性"的两个基本层面。

在前一节，我们已经看到，康德以"禀赋"指称人之为人所不得不是的存在方式，康德称之为"源始的"（Original），即："理解为它所必须的成分，也理解为这些成分要成为这样一个存在者的结合形式，它们必然地属于这样一个存在者的可能性，因而它们就是源始的。"①概而言之，"禀赋"主要包含两方面的内容：作为身体性存在，人不得不操持与身体要求相关的基本要素；同时，人又被赋予一种无条件的理性根源。

这样我们看到，康德所谓的"源始的"包含这样双层的含义。首先人是一种"有身体"的存在，其次他还是一种理性存在。两者均是人之为人所不得不承担的存在方式。但需要注意的是，从康德的论证目的看，身体性存在只是理性存在的中介。也就是说，人这种理性存在者以一种可视的身体的方式如此这般地存在。康德最终论证的还是理性自身，只是人的这种理性的存在方式不是绝对的，即：他以有所依靠（身体）的方式展开理性存在。

除此之外，在康德看来，"人的本性"还有另外一个存在层面，那就是"趋恶的倾向"（Propensity）。康德如此界定"倾向"一词："我把它理解为

---

① 康德：《纯然理性界限内的宗教》，第 27 页；Kant, Immanuel, *Religion within the Boundaries of Mere Reason and Other Writings*, p. 52。

一种偏好(经常性的欲望)的可能性的主观根据，这是就其对于一般人性完全是偶然的而言的。"①在这里，康德认为这种"趋恶的倾向"对于人性而言是偶然的。那何谓"偶然"呢？我们看康德的界定："假如该存在者即使没有它们也自身就是可能的，它们就是偶然的。"②我们可以很清楚地看到，康德认为人之"趋恶的倾向"并非人之所是，相反，它只是作为一种外在的要素附属于人。也就是说，这种"趋恶的倾向"只是一种附属要素，它不可以根本性地规定人之存在本身。

既然如此，康德何以会将这种"趋恶的倾向"作为"人的本性"来断定呢？对于这个很严肃的问题，康德在该书的第三章做了一个说明："由于这些准则(指违背法则的准则)出于自由的缘故，自身必须被看做偶然的，但是倘若不是所有准则的主观根据与人性自身——无论以何种方式——交织在一起，仿佛是植根于人性之中，上述情况(指恶会发生在好人身上)就会与恶的普遍性无法协调。"③这个说明表明：趋恶的倾向之所以被归于人的本性，是因为它要说明恶的普遍性。但就人之为人的本质或者必然的(原初)规定，即禀赋而言，恰恰没有恶这回事。因此，我们看到，康德用"人的本性"所指称的是人的某种存在可能性，这种可能性只是偶然地附属于人。所以，"恶的倾向"不是我们通常所理解的人性，或人之本质。

综观这两种本性概念，我们看到，康德对人的存在作了双重规定。其一，在本质要素方面的规定；其二，就其在本质规定之内无法说明，但作为现象又普遍存在的偶然的要素方面的规定。作为理性存在，前者乃是指"人之实践理性"的存在方式，即人作为"道德性"的存在，这是对人之为人的本质规定。但需要注意的是，无论是实践规定还是道德本身都

---

① 康德：《纯然理性界限内的宗教》，第 27—28 页；Kant, Immanuel, *Religion within the Boundaries of Mere Reason and Other Writings*，p. 52。

② 康德：《纯然理性界限内的宗教》，第 27 页；Kant, Immanuel, *Religion within the Boundaries of Mere Reason and Other Writings*，p. 52。

③ 康德：《纯然理性界限内的宗教》，第 32 页；Kant, Immanuel, *Religion within the Boundaries of Mere Reason and Other Writings*，p. 56。

涉及了身体要素。而作为偶然性的"倾向"存在,乃是对于种种"经常性的欲望可能性"的感性规定。对于这个感性规定,康德以"恶"概念来界定。这里的感性规定与以身体方式存在的理性的本质规定相关,但是内涵却完全不同,我们会在下文中分析。

通过对人这种存在者之存在方式的分析,康德厘清了他探讨问题的基本框架。这个框架与《纯粹理性批判》所划定的及其前期思想一直坚持的感性与理性的形式划分相叠合。只是这里的感性规定指的是,理性反过来臣服于感性要素而成就恶的感性规定。更重要的是,康德在这里表达出这部著作的根本意义,即:通过消除"恶"的存在,从而在"实践理性"的界限内解决真理问题,也就是至善问题。至于最终康德能否达到这个目的,我们这项研究的最后一章会直接分析这一点。需要指出的是,只有在这个问题维度中,我们才有可能真正理解康德对"上帝存在"和"灵魂不朽"的预设的根本意义,这些是这项研究最后一章的主题。

二、"根本恶"概念与人的有限性

为了更好地理解"根本恶"概念,我们需要进一步解释康德的"倾向"概念。倾向不可以被设想为与生俱来的,否则,由倾向而可能的恶就会成为不可归责的。相反,按照人的理性存在方式,"恶"必须是人自己赢得或招致的。但就康德对人之为人的基本规定来说,倾向也不可能是概念本身推演的结果,康德说:"可以把这种倾向设想为普遍地属于人(因而被设想为属于人的族类的特性),那么,恶将被称为人的趋恶的自然倾向。"①也就是说,只有在假设此规定从属于人的族类的特性的情况下,倾向才是对人所作的规定,在由族类而假定个体的规定下,康德分析了"趋恶倾向"中恶的存在。

按照族类特征,"恶"被康德称作是人的一种趋恶的自然倾向。在其

---

① 康德:《纯然理性界限内的宗教》,第 28 页;Kant, Immanuel, *Religion within the Boundaries of Mere Reason and Other Writings*, p. 53。

他的地方，康德还对恶作了另外的规定，即："恶"本身不应该是具体的行为。否则，我们就无法判断恶或是不恶，因而康德将恶界定为"存在于准则违背道德法则的可能性的主观根据中"①。根据这两个根本规定，康德就将道德上的恶规定为准则与法则的主从次序，而不是规定为具体动机。这样看来，前者就是自然倾向意义上的"恶"，康德称之为"本原的罪"，它是一种理知的行为，因而仅仅通过理性才可以认识到，从而它不受任何时间条件的制约。后者就是以质料为准则，从而与法则相抵触的恶习，康德称之为"派生的罪"，它是经验性的，可以在时间中给出现象。

因此，"本原的罪"作为纯然的倾向就是不可能被根除的。因为在对"倾向"概念的界定中，康德将其所依据的最高准则已经假定为恶。按照这个规定，作为败坏法则的恶就真实地规定了我们的行为，而对此"我们并不能进一步说明原因，就像对于属于我们本性的某种基本性质不能进一步说明原因一样"②。之所以会这样，乃是因为理性概念中无法包含恶，而按其本质，人正是一种理性存在者。因而这种恶就是一种毫无原因的存在。康德将这种毫无原因的恶的存在称为"根本恶"。既然毫无原因，为何还要这样规定呢？

我们注意到，这里的"原因"是有特定含义的，即：只有在理性方面，它是毫无原因的，因为理性本身无法承纳不可理解的本原性的恶概念。但是在经验上，我们确实看到，恶的存在是如此的普遍，以至于像康德这样的理性主义者都要在经验中描述恶的普遍性。当然，与理性不容的"根本恶"也只能通过经验来说明。

熟悉康德文本的人会注意到这种状况：康德很少大段大段地采用经验性的描述来说明问题，但是这部著作第一篇第三章却是例外。在这里，康德通过大量的事例以及人之经验说明这样一个事实：即使一般意

---

① 康德：《纯然理性界限内的宗教》，第 28 页；Kant, Immanuel, *Religion within the Boundaries of Mere Reason and Other Writings*, p. 53。

② 康德：《纯然理性界限内的宗教》，第 31 页；Kant, Immanuel, *Religion within the Boundaries of Mere Reason and Other Writings*, p. 55。

义上的恶人都可以称得上是一个好人了；即使在就行为而言最好的人那里，恶也在主观上是必然的，因为没有任何东西来保证这种主观性。有趣的是，黑格尔同样对这种善的主观性限度进行了大量的分析。① 并且两人的分析惊人地相似。

现在就出现了一种对峙的局面。一方面，就作为自由存在者而言，恶的准则自身必须是偶然的；但另一方面，恶之存在又表现得如此普遍，以至于若不将恶的准则的主观根据与人性自身交织到一起，根本不可能与如此普遍的恶相协调。在这样的两难局面之下，康德将主观根据的倾向称作趋恶的"自然"倾向，并且将这种咎由自取的恶的倾向称为"根本恶"，这种恶是咎由自取的，同时也是生而具有的，或者说是内在的。

这样我们就看到两种看似对立的局面。一方面，这种"根本恶"不是人这种理性存在者的根本规定，因而具有善的禀赋存在的人是生活在希望之中的，因为没有任何东西可以在根本上规定他。除了自己规定自己之外，他不受任何要素的限制与规定。但是，另一方面，终究"根本恶"毫无由头地偶然性地制约着我们的生活，并且，我们也不得不生存于其中。更严重的是，我们甚至不知道它们如何干扰我们的生活。对于一个不知原因的东西，我们怎能与其斗争呢？和风怎么搏斗呢？在我看来，这个问题之所以如此艰深地困扰着康德，乃是由于他对人之为人的理解，他试图在理性的限度内处理与人之生活相关的一切，那么，与理性原则根本对立的恶的问题也就成了不得不被消解的核心问题。

我们知道，这个问题在路德那里根本就不存在。对于路德来说，人在本性上就是恶的，哪怕他有好的行为，"因为他们生来就不敬畏上帝，不得不成为和保持为不敬虔与可诅咒的样子，这是迫于本性而必然使他们犯罪灭亡的，正如保罗所言：'我们本为可怒之子，和别人一样。'因为

---

① 参见黑格尔《法哲学原理》，范扬、张企泰译，北京：商务印书馆 2010 年版，第 131—160 页；黑格尔《精神现象学》下卷，贺麟、王玖兴译，北京：商务印书馆 1997 年版，第 125—179 页。以下不再一一标注该两书版本。

他们为上帝所造,就是从亚当一人之罪所污染的后裔产生"①。除非在信仰中,否则人所作为的一切都是恶。② 作为在路德宗背景下成长起来的康德,他不可能不感受到路德强烈的影响。所以,康德以如此对立于路德的方式处理这个问题,我们可以体会到康德思想中路德的影子,哪怕仅是以争辩的方式。

我们究竟该如何理解"根本恶"的来源呢? 首先,它不可归于人之身体性存在。尽管身体性存在不可避免地要受制于质料,从而产生自然的偏好,但自然的偏好不可为恶承担责任。这是因为,就其自身而言,质料与产生恶的主观动机并不必然相关,恶的产生必须要在人之任性决定行为中寻找。其次,恶也不可被设想为理性自身的败坏。如果自由理性存在者的理性乃是受质料本身的规定,从而理性与其自身规定的法则相背离,这是绝无可能的。这是因为,脱离一切外在要素规定的纯粹理性必定是自身完满的,我们根本无法设想,恶是出乎理性自身的。那么,我们如何理解这种恶的倾向的真正性质,或者找到它的真正根源呢? 我们看到,尽管"根本恶"概念乃是通过恶之普遍存在这一经验事实才得到规定的,但由于康德将恶界定为并非经验性的任性与道德法则的关系,他还是认为追索这个问题最终需要回到"恶"的概念,从而先天地认识这种性质与根据。

在深入分析这个问题之前,我们需要先思索一个问题:康德为何要将人之为人规定为这样的理性存在,而路德却将人规定为一种完全生存在罪之中的存在? 就所观察到的现象而言,二人所看到的不会有太大的

---

① 《路德文集》第二卷之《论意志的捆绑》,路德文集中文版编辑委员会编,上海:三联书店 2005 年版,第 566 页。

② 就本性而言,人是善的还是恶的,路德与奥古斯丁对这个问题的见解稍有差异。在 On spirit and letter, On nature and grace 等一系列著作中,奥古斯丁分析 Nature 的用法有两种:其一是按照上帝形象造人之初的 Nature,其二是堕落之后的 Nature。很明显,前者是善的,而后者是恶的,这种规定在奥古斯丁的文本中都可以看得很清楚。但路德文本中极少有第一层面的含义,就如我们在《论意志的捆绑》中所看到的,人就其 Nature 而言是恶的,除非有上帝的恩典,否则人绝对不可能向善。对于这一点,谢文郁教授有所阐发,具体参见谢文郁《性善质恶》,载《哲学门》2008 年第 16 辑,第 259—275 页。

差异。康德难道没有看到人较于动物有着亿万倍的邪恶吗？路德难道没有看到哪怕最邪恶的人难免会在某个时刻表现出良善吗？那么，究竟什么导致了两人在这个问题上有如此悬殊的看法呢？在我看来，这绝不仅仅是因为随着人类精神的进展，理性自身得到了普遍的觉识。更重要的是因为二人对于感性动机在人之为人规定中的地位看法不同。因为从根源上讲，"根本恶"或恶产生于任性将感性动机纳为行为准则，康德仅仅将人的这种生存状态看作是从属性的，因为本质上人是道德性存在。而路德则将之看作是决定性的。交代完这一点，我们能更好地理解康德。

按照我们对"禀赋"的分析，康德将人界定为以身体的方式存在的理性存在者。于是，他的存在方式无非表现为两种。首先，他具有无限性。因为理性自身是绝对完满而无所受限的，这也是理性的本真存在方式。其次，他也具有有限性。这里的有限性并非是说理性自身是有限的，因为理性就是理性，根本不存在有限的理性，之所以有限，是因为他通过某种外在的样式将自身展示出来，从而理性与这种样式以某种形式结合在一起。但是这也绝不意味着理性受制于这种样式，相反，这种样式乃是由理性所规定。因为对于理性而言，这种样式对于他来说本身就是偶然的。但是对于结合物来说，这个样式却是必然的。

对于人这种理性存在者来说，这个样式就是身体，人以一种有身体性的理性存在的方式存在着。在这种基本规定的基础上，康德说："不过，人由于其同样无辜的自然禀赋，毕竟也依赖于感性的动机，并把它们（根据自爱的主观原则）也纳入自己的准则。但是，如果他把感性的动机作为本身独立自足地规定任性的东西纳入自己的准则，而不把道德法则（这是他在自身中拥有的）放在心上，那么，他就会在道德上是恶的。"[①]我们可以明显地看出，对于恶而言，身体本身是无辜的，因为他与理性的结合自身就是人这种存在者的"宿命"。也就是说，人以这种方式被抛进这

---

① 康德：《纯然理性界限内的宗教》，第 36 页；Kant, Immanuel, *Religion within the Boundaries of Mere Reason and Other Writings*, pp. 58–59。

个尘世，这种存在方式是他所不得不是的，是被给定的，因此这不是他可以进行选择的。

但是终究，这个样式、这个身体自身不是自足的，即它是有所待的，待什么呢？待的就是理性的安置。因此与身体相关的一切都必须是理性的相关物，而非它自身，凭其自身，它什么都成不了。由此我们可以理解，何以那些绝对命令如此的强有力，这乃是理性自身的必然，这不是人这样的存在者可以自己选择的，而是冥冥之中被抛给我们的，是我们命定地要承担起来的。

分析到这里，我们就可以理解路德与康德的根本差异所在了。在路德看来，"恶"本身就是人之"本性的"规定，单凭自身，他不可能克服这种恶的本性，没有人能超出自己的本性来拯救自己。但是在康德看来，恶恰恰是远离人的，人被"抛进"理性自身的规定当中了。作为理性存在者，人可以对任何感性动机"说不"，哪怕为此他会遭受巨大的痛苦，忍受无尽的泪水甚至是死亡。这一切对他而言都是如此的微不足道。不能不说，这种对理性的自觉是人之谦卑，同时也是崇高的深彻到底的觉识。我们看到，康德对"根本恶"的分析不得不再次回到纯粹概念的规定，因为只有在这个限度内，对于恶的分析才可能显示它的绝对深度。这一点对谢林和海德格尔的启示尤其明显。

但是，人这种理性存在者却可以不将理性给予的、他自身所被赋予的道德法则放在心上，而仅仅将从属于理性的、与身体性相关的感性动机作为本身独立自足的规定采纳为自己的准则。这意味着人这种理性存在者可以不被理性规定，而受制于感性动机的规定。或者说，感性动机规定可以越位于理性规定之上。这是如何可能的呢？从属性的要素缘何可以一跃成为主导性的要素呢？康德明明规定人之为人乃是由理性规定，怎么感性动机主导的准则竟然优先于道德法则呢？甚至康德也认为："这种恶是根本的，因为它败坏了一切准则的根据，同时它作为自然倾向也是不能借助于人力铲除的，因为这只有借助于善的原则（Good maxim）才会实现，而既然假定所有准则的最高主观根据都是败坏了的，这也就无法实现了。"①

在此，我们看到康德思想中的两条思想规定发生着激烈的冲突。首先，本质而言，人是理性存在者。出于理性的一切，比如绝对意志、道德法则、合乎理性的存在等都应该与人之存在本质相关。其次，偶然的，但却作为"事实上存在"的世界中存在的普遍的恶，这不得不与人的本性相关。否则，我们无法理解这一切，因而我们又不得不认为感性动机可以摧毁一切理性法则，而这一切的主观根据统统在人本身之中。因此，"根本恶"存在于人自身的主观规定——需要注意的是，"主观"这个规定很关键，它表明这是与任性相关的，而不是与意志或理性相关的——因而它虽是人自身的规定，但却绝不是理性或意志的规定。②

但是，与其说"根本恶"是存在于人本身的主观根据，不如说感性动机是作为人本身的主观规定。因为恶之为恶本身就在于任性将感性动机作为本身独立自足地来看待。因而可以说，康德表面上将事实性存在的普遍的恶导向人之本性的主观规定，实质上他是要论证人这种理性存在者在本质上的有限性。因为一方面，作为理性存在，他本质上可以超出于一切形而上学上的偶然性，或事实层面的"事实性"，从而仅仅在理性中思及一切，并且构造一切合乎理性的东西而不受任何时空的困扰。另一方面，作为身体性存在，他又"事实性地"生存在这个世界之中，从而不得不安置自己的生命所在而受制于时空的感性规定，也恰恰在这个层面上，普遍的恶产生了。因此，规定普遍的恶的只能到感性的动机中去寻找，并且这种感性动机势必要掌管人的存在，因为既善又恶的存在是

---

① 康德：《纯然理性界限内的宗教》，第 37 页；Kant, Immanuel, *Religion within the Boundaries of Mere Reason and Other Writings*, p. 59。

② 我们看到，康德深刻地认识到恶对历史的控制，但又固执地认为，这并非理性自身的事情，由此可见，于康德而言，理性世界是何等的理想和纯粹！在康德之后，谢林认识到，以理性的自主性界定自由会与人自主性地选择恶相矛盾，进而认为自由乃是自主地致善恶的能力，在 Michelle Kosch 看来，谢林的这种界定直接进入齐克果对恶的问题的处理。由此，我们可以从康德界定的矛盾之处审视其之后的思想史进展。Kosch 的相关论述可参阅 Kosch, Michelle, *Freedom and Reason in Kant, Schelling, and Kierkegaard*, New York: Oxford University Press, 2006。

矛盾的。① 但为什么作为偶然性的存在可以掌控本质性的存在呢? 这根本在于人之有限性存在本身。

正因为人是身体性的理性存在者,他的理性不可能脱离身体展示出他的整全存在。这是人人都可以在经验上加以验证的。但是仅仅这样是远远不够的,因为人不可以假借有身体的种种需求而为他的职责寻找任何借口。但这又是需要理性的论证的。康德在《纯粹理性批判》中分析人的认识理性时,就谈到理智直观与感性直观的差异。这是对理性在认识中需要接受性的感性直观为其提供基本质料的证明,但同时,这也说明理性自身的有限性,亦即它本身不是生产性的,而是接受性的。② 与之平行的是,在实践领域,在事实性的世界中,实践理性的运用总是在客观上即现实层面受种种感性要求的困扰;而在主观上,人又常常受感性动机的困扰。这就是实践领域中人之理性的有限性,也就是说诸多要素都不是他可以控制的。这也是黑格尔认为道德的不可信任之所在。

随着分析的进展,现在我们发现,虽然"根本恶"的证成源于现象分析,但是康德真正要做的不是分析种种恶的现象,相反,他是要根本性地展示实践理性自身的有限性,从而,他能够进一步分析,人这种有限的理性存在者最终能否克服这种有限性而回归纯然理性自身。只有在纯粹理性中,思想与存在作为一体的意义才能得到展示,从而他能够克服掉"事实性地"存在于世界中的那些不合乎理性意义的恶,最终达至理念的世界或尘世的天国。这就是康德所谓的完满的至善,这也是真理的意义所在。

我们注意到,这样一种至善理念或真理的意义恰恰是基督教思想所蕴含着的,比如"道成肉身"或"地上天国"。这样看来,康德的思想对手就是基督教神学的核心观念,而这刚好体现在路德的思想之中。因此,康德与路德的对立就是康德与基督教的对立,但是无疑,他们最终要揭

① 参见康德《纯然理性界限内的宗教》,第 22—23 页。康德对此问题有详细的论证。
② 对这一点的详尽分析,读者可以参阅海德格尔的两部关于康德的书,亦即《物的追问》与《康德与形而上学疑难》的相关部分论述。

示的思想意义是相同的。纵观《纯然理性界限内的宗教》这部著作,通过讨论根除"根本恶"如何可能,康德最终要达至的是与现实存在的和解,从而使至善理念施行在大地上。这是康德讨论"根本恶"问题的根本所在。康德的这种讨论方式及其问题视域对后续思想的启示意义甚至影响是巨大的。

暂时离开对康德完整思想视域的分析,让我们回到眼下的主题。通过以上对康德思想的分析,我们发现一个很重要的问题:就人是理性存在而言,虽然他与身体宿命性地结合在一起,但是理性规定不存在恶的问题。但是理性世界中也可以存在身体的样式,就好比我们可以设想耶稣基督这样的"完人"一样。另一方面,虽然可以相关于感性规定中的感性动机这一主观倾向分析恶的问题,即在概念中探讨恶,但是感性规定本身并非恶,这一点我们已经看到了。那么,世界中"事实性地"普遍存在着的恶究竟来源于哪里呢?因为分析到现在,在人之为人的界定中,我们仍然无法理解理性存在与世界中事实存在之间的关联点在哪里,这个问题就是恶的来源问题。在本小节下面的篇幅中,我们看康德如何处理这个问题。

三、以恶之起源的分析印证人之有限性

康德认为我们应该在两个层面界定起源问题,一是理性上的起源,二是时间上的起源。前者考察的是结果的存在,后者考察的是结果的发生。我们已经看到,康德分析恶问题也是遵循了这两条途径。因而我们的任务,一方面是沿着人之理性规定探讨起源,另一方面是沿着事实性存在探讨起源。

所谓就事实性存在探讨恶的起源问题,无非就是将恶之行动当作某个尘世间的事件与其自然的原因之间的关联,从而恶作为此自然原因的结果必然地发生。但这本身就是一个矛盾。因为具有道德属性,恶本身必须是可以归责的,从而必须是出于任性的规定的,如果它再作为自然原因的结果而必然地发生,这与前提就是矛盾的。因此,我们绝对不可

以在事实性，即时间上考察恶的来源问题。那么，我们就只能从理性表象那里寻找恶的起源。

　　一方面，康德是根据恶的存在的普遍性这一事实推出"根本恶"的，因而我们绝对不可将这样一种状况追溯到遗传的原因，那样的话，没有任何"恶"可以归咎于人。另一方面，由于趋恶之倾向是根据恶的存在的普遍性推论出来的，因而也只能按照恶的内在可能性，以及任性所采纳的准则来考虑行动中的现实的恶的来源。那么，要寻找恶之行动在理性上的起源，我们就必须这样看待，"人就好像是直接从天真无邪的状态陷入到它里面一样"[①]。

　　因为对人这样为自由所拣选的族类来说，无论他处于何种时间性条件、何种现实的空间性关联之中，没有任何东西可以本质性地影响他采取意志的决断，从而将自由本身担当起来。因此，没有任何东西会取消他作为自由存在者的资格，去决断某种与其自身不同质的恶的行动。同样，也不存在任何出于条件限制的现实性借口来为他未曾担当得起这种自由所赋予他的使命作辩护，因为他时时刻刻处身于这种自由之中，哪怕在任何一个时刻他承担了这种义务，都绝不可以弥补他在上一个时刻的干犯自由的行为。他必须在任何一个瞬间都要担负起责任，这样一种绝对的责任也就被归于他了，因为他本身不得不担当起绝对的自由。所以，哪怕一个瞬间的恶加在他的身上，他也好像是忽然从一种天真无邪的状态陷入了恶之中。

　　在此基础上，康德需要进一步厘清趋恶的倾向是怎么回事。这是因为，他必须要面对基督教思想，后者给予这种倾向本身以极高的地位，甚至人本身都是被它所规定的，因为"在亚当身上所有人都已经犯了罪"。在我们身上本就有一种做出恶的行为的倾向，从而我们所做的任何行为都不可以被认为是良善的。康德认为，这种倾向充其量意味着我们在试

---

① 康德：《纯然理性界限内的宗教》，第 41 页；Kant, Immanuel, *Religion within the Boundaries of Mere Reason and Other Writings*, p. 63。

图为恶在时间上寻找到一个原因,因而我们为每一次蓄意的恶都会在时间中寻找前一段时间中的原因,一直追索到理性尚未发展的时间,从而进入一种生而具有的趋恶之倾向。

但是,这样一种追踪恶的方式对于能够自主地运用理性的人而言,"是既不必要也不可行的"。这是根本违反理性的,从而在康德看来,基督教思想的这种界定恶的方式根本上违背了理性的自主性。就此,康德说了这么一句话:"因此,《圣经》(Scripture)尽可以根据我们的弱点,这样描述恶的时间上的起源(its origin in time)。"①也就是说,《圣经》不过是说明恶这种偶然存在属性的一个合乎现象的论断罢了,就其自身而言,它是根本不合乎理性的。

但是,终究还是存在一个问题,即:我们的任性可以不合乎理性自身的规定而将从属性的动机抬得过高,甚至最终摧毁一切道德法则,将之沦为从属性的,任性的这种退化究竟来源于何处呢? 它是如何从理性上起源的呢? 感性的动机缘何具有如此强大的力量,竟然可以战胜善在理念中的不可战胜的动机? 这样高贵的存在者竟会如此的低贱,这样有着绝对力量的纯粹理性竟然抵御不住哪怕些许微小的感性欲望,这是极其奇特的。然而,终究原初禀赋是一种向善的禀赋,虽然它无法找到合适的根据来说明道德上的恶最初来源于哪里,但它还是这样规定人这种理性存在者的。因为终归,人还是有希望回到他的那个原点,回到他所背离的善。这也是康德对理性的一个深深的信念。

到此为止,康德为整个关于恶的来源的论述画上了句号。但是我们还是不知道恶究竟来源于何处,更不知道怎么从恶变成善,这通通超出了我们的概念规定。因为我们无法知道善的树上如何结出恶的果实,更不会知道一棵从根部就坏了的树怎么才可以结出美好的果子。这些更加确证了人这种理性存在者的根本有限性。与身体相关的感性要素尽

---

① 康德:《纯然理性界限内的宗教》,第 43 页;Kant, Immanuel, *Religion within the Boundaries of Mere Reason and Other Writings*, p. 63。

管应该合乎理性自身的规定,但是它还是可以不遵从理性的要求,而感性动机何以具有如此强大的力量而使得自由的任性臣服于它的规定,这本身就是理性所无法说明的,从而无法理解恶的起源。

这也是《圣经》断定人的犯罪乃是源于邪恶的精灵引诱的原因。因为恶之来源不在于理性自身却必须给予理性自身,这是根本的荒谬所在。而荒谬之所以荒谬乃在于人之理性有着一种存在的样式,这个作为样式的身体,以及与之相关联的感性动机是这一切荒谬的最终根源所在。而如果人没有这样一个身体,那也就根本不会存在恶的来源这样荒谬的问题了,但是这种理性存在也就不再是人而是神了。因此,荒谬的恶的来源最终都是来源于人的,而人之所以作为这种荒谬的恶的承载者,根本原因也就在于这种理性存在者的根本有限性。

我们看到,康德的整个问题背景,及其对问题内涵的思考,在最根本的层面上是与基督教思想相对峙的。恰恰是人这样一种有限的存在者,当他以一种身体的方式生活在这个世界上时,他根本性地与存在意义的完满、全善、自足是不相称的。因此,若没有绝对存在者的主动帮助,即恩典,他就不可能摆脱掉这种根本的有限性状态。但是,暂且不论恩典自身,就是人这样的存在本身值不值得恩典以及他可以接受恩典的条件何在,这些问题本身就是值得深深地追究的。康德就是在这类问题的维度中讨论人之有限性的,即:人怎么做才可能配得上这种恩典,同时,假如他可以凭借自己的力量达至完满的存在意义,恩典的价值又何在呢?对于这一系列问题,康德都要加以根本性地在不同于基督教但是又与基督教相关的维度中追问。而在我看来,作为这种追问线索的就是"根本恶"问题。这是康德探讨"根本恶"问题的根本意义所在。

所以,在这部著作接下来的篇幅中,康德接着追问"如何重建人之向善的原初禀赋",即如何将被遮蔽的本质性存在揭示出来。相关于人的具体存在,这个问题就是我所谓的"心灵改善"问题,即如何从罪性的存在或者恶的存在,转变为自由的存在或者善的存在。

暂时抛开这个值得进一步追问的问题,让我们回到问题本身的进展。在后续的思想进程中,我们看到,康德讨论"根本恶"问题在思想史上处于枢纽性的位置。在他之前的基督教思想家,以及德国哲学开端人物莱布尼茨那里,对于恶的存在问题,他们在神学范围内为神之存在做辩护。在他之后的黑格尔那里,则完全在纯思与存在共属一体的意义之中辩证地思考善恶问题。而谢林则完全接受了康德"根本恶"思想,[①]却采取了不同的路径,即神秘主义,化解这个问题。也有很多基督教思想家根本性地受到康德的影响,直到巴特才有根本性的改变。

　　无论对于康德,还是对于这些思想家,我们看到,这些思想线索关联中的核心问题就是恶的问题,以及有限性问题。如果说我们前一章的分析主要在学理上展示了人之自由的有限性,那么,在这一节,我们看到了这种有限性在人之存在上的集中展示。现在康德讨论问题就换了另外一种维度:在人的存在上,即善恶的主观基础层面上,康德需要分析人之自由行为的可能性和根本限度。其中,前一个问题就是要凭借对人本身的界定,达成一个目标,即如何相关于人之事实性规定和本质性规定,分析自由行为的可能性。后一个问题就是既然人之自由是有着根本的限度的,这种限度究竟展示在哪里。因为既然人可以凭借自身做出道德的行为,那么,他的自由的限度又表现在哪里呢? 这就是我们需要在下一章解决的问题,即自由中的希望是如何可能的。现在,我们就展开对第一个问题的论述,即相关于人之具体存在,自由行为如何可能?

第四节　从事实性到本质性:论"道德情感"概念[②]

　　通过前面三个小节的分析,我们梳理出了康德要解决的核心问题,即:心灵改善的问题,人如何从恶的存在转变为善的存在。就人的本质规定而言,他秉承的道德禀赋是要为善的;但事实却是另外一种状况,那

---

① 参见谢林《对人类自由的本质及其相关对象的哲学研究》,邓安庆译,北京:商务印书馆 2008 年版,第 105 页。
② 此节部分内容经过修改发表于《山东大学学报》(哲学社会科学版)2012 年第 5 期。

就是恶的普遍性存在。恶是如此的普遍,以至于我们不得不将之追索至"人之本性中向恶的倾向",即人"事实性地"选择了恶作为其决断一切行为的准则。因而现在就出现了这样一种似乎无法解决的状况,那就是善与恶在"人性"中的共居。对于"人性"是什么含义,由于前面我们已经界定过,因而不再重复说明。

所以,康德的任务就是要寻找一条路径,通过这条路径,向善的道德禀赋可以成为人决断一切行为的出发点,即:人之意志以道德法则作为最高的准则,从而彻底解决"根本恶"问题。在《学科之争》中,康德在批判基督教的教派分立时,曾经分析了基督教两个教派处理这个问题的两种途径:一是"研磨心灵"的悔恨型,就是通过摆脱心灵中恶的统治,善就可以毫无阻挡地到来;一是"融解心灵"的与上帝永福结合型,①就是将善的原则纳入自己的意向,此后凭借着一种力量,使恶不能再找到其存在的位置,而善占据着统治地位。虽然康德站在宗教信仰的立场上反对了这两种方案,但是他却无法根本性地避免这两种方案中的其中一种。在逻辑上,除了这两种方案,我们也无法想出第三种解决方案,那么,康德究竟选择哪一种呢? 我们下面就来分析这个问题。

一、康德选择的方案

我们设想这样一种状况,一个在别人看来丧尽天良做尽坏事的人,当他面临正义的审判,即将走进刑场的时候,他说,我为我一生所做的事情忏悔,如果再有一个来生,我一定要为我今生所做的一切赎罪,然后他就永远地离开了这个世间。我们能否相信他在生命的最后一刻所说的那些话呢? 能否相信一个一生中——至少就我们所了解的——从来没有做过一件善事的人能够做出彻底的改变,从而成为一个善人呢?

在康德看来,当然可以。无论现实生活中我们看到多少的罪恶,但

---

① 康德:《学科之争》,载《康德著作全集》第 7 卷,李秋零译,北京:中国人民大学出版社 2008 年版,第 52 页。以下不再一一标注该书版本。

总是有一个声音会毫不减弱地回荡在我们灵魂之中，那就是"我们应当成为更善的人，这个世界应当更加美好"，否则的话，我们的生活就没有丝毫的指望。因此，在我们的灵魂之中，"我们应当成为更善的人"，因而我们必定能够成为更善的人。虽然，事实上，我们并未曾看到我们成了更善的人。当然，"我们在此必须假定，善的种子以其全部的纯洁性被保留下来了，不能被清除或者败坏。这种子毫无疑问不能是自爱；自爱一旦被纳为我们所有准则的原则，就不折不扣地是一切恶的源泉"①。这里面包含了一个深深的信念，那就是人作为人本身乃是由"善"规定的，而且这种善以其全部的纯洁性被保留下来。无论在事实上这个善的种子被埋藏得多深，以至于我们似乎都已经把它给忘记了，但是我们不会预料到它的光华何时会展现在人们面前，因为它永远不能被清除掉和败坏掉。

我们看到，康德的信念与基督教的信念有着本质的差异。奥古斯丁毫不犹豫地质疑败坏了的人能够凭借自身善的种子向善，除非借着上帝的帮助；康德则完全相反。但在这一点上，他们却是完全一致的，即：无论借着什么东西，人最终能够走出这种败坏而向善。我这里要强调的是，这两条路径所依靠的东西都是信念：前者是对上帝恩典的信念，后者是对理性自身的信念。

但是，康德是怎样确立起这种深深的信念——它完全不同于传统的基督教信念，以至于似乎这个信念是在跟上帝叫板，跟作为上帝事业担纲者的庞大教会叫板，甚至跟世俗政权的最高代表国王叫板——的呢？这也实实在在地发生了。康德在心灵中究竟经历了什么？换言之，人在事实上终究是败坏了，我们究竟凭着什么可以相信人能凭其自身再次走向善？除非有一套彻底连贯的体系能够使得我们更好地理解人本身，并且这套思想体系需要得到学理上的论证，否则，这个信念就是空洞的，它

---

① 康德：《纯然理性界限内的宗教》，第 45—46 页；Kant, Immanuel, *Religion within the Boundaries of Mere Reason and Other Writings*, pp. 66–67。

也绝无可能捕获人们的心灵。因此，康德的任务就是重建他所信仰的人之向善禀赋，并且要为这一禀赋在时间中的展开提供"动力"。

究其根源，康德深深地相信人的本性中具有向善的原初禀赋，因而他向善的动机不可能丧失掉；另一方面，我们也不可能丧失掉它，因为它一旦丧失了，我们也就再也不可能找到它，这不符合理性的一般状况。因此，所谓的"重建"指的就"仅仅是建立道德法则作为我们所有准则的最高根据的纯粹性。按照这种纯粹性，道德法则不是仅仅与其他动机结合在一起，或者甚至把这些动机(偏好)当做条件来服从，而是应该以其全然的纯粹性，作为规定任性的自身充足的动机，而被纳入准则"①。

在这里，康德区分了三种情况。最坏的一种是任性完全将作为偏好的动机作为准则来决定行为，从而它完全漠视了道德法则的存在。其次是任性将道德法则与其他动机混在一起来决定行为，这样我们可以做出合乎道德法则的事情，但是由于行为本身抹杀掉了道德法则的纯粹性，因而虽然人可以成为律法上的善人，但是却无法成为道德上的善人。真正的道德行为乃是按照道德法则的纯粹性来意志的行为。康德所要重建的禀赋是最后一种，即：按照道德法则的纯粹性来决断行为，从而将道德法则作为一切行为的准则。"他不是凭着字句遵循法则，而是借着精意遵循法则的。"②但是，终究还存在这样一个问题：即使人把道德法则作为准则，使其成为行为的根据，但他自身依然不是圣洁的，因为在单纯的准则与具体的行为之间

---

① 康德：《纯然理性界限内的宗教》，第 47 页；Kant, Immanuel, *Religion within the Boundaries of Mere Reason and Other Writings*, p. 67.

② 康德：《纯然理性界限内的宗教》，第 30 页。非常有趣的是，康德这里的说法与奥古斯丁反驳佩拉纠的说法完全一致。在反驳佩拉纠派所表现出来的律法主义的时候，奥古斯丁一再强调，在主耶稣基督到来之前的旧约时代，犹太人是凭着"字句"守律法的，因而他们是借着自己自由的功德来"邀赏"，而不是以恩典作为出发点；而主耶稣基督到来之后，耶稣完成了律法，在十字架上洗清了我们的罪，从而我们再遵守律法乃是凭着精意，因而一切都是上帝的恩典。我们看到康德故意用基督教的词汇来表明自己的观点，乃是要表明自己的思想体系丝毫没有损害基督教精神的锐利性与深邃性，同时又是完全与基督教并立的一套思想。对此的具体论证参见奥古斯丁《论原罪与恩典——驳佩拉纠派》中的《论圣灵与仪文》一文的章12、29、30、31、32、34、35、36、41、42、43、45 等。

还有着无限遥远的距离。即使如此，至少有一点是肯定的，即：他本人已经开始踏上这条无限接近圣洁的道路。我们需要评价这个接近的过程。

由于人自身的限度，他总是有所依靠而不能自足，从而总是需要什么东西来满足自己。这样，在遵守自己的义务方面，他就总是要表现出一种经验性的特征。康德将这种通过经验而表现出来的遵守义务的合法性行为称为德性，从而人的德性总是在不断获得的过程中。在这种德性的获得过程中，会存在这样两种情况：一是通过习俗性的获得，二是心灵的彻底转变更新。

如果一个人自以为是有道德的，并且在遵守义务方面也是坚定的，却也可能不是出于义务本身而采取行为的，即他总是可能没有把纯粹的道德法则作为准则。比如，一个商人为了更多地盈利而童叟无欺，一个学生为了拿到学位而拼命学习，一个生活本无节制的人为了减轻体重而生活节制等。虽然就外在行为来看，他们的确遵守了义务，而且在这个过程中，他们通过所获得的奖励而进一步更加遵守这些义务，从而他们的德性得到不断的增进。但是，在康德看来，这种德性的进步终究根据的是备受钦赞的幸福原则，他们充其量只是律法上的善人：由于作为幸福原则的律法规定了其德性的进展，他们绝非道德意义上的善人。

康德所谓的道德上的善人，"（为上帝所喜悦的善人）即根据理知的特性（作为本体的道德）是有道德的，如果他把某种东西认作义务，那么，除了义务自身的这种观念之外，他就不再需要别的任何动机。这一点，只要准则的基础依然不纯，就不能通过逐渐的改良，而是必须通过人的意念中的一场革命（一种向意念的圣洁性准则的转变）来促成；他（Newman）只有通过一种再生（Rebirth），就好像是通过一种重新创造（《约翰福音》3：5，《创世记》1：2）"①。这样看来，康德所要寻求的重建人之向善的禀赋乃是要实现人之心灵的彻底转变，而非通过任何外在准则的约束

---

① 康德：《纯然理性界限内的宗教》，第 47—48 页；Kant, Immanuel, *Religion within the Boundaries of Mere Reason and Other Writings*, p. 68。

而实现的心灵逐渐改良。那种"宽容的理解"性的通过习俗性的德性改进完全被康德所弃除。康德的理由也很简单：我们要的是道德上的善人，而非律法上的善人。正如我们所指出的，这一点完全是继承了基督教的思路，康德要求的是道德法则或者爱的法则的纯粹性和直接性。

排除掉习俗德性的逐渐改良，现在我们只能以纯粹性的义务开辟这条无限的圣洁之路了。"义务命令我们做这件事情，而义务也仅仅命令我们做力所能及的事情。把这两点结合起来，无非是说，对于思维方式来讲，革命必定是人所必要的，因而也是可能的。"①所谓义务，无非是超出一切自然因果性的规定，从而从属于自由的规定，以此，人作为一种理性的存在者而存在。作为理性存在者，他突破了一切必然性的规定，而仅仅凭其自身完成义务所要求的行为。义务命令我们做的，我们也必定能做，这是理性存在者的自由的规定，因而义务也仅仅命令我们力所能及的事情。

所以，一个十恶不赦、从未做过善事的人，当他凭借唯一一次不可更改的决定，而仅仅由于自由而超越一切必然性限定，从而决断了善，以善原则作为最高的决定根据，他就由此而成为一个新人而应该得到我们无比的敬重。就原则而言，我们看到了，他就是那一个能够接纳善的主体。很多电影艺术作品都刻画过这样一个主题，一个从开始一直作恶到我们牙花都疼的人，结果在结尾处作出一个决定，也就是这样一个看似微不足道的决定却赚尽了我们的泪水与惊叹。这就是自由本身的伟大，是义务得到了遵守的艺术表达形式。

因此，任何一个人，他都有希望并且能够希望，"凭借他接纳为自己任性的最高准则的那个原则的纯粹性和坚定性，走上一条从恶到善不断进步的美好(尽管狭窄的)道路"②。这样一条道路与习俗性改良的道路

---

① 康德：《纯然理性界限内的宗教》，第48页；Kant, Immanuel, *Religion within the Boundaries of Mere Reason and Other Writings*, p. 69。

② 康德：《纯然理性界限内的宗教》，第48页；Kant, Immanuel, *Religion within the Boundaries of Mere Reason and Other Writings*, p. 68。

具有本质性的差异。后者无非是准则通过在时间中不断获得对感性经验的优势来评判自己的行为,或者是在时间中通过与他人的比较而获得一种相对性的优越感,这种方式只是对颠倒了的趋恶倾向的逐渐改良而已。前者却是通过对超越于一切感性经验要素的义务自身的回归,实现了人在自由中的面对自己本身,对于这一点何以可能,我会在下面加以论证。另一方面,虽然作为有限度的人无法在时间中见证到圣洁本身,但是在义务的决定意向中,他却距离无限者即上帝更近了一步,从而对于那个可以看透心灵的理智直观者而言,这个走在从恶向善不断进步的美好道路上的人现实地就是一个善人,或者说是上帝所喜悦的人。

分析到这里,我们可以看清康德所选取的那条道路。我们不能够寄希望于逐渐改良那败坏了的任性,这充其量只是对颠倒思维方式的趋恶倾向的逐渐改良,而丝毫不会触及出于自由本身的义务,它只是更大的恶与更小的恶之间的改变。要修复人那败坏的本性,只能通过重建向善禀赋的纯粹性与坚定性,从而使人超越于一切感性的必然性而承担起义务自身。因而我们应该直接将善纳入我们的意向,而被纳入我们意向的"善"不是这一个或那一个具体的善行,而是能够意志善的普遍准则,即道德法则。

所以,康德会说,善行本身并不值得称赞,它充其量是我们的义务而已;但那可以将善作为准则纳为任性动机的善之禀赋却是值得我们大大钦赞的,"我们的灵魂中有一样东西,我们如果恰如其分地将它收入眼底,就禁不住要以极大的惊赞看待它。此惊赞是正当的,同时是振奋人心的。这种东西就是我们里面的一般的原初道德禀赋"①。即便我们并不能理解它,但是哪怕一个能力最一般的人都能深切感受到它的存在以及它的分量,从而它必然对人的心灵产生振奋的作用,鼓励心灵做出只对义务敬重时才可能做出的巨大牺牲。"它抑制着把我们的任性的准则

---

① 康德:《纯然理性界限内的宗教》,第 49 页;Kant, Immanuel, *Religion within the Boundaries of Mere Reason and Other Writings*, p. 69。

中的动机颠倒过来的那种生而具有(Innate)的倾向，以便在作为所有可被采纳的准则的最高条件的对法则的无条件敬重中，重建各种动机中的原初的道德秩序，并由此而重建人心中向善禀赋的纯粹性。"①

我们看到，康德的任务就是说明究竟怎样才能重新建立起向善禀赋的纯粹性，即道德法则究竟在人的心灵中产生了什么样的作用。如同基督教学说中的恩典概念，究竟什么样的动力能够推动败坏了的人重新向善？康德认为这种动力就是来自对道德法则敬重的道德情感。我们现在的任务就是在概念上界定道德情感概念，并且考察它究竟有着什么样的性质，居然可以使事实上败坏了的人能够重新向善。

二、康德界定的"道德情感"

到现在为止，我们达到这样的结论，"行为全部道德价值的本质性东西取决于如下一点：道德法则直接地决定意志"②。对于依赖于其他动机的任性决定，虽然它也可以合乎道德地发生，但其充其量只具有合法性，却没有道德性。我们在第一节分析康德与奥古斯丁的差异时，曾经论证到这乃是在内在意识对自身绝对性的意识中作出的。因此，在客观化的行为与内在意识的主观根据之间就势必存在这样的关系：行为的客观决定根据，始终必定是行为唯一主观充分的决定根据。

对于这一点的论证，基督教借助于对上帝的信仰达到了。凭着主耶稣基督，我们在精神上彻底超越了律法，从而胜过了这个世界，因而我们不是凭"字句"，而是完全凭着"精意"完成律法。到了启蒙的时代，由于对自身自由身份的自觉，我们可以在自身的内在意识中见证到，人完全可以凭其自身求得道德法则对于意志的直接影响。笛卡尔还没有彻底觉识到这一点，在他那里，确定性的意识与自由意志还是分开的。因而

---

① 康德：《纯然理性界限内的宗教》，第51页；Kant, Immanuel, *Religion within the Boundaries of Mere Reason and Other Writings*, p. 70。

② 康德：《实践理性批判》，第77页。

在谈到人如何会犯错时,笛卡尔论证说,意志本身无限,在它超越于确定性的意识之时,它就会意志不确定的东西,因而会犯错。① 但是到了康德这里,这一点就完全达到了。

对康德来说,纯粹意识已经不再只是认识性的确定性意识,相反,它完全是绝对意识。换言之,自由意志本身得到了彻底的觉识。绝对意识与绝对意志共属一体,因而行为的客观决定根据必定是行为唯一的主观决定根据。康德进一步说:"为了求得道德法则对于意志的影响,人们不得寻求(也不必寻求)其他任何会抛却道德法则的动力,因为这会产生种种无法持久的伪善。"②其实,并非由于若非如此决断行为就会产生种种伪善,从而不能抛却道德法则的动力,以至于看起来,康德的这种论证只是出于逻辑性而给出的解决方案。真实的情况正好相反。若不是对内在意识的彻底觉识,对绝对意识与绝对意志共属一体的把握,我们根本无法领会道德法则对意志的直接影响。这是因为,若没有对自由的觉识,人无非就是动物般地被给定的生存状态,在这里,一切都按必然性即这个世界的法则发生,根本不会有道德法则对意志的影响这回事,因而所谓伪善这样的东西也就不会存在。

正是在这个基础上,康德说,道德法则本身就是动力。在觉识到内在意识的绝对性后,意志绝对不能采纳其他动机作为决定行为的准则,而只能采纳道德法则。但是,"我们却需要谨慎地决定,在什么方式之下,道德法则成为动力,以及因为动力是法则,那么什么东西将作为那种决定根据对人类欲求能力的作用发生于这种能力之前"③。康德这句话的意思是说,如同无法理解自由意志是如何被人觉识到的一样,我们同样无法理解道德法则这样的东西如何能够直接性地成为意志的决定根据,但无论如何,我们却知道,这种东西对我们的心灵产生了某种影响。

① 参见[法]笛卡尔《第一哲学沉思集》之第四沉思,庞景仁译,北京:商务印书馆 2008 年版,第 55—66 页。
② 康德:《实践理性批判》,第 78 页。
③ 康德:《实践理性批判》,第 78 页。

否则，我们也就根本不可能觉识到自由意志，道德法则也就不可能被我们在这里拿出来讨论。

因此，我们应该试着选择遥远点儿的路径来追索道德法则究竟在我们的心灵上产生了什么样的影响。或许当我们并不试图解决那超出我们理解力的"道德法则如何直接成为根据"的问题，而仅仅试图把握住它对我们内心所产生的作用的时候，我们却恰恰能够更好地理解它本身以及它对我们所起的作用。现在的任务就转变为处理道德法则的存在对我们心灵所产生的作用，康德将这种作用称为道德情感。

一切以特殊禀好作为动机的行为都可以在人里面产生一种情感，在康德看来，这是伴随以自爱的幸福作为行动准则的利己主义的共同特征。"一切禀好共同（它们能够归入尚可忍受的体系，而它们的满足便称作幸福）构成利己主义。这种利己主义或者是自爱的利己主义，这是一种对自己过度的钟爱，或者是对自己惬意的利己主义。前者特别称为自私，后者特别称为自负。"①

但是，一切由道德法则所决定的意志的本质特征恰恰在于它无需任何感觉冲动的协作，它要拒绝所有这种冲动。因为这仅仅是义务。它不以任何感性要素作为依据，从而它势必要瓦解上述以特殊禀好作为动机的行为所产生的情感。"由于一切禀好和每一种感觉冲动都是建立在情感之上的，从而，我们可以先天地洞见到：作为意志决定根据的道德法则，由于抑制了我们一切禀好，必定导致一种情感，这种情感可以名之为痛苦，在这种情况下，我们能够从概念出发先天地规定认识（这里是纯粹实践理性的认识）与快乐或不快的关系。"②因此，相对于对方所产生的快乐情感而言，这样一种平伏自爱、瓦解自负所产生的情感必定是痛苦的情感。但另一方面，由于道德法则是一种自在的肯定性的东西，即它是

---

① 康德：《实践理性批判》，第 79 页。
② 康德：《实践理性批判》，第 79 页。

自由的因果性形式,又由于它平伏和瓦解了一种感性情感,①它就必定是最大的敬重对象,"从而,也就是一种并无经验渊源而被先天地认识的肯定的情感的根据"②。

根据以上几点,我们可以得到这样的结论。第一,由于人"事实性地"以自爱作为意志决定的根据,我们的心灵主观上被一种情感占据。现在由于唯一真正的客观法则在我们的判断中瓦解了这些东西,它要使自爱不再参与最高的立法,因而它就必定能对情感产生一种否定性的作用。第二,因为是在将道德法则与自爱准则作比较的过程中,道德法则在贬损着自爱以及自负等东西,这恰恰是通过对于道德法则本身的某种表象得以完成的。恰是这种表象作为我们意志的决定根据,因此在这个范围内,是表象本身唤起了对它自身的敬重。这样可以说,道德法则乃是人主观上产生敬重的根据。所以,康德说:"我们无需以实践情感或道德情感的名义设定一种先行于道德法则并构成其基础的特殊情感。"③第三,对道德法则本身而言,并没有任何情感发生,但是因为它消除掉了人主观的反抗,依据理性的判断,这种消除障碍就等同于因果性的肯定式促进。所以,这种理性的情感只能称为是道德法则对其自身的敬重情感,而在主体之中并无先行的与道德相称的情感。这是康德将其称为理性情感的原因。

通过这样的论证,康德认为道德法则就可以成为行为的形式决定根据,因而也就可以成为行为的主观决定根据,"即动力,因为它对主体的感性施加了影响,产生了一种促进道德法则去影响意志的情感……这种情感的决定根据存在于实践理性之中,并且就其源泉而论这种感受不是

---

① Andrews Reath 从关系的角度审视道德情感对感性情感的抑制,亦即:从他者的高尚视角,我们看到自己采纳自爱原则的低下从而羞愧,而把更高的道德价值赋予自己,因而有义务性的行为。可参阅 Reath, Andrews, "Kant's Theory of Moral Sensibility: Respect for the Moral Law and the Influence of Inclination," *Immanuel Kant: Groundwork of the Metaphysic of Moral in Focus*, pp. 211 - 233。

② 康德:《实践理性批判》,第 80 页。

③ 康德:《实践理性批判》,第 81 页。

本能的,而必定意味着出于实践的作用"①。这样我们就可以看出,这种出于道德法则而对道德法则敬重的道德情感乃是在"主观"上被认定的,并作为在时间中无限趋向于善的德性。因为实践理性本身乃是要展开于时间之中的,这种展开恰恰就是通过排除掉一切以自爱作为最高原则的意志决定,从而使得人走向无限趋近圣洁的道路。这一点是由人的根本有限性决定的。

"敬重本身乃是施于理性存在者的感性之上的作用,它以道德法则让其承担敬重的这种存在者的感性,从而以这种存在者的有限性为前提,因此,对道德法则的敬重不能赋予一个至上的或脱离一切感性的存在者,感性对于他不可能成为实践理性的障碍。"②这样我们就可以更好地理解道德情感。它乃是人这样的理性存在者所特有的。由于这样的存在者本质性地有一个身体规定,感性要素是他不得不面对的一个方面。而另一方面,他又是一个理性的存在者,因而他应该超出于一切必然性的规定而听从于纯粹的实践理性。因此,道德法则要直接性地规定其意志,就必定先要克服掉那个感性要素的规定。后者乃是出于自爱满足后的一种快乐情感,因而道德法则要成为行为的主观决定根据就必定要对这种感性情感施加影响,从而产生一种促进法则进一步去影响意志的情感。

我们看到,这些论证都建立在康德对人这种有限存在者的理解之上。因此,似乎粗略看起来,康德对道德情感的界定充满了矛盾:这里说道德情感本身不存在,那里又说产生了这样一种情感,其实这乃是由问题本身的性质决定的。换言之,这乃是由人之存在特性决定的。但我们也注意到,正是因为康德对人之有限性身份的保留,他的后继者们不满足于这一点,进而采取更加彻底的理智直观立场解决善和真理问题。逻辑上讲,这种处理是没有问题的。但是人总归是人,而不是纯粹理性。

---

① 康德:《实践理性批判》,第 82 页。
② 康德:《实践理性批判》,第 82 页。

到了 20 世纪,海德格尔在某种程度上回应了康德的这种理解人的方式,以及对这些问题的处理方式。我们会在后面专门开辟一小部分,分析海德格尔如何从现象学角度对康德的道德情感进行分析。

继续我们的分析。"对于道德法则的敬重是唯一而同时无可置疑的道德动力,并且这种情感除了仅仅出于这个根据的客体之外就不能指向任何客体。"①因此,在对道德法则的敬重中,法则通过贬损自负而消除禀好障碍的影响,而仅仅指向以法则为根据的客体。因而敬重也必须被看作活动的主观根据,即被看作是人之遵守法则的动力及选择适合法则生活的根据。"因而,从(这个敬重的)动力概念中发生了一个关切的概念,并且在动力是由理性表象出来的范围之内,关切意味着意志的一个动力。"②因为关切从属于理性表象的范围之内,因而是一个纯粹的非感性的关切。与道德情感伴随着道德法则对感性动机的贬损相比,这个关切概念乃是与将道德法则纳为准则的意志相伴随。因此,如果一个行为在道德上是真的,我们还需要在这两个概念上建立准则概念:"只有当这个准则依赖于人们对遵守道德法则的单纯关切时,(这个从出的行为)才在道德上是真的。"③到此为止,康德要解决这个问题所需要的三个概念就全部出场了。

我们先对这三个概念作一个大致的梳理。作为以身体方式存在的理性存在者,他有着感性的规定,康德将这种感性规定称为本能,从而"恶"作为一种"事实性的"存在就是可能的。在绝对的内在意识被觉识到之后,与将道德法则作为意志决定根据相比,以"自爱"的幸福作为准则的任性决定得到抑制,从而道德法则本身就对"自爱"所产生的快乐情感加以贬损。同时,在理性判断看来,在贬损快乐的同时,道德法则自身也产生出理性的敬重情感。因而可以说,道德情感本身就可以作为人决断行为的主观根据,从而被看作遵守法则的动力。而这个动力本身会产

---

① 康德:《实践理性批判》,第 85 页。
② 康德:《实践理性批判》,第 86 页。
③ 康德:《实践理性批判》,第 86 页。

生对将道德法则纳为根据的意志的关切,因而关切乃是作为意志的动力存在的,并且仅仅是对道德的关切。因为在此基础上,意志的一切决定都仅仅出于遵守法则的单纯关切,道德法则也就作为意志决定的唯一准则。只有在道德情感、关切和准则三者基础上,人之行为才会成为道德上的真。

进一步分析这三个连贯一致的概念,我们就会发现,康德之所以要给出这样三个概念来解决向善的问题,乃是在于人意愿的主观性质并不是自发性地符合实践理性的客观法则的。否则,这样的概念就会成为不必要。所以,"它们一概以存在者本性的局限性为先决条件"①。也是在这里,康德明明白白地说,对于"一种单纯理智的理念对于(道德)情感的这种影响是无法为思辨理性所解释的"②。我们不应该感到奇怪,因为这乃是由人这种存在者本身的局限性决定的。因此,我们也就不得不满足于只是先天地洞察到,在有限的理性存在者这里,道德情感只是与道德法则的表象联结在一起。而对于这种并非本能性而是出于实践理性的情感何以能够贬抑掉本能的情感,以及何以产生出巨大的动力作用,我们不得而知,而且我们也不应当试图去知。因此我们只能对之表示敬畏,否则,我们就会逾越所当处的位置。

康德的后继者们最不满意康德的就是这一点。他们提出了一系列的解决方案。比如,休谟诉诸一种道德情感(与康德的不同),谢林诉诸理智直观,黑格尔诉诸绝对精神,还有其他人诉诸道德直觉等,但是究竟谁的体系更加贴近个人的生存体验,我们谁都不知道,唯一留下的就是这么一套套理论体系。在这里,我们无法细致地展开这些比较性的话题。无论如何,康德接下来的任务就是评价他的这一套体系,即:这种从人的有限性出发所建立的"心灵转变"体系的根本特性何在? 与基督教那种锐利的"凭着精意"守律法的神圣性的学说相比,这套学说的优越性

---

① 康德:《实践理性批判》,第 86 页。
② 康德:《实践理性批判》,第 86 页。

何在？下面，我们就来分析这个问题。

三、"职责"与"神圣性"

由于人这种存在者的有限性，在依据法则决断行为的同时，就是对依据禀好而决断行为的排斥。康德将这种排斥禀好决定根据而采纳法则为根据的行为称为"职责"，即："依据这条法则而排除了一切出于禀好的决定根据的行为是客观地实践的，这种行为称作职责，后者由于这种排除在其概念里面包含了实践的强制性，亦即包含了对于行为的决定，无论这些行为是如何不情愿地发生的。"[①]作为一种有着感性规定的存在者，与感觉欲求相伴随的快乐情感几乎是本能性的，甚至我们说这是一种遵循必然性的情感和行动。但是，实践理性的规定恰恰要克服掉这种东西。这是通过先行的客观决定根据，亦即理性的因果性而可能的。当它要按照理性的因果性而取消感性的必然性时，肯定会产生不情愿，因而这必定是一种强制性的祛除。

这种强制性的祛除，对感性情感而言会是一种不快甚至是痛苦，但对于理性自由而言乃是一种升华。它使得我们意识到一个完全不出于感性规定，而仅仅在主观上对法则产生的关切，以及克服掉快乐之后的敬重。因此，职责概念对于行为的要求就在于以下两点："对于行为，它要求其与法则客观一致；对于行为的准则，它要求其对法则主观敬重，从而作为法则决定意志的唯一方式。"[②]首先，职责要排除掉恶的行为；其次，职责要排除掉合法却不合道德的行为。后一点对于康德尤其重要，因为在康德这里，趋向某种行为的"意向"是道德立法的核心所在。我们会看到，恰恰在这里，康德哲学是对基督教学说最大的挑战。这样，"行为的一切道德性都被安置在行为出于职责和出于对法则的敬重的必然性之中，而不是安置在行

---

① 康德：《实践理性批判》，第 87 页。
② 康德：《实践理性批判》，第 88 页。

为对于行为可能产生的东西的热爱和倾心的必然性之中"①。

这样看来，康德将其对道德所作的论证都落脚在"职责"这个概念上。所有道德行为都是出于职责的，也只有出于职责的行为才是道德的。除此之外的一切行为统统不具有道德性。当然，只是对于人而言是这样。因为对于纯粹的理性存在者而言，道德法则同时就是客观根据，而不存在面对感性要素的主观性根据这样的问题。所以，康德说："道德法则对于绝对完满的存在者的意志是一条神圣性的法则，但对于每一个有限的理性存在者的意志则是一条职责法则，一条道德强制性的法则，一条通过对法则的敬重以及出于对其职责的敬畏而决定有限的理性存在者的行为的法则。"②

这是一位伟大的启蒙思想家对人之理性保留的克制，尽管他彻底觉识到绝对意识的深邃性，觉识到自由的崇高价值之所在，但是在"绝对"面前，他还是保持了人性所特有的也应该有的一种节制和谦卑，并且在一切准则之中记住并持守住这种节制和谦卑。我们会看到，后康德时代的很多思想家们就丧失掉了这个底线，在卡西尔与海德格尔的争论中③，我们可以感受到这一点。

康德如是说："唯有职责与本分是我们必须赋予我们与道德法则的关系的名称，我们虽是那个因自由而可能、因实践理性而向我们呈现为敬重的德性王国的立法成员，但同时也是其臣民，而非统治者；并且误解我们作为创造物的低下等级，由自负而否认神圣法则的威望，已经从精神上背叛了那个法则，即使这个法则的条文得到了实现。"④我们看到，这句话是康德说给狂热的宗教徒，以及对道德狂妄的人们的。即：现实中的人绝无可

---

① 康德：《实践理性批判》，第 88 页。

② 康德：《实践理性批判》，第 89 页。

③ 1929 年，在瑞士达沃斯，海德格尔与卡西尔进行了一场论辩。对"无限性"与"有限性"的理解是其中一项重要的主题。在那里，卡西尔谈到，无限性不仅仅是作为对有限性僭夺的规定性，而且它还是某种本己的领域，并且当有限性使自身得到充实完成之际，它也就迈进了无限性。在我看来，这些说法完全背离了康德。对此，海德格尔给予了有力的批判。有兴趣的读者可参见海德格尔《康德与形而上学疑难》之附录二，第 273—275 页。

④ 康德：《实践理性批判》，第 90 页。

能实现圣洁,那只是人要无限趋近的过程。因为在现实世界中,甚至在自由的王国里,人都不过是作为被造物存在的有限存在者,而绝非圣洁的绝对者。因此,那些道德狂妄以及宗教狂热者所要求的完全的圣洁性是不可能实现的。人所能做的不过是安守住自己的本分,出于职责来决断自己的行为。

沿着这个层面,康德展开了对于基督教"爱的诫命",以及可能会产生的道德狂妄的批评。基督教有两条最大的诫命,"第一要紧的,就是说'以色列啊,你要听,主我们的神,是独一的主,你要尽心、尽性、尽意、尽力爱主你的神"(《马可福音》12:29-30);"其次就是说,'要爱人如己',再没有比这两条诫命更大的了"(《马可福音》12:31)。在康德看来,就其"以爱命令人",而非随意对待别人而言,这两条诫命在形式上与法则一致。但在内容方面,因为上帝并非感觉对象,要我们对上帝"爱"(爱是一种禀好)是不可能的。① 另外,虽然爱施予人是可能的,但是爱却不可被命令。因为我们无法理解一个人被命令着要去爱是怎么回事。

由于无论是爱上帝,还是爱他人,这种"爱的命令"在逻辑上都是不可能的,康德认为,我们只能从实践的层面理解这两条诫命。这样,康德就要将基督教最核心的主题纳入理性的层面来思考。正如我们在本章第一节的分析所显示的,奥古斯丁采用恩典学说中的两个动力即信仰和爱来说明败坏的人如何重新向善。在那里,康德已经解构掉"恩典"概念以及与之一体两面的信仰情感。而在这里,康德又要将"爱"纳入理性维度来思考。下面我们看康德的分析。

既然我们只能从实践层面理解爱的命令,那么,"爱上帝在这个意义

---

① 爱是非常难的一个主题。就一般层面的爱,即世俗层面的爱来说,康德这样的界定是没有问题的。因为作为一种感性情感的爱只能施于一个感性的对象。但基督教真正要说的是一种远远超出于这种感性层面的"圣爱",这有点儿类似于康德界定的"敬重情感"。对于这种圣爱,数千年来,人们言说不断,却又总是好像什么都没有说。在我看来,康德之所以在这里故意不谈圣爱是出于批判的要求,对于在思辨理性层面无法解释的基督教概念干脆就忽略,因为也实在没什么好谈的。当然更不可能在逻辑层面谈清楚。对于这个主题,20世纪现象学家舍勒给予了极大的关注,他甚至将这种神圣性的爱直接等同于人格性的存在,但这又何尝不是从人格的角度谈论神圣的东西呢。

上意谓着乐意执行它的命令;爱邻人意谓着乐意对他履行所有职责"①。因为"乐意"是奠定在主观的基础之上的,它是一种拥有无限种阶梯的东西:可能是一种强制性的乐意,也可能是完全的乐意。而在康德看来,"'乐意'首先是个理想,我们应该在一个经常而无止境地接近它的过程中奋力去实现,因为一个人总是要求'自我强制',也就是说,他的内心受到驱使去做他并不乐意的事情——但一个受造之物绝不可能达到那么高的道德水平'"②。并且,"如果一个理性的创造物某一天达到了能够完全乐意去执行一切道德法则的层次,这无非就意指:在他心中,甚至连存在着引诱他去偏离这些道德法则的欲望的可能性都没有"③。但是人却恰恰不是这样的存在者。就其总要为了满足自己生存状况的需要而欲求什么而言,他恰好是不自足的,因而绝无可能完全祛除掉欲望以及禀好。因此,在这种根本的有限性面前,所谓的"乐意"不可能是完全的乐意,而是带有一种强制性的乐意,因而这完全是一种职责。

另一方面,就命令本身而言,它也是有问题的。由于遵循法则而做出合乎道德性的行为最核心的是要出于"意向",而意向恰恰是不能够被命令的。因为"命令"别人"乐意"去做好事的"意向"本身就是矛盾的。因而在此命令的含义就变成了人应该努力去追求它。这样看来,四部《福音书》所描述的最完满的道德意向只是人在无限的过程之中逐渐接近的。④

但在奥古斯丁之后的路德看来,因为这两条爱的命令"是上帝对人

---

① 康德:《实践理性批判》,第 90 页。

② [美]保罗·阿尔托依兹:《马丁·路德的神学》,第 132 页。

③ 康德:《实践理性批判》,第 91 页。

④ 年轻时代的黑格尔对康德如此分析基督教"爱"的学说表达了极大的不满。在黑格尔看来,耶稣基督教导的爱根本不是诸如权利和义务的东西,也不是概念统一性的东西。相反,它是超出于一切权利、义务、概念的,精神、神性的统一性等,因而爱是对道德的补充。在爱之中,道德的一切片面性和相互冲突性都被扬弃掉了。另一方面,把义务作为乐意去做的理想本身就是自相矛盾的,因为义务必定设定一种对立(理性与情欲),而乐意去做却不设定对立,康德虽然认为人之有限不能达到理想,但是这个矛盾却是无法化解的。黑格尔也在其他方面批评了康德的理解。有兴趣的读者可以参阅黑格尔《基督教的精神及其命运》,载《黑格尔早期神学著作》,第 308—313、341—345 页。

明明白白讲出的诫命,它并非作为一个我们必须要经常奋力去达到、但永远达不到的目标来命令我们做的(因为这与上帝的绝对性不相符合),毋宁说它是作为我们就在此时此地应该做到的来命令我们做的。理想是可以等待的,但命令是不可以等待的"①。因此对于路德来说,上帝本来就是要我们现在来爱,即使我们没有一个人事实上做到了,但这毫不损害命令本身的真理性和神圣性。在这里,我们看到康德与路德的差异。他们都要求行为本身的纯洁性,但是康德看到了人这种理性存在者的有限性,而路德看到了上帝这样纯粹理性存在者的绝对性。因而对于路德来说,无论人事实上做到与否,都不影响上帝诫命的神圣性。当然,对于事实上究竟有没有人可以做到,这是一个值得认真争辩的问题。②

康德根本性地否认了把讨论的基础放在上帝上面的做法。原因正如我们在第一节所分析的,康德取消掉上帝的恩典,而只将对这些问题的论证诉诸人本身。但是,人恰恰具有根本的局限性,也是因此,康德与基督教展开了深入的争辩。在论证的最后,康德用简短的一句话揭示出了他论证的这种出发点以及最终落脚点:"对于《福音书》中的道德学说,我们可以毫不虚伪、实事求是地照样说,它首先凭借道德原则的纯粹性,但同时凭借道德原则与有限存在者的局限相切合的性质,让人类的一切善行都委制于那放在他们眼前的职责的管教,这种职责不允许人们热衷于虚幻的道德完满性;它同时为喜欢无视自己界限的自负和自爱设立了一个谦卑的界限(亦即自知之明)。"③

最后,康德对基督教中的道德诫命的解释达到这样的结论:"人能够时时居于其中的道德状态乃是德行,亦即处于斗争之中的道德意向,而不是在臆想拥有的意志意向的完全纯粹性之中的神圣性。"④这样看来,

---

① [美]保罗·阿尔托依兹:《马丁·路德的神学》,第132页。
② 奥古斯丁在一封致马色林的信中专门讨论这个问题,具体参见奥古斯丁《论圣灵与仪文》,载《论原罪与恩典——驳佩拉纠派》,章1、3、64、65、66。
③ 康德:《实践理性批判》,第93—94页。
④ 康德:《实践理性批判》,第92页。

一切不是出于职责，而将道德的完满作为纯粹的功业来期待的，就是道德狂热。而将《福音书》中"爱的诫命"作为人本身就拥有的德性意向的证明，从而认为可以凭其自身完成这种爱的诫命的就是宗教狂热。我们应该根本性地弃绝这种东西，从而仅仅在实践理性所确立的界限之内，做出于职责的行为，将行为的道德动力置于法则本身之中而非别处。这是康德对于宗教狂热和道德狂热的根本批判。

到此为止，我们完成了对康德如何从恶向善"心灵转变"问题的分析。他以"动力—关切—准则"三个连贯的概念分析道德的纯粹性何以可能，进而将之设定在职责的基础上。通过对出于职责的行为的分析，康德根本性地批判了"爱的诫命"，而将论证的基础牢牢地建立在对于人之有限性的洞察上。我们看一下康德如何为自己的道德论证作结论："纯粹理性批判的真正动力就具有这样的性质；它无非就是纯粹道德法则自身，只要后者让我们觉察到我们自己的超感性存在的崇高性，并且从主观方面在人之中产生了对于人自己高级天职的敬重，而这些人同时意识到他们的感性的此在，意识到与之连结在一起的对于他们那易受本能刺激的本性的依赖性。"①我们看到，对于康德来说，真正重要的乃是主观方面在人心中产生的敬重，正是它直接提供了弃恶向善的动力。② 这一点，我们分析得已经很清楚了。

但眼下仍然存在着一个问题，康德自己也很清楚地指出过，即：思辨理性无法理解出于理性的判断但又贬抑感性情感的道德情感究竟是什么。到了 20 世纪，海德格尔在现象学的立场上重新分析了康德的道德情感。为了更好地理解这个最核心的问题，我们开辟出一小部分专门分

---

① 康德：《实践理性批判》，第 96 页。
② 因此，对于康德来说，一切外在的命令都不存在了，无论是上帝的，还是他人的；如果说还有命令，那么人只能是自己命令自己，这正是理性的道德命令。在 Pierre Manent 看来，无论基督教传统，还是希腊传统，它们或者将上帝视为命令者，或者将他人视为命令者；唯独到了康德为代表的现代，人自身成为命令者和遵守命令者的统一体，正是因此，人成为"人自身"，他所建立的国家是"人之城"，从而与"上帝之城"相对立。可参阅 Manent, Pierre, *The City of Man*, trans. Marc A. Lepain, Princeton: Princeton University Press, 1998, pp. 183 – 185。

析海德格尔对康德道德情感的解读。

四、海德格尔对"道德情感"的解读

"情感"是非常关键,也非常艰深的研究领域。除了在《判断力批判》中,康德很少直接性地讨论情感问题。也恰是在康德很少染指的这个领域,海德格尔做了大量的工作。虽然康德很少谈论这个问题,但海德格尔还是在这很少的篇幅中抓住了康德理解情感的深邃精当的地方。

在谈到"快适"时,康德界定了这种情感所关涉的两个层面。"关于一个对象,我借以将它宣布为快适的那个判断会表达出对该对象的某种兴趣,这由以下事实已可明白,即通过感觉激起了对这样一个对象的欲望,因而愉悦不只是对这对象的判断的前提,而且是它的实存对于由这样一个客体所激起来的我的状态的关系的前提。因此我们对于快适不只是说:它使人喜欢,而且说:它使人快乐。"①

我们可以梳理出康德界定这种情感的以下几方面内涵。第一,并非因为我先有对对象的理解判断,才会产生情感。真实的情况恰恰相反。正是因为我对对象有着如此这般的情感,对对象形成某种判断才是可能的。换言之,正因为我与对象处于一种先在的情感性关联中,对象才成为对象,我们才对之有某种判断。第二,这种情感不仅仅揭示出这样一个对象,更重要的是,它揭示出我处身于如此这般的一种存在状态。换言之,正是在这样一种对对象的情感中,我自身的某种状态得以被通达,即:正是在情感中,我对于自身所处的状况产生某种理解。进一步延伸,这是一种我与对象"共属一体"的存在论状态。对这个问题,我们在此不加以展开。

按照对"快适"情感的分析,康德认为,我们对对象的情感关系应该是一种"它使我快乐",而不是"它使我喜欢"。因为"喜欢"仅仅表达主体对客体的某种判断,尽管这是一种带有情感色彩的判断;但"快乐"却更

---

① 康德:《判断力批判》,第41页。

多地表达了一种主观的状态,正是在这样一种主观的状态之中,对象自身,以及人本身都得以通达。在海德格尔看来,这种情感分析才是康德哲学的最终落脚点,因为在康德这里,情感触及了"思/在"一体的存在论问题。

海德格尔正是在这里看到了真正的康德问题。"按照康德,广义的感性不仅包含了感觉机能,而且还有他通常称为苦乐之感的东西,就是说,对适宜的愉悦或者对不适的不悦。'乐'不仅是欲求某某的'乐'和对于某某的'乐',而且同时也是'作乐',亦即人在欲求某某的'乐'中经验到自己在取乐(也就是说,经验到自己是欢乐的)的方式。"①在海德格尔看来,也正如我们上面分析的,对某某东西的感受,②同时也就包含了一种自感。这样一种自感是"自我彰显"的一种样态。所以,感受同时包含了双重的规定。通过在"感受"中对之有感受的东西,而同时使自身得以彰显。这种对感受的理解,正是海德格尔现象学对感受的分析:"感受现象中在现象学上起决定性作用的是:它直接发现并通达接近了被感受者,虽然不是以直观的方式,而是在直接拥有—自己—自身的意义上。必须要牢记感受结构的两个环节:感受作为'对某某的感受',并且在这一'对某某的感受'中同时就是自感。"③

下面我们就从这两个层面分析康德的"道德情感"概念。这就是"对……的敬",即法则,以及在"对……的敬"中所彰显出来的"自身是……"即作为道德性存在的人格本身。

与经验性的感性情感相比,康德的"道德情感"并非一种偶然性、经验性的情感,而是一种理性情感。因而在海德格尔看来,在道德情感中,人乃是在一种非经验性、非感性的状态中得以彰显。"对法则之敬这个

---

① 海德格尔:《现象学之基本问题》,第 175 页。
② 丁耘教授在翻译海德格尔这部著作时用"感受"这个词翻译"情感"。为了引文的方便,下面我就用"感受"这个词指代情感。但鉴于上面一直用"道德情感"一词,我就不将之修改为"道德感受"。
③ 海德格尔:《现象学之基本问题》,第 175—176 页。

感受是被理性自身所引发的感受,而非被感受以病理学的方式所触发的感受。康德说,它并不用于评判行动,这就是说,道德感受并不以'我对被实行的行动采取立场'这样的方式随道德行动之后;毋宁说,对法则之敬作为动机首先构成了行为之可能性,它是法则作为法则可以首先被我所通达的方式。"[1]正是在对法则之"敬"中,法则才会作为动机而成为行为的可能性,从而"敬"可能成为心灵转变的动力。因为正是"敬"使法则作为法则可以被我所通达,但这并不意味着对法则之敬为法则奠定基础(这一点康德明确指出),或者说,法则并非因为敬而是其所是,真实的情况恰恰相反。要理解这个问题,我们就要分析,在对法则的"敬"这种感受中,究竟我们"作为什么"被彰显了出来。

因为在感受中,感者自我在其中同时自感自身。在对法则之"敬"中,敬着的自我必定以某种方式彰显了自身:"敬中所含有的对法则特殊的'有感受'之方式,乃是一种'听命于'。在对法则之敬中,我听命于作为自由吾身的我自身。在这个'我听命于'之中,我对自己彰显了,也就是说,我作为我乃是吾身。"[2]什么是"作为自由吾身的我自身"呢?

康德将"敬"之所对的东西,即道德情感对之有所敬重的东西,称为道德律。而该道德律乃是由自由的理性给予自身的东西,因而对于法则的"敬"就是行动着的自我对作为自由的自身的敬——这个敬完全不能通过自私和自负来领会。因而按照康德的规定,这个"敬"就同时与人格相关。康德也说:"敬重始终仅施于人,决不能施于事物。"[3]正是在对法则之"敬"中,我将自己顺服在道德律之中,从而是一种"听命于"的状态,而仅仅是听命于作为自由行动的自由吾身、作为纯粹理性的自己自身。

在听命于自由自身的同时,那感性的自我就被理性所穿透,这就是"应当"和"责任"。"在这个'听命于自己自身'中,我把自己提升为(作为自由的、自我规定着的存在者的)自己自身,我自己的这个向着我自身

---

[1] 海德格尔:《现象学之基本问题》,第178—179 页。
[2] 海德格尔:《现象学之基本问题》,第179 页。
[3] 康德:《实践理性批判》,第 83 页。

的、听命式的自我提升，就其本身把我彰显、展示给我尊严中的我自身。"①作为"听命于"本身，就是一种应当，一种责任，一种道德性的人格存在。"作为对法则之敬，道德感受无非就是吾身之(对自己自身、为自己自身)应责式存在。道德感受是自我领会自己自身的一种卓越方式，自我以此直接地、纯粹地、自由摆脱一切感性规定地把自己自身领会为自我。"②

我们看出，在"敬"中领会的自我自身包含了两种倾向。首先，它要无限卓越地趋向于自由的自我；其次，它要纯粹地摆脱感性的自我。关于这一点康德在解释自己的"敬重"概念时也说："所以，敬重的对象仅仅是法则，而且是我们加诸我们本身、就自身而言必然的法则。作为法则，我们服从它，而不征求自爱的意见；作为我们自己加诸我们的，它却是意志的一个结果，并且在第一方面与恐惧有类似性，在第二方面与偏好有类似性。"③而通过对 dioxis(希腊文，意为：趋、追逐、追求)、phyge(希腊文，意为：避、规避、躲避)、orexis(希腊文，意为：渴望、渴求、贪欲)三个希腊字含义的追踪考察，海德格尔认为康德所用的"恐惧"、"趋向"意味着康德完全领会到了"敬"这一道德情感两个层面的含义。④

通过海德格尔对"敬"所作的现象学性质的分析，我们可以更好地理解，为什么康德说并非道德情感为法则奠基，并且它不是独立于法则的一种存在。因为"敬"所指向的是自由的理性所给出来的道德律，所通达的是作为自由吾身的我自身。作为整体，这两方面所展示的就是人之道德性人格的存在整体。因此，相较于知识论批判中的经验性自我和先验统觉的自我，或者说心理学意义上的人格性和先验的人格性，在海德格尔看来，这种道德性的人格整体更加是康德论证的核心，它更为切近地

---

① 海德格尔：《现象学之基本问题》，第 180 页。
② 海德格尔：《现象学之基本问题》，第 180 页。
③ 康德：《道德形而上学的奠基》，载《康德著作全集》，李秋零编译，北京：人民出版社 2006 年版，第 787 页。
④ 由于不是要关心的主题，我对海德格尔的分析不加以展开，详细可参阅海德格尔《现象学之基本问题》，第 180—181 页。

揭示了作为自由存在的理性本身。在海德格尔看来:"敬这个现象乃是一种人之生存在其中得以彰显的本真样态,(这一彰显)不是在纯粹确认、去—认—知的意义上,而是这样的:在敬中我自身存在;这就是说,行动。敬的意义上的自我意识之方式已然彰显了一种本真人格存在方式之样态。……敬彰显了尊严,在这尊严面前、对这尊严而言,吾身自知是应责的,吾身首先在应责性中得以发明,且吾身并非是普通认识意义上的自我一般,而是向来属我的,是作为一向个别实际自我的自我。"①领会了海德格尔对康德的"敬"概念的这种理解,或许对我们更好地理解作为道德情感的"敬",以及它何以能够作为"心灵转变"的动力有所帮助。

---

① 海德格尔:《现象学之基本问题》,第181—182页。

第四章　在绝对与希望之间：善的现实性（二）

在第三章中，我们主要处理了康德式的自由概念。如果按照谢文郁教授的划分，这种自由概念可以被称为是"自主性的自由"。[①] 这种自由主要强调人可以凭其自身做出自由的行为。按照我们的分析，自由行为的关键在于道德情感，正是因为道德情感的动力，人可以从被恶规定的"事实性存在"转变为自由的"本质性存在"。但无论如何，既然这种自由存在者可以做出恶的行为，这说明他是不完善的存在。因此，他具有无穷无尽的进步空间，同时也具有无穷无尽的进步力量。

这是人的自由存在的根本属性。这种属性是他无比高贵之所在，同时也是他受限制的方面。于是这种就其本质而言受到限制的自由存在者，必然是处于仰望之中的存在者。也就是说，他可以指望他的未来无限地趋近绝对自由的本质。在这个意义上，我将这种自由界定为"希望之中的自由"。需要说明的是，希望的维度，只有到本章第二节才能够得到完全的阐释。

既然是希望中的自由，也就意味着，在这种自由存在的时间性展开

---

① 可参阅谢文郁教授的相关论述：《自由：自主性还是接受性？》，载《山东大学学报》2006 年第 1
期，第 47—57 页。

中,它永远不能像绝对自由存在者那样;而因为与"有希望"相关联,绝对存在也必然能够在希望中向这种自由存在展开。这一点,我们已经在对自由与希望做本质界定的时候看到了。现在的问题是,相关于人的具体存在,康德要处理希望情感所指向的"绝对"如何在具体自由存在者中彰显。我将这一点称为"善的现实性"。也就是说,在自由与希望之中,至善的理念如何取得现实存在。

我们也已经看到,因为至善的现实性远远超出人所"能够"的范围,它必然要关联于绝对者本身。在这个意义上,它不是"希望中的自由"所指向的和所能够做到的。因为它更多地与希望情感本身,及其所指向的对象相关联。但按照康德的论证,自由是一切的开端。首先因为是自由存在者,人才能够做出道德的行为,并且只有在这个基础上,我们才能够指望有超越的力量帮助我们。否则,我们就配不上这种帮助。这样看来,人之"有希望"是因为希望乃是"自由中的希望"。这是我们下面要展开的主题。

在哲学史上,"希望"更多的是宗教信仰要面对的题材。但在康德看来,这些信仰中所涉及的基本要素却是必须要相关于自由来理解的。这首先是因为,若非出于自由,我们无法知道人是否配得上这些在信仰中所展示的内容。所以,无论是对"道成肉身"的信仰,还是对"地上天国"的信仰——尽管这些信仰所揭示的东西具有最深的生存内涵意义——它们本身都必须经历自由理性的严格审查。也就是说,我们首先要分析人的自由,看看人是否能够配得上这些东西。其次,这些东西也必然是与人的自由存在相关的。否则,我们就找不到其与人相关的人性基础。

所以,对于康德来说,这必然是一种双重的处理。首先是相关于自由来讨论希望问题。其次,毕竟希望是与信仰紧密相连的,而信仰,及其对象必定是作用于人的心灵的,因而它对人的自由存在造成一种效果。所以,在理解康德对这些内容的处理过程中,我们一定要把握好一个平衡。因为康德的处理既不如同启蒙思想家那样,仅仅将信仰,及其指向的对象展示为理性,或人的自由存在中本身所包含的内容,因而信仰最终被解释为自由存在本身所包含的内容，从而上帝仅仅沦为人的本质，同时，康德对信仰和希望的理解也不能仅仅被看作是信仰的另外一种表达路径，即：一旦意识到人的自由存在本身的限度，似乎人的自由就不值一提，从而所有的一切都要让位于信仰。

康德试图在两者之中找到一种平衡，即：既要维持住人的自由存在自身的绝对价值，同时又要维持住信仰所揭示对象的真正存在意义。这也是我将康德讨论希望的方式界定为"自由之中的希望"的原因。

因着这种考量，康德首先要界定其讨论信仰问题的范围。即这不是一种传统意义上的对教会的信仰，而是一种出于人之自由存在本身的宗教性的信仰。如果说前者更多地侧重于历史中所给予形态的信仰，即或者将信仰建立在一个信仰的承担者，也就是教会上面，或者将信仰仅仅建立在一种对经文的畏惧上面，也就是对《圣经》的全面顺从，那么后者就意味着，严格审查教会以及《圣经》，从而将信仰建立在严格的理性，以及自由的审查之上。这样，我们就有了第一节要论证善的基本原则的问题。这是谈论"自由之中的希望"的首要前提。否则的话，希望问题就完全在封闭传统的基础上，这是不能被接受的。

但另一方面，"自由之中的希望"并不是"希望之中的自由"。也就是说，希望终究是希望，不是自由，因而它必然要展示一个超出于自主性自由的范围，也就是绝对本身。在历史上，绝对者以"道成肉身"和"地上天国"展示了它的绝对意义。因而，如果要在希望之中处理绝对，离开这一点是不可能做到的，因为离开这种绝对的历史性，我们无法理解绝对本身。这首先是因为绝对不可能为我们所完全占有，否则，它就不是绝对。我们所能够领受的仅仅是展示在历史之中的绝对，并且人之自由对之做出某种回应。因而康德势必要分析"道成肉身"和"地上天国"的思想内涵，以此揭示绝对在历史上的运行，从而进一步展示绝对所可能的展示方式。

这样看来，康德的这种分析就不仅仅是历史性的，同时它也是现实性的。因为只有理解了它的展示历史，我们才能进一步揭示其有可能的展示方式。我们看到，康德的分析也的确加入了新的思想要素，那就是他对于人之自由存在的彻底理解。结合这两个方面,我们就可以看到,康德对"道成肉身"和"地上天国"的分析同时也是对绝对之展示的现实可能性的分析。

按照我们的大致勾勒,康德的论证是这样展开的。首先相关于人之自由存在,揭示处理希望问题的基本原则,我称之为论证善的基本原则。其次是分析"道成肉身",就其是以绝对者完全穿透个体存在者的理念来分析其在人类心灵上所可能产生的影响,我将之称为善之实在性。因为按照我们的用语,实在性本身意味着有效性,即它对人是有效果的。再次是分析"地上天国",就其意味着绝对的完全展示来分析绝对者对人和世界的具体作为,即:在希望中,绝对者将帮助人将至善建立在大地上,我称之为善之现实性。也就是说,在希望之中,绝对者完全展示了自身。复次,相关于人的自由存在,绝对者展示自身需要借助于人之手,因而我们需要分析这种展示所借助的人的主观要素,即:在真正教会的实现中,人可以做什么。最后,我们还是需要相关于这一点处理希望自身的绝对意义。由于这一点我们已经在学理上处理过了(第二章第六节),在本章,我们就不单独立节。

以上就是我们本章要处理的四方面内容。它们分别是论证善的基本原则、善的实在性、善的现实性,和落实善的主观原则。这也分别是本章的四节内容。这样我就可以进入正题。首先,我们需要相关于人的自由存在,探讨处理希望问题的基本原则。康德本人以理论的方式讨论过这个基本问题,也正是在这个基础上,康德展开了对《纯然理性界限内的宗教》的写作。这是他在《学科之争》中所讨论的问题。

第一节 从"教会信仰"到"宗教信仰":康德论证善的基本原则

1794 年 10 月 12 日,康德收到来自普鲁士国王弗里德利希·威廉二世的信。[1] 在这封信中,国王指责康德滥用自己的哲学,歪曲并贬低了

---

[1] 在《学科之争》的前言中,康德引述了这两封信件的大致内容。信件全文可以参见《康德书信选》,李秋零编译,北京:经济日报出版社 2001 年版,第 293—297 页。

《圣经》和基督教的一些基本学说，即"逾越一个青年导师的义务和违背（我很清楚的）国君的最高意图"①。所以要求康德作出认真的辩解，并警诫康德不要再做这样的事情。在同日的回信中，除了表示礼仪性质的"认错"以及保证之外，康德以看似谦卑实则无比强硬的语言简明扼要地阐述了自己对于"国家公共宗教"（指基督教）和"道德理性信仰"的根本立场。这一来一去的两封信具有极大的学术和政治意义，这是启蒙思想家凭借思想自身的力量以一种极其体面的方式对抗暂时还没有得到限制的权力。虽然表面看来，康德作出了让步，但是这种让步却是以思想自身得到严正的表达为前提的，这种东西对于一切强权是最具有震撼力的。事实也是这样，国王刚刚逝世不久，康德就抛出了一系列论述宗教的文章。

在这一系列论述宗教问题的文章中，非常重要的一篇就是 1798 年发表的《学科之争》一文。在这篇文章中，康德探讨了两个极端重要的问题。一是哲学学科与神学学科的关系，即：如何原则性地处理哲学理解问题的方式与启示宗教理解问题的方式的关系。二是如何理解人类历史进步的观念，从而最终进入历史理性批判。在这里，我们仅仅处理它要确立的基本原则。

一、宗教信仰与教会信仰

人们对宗教概念的理解有着太多的差别，而且这种状况会一直持续下去。在康德这里，我们会看到一种与基督教传统不同的宗教概念。就如我们在上一章看到的，奥古斯丁对基督教神学突出的贡献就在于他以恩典概念为出发点，从而连贯一致地解决了本性败坏了的人如何可以重新向善，最终达到与上帝的和解的问题。康德恰恰要解构这些东西，因而康德对于宗教的理解必然不同于奥古斯丁的宗教概念。要理解康德的宗教概念就不得不回到道德问题，因为在解构恩典之后，他只能从对

① 康德：《学科之争》，第 7 页。

道德的论证中处理宗教问题。这是为什么在完成《实践理性批判》之后，康德才开始处理宗教问题的原因。

在康德看来，传统的圣经神学家真正说来是为了教会信仰的圣经学者，因为这些神学家在处理宗教的核心问题时，比如，人是如何败坏的、败坏之后的人如何能够重新向善、向善之后的人如何能够生活在与上帝和解的永恒状态之中等一系列问题，他们总是要依据一种规章，一个文本，"亦即产生自他人的任性的法则"①。康德的这种看法是真实的。在奥古斯丁的文本中，我们看到，对所有问题的最终论证都要回归到《圣经》中。换言之，在奥古斯丁那里，对这部圣书本身的批判是缺位的，这种状况一直持续到路德时代。对于生活在路德宗背景下，同时又受到启蒙哲学强烈影响的康德而言，这种体悟是很深的。也正是在这种体悟中，康德真正有力量地批驳了这种状况。同样也可以说，正是出于对这种状况的反思，我们上面提到的康德对普鲁士国王不卑不亢的反驳是无比强硬的。

正是因为对教会信仰一般状况的反对，同时又无条件地接受信仰所揭示的核心问题，康德将"道德—宗教"这两种本不相关的东西纳入一个总体之中，从而通过对道德进行绝对论证而连贯一致地处理宗教问题。在康德看来：

> 宗教并不是按照内容亦即客体而在某一部分上与道德有别，因为道德关涉一般的义务，相反，它与后者的区别是纯然形式的，也就是说，它是理性的一种立法，为的是通过由道德产生的上帝理念而给予道德以对人的意志的影响，去履行其所有的义务。不过，它也因此而是惟一的宗教，而且不存在不同的宗教。②

从中我们可以清晰地界定出以下几点。第一，宗教完全不是建立在规章、文本等基础之上的，以一本圣书建立一种宗教的时代已经过去，这

---

① 康德：《学科之争》，第 32 页。
② 康德：《学科之争》，第 32 页。

是启蒙时代的根本状况。第二，宗教也不是神之启示学说的总和，一切
奥秘、神迹、启示等都要被启蒙时代扫除，这一点到了 20 世纪得到正统
基督教神学家的回应，那就是布尔特曼的"解神话化"。① 而且布尔特曼
的批判比康德更进了一步。但有一点需要特别指出，即尽管可以铲除奥
秘、神迹、启示等，但这些东西所具有的生存意义却是无法铲除掉的，这
是康德面临的最严峻也是最难的问题。因而在该文的第二部分，②以及
《纯然理性界限内的宗教》③中，康德要处理三位一体、道成肉身等问题，
我们会在后续的内容中专门处理这个问题。

　　第三，宗教应该是按照人自己的理性的内在原则发展出来的，也正
是在这一点上，宗教开始了与道德的"联姻"。这是因为，所谓道德，简言
之就是我们所应该遵守的一般义务的总和，而宗教恰恰"是我们一切作
为神的诫命的一般义务之总和"④。因而康德说，宗教与道德的区别不在
于内容，而仅仅在于纯形式。从而，可以说宗教的意义无非在于为人能
够遵守一切义务，并且将一切义务作为一个总体，从而赋予其一种完满
意义的力量。

　　第四，宗教最终保障的是人的"德福统一"。因为对于以身体的方式
存在，从而有生有死的人来说，我们无法在时间中看到我们遵守义务的
完成，从而在时间中看到最高善对"未来"的意义，在时间中，我们也不能
享有完满的善。这种状况与理性的完满不相匹配，因为我们可以意志至
善，从而"至善才是纯粹实践理性的整个客体，纯粹实践理性必须把这个
至善表象为可能的，因为竭尽可能促进至善的实现，是纯粹实践理性的
一个命令……"⑤

---

① 参见［德］布尔特曼等《生存神学与末世论》，李哲汇、朱雁冰等译，上海：三联书店 1995 年版，
　　第 3—50 页。
② 参见康德《学科之争》，第 35—37 页。
③ 康德：《纯然理性界限内的宗教》，第 55—92 页。本书第二篇就是要处理"道成肉身"的意义
　　问题。
④ 康德：《学科之争》，第 32 页。
⑤ 康德：《实践理性批判》，第 131 页。

所以,在康德看来,"上帝存在"本身就是纯粹实践理性必然的公设。也只有在这里,宗教的意义才能真正显明。因而康德明确地将这种宗教称为"理性限度内的宗教"。因为它是依据人自己的理性原则发展出来的,按照纯粹内在原则得以论证的。或者说,这种宗教乃是普遍理性本身所不得不给出的东西。也正因此,康德尤其强调这种宗教信仰是"每个人"的,从而是具有普遍意义的。也是在这一点上,康德指责其他宗教形态都是"民族性"的。从而沿此,在这部著作后面的"哲学学科与法学学科的争执"①部分,康德可以直接进入对人类历史,及其各种宗教形态的批判。这是有理性内在依据的。

按照对以上四点内容的分析,我们可以清晰地界定出康德对"教会信仰"与"宗教信仰"的态度差异。按照这种界定,我们也可以轻易辨别出基督教传统本身同时包含了这两种要素:

> 这在《圣经》中是由两个不同类的部分组成的,一个部分包含着宗教的法规,另一个部分包含着宗教的工具或者载体,其中前者可以被称为纯粹的宗教信仰(无需规章而建立在纯然的理性上),后者可以被称为教会信仰,它完全以规章为依据,这些规章要想被视为神圣的学说和生活的规范,就需要一种启示……所以由此就解释了:为什么在说到宗教信仰时,通常也同时包含了建立在《圣经》之上的教会信仰的意思。②

在这里,康德明确地指出了哲学思考《圣经》与圣经神学思考《圣经》的原则性差异所在。比如,对于永生的学说,哲学家认为永生的条件,除了道德上的改善,从而是由自己的理性出发展开的之外,别无其他,因而没有任何一个人可以在一部经书中找到永生。但这部经书却包含有多于理性的东西,即:将上帝的意志以一种感性的表象方式展示出来,并对此加以信仰。圣经神学家正是要维护这种上帝的感性表象方式,并将其

---

① 康德:《学科之争》,第76—91页。
② 康德:《学科之争》,第32—33页。

称为是启示的东西,其至认为这才是真正的宗教。

哲学与神学的对立,亦即哲学学科与神学学科的抵触就在于此。我们上面提到的普鲁士国王与康德的冲突也在于此。因而在康德看来:

> 前者(指圣经神学家——引者注)作为主要关照理论的圣经知识的学科,怀疑后者(指哲学家——引者注)用哲学思维除去了一切作为真正的启示学说而必须一字不差地接受的学说,并随便强给它们一种意义,而后者则作为关注实践的东西,亦即关注宗教多于关注教会信仰的,反过来通过这样的手段指责前者完全忽视了终极目的,而终极目的作为内在的宗教必然是道德的,并且是基于理性的。①

对于康德来说,由于要对理性进行彻底的批判,并进一步为出于理性立法的道德进行绝对论证,毫无疑问的是,他要站在圣经神学家的对立面,从而给出对这一系列问题进行理性处理的原则性方案。

作为后来的领受者,在我们看来,一个人站在何种立场上理解这些问题本身并不重要。真正重要的是,作为一个优秀的思想家,如何能够始终一贯地处理这些问题。如同我们前面对奥古斯丁的分析,面对基督徒的处境和古典时代所留下的哲学遗产,奥古斯丁真正走进自己的内心,从而仅仅在对上帝的信仰中,彻底走向人类精神的最深处,并且这样一种深彻的精神内涵支撑了基督教一千多年的历史发展。但到了启蒙时代,这种深彻的精神内涵必须要经历彻底的批判,因而通过简单地回归到精神领袖的"教训",及其所建立的那套规章制度,也就绝无可能再满足得到彻底自觉的精神。

因此,在康德看来,只要不能得到最终的辩护,哪怕这种深彻的基督教精神受到损害,也在所不惜,这是人类思想深化的展示,同时也是精神自身的展现方式。而康德本人也正好处在这种人类精神变化的转折点

---

① 康德:《学科之争》,第34页。

上。在这种意义上，我们可以说，康德对基督教的批判是近现代思想所要接受的，即使不接受，它也必须要有反批判的绝对依据。因此，如果基督教经受不住这种批判，它也就不再有存在的价值。至于如何评价康德对基督教的批判，以及基督教是否真的不能经受这种彻底的批判，这是另外一个问题。

这里我们要做的是厘清康德批判圣经神学或教会信仰的根本原则。只有澄清了他的根本原则，以及为了取代圣经神学式解决问题的方式，从而提出自己的解决方案之后，我们才能在康德的启蒙体系与传统基督教体系之间做出真正的评判与比较。除此之外，任何对康德与基督教关联的泛泛而谈都是靠不住的。我们下面的任务，就是要简要地澄清康德处理三位一体、复活、功德、神恩、启示等基督教神学核心概念的基本原则。这个问题的根本性质就是探讨如何构建一套与基督教启示神学相对抗的道德—伦理神学体系。但迫于当时的局势，康德隐晦地称之为"解决争执的哲学释经原理"[1]。

二、按照此原则对《圣经》经文以及相关学说的批判

正如我们上面揭示的那样，《圣经》中包含着属于教会信仰的那部分内容。在康德看来，如何能够恰当地处理这部分内容，构成了哲学释经的核心任务。真正说来，康德要做的就是探讨这些沾满了历史、启示意味的东西是否能够经历住实践理性的批判。但另一方面，迫于当时的形势，康德没有用这么极具"挑衅"色彩的语言，因而康德这样界定他的释经原理：

> 包含着某些理论的、被宣布为神圣的、但却超越一切理性概念（甚至超越道德的理性概念）的学说的经文，可以作出有利于实践理性的解释；但包含着与实践理性相矛盾的命题的经文，则必须作出有利

---

[1] 康德：《学科之争》，第34页，第二小部分标题。

于实践理性的解释。(本段引文中着重号为康德所加——引者注)①

因此，在康德看来，教会信仰保留着两种无法为纯粹宗教信仰和哲学解释所接受的内容。一种是那些完全超出一切理性概念的经文，它们完全超出道德范围的理性概念。比如神恩概念，因为"在自己的作为不足以使人在他自己的(严格地进行审判的)良知面前释罪的地方，理性当然有权虔诚地假定他的有缺陷的义有一种超自然的弥补"②。对于这样的概念，我们不可能做出完全出于实践理性的解释，因为它们是超越理性概念的，并且根本无法得到理性概念的说明，从而超出实践理性公设的范围。对于它们，我们"可以做出有利于实践理性的解释"。

另外一种是包含着与实践理性相矛盾的命题的经文。这包括两种情况。一是它无法为理性所理解，从而根本无法得出任何实践性的东西；二是如果实践理性接受了它，它会将人们引入歧途。因此，康德接下来的任务就是要分清这几个层面的问题，并且采纳不同的方案对之进行解释，从而使之与实践理性本身不矛盾。并且进一步在所确定的实践理性的基础上，对教会信仰所确立的宗教进行批判。在该文中，康德主要选取从宗教教派的分裂角度批判教会信仰。我们在下面的篇幅中就这几个层面分别加以处理。

1. 与实践理性相矛盾的经文

以"道成肉身"作为例子。"三位一体"是基督教神学最核心的学说。正如我们在奥古斯丁那里所揭示的，要解决彻底败坏之后的人如何能重新向善的问题，最终要关联到十字架上的上帝，因为构成人转变动力的信仰与爱统统来源于十字架。但十字架上的上帝，与遣他来的上帝，以及死后复活之后永驻人们心中的那个上帝，这三位上帝之间究竟是什么样的关系？这个问题涉及基督教思想的方方面面。这也是所谓的基督论问题。既然要确立另外一套体系，康德就不得不面对这个问题。我们

---

① 康德：《学科之争》，第34—35页。
② 康德：《学科之争》，第40页。

注意到,在《纯然理性界限内的宗教》中,康德用整整一篇的篇幅处理这个问题。这也是下一节要核心处理的。

在《学科之争》中,康德以更清晰的语言阐释了他对"三位一体"基督教学说的解构。首先,我们无法理解神为什么有三个位格,明明是绝对的唯一的真神,怎会有三个位格,[①]而不是其他呢? 即使人们可以轻易地在字面上接受它们,只是"因为他对一个在多个位格(实质)中的上帝根本没有任何概念,但这更多的是因为他从这种不同中根本不能为他的生活方式得出不同的规则"[②]。从而其次,即使我们相信理解了它,也得不出任何实践的东西。而与之相反,"如果人们把一种道德的意义置入信条……它所包含的就不会是一种没有结果的信仰,而是一种与我们的道德规定相关的可理解的信仰"[③]。我们知道,在《纯然理性界限内的宗教》中,康德充分展开了这一点。

最后,如果不把这个学说解释为纯粹理性的理念,从而与可理解的道德信仰相关联,而是将之感性化而转变为一个感性表象,那么人们就会陷入歧途并且借着理性发狂。因为如果它被表象为"以肉体的方式寓于一个现实的人里面",那么"这个人就必须有某种性别……后一个性别也将获得它的特殊代表(仿佛是一个属神的女儿)来做和解人;而波斯特鲁相信,在威尼斯的一个少女的人格中已找到这位和解人"[④]。如此看来,这不仅不利于我们的实践,反而会引起无端的争论。因而在康德看来,我们应该这样理解"道成肉身":这个神人应该"被表现为人性以其完全为上帝所喜悦的道德完善性永恒地存在于上帝里面的理念"[⑤]。同样的,对于"复活"、"升天"等故事,我们也应该做出类似的理解,说出同样的话。

---

① 在中国学界,黄裕生教授曾经试图在现象学哲学的视域中给出对"三位一体"的理解。具体参见黄裕生《宗教与哲学的相遇》,南京:江苏人民出版社 2008 年版,第 204—211 页。
② 康德:《学科之争》,第 35 页。
③ 康德:《学科之争》,第 35 页。
④ 康德:《学科之争》,第 35 页,"注释一"的脚注。
⑤ 康德:《学科之争》,第 35 页。

我们看到,对于这样的经文所表达的内容,康德承认当事人真诚地认为它是真的。因为如果这样完善的神人死后也不(肉体)活着,或者虔敬圣洁的人死后不能进入天堂,那所有的这些信仰就会是全无价值的。因而他们会把它作为对未来的一种道德信仰的根据。但是,他们却"并未察觉到他本人如果没有这种道德信仰,就很难赋予这个事件以信仰"①。这样来看,康德对信仰的理解做出了一种颠倒。对于公共事件的历史信仰并非是道德信仰的前提;情况恰恰相反,正是因为对出于纯粹实践理性的道德法则的信仰,我们才可能赋予这样的历史事件本身以信仰的意义。正是从这种颠倒出发,康德指责《圣经》文本中的相互矛盾以及不明晰之处,以及圣经神学家所规定的"以人的方式表述的东西,必须按照与神匹配的意义来解释"②,从而明确抛弃了理性在宗教事务中所应有的作用。而由此,种种不必要,甚至毫无意义的争论得以发生。

2. 并不与实践理性矛盾,却超出理性限度的圣经学说

首先,信条成为教会信仰与宗教信仰的交锋点,因为它涉及"信"与"行"之间的关系。在教会信仰看来,由于人本性的败坏,他的一切出自自己的行为都是恶的,因而需要来自上帝的恩典,信条本身就是上帝的恩典之一。单单给予人以诫命或信条还不够,上帝还赐予人信仰,因此同样是凭借来自上帝的恩赐,人才可以完成信条,从而人的一切行乃是出于信。因此,康德说:"它们不仅把对一种启示学说的信仰看作是就其自身而言是有功德的,而且干脆提高到道德方面的善功之上。"③

但在康德看来,所谓信条,不应该被理解为是应当信仰的东西,因为

---

① 康德:《学科之争》,第 36 页。

② 康德:《学科之争》,第 37 页。

③ 康德:《学科之争》,第 38 页。在我看来,康德的这种说法容易引起误解。我们无法分清对启示的信仰,究竟对谁而言才是有功德的。如果说这是上帝给予人的一种功德,这是没有问题的。但如果说这种功德是人做出的,并且是给予自己的,那这就完全偏离了基督教的原意。无论是奥古斯丁还是路德都对这种说法进行过严厉的指责。我并不认为康德会不理解这一点。他之所以采取这样含混的说法,或许是出于论辩的需要,或许是出于对启蒙时代的迎合。关于奥古斯丁和路德对此问题的论证,可参见奥古斯丁的文章《论圣徒的预定》,章 3、4、12、39、50、53 等;以及路德的《论基督徒的自由》等一系列著作。

信本身就是人的一种内在的经验状态,因而它决不允许任何的强制命令,况且,如果它被"装扮成通过恐惧和希望而在灵魂中强制产生的,那么,它就是违背真诚的,从而也是违背宗教的"①。另一方面,如果不按照道德考虑,信仰就无法思考如何造就更好的人,也无法证明存在这样的人,这样的信仰是不结果实、空空等待的信仰。由此我们应该把"信"理解为"有可能并且合目的地在实践(道德)方面予以假定的东西,尽管这种东西并不同样可以证明,从而是只能信仰的东西"②。

在康德看来,这样的信仰应该是通过理性的内在经验来改善和升华人之灵魂的信仰。因而这样的信仰本身就是逐渐地进化,并且最终,康德坚信它能够与"宗教信仰"彻底吻合。这整个过程展现在人类历史上,就是纯粹实践理性的普遍历史。也正是在这普遍历史的理解框架中,康德批判作为宗教信仰载体的教会信仰就其自身而言应该是可变的,从而单纯《圣经》的经文不可以成为教条,而必须经历理性的批判。尽管它在当时代受到公众与政府的保护,但作为学者或教师,他们的职责就是毫不犹豫地将教会信仰引导向宗教信仰。

因此,我们需要对人类的行为作出重新评估。它不再可能被表现为受制于外在的更高的影响,从而仅仅是人被动地承受的结果。这样我们对"行"的理解必须要与对"信"的理解完全关联起来。尽管我们"信"合目的地在实践方面予以假定的东西,但这也不过是"信"而已,它要求的还是"行"。如同上一章所分析的,康德要通过对"向善的禀赋"的分析取代基督教的"神恩"概念,从而解决"行"的问题。究竟向善的本性是什么性质的东西呢?它能否解决"行"的问题?既然康德承认人的自由存在的根本限度,那么这种有限度的"恶之倾向"如何与神圣性的"禀赋"共居呢?这些问题我们大都已经在上一章分析过了。在这里,我们主要分析康德如何根据人本身的"禀赋"存在处理它与神恩的关联。

---

① 康德:《学科之争》,第 38 页。
② 康德:《学科之争》,第 38 页。

如果本性(在实践的意义上)被理解为从自己的一般力量出发达成某些目的的能力，那么，就人被他自己内在的、但却超感性的原则(他的义务的表象)规定去行动而言，神恩无非就是人的本性；由于我们想对自己解释这种原则，但尽管如此却对此不知道任何进一步的根据，这种原则就被我们表现为由神在我们里面造成的向善冲动，对此我们并没有自己在我们里面建立禀赋，因而也就被我们表现为神恩。①

通过这段话，我们可以区分出这样几层含义。首先，康德界定的本性就是人"行"出来的能力，而且"行"本身乃是由目的支配的。这些目的本身的来源就是内在的也是超感性的。尤其需要强调的是，尽管目的是超感性的，但它首先是内在的，是由自己决定的。其次，如果想进一步追问这些内在、超感性的目的的根据，我们什么也追问不到。这种本性本身是被赋予的，因为我们并没有在自己里面建立什么禀赋。最后，由于是要理解神恩——因为对于无法追问其最终根据的东西，我们统统可以将其归为神恩——因而对于我们无法理解其本性的"禀赋"，我们同样可以将之归诸神恩。是神恩在我们里面造成向善冲动，但并非"行"是出于神恩。

在这里我们看到，因为要处理经文问题，康德才将本性归为神恩。其实这就和将"人的向恶倾向"归于神恩一样，因为我们同样无法给"恶的来源"以最终根据。这样看来，将本性等同于神恩等于对神恩没有加以任何界定。但有一点却是重要的，那就是康德将人的一切行为都归诸人，这才是康德真正想说的。因而"行"与"信"乃是出于同一根源，那就是人之本性，或者说人之"向善的禀赋"。正是对于道德的信，我们才将本性中的善行出来。由此可观，康德对神恩确立的释经学原理是："我们必须自己从事于(着重号为康德本人所加——引者注)发展我们里面的那种道德禀赋，尽管它本身证明着一种(在对原因的理论研究方面——

① 康德：《学科之争》，第 39 页。

引者注）高于一切理性的起源的属神性，因而拥有这种禀赋并不是功德，而是神恩。"①

　　但是终究，无论对道德禀赋如何地虔信，但当人严格地站立在审判的良知面前时，就如《圣经》所言，"你们中间谁是没有罪的，谁就可以先拿着石头打她"（《约翰福音》:8:7）。因此，他总会有种种不足使其要求某种超自然的力量能够帮助他在良知面前释罪，并且这种要求是正当的。并且，人们也可以说，这样的信仰可以造福于人。唯有如此，人们才可能有坚守使上帝喜欢的生活方式的勇气与坚定意念，而不至于对有限度的人感到绝望。在康德看来，这些都是没有问题的，但是：

　　　　说他必须能够知道并且明确地说明，这种补偿的手段（这种手段归根结底毕竟是越界的，无论上帝自己就此对我们说过什么，对我们来说也是不可理解的）存在于什么地方（着重号为康德所加——引者注），这同样是不必要的，甚至哪怕是要求有这种知识，也是胆大妄为。②

　　在康德看来，我们无法也不应该根本性地放弃这种超自然帮助的可能性，但是我们同样无法也不可能寻求到关于它们的任何确定性的东西。因此，一旦出现类似的特殊启示的经文，我们就应该将之解释为，为了一个民族可以归属于那涉及某种道德信仰的载体。但这不能属于宗教信仰，从而它不应该是宗教信仰的内容。因为"后者（指教会信仰——引者注）需要的是并非每一个人都能分享的历史证明；相反，宗教（作为建立在道德概念之上的宗教）必须自身就是完备的和无可置疑的"③。

　　从以上两个层面的分析来看，出于内在法则的道德信仰是康德论证宗教问题的立足点。围绕着对道德法则的"信"和出于内在目的决断的"行"对教会信仰所依据的规章和经文所做出的彻底批判，我们看到，由

---

① 康德:《学科之争》，第40页。
② 康德:《学科之争》，第40页。
③ 康德:《学科之争》，第40页。

于高度自觉到人的自由存在的有限性,康德保留了超自然帮助的可能性,但他又认为我们应该对这种帮助保持缄默。正是由于这些,众多圣经神学家认为康德的宗教是自然主义的宗教。对此,康德做出了这样的答复:

> 基督教是宗教的理念,宗教一般而言是建立在理性之上的,而且就此来说必须是自然的。但是,基督教包含着把宗教引入人们中间的一种手段,即《圣经》,它的起源被认为是超自然的……只有当一种宗教把不承认任何这样一种启示作为原理的时候,人们才可以把它称为自然主义的。①

因此,在康德看来,就其承认《圣经》确实引入宗教并且建立了一个公共传授和信仰宗教的教会而言,这种哲学式的处理宗教问题的理念并非是自然主义的。但就其只侧重实践理性的层面,从而对超自然方面保持一定的距离而言,它又是自然的。这样看来,我们可以称这种宗教是自然宗教。在接下来的一些答复指责的论辩中,我们也看到康德并不回避指责其为自然宗教这一点。但康德反对将其称为自然主义者,因为他克制地保留了理性限度之外的超自然因素存在的可能性。康德这种理解宗教概念的方式究竟有什么好处呢?我们会看到,在康德看来,它至少避免了宗教教派的纷争。

三、对宗教教派的批判

从人这样的理性存在者是一种道德性的存在者来看,他的存在在道德方面是确定可靠的,因为人心中的上帝本身就是道德的解释者。除了知性和理性的对话,甚言之,除了在自身中与上帝交流外,没有其他的方式让他完全理解自由存在者,即:除了通过理性向人颁布的法则外,我们没有任何东西来认识自己。在这种对理性的彻底自觉中:

---

① 康德:《学科之争》,第 41 页。

在真正说来理应被称为宗教的东西里面,不可能存在教派的差异(因为宗教是唯一的、普遍的和必然的,从而是不变的),但是在涉及教会信仰的东西里面,无论教会信仰仅仅基于《圣经》,还是也基于传统,如果对纯然是宗教的载体的东西的信仰被视为宗教的信条的话,却都可能存在教派的差异。[1]

对康德来说,完全出于道德信仰的宗教是普遍的、唯一的,而任何出于一部经书或者诫命规章的宗教必定会带来教派分立。我们已经在人类历史上看到太多这种状况。这本身就是可以通过理性自身加以证明的,"为一种教会信仰要求普遍性,这是一种矛盾,因为无条件的普遍性以必然性为前提条件,而必然性则唯有在理性本身充分地论证信条的地方才能成立,因而这些信条就不是纯然的规章。与此相反,纯粹的宗教信仰拥有对普遍有效性的合法要求"[2]。教派对立的状况直到现在仍很严重,在康德的时代,这种状况更加危险。

我们知道,在康德之前200年,罗马大公教会出现了一次大的分裂。这个裂痕一直持续到康德时代。在德国,人们对这个裂痕体会得更加深刻。正是由于时代背景以及普遍存在的分裂问题,在该文后面,康德专门性地讨论了宗教教派的分裂问题。不难理解,这是康德对当时状况的一种回应。在此,我们也可以作进一步的引申。在我看来,只要完成对道德—伦理式的宗教的确定可靠性论证,康德就可以沿着普遍的唯一的宗教概念一直走下去,从而完成启蒙时代要对人类历史作总体性批判的目标。在《论永久和平》等一系列论文中,我们也确实看到康德沿着这一条路径所做的一系列卓有成效的分析工作。而理解这一系列工作的突破口就在这里。

接下来,康德从他与基督教共同的核心问题入手分析了基督教理论上的两大教派(关涉信仰内核的两大派别,而非简单的教会教派)。两大

---

① 康德:《学科之争》,第45页。
② 康德:《学科之争》,第46—47页。

教派的根本任务都是如何使人成为更好的人,因而除了遵守可敬的生活方式外,他们都把对纯粹启示的信仰和由教会规定的戒律视为取悦上帝的方式。我们看到,从根本任务,即如何使人成为更好的人来看,他们与康德处理的问题是一致的。不同的是,康德要在纯粹理性分析中完成这项任务;而在解决问题上,这两大教派却都采取了神秘主义的立场。由于人生而死于罪中,他们不相信人凭借自身的力量可以对自己做出根本性的改善,因而在他们看来,做出这种改善的原因乃是出于上帝。

> 在一个教派那里,情感必然是研磨心灵(悔恨)型的,而在另一个教派那里,情感则必然是融化心灵(融解为与上帝的永福结合)型的……就是说,在一个教派中,问题仅仅在于摆脱自身中恶的统治,此后善的原则就会自动地到来;在另一个教派中,问题则在于将善的原则纳入到自己的意向,此后凭借一种超自然的影响,恶就再也不能为自己找到位置,惟有善占据统治地位。①

在康德时代,这两种教派的教导开始表达为理论体系。他们分别是施佩讷—法兰克教派(敬虔主义)和迈伦—钦岑多尔夫教派(迈伦主义)。在康德看来,这两种解决方案都是有问题的。

对于前者,善与寓于人之本性中的恶的分离是通过超自然的行动完成的,因而变化开始于奇迹,则结束于通常习惯称为自然的东西。一方面,"善"这种状态本身就是理性的规定,它的到来却需要超自然的帮助,这是无法得到理解的。另一方面,由于超自然行动是通过心灵在忏悔中的悔恨和研磨发生的,虽然通过上帝可以达到必要程度上的哀恸,但人必须首先自己请求这种哀恸,因而会有祈祷,因而他可以指望热情祈祷给他带来超自然的结果。但是祈祷又毕竟只能在信仰中发生,"而信仰本身则是一种神恩的结果,也就是说,是人从自己的力量出发不能达到的某种东西,所以他就被以他的神恩手段引入了循环,最终也根本不知

---

① 康德:《学科之争》,第52页。

道他应当怎么办"①。

对于后者，理性将道德法则树立在人们面前，人决定利用道德禀赋向善，但向善决心的实施却是一个奇迹，亦即他无法凭借自己的力量在善的路上前进。因此，他需要与超自然相结合的情感和与上帝不断交织的意识。但是，毕竟"有一种不和或者（从神恩的）倒退是令人担忧的；如果他仅仅考虑不断地培植这种本身是一种连续的祈祷的交往的话"②。

另一方面，这样的解决方案本身也是无法证明的。即使我们可以承认在人里面发生了一种经验，比如，对于更好意志的规定，我们可以称之为某种超自然的作用，但是，我们"连证明它们事实上是一种经验也不能，因为它（作为超自然的）不能被回溯到我们知性的本性的任何规则并由此而得到证实"③。因此，我们根本不知道它是一个现实的对象，还是只是纯然的梦幻。由于这些关于神的理念仅仅存在于理性之中而根本无法为我们直接感受，因此，"这里一种任务连同其解决，都没有任何一种可能的证明；从中也永远不能得出某种理性的东西"④。

但是，在康德看来，《圣经》本身就包含着一些原则能弥补这两种纯然正统教派教会原理的无结果性，那就是永远持守对一切人开放的关于人性禀赋本身的那些原则。就是说，"在我们里面有某种东西，我们一旦发现了它，就永远不可能停止惊赞它，而且这同时也是把理念中的人性提高到人们在作为经验对象的人身上不可以猜测的某种尊严的那种东西"⑤。也正是对我们心中的这种理念的利用，"自少年时代起并且继续在公开的陈述中对这一理念的关心，这包含着那个（关于新人的）问题的真正解决"⑥。正是对此理念的详细论证，包含着康德与基督教共同问题

---

① 康德：《学科之争》，第 53 页。
② 康德：《学科之争》，第 54 页。
③ 康德：《学科之争》，第 55 页。
④ 康德：《学科之争》，第 55 页。
⑤ 康德：《学科之争》，第 56 页。
⑥ 康德：《学科之争》，第 57 页。

的解决。也正是在这个意义上,我们说康德彻底地批判了基督教。

但仔细辨析康德对基督教的批判,我们会发现,康德批判的范围仅仅局限在教会信仰以及仅仅以经文作为最高出发点和终点的教会神学系统内。而对于基督教所包含的与自由理念相一致,以及在自主性自由之外的"希望"问题和绝对者将自身现实化的理念等问题,康德保持了高度的接受原则。这些思想维度是康德进一步处理"绝对"问题以及理解"绝对"维度展示其现实性的基本思想资源。通过对"道成肉身"和"地上天国"的批评,康德走到了这一点。我们会看到,通过对"道成肉身"理念的批判,康德论证了善的实在性;通过对"地上天国"的批判,康德论证了善的现实性。下面,我们就展开对善的实在性的讨论。

第二节　善的实在性:对"道成肉身"的理性理解

"太初有道,道与神同在,神就是道。这道太初与神同在。万物是借着他造的;凡被造的,没有一样不是借着他造的。生命在他里头,这生命就是人的光。光照在黑暗里,黑暗却不接受光"(《约翰福音》1:1—5),"道成了肉身,住在我们中间,充充满满地有恩典,有真理。我们也见过他的荣光,正是父独生子的荣光"(《约翰福音》1:14),"律法本是借着摩西传的,恩典和真理都是由耶稣基督来的。从来没有人看见神,只有在父怀里的独生子将他表明出来"(《约翰福音》1:17—18)。这是《福音书》中集中论述"道成肉身"的几段文字。抛开其所可能包含的神学意义,从字面来看,它包含以下几层意思。第一,道与神同在,这是原初、尚未分化的状态,此时的上帝仅作为抽象的"一"存在,世界尚未被造。第二,万物被造出来,凡是被造的,统统是借着道,就万物的本性而言,它们是自身完满的,因而是与作为整全的"一"相互合一的。但是,不知道因为什么,世界与作为整全的"一"相互分离了,从此,世界进入了黑暗,"光照在黑暗里,黑暗却不接受光"。第三,道成了肉身,住在世界之中,卡尔·巴特将之称为"历史的断裂"①。在这个断裂点上,成为肉身的道进入了世界,开始了世界与上帝的和解进程,因而这是全然的"恩典",是"真理"自身的进驻。第四,因为世界自身的黑暗,凭其自身,它无法实现其与上帝的和解,因而作为丰丰满满的恩典的道被称为和解的唯一途径,因为"从来没有人看见神",而只有上帝的独生子将他显明出来。因此,上帝的儿子说:"我就是门,凡从我进来的,必然得救,并且出入得草吃。盗贼来,无非是要偷窃、杀害、毁坏;我来了,是要叫羊(或人)得生命,并且得的更丰盛。"(《约翰福音》10:9—10)"耶稣对她说,'复活在我,生命也在我;信我的人,虽然死了,也必复活。凡活着信我的人必永远不死'。"(《约翰福音》11:25—26)我们也可以简单地概括上面这几层意思:人背离了上帝,唯有借着成为肉身的道,人才能最终完成与上帝的和解,从而达至完满的"一"。

若要完成对理性界限内宗教的论证,康德就必须把上面这一基督教的核心学说理性化,但是又不能丧失掉基督教思想的基本精神。康德就面临以下几项任务。第一,将宗教中的人格化因素理念化,因而"道成肉身"就需要被理解为善原则的拟人化理念。第二,康德必须论证这种拟人化理念的实在性,否则,他所有的论证就会变成是空空的概念罗列,而不具有任何实践的意义。第三,正如我们上面论述的那样,由于人自身的局限性,也正是对于这种局限性的深深理解,基督教才根本性地弃绝了凭其自身的功业或自由换得上帝的恩典。康德若要凭借理性自身完成这一论证,他必然会遇到如何将有限的人实现为完满的人的困境,即这一拟人化理念的实在性困境。第四,这一善的拟人化理念对于征服恶究竟起到了什么样的作用,即如何在此思想之下理解它对于恶的原则的斗争。下面我们就详尽地分析康德对这几个问题的回应。

---

① [瑞士]卡尔·巴特:《罗马书释义》,魏育青译,上海:华东师范大学出版社 2010 年版,正文开篇。

一、"道成肉身"作为善原则的拟人化的理念

在感性经验范围内，人是被恶所规定的，康德将这样一种生存状态称为人"事实性地"采纳恶的原则作为自己行为的准则，这也是人之本能。就这一点而言，康德与基督教是相同的。但如同前面所陈述的，经上说败坏后的人已经全然败坏了，因而凭其自身绝不可能改变这种恶的状态，除非有上帝的恩典。但康德却深信人本身乃是由向善的道德禀赋规定，因而只要人能够重建其禀赋的纯粹性与坚定性，他完全可以凭其自身再次走向善，因而是一种心灵的彻底转变。

在康德看来，人实现这样一种心灵的彻底转变，从而实现"处于道德上彻底完善状态(full moral perfection)的人性(一般有理性的世俗存在者)，乃是唯一能够使世界成为上帝意旨的对象和创世的目的的东西"①。就人本身被造乃是出于上帝的目的，并且在人的理智可以理解的范围内，人被赋予一种向善的道德禀赋而言，人将自己提高到这样一种道德上彻底完善的理想，就是普遍的人类义务。

但是另一方面，就人"事实性地"受到身体的约束，因而要操持这样一个身体而言，道德上的彻底完善指的乃是完全纯粹性与坚定性的道德意念。这一点是尤其要注意的。它也与我们在总论中提到的将道德的意向完全奠定在内在意识中是完全一致的。基督教将这样一个唯一为上帝所喜悦的人称为是与上帝同在的人，是上帝的独生子，并且整个世界都是借着他造的，并且他就是堕落的世界与上帝和解的中介。康德究竟是如何将这样一个思想纳入道德信仰之中的呢？在康德看来，基督教"道成肉身"思想是善的原则拟人化了的一个理念。因为：

> 就人的行动而言，如果不同时以属人的方式想象(Portraying)它们或它们的表现，我们就不能设想任何重要的道德价值，这是人

---

① 康德：《纯然理性界限内的宗教》，第 59 页；Kant, Immanuel, *Religion within the Boundaries of Mere Reason and Other Writings*, p. 79。

的理性的一种须臾不能摆脱的局限性；尽管这不是主张，事情本来也就是这个样子；这是因为为了理解超感性的性质，总是需要与自然存在者进行某种比较。……就连《圣经》也为了使我们按照其程度理解上帝对人的爱而承认了这种表象方式，它赋予上帝以只有爱的存在者才能做到的最高牺牲精神，以便甚至使得不配的人也幸福（因为"上帝爱世人"等等）。①

由于人的理性自身的限度，我们根本不可能离开人性的范围来刻画道德价值，也就是说，除被动地接受外在对象给予人的东西外，人不具有理性直观的能力；离开接受性的感性直观，也不会有任何对象可以被完全地给予。但是另一方面，道德价值本身却恰是超越于任何感性价值的，而我们也总能将之表象出来。由于我们只能以感性的方式将对象表象出来，这就意味着最高的善可以以一种拟人化的形式被表象出来。但是，事情本身却是另外一个样子。由于人的有限性，将之表象出来是一回事，而超越性的道德价值作为自身却是另外一回事。我们看到，康德要做的就是重新将道德作为道德本身确立起来，这就是对道德价值进行绝对的论证。

不仅如此，在康德看来，作为基督教最高准则的《圣经》也必须要做出这种理性化的理解。由于在感性的限度里，我们只能看到，爱的存在者因为爱而做出牺牲，这种牺牲无论是出于任何动机，我们都可以在感性经验中经验到它。所以，为了使堕落的人能够配享幸福，能够被称为是善的，我们可以设想，作为最高善的上帝取了人的形象而来到这个世界，并且因为他的大爱而做出最大的牺牲，从而在这个世界中遭受到无数的痛苦而最终被钉死在十字架上。而所有这些无非要展示这样一点，即一个作为原型的善：

> 从天国降临到我们这里来，它接纳了人性（因为设想天生的恶

---

① 康德：《纯然理性界限内的宗教》，第 64 页；Kant, Immanuel, *Religion within the Boundaries of Mere Reason and Other Writings*, p. 83，康德注释。

人自动地放弃恶，并且把自己提高到圣洁性的理想，并不像设想这种理想接纳人性——人性本来并不是恶的——并且屈尊于人性那样是可能的）。因此，如果我们把那个有上帝的意向的人看作是我们的原型，正如他自己虽然是圣洁的，并且作为这样的人与忍受痛苦无关，但仍然为了促进尘世的福祉而在最大程度上承担了这种受难。[①]

问题是，这样被表象出来的东西对于我们的实践行为有着什么样的好处呢？即：这样的表象对于一个人可以将自己看作是并非配不上上帝喜悦的对象提供什么样的动力呢？

我们设想这样一种状况：一个人付出很少的努力去为另一个人做事情，而另一个人则经历了无数的艰难险阻，甚至冒着失去生命的危险而去帮助别人，从而为了他人而甘愿甚或已经牺牲了自己的一切。我们会怎样看待这两个人呢？无疑我们会为第二个人发出由衷的惊叹，甚至哪怕他在做一件对他人无益的事情。我们总是为这种忠诚而感动；并且进一步，他有可能成为我们做类似事情的榜样。

而如果一个本身完全圣洁、没有沾染上丝毫人类罪恶的完善者，并且他本来就是有着绝对的权柄、拥有完全的知识的上帝，竟然为了人类的罪，为了人能够配得上最高的福祉，仅仅出于对人类深沉的爱，而甘愿化为奴仆的形象，为他的仆人洗脚、治病、讲述完善纯粹的意念、以他的行为指引人，并且甘愿遭受他的仆人肆意的凌辱与毒打，并且最终被钉在耻辱的十字架上，而完全放弃自己的权柄，舍了自己所拥有的一切，这怎能不令人心潮澎湃、感激涕零？

更进一步，除了遭受重重的障碍与阻挠，他面对的是整个世界的诱惑，面对的是无限权柄的诱惑，但他却单单选择那暂时不在这个世界掌权的绝对精神者，这又如何不给人一种内心的力量，从而克服短暂易逝

---

① 康德：《纯然理性界限内的宗教》，第 60 页；Kant, Immanuel, *Religion within the Boundaries of Mere Reason and Other Writings*, p. 80。

的引诱？即使我们并不总能回归到作为自由的自身，单单一个沉迷于世界的人听到这样的故事也会在心头激起巨大的力量。而这种力量的来源本身就是这一拟人化的理念。这一拟人化理念本身就可以成为我们重建道德意念纯粹性与坚定性的力量。因此，这样看来，福音的传播无非就是通过对于耶稣故事的知晓，使得深深埋藏在我们心底的道德意念被激发出来，从而作为动力使我们形成对于道德的信仰。

> 在对于上帝之子的实践上的信仰中（就他被设想得好像他接纳了人的本性似的而言），人可以希望成为上帝所喜悦的（从而也可以得救）。就是说，他自觉到这样一种道德意念，即他能够信仰并且确立以自己为基础的信赖，他将在类似的诱惑和苦难情况下（正如把它们当做那个理念的试金石一样）对人性的原型（Prototype）忠贞不渝。①

正是在作为力量的苦难的表象中，我们形成了对人的本性的信仰，而对于这样一种完善的本性是如何加在我们身上的，我们却并不知晓；同时，正是在对这一拥有完美本性的人子的惊叹与赞美中，我们形成了对完美本性的信仰。

因此，尽管我们事实性地堕落与败坏，我们总还是可以希望拥有完善的道德意念，从而得到上帝的喜悦。这是对自己道德意念的信赖，它源出于人性的原型。同时，正是出于这种对道德意念的信赖，我们可以在遭遇类似的苦难和诱惑的时候，像那位人子那样，保持住对人性原型的忠贞不渝。因此，正是以那个拥有完美本性原型的拟人化理念为榜样，我们可以成为这样一个人，并且只有这个人才有权利将自己看成是并非配不上上帝喜悦的对象。

正如康德所言，尽管由于人理性自身的局限性，我们无法离开属人的方式来表象这个理念；但就真理本身而言，这并不是要主张事情就是

---

① 康德：《纯然理性界限内的宗教》，第 61 页；Kant, Immanuel, *Religion within the Boundaries of Mere Reason and Other Writings*, pp. 80 - 81。

这个样子的。同样的,这个善原则的拟人化的理念本身并不是空空的"理想",从而只是为我们提供某种力量而臆想出来的东西。真实的情况恰恰相反。它乃是具有客观实在性的,其实在性就建立在那在道德上立法的理性本身之中。只有充分论证了这一实在性,康德才能彻底完成对"道成肉身"学说的解构,否则,这种思想就是空无内容的。

二、善原则拟人化理念的实在性

首先,需要理解康德所说的"客观实在性"的真实含义。"实在性"来源于拉丁词"realitas"。它意味着属于"res"(物)的内容,实在的内容指的就是符合于事实本身的内容,一个事物的事实的内容就是它的本质,"essentia"。因而当康德沿着拉丁语的用法使用"实在性"这个词的时候,它的含义恰恰不同于我们现在的用法。当我们说"这是实在的"时候时,我们更侧重于说它的存在具有现实性,即实存。而在康德这里,"实在性"属于"质"的规定,它与"现实性"、"可能性"等属于不同的层面,甚至可以说,一个"物"首先必须有"实在性"的规定,它才可以被称为是"物",从而才会进一步在经验中展开而具有"现实性"的规定。因此,按照康德对于"实在性"的理解——康德本人也这样说过——可能的 100塔勒丝毫不会少于现实的 100 塔勒。这样看来,在界定"客观实在性"的时候,康德根本没有诉诸经验现象层面的内容。

> 这里的问题是,不是经验性地从对象中获得的纯粹理性概念,尽管属于客体的事实内容,比如"量",是否或如何具有"客观实在性"。这个问题并不是指,量是否现实地存在,某种外在于意识的东西是否与之符合,毋宁说,所指的是,量是否或为什么属于作为对象的对象,属于客体本身。①

---

① 海德格尔:《物的追问——康德关于先验原理的学说》,赵卫国译,上海:上海译文出版社 2010年版,第 192 页。另外,海德格尔在《现象学之基本问题》中专门开辟了一部分讨论这几个术语的关系,具体参见海德格尔《现象学之基本问题》,第 31—82 页,此部分标题为"康德的论题:存在不是实在的谓词"。

我们一定要清楚康德所界定的这几方面内容。第一,这一善原则的拟人化理念的客观实在性,指的并非耶稣基督作为一个神人而现实性地在某个时候出现在历史上。在理性的范围内,我们无法知道他是否曾出现在人类历史中,即使他真的曾经跟人们生活在一起,并且教导大家以及做出种种牺牲,作为人的理智也无法理解这些东西。因此,信徒视为历史性的东西,在理性看来不过是理性的一个理念而已。第二,它也不是指由于这一理念在人的心中造成力量,人就"事实性地"造就了一种最高的善,似乎我们说这个"客观实在性"指的是一种现实的状况。

所以,康德明确反对这样两种理解:或者认为"客观实在性"依赖于现实性,即:由于是某种经验的榜样,人能够确定地见证到这一理念的"客观实在性";或者认为依赖于这种理念所产生的力量,人们可以指望事实性地造就出这种善的现实。下面我们就要在这种对"实在性"初步理解的基础上,分析康德如何批评以上两种理解,并进一步分析康德在实践领域理解的"实在性"的含义。

单单一种合乎法则的理念就可以成为任性的动机,并且在强大的感性规定面前,它可以树立起自身无比强大的权威,从而对一切出于禀好的动机所产生的快乐等本能的情感产生贬抑,就此而言,"在实践的观点来看,这一理念在自身之中完全拥有其实在性(Reality),因为这种实在性就在我们那在道德上立法的理性之中"①。因为这恰好就是理性本身的规定。同时,这种向善的道德禀赋也是我们的本质规定,从而我们应当符合这一理念,我们也就必定能够符合它。但这是如何发生的呢? 在我们的经验范围内,我们看到的恰恰是人"事实性地"被感性规定着,何以"单是一种合法则的理念(Mere idea of conformity to law in general)就可以是任性的一种动机,它比所有只要想出来的、从利益取得的动机

---

① 康德:《纯然理性界限内的宗教》,第61页;Kant, Immanuel, *Religion within the Boundaries of Mere Reason and Other Writings*, p. 81。

更强有力"①？

首先，在康德看来，这不可能被理性洞察得到。尽管理性由自由本身的因果性所规定，但由于我们的理性自身的限度，它需要感性直观为它提供对象。但是，由于法则乃是无条件地发布命令的，从而它不可能成为感性直观的对象。从人之理性的这种状况来看，它无法洞见到这一点。其次，它更不可能通过感性经验的榜样或奇迹来证明。即使从未有一个人对法则做过无条件服从的榜样，我们应当做这样一种人的必然性也丝毫不会减少，这乃是由居于我们心中的道德禀赋所规定的。因此，做这样一种人并不需要有一个榜样，相反，做这种人的理念已经作为范本原型寓居于我们的理性自身之中了。因此，为了实现出来那被合乎法则的准则所规定的行为：

> 谁还要求有比一个完全不可指摘的、甚至就人们所要求的而言值得赞扬的品行更多的东西，谁除此之外还要求有通过他或者为了他而必然发生的奇迹来证明，他同时也就承认了他在道德上的无信仰，即缺乏对德性的信仰。②

这是康德站在启蒙的立场上对宗教奇迹的指责。任何试图通过奇迹证明善理念的想法都是对于道德绝对性的不信仰。这包含两种情况：或者他认为通过善的行为而造成一种超出理性自身的东西，因而是通过这个东西证明善所具有的力量；或者他要造就一个善的存在，而认为某种超出理性的东西帮他做出什么，以此来证明善本身的存在。我们通常讲的"冤情导致六月飞雪"属于前者，一般基督教信徒理解的"道成肉身"属于后者。在康德看来，这些都属于对奇迹的信仰，同时是对道德的非信仰。因此，现在康德的任务就不仅要对道德作绝对的论证，还要在此

---

① 康德：《纯然理性界限内的宗教》，第 61—62 页；Kant, Immanuel, *Religion within the Boundaries of Mere Reason and Other Writings*, p. 81。

② 康德：《纯然理性界限内的宗教》，第 62 页；Kant, Immanuel, *Religion within the Boundaries of Mere Reason and Other Writings*, p. 81。

基础上,对不是出于道德信仰的奇迹等进行清理。但需要注意的是,在康德看来,尽管不能通过奇迹对善作出证明,但"奇迹是可能从善的原则中产生的"①。这是康德对信仰地位的保留。对于这一点,我们在下面会加以分析。

这样看来,我们无法在人的理性范围内、经验范围内以及奇迹中获得对于善的实在性的理解。相反,只有在实践中确立起对蕴涵在理性中的善的理念的信仰,并将之作为确定的东西接受下来,这才是真正具有道德价值的。因此,"提供出这样一个人的榜样的经验也必定是可能的"②。就人的理性中本身就寓居着道德禀赋而言,按照法则,每个人也都应当提供出这样一种榜样。在这个层面上讲,耶稣基督可能历史性地存在于人类生活中。

但我们应当理解康德这样说的真正意义。按照康德,首先必须确立起对道德的信仰。正是因为对道德绝对性的信仰,我们才有可能设想这样一个道德上完善的人可以现实地存在,因而这只是理性自身的一种设定。但人恰恰不是理性自身。人的理性是有限度的,它与一个身体宿命性地结合在一起。因此,康德进一步说:"因为没有任何外部经验中的榜样适合它,外部经验不能揭示意念的内在的东西,而是只能推论出它,尽管这种推论并没有严格的确定性。"③这样我们可以看得更清楚,至少在我们的生活经验中,没有任何经验中的榜样适合于它。至于在康德之前的1800年的人类历史上是否真的有这样一个人存在过,那不过是在道德的绝对确定性中推论出来的结果。因为人有身体的规定,他的所有行为决定的根据是意念,不用说旁观者,就是其本人,也绝无可能凭其内在经验看透自己的心灵。但道德行为所遵循法则的纯粹性与坚定性意念

---

① 康德:《纯然理性界限内的宗教》,第 62 页;Kant, Immanuel, *Religion within the Boundaries of Mere Reason and Other Writings*, p. 81。

② 康德:《纯然理性界限内的宗教》,第 62 页;Kant, Immanuel, *Religion within the Boundaries of Mere Reason and Other Writings*, p. 81。

③ 康德:《纯然理性界限内的宗教》,第 62 页;Kant, Immanuel, *Religion within the Boundaries of Mere Reason and Other Writings*, p. 82。

恰恰建立在心灵的最深处。

这样一种内在经验是人类最深的奥秘。无论基督教对于信仰、恩典的理解,还是康德对道德进行绝对性论证所采纳的作为内在经验的道德禀赋,都是建立在对这样一种内在经验的体悟探究之上的。因此,在这种对内在经验的领会中,究竟那种为出自理性自身的善的理念提供经验的"榜样"是一种什么样的"榜样"呢? 既然如我们上面所论证的,这种榜样绝无可能建立在感性经验中,对它的证明也不可能出于人的理性和奇迹,那么这种拟人化理念的实在性究竟应该如何被理解呢?

我们首先假设那个拥有上帝意念的人确确实实在人类历史中的某个时刻降临过,因而在理性的推理看来,他可以算是一个完美德性的榜样。但我们能像一般信徒那样认为并相信他拥有某种超自然的禀赋吗?按照启蒙的观点,我们完全没有必要这么做。假设它,并不会为我们带来什么好处,虽然这一点并不能被理性自身证明为不可能(更恰当地说,这种证明超出了理性的限度,从而无所谓被证实或被证伪)。相反,我们相信那个向善的原初禀赋本身就是人的本质性规定,虽然它之加于人本身就是最大的奇迹,即我们的理性无法说明它是如何拥有我们的。这样看来,我们没有任何必要设想这样一个完善的人拥有某种超自然的禀赋,相反,我们需要到人自身的自然禀赋中寻找这种完全的意念。

这样看来,我们更应该把这个完善者想象为和我们一样具有七情六欲,感受风霜雨雪、爱恨情仇,可能会被外界诱惑而迷失掉自己,也能感受到我们所遭受的一切苦难和耻辱。这样的假设更能够为我们找寻我们那已经丧失的原初本性提供更大的动力。在康德看来,对此完善者做出这样一种出于人类理性的理解,并不会丧失掉基督教原始的精神内涵,相反,它能够更加促使我们凭着对道德的坚定的、纯粹的信念做出更好的行为。但与我们一般理性存在者不同的是,这个人毕竟拥有一种天生的、不可改变的纯粹性和坚定性,从而他绝无可能做出逾越道德法则的行为。因而他又如此地与我们不同,这种不同甚至必须被人类理性设想为无限的不同,原因就在于我们理性的有限性。

人类的理性必须时时刻刻面对非理性的感性要素的诱惑，并且，他不得不依赖于感性世界提供的基本质料，从而他无法直观到自身以及人类心灵自身。在这个意义上，这个尽管也有身体，也存在身体方面的感受，但却可以做到完全地理智直观，从而是超越一切感性规定之上的完善者与我们的距离还是无限地大的。因而他要是可以作为我们的榜样，我们就会祈求完全圣洁的意志，祈求完全的理智直观，使我们在看到未来无限美好的基础上做出我们应做的行为，不管在尘世这样做会经历多大的艰难困苦与仇视屈辱，但至少我们可以凭借理智的直观看到天国的荣耀。但这样一种状况恰恰是我们永远不会拥有的。

另一方面，这样我们真的很难想象，那个理智直观者究竟是出于人性的有限性而遭受屈辱和苦难以拯救我们，来成就永恒的善；还是因为直观到了未来的美好，知道眼下这种遭受仅仅是未来的一个小插曲而做出牺牲。亦即他做出的牺牲究竟是出于为成就永恒的善而作为一个人承受苦难，还是出于直观到未来的美好而顺便经历了人类的苦楚。我们无法分清究竟是哪一个。

对于前者，我们尚可以凭借对道德的信仰而努力去成就，但却也是与那位完善者具有本质的不同；而对于后者，我们却有着根本性的缺陷。因此，尽管他为我们付出了一切，从而引起我们对他的钦赞和爱，尽管这样的完全意念决断的行为方式值得我们去遵循，但"他自身（指作为完全的意念）却不会作为可供效仿的榜样，因而也不是作为一种对我们来说如此纯洁和高贵的、道德上善之可行性和可到达性的证明，而能为我们所想象"①。这样我们看到，正是对于人之有限性的根本洞察，康德拒绝承认具有完全意念的完善者自身可以成为我们的榜样。这一点与我们前面分析道德情感时提到的"职责"的限度是完全一致的。即：人即使可以凭借律法行出善行，但这种善行却未必具有道德性，真正具有道德性

---

① 康德：《纯然理性界限内的宗教》，第 64 页；Kant, Immanuel, *Religion within the Boundaries of Mere Reason and Other Writings*, p. 83。

的行为乃是依据纯粹性和坚定性的善之意念。对于人来说，这一点具有隐秘的难判断性和永无止境的艰难性。

按照我们上面的分析，善之拟人化理念的实在性，即能够实现出完全善的榜样，不是经上所说的那个完善者。因为他的完全性不是有限度的人所能够达到的。尽管如此：

> 这同一个具有属神意向的、但完全真正属人的导师，却可以同样真实无误地谈论自己，就好像善的理想在他身上被活生生地展示（Incarnate）出来（展现在教诲和周游之中）似的。①

我们看到康德采纳了我们上面分析的第一种情况，即：这个"人"凭借着对善的深深信仰，真实无误地谈论着他的纯洁的属神意向的道德意念，似乎这样一种完全的善被活生生地展示出来，因而真正作为榜样、具有实在性的并非是这个人自身，而是那通过他的教诲与周游而展示出来的纯粹的坚定的道德意念。通过将这完全的道德意念展示在大家面前，他可以不再具有属神的超越性，而仅仅以人对道德意念纯粹性的领会质问所有的人："'你们中间有谁能够指证我有罪呢'？如果没有任何一个人提出相反的意见，那么，将一个导师为他们所教诲的东西——如果这本来就是对每个人来说都是义务——所提供的无可指责的榜样，仅仅归诸于他的最纯洁的意念，就是公正合理的。"②

因此，我们应该把我们的道德意念与这个可以作为原型的意念结合到一起。到现在为止，我们可以看到康德究竟在哪种意义上将这个完善者作为榜样：就这个为了尘世的福祉起见而承受一切苦难的道德意念而言，它应该成为我们的榜样，从而作为一个道德意念原型与我们的意念相结合。而如果突破人之根本的限度，将这个意念实现在我们的生活方

---

① 康德：《纯然理性界限内的宗教》，第 65 页；Kant，Immanuel，*Religion within the Boundaries of Mere Reason and Other Writings*，p. 83。
② 康德：《纯然理性界限内的宗教》，第 65 页；Kant，Immanuel，*Religion within the Boundaries of Mere Reason and Other Writings*，p. 84。

式之中,即认为这个意念本身应该成为人之现实的规定,那这就永远不是我们作为人的公正。

我们看到,在逐一批判把善之理念的实在性建立在感性经验、奇迹、完善者自身,以及试图通过善之理念超越出人之本身的限度而建立在现实性的基础上之后,康德完成了他对于这一理念实在性的论证。善之理念的实在性要建立在把人之道德意念与作为原型的道德意念的结合中,即:人应当符合也必定能够符合的道德立法的理性之中。与基督教相同,一方面,这也是一种深深的信念,相信人必定可以做到与道德立法的理性相符合的行为;另一方面,这也建立在对人之有限性的根本洞察上,我们发现这一点贯穿康德文本的始终。也正是因为康德深深见证到了人之理性的有限性,他可以看到他的这种对善之理念实在性的理解存在着巨大的困难,"为了我们的公正起见而吸收前一种公正,就必然是可能的,虽然使自己理解它要经受巨大的困难"①。

下面我们就详细地分析康德如此理解善之理念的实在性所遇到的困难,以及康德对这种困难的解决。也正是在这里,我们看到康德体系的完整性,同时也看到康德"启蒙哲学"与人格化上帝的深深关联。

三、善的理念实在性困难及其解决

按照上面的分析,在觉识到人的自由存在的同时,康德也深深地觉识到这种自由存在的有限性。② 正是因为对这种有限性的思索,善之理念实在性的困难才可能成为康德面对的一个重要问题。康德在这个文

① 康德:《纯然理性界限内的宗教》,第 66 页;Kant, Immanuel, *Religion within the Boundaries of Mere Reason and Other Writings*, p. 84。
② 需要说明的是,康德理解的人之有限性不同于海德格尔的有限性。康德理解的人这种理性存在者有一个身体的规定,因而人之理性需要依赖于感性为它提供质料,从而如何打通这两者之间巨大的割裂是康德的核心问题,试图解决这个问题是康德三大批判的核心。而海德格尔理解的有限性是人之有死性,或时间性。作为有死亡的人之有限性是海德格尔理解全部哲学问题的核心。当然,对于康德理解的"有限性"的发掘展示在海德格尔一系列的研究之中,即:就"有限性"问题而言,康德是海德格尔的一个对话者。

本中处理得比较简练,原因在于,在《实践理性批判》中,康德面对的最核心的就是这个问题。为了论证的充分,我们需要暂时停下来,简要地回顾康德在那里所达到的结论。

由于自由概念必然指向至善概念,那么,"至善在世界中的实现就是一个可以由道德法则决定的意志的必然客体"[①]。但是,由于我们有一个身体的规定,从而意志可能不会直接性地决定行为,但是"在这个意志里面,意向完全切合于道德法则就成为至善的至上条件"[②]。按照前者,至善是必然客体,后者的这种"切合"就必定是像客体一样是可能的。同时,这种"切合"本身也存在于道德法则的绝对命令之中。但就人之根本的有限性而言,我们无法见证到人可以事实性地做到这种"切合",这也是康德在论证中一再强调的,以至于康德将这种完全的切合称为"神圣性",因为人无法事实性地做到神圣性的要求。但是:

> 与此同时,它仍然是作为实践上必然的来被要求,所以它只是在那个向着完全的切合而趋向于无穷的前进中才能被看到;并且依照纯粹实践理性的原则,认定这样一种实践的进步作为我们意志的实在客体,乃是必然的。[③]

因此,这样一个无穷的进步只有在可以进入无限延续的实体中才是可能的。就这个实体以人格来担当而言,它就需要预设"灵魂不朽"作为先决条件。

另外,至善的实现,除了需要德性的完整性,即需要实现"最高善"之外,它还需要那与德性完全契合的幸福是现实的,即需要实现"完满善"。除了是出于思想本身的规定外,我们在纯粹理性中也可以见证到这一点。这就必须"以与这种结果相适合的原因的此在为先决条件,这就是说,它必须设定上帝的实存,作为必然属于至善(它是与纯粹理性的立法

[①] 康德:《实践理性批判》,第133—134页。
[②] 康德:《实践理性批判》,第134页。
[③] 康德:《实践理性批判》,第134页。

必然联结在一起的我们意志的客体)的可能性"①。由于这种此在,即对"上帝存在"的设定只是在实践理性的范围之内:

> 这个无上的原因不仅应当包含自然与理性存在者意志的法则契合一致的根据(因为这是幸福的应有之义),而且也应当包含着自然与这个法则表象契合一致的根据,只要他们将这个法则置为意志的至上决定根据,从而不仅包含自然与道德形式上的契合一致,而且也与作为他们动机的他们的德性契合一致的根据,也就是包含着与他们意向契合一致的根据。②

我们可以看到,康德在理性范围内设定"上帝存在"有双重目的。它既作为感性幸福的先决条件,同时更是人类意向或自然与法则表象相一致的先决条件。这是与康德对人之有限性的理解深深地关联在一起的。因此,不仅"灵魂不朽"的设定关联到人之道德意念与至善的契合,"上帝存在"的设定也同样关涉这两者的契合。

在这种思想背景下,我们可以更好地把握康德解决善之理念实在性所遇到的困难。它的实在性应该在人之道德意念与作为原型的圣洁意念的结合中,这种结合是应当的,因而也是能够的。但是,作为有局限的人毕竟不能看到他现实性地完成了这种结合,所以,这种实在性的困难就在以下几点。第一,人之道德意念与原型意念的完全一致(最高善问题)即圣洁性,是现实的人所无法实现的。第二,对于现实生活的幸福(完满善问题),由于无法实现圣洁性,尘世的幸福也就同样无法实现。第三,即使人可以实现这些,但作为出发点的恶怎样被消除呢?恶是人所造就的,我们如何在善中化解之前的恶呢?

这三个问题是康德必须回答的。否则,被如此理解的人将会永远沉陷于残缺之中,而无法实现与完满善的合一。真正说来,这个问题是西方思想最核心的问题,也是启蒙哲学作为完整的思想体系所必须面对

---

① 康德:《实践理性批判》,第 136 页。
② 康德:《实践理性批判》,第 137 页。

的。不仅如此,现代思想以及现代人的生活都应该是建立在对这些问题的解决之上的,否则,我们的生活就可能是无根基的。

在展开对康德的讨论之前,让我们简要地回顾一下基督教思想对这个问题的回答。在基督教看来,"道成肉身"的上帝将一切罪钉在十字架上,从而为所有的人洗清了罪;同时,因着我们对十字架上的上帝的信仰,上帝看我们为义,这是保罗已经意识到的"因信称义"学说;而且作为那位全能者的上帝还会再来,凭其大能造就一个天国。最终,所有信的人都在天国生活,这涉及"末世论"问题。参照基督教对此问题的建构以及对它的回答,我们甚至可以说,康德的问题意识就是来自于基督教的。或者至少我们可以说,这样的问题是人的生活本身要求回答的问题,这是康德思考这个问题的背景。在下面的篇幅中,我们分析康德的解决方案。

第一个是"圣洁性"(Holy)问题。即:法则要求"你们要圣洁,如同你在天上的父那样",但我们在自身中应当造就的善却与作为我们出发点的恶之间具有无限的距离,这个距离如何弥补? 困难在于"意念如何能够对在任何时候(不是一般地,而是在任何一个时间点上)都有缺陷(Defective)的行为有效"[1]。在《实践理性批判》中,我们已经看到康德的提示,他认为解决这个困难的基础就在于,从有缺陷的善到最高的善需要我们永无止境地不断努力。

但是,对于在现实生活中有生有死的人来说,哪怕仅仅在概念上,就是在现实生活中,他都局限在时间之中,因而对人做完全善的评价是不可能的。从而我们无时无刻不是局限于一种对圣洁法则的永恒亏欠之中。[2] 在我看来,这不仅仅是对人生活状况的分析,同时也是对人存在本身的分析。

---

[1] 康德:《纯然理性界限内的宗教》,第 66 页;Kant, Immanuel, *Religion within the Boundaries of Mere Reason and Other Writings*, p. 84。
[2] 海德格尔将这样一种状态称为"罪责"。对于完善而言,我们总是处于一种亏欠的状态中,因而是一种"罪责性"的存在者。

但是我们却可以设想由一位具有纯粹理智直观的知人心者，把它向适应这种圣洁法则的永无止境的进步，根据派生这种进步的那种超感性的意念，在行为上也判定为一个完成了的整体。这样，人即使有其恒久的缺陷，也可以期望成为在根本上让上帝所喜悦的，无论他的存在在什么时候被打断。①

我们看到，康德的解决方案最终也是建立在《实践理性批判》的论证之上的。但与两个实践理性的公设不同，康德在此要解决的是行为问题，即最终的善的实在性问题。也就是说，即使"灵魂不朽"的设定可以成为人在无限的进步中成就意念与原型相契合一致的先决条件，但在行为上，人仍然是有恒久缺陷的。因此，只有设想那位理智直观者可以根据派生我们那不断进步的超感性意念，而将人之行为也判定为完成了的整体，这才是对行为缺陷的真正解决。但是，这并不是说上帝补偿了我们由于无法实现善而造就的现实的"恶"，因为：

> 这假定了人的让上帝所喜悦的道德属性现实地存在于意念之中。而是说，取代无限前进的这个系列之整体的那个信念，只是弥补了与一种存在者在时间中的存在根本不可分的那种缺陷，即：永远不能完美无缺地成为人们在概念中应该成为的东西。②

因此，这里弥补的是人在行为上的完整性，从而这不仅仅是应当的问题，更是能够的问题，这才是实在性的真实内涵。至于"超感性意念"何以能够将上帝揭示出来，以及如何在这种揭示中分析上帝"看做"完成的意义，我们已经在第二章第六节分析过了。在此，我们只分析康德对善之实在性困境的解决方案。

第二个是，当将这种道德上的善与上帝的慈爱相联系时所涉及的

---

① 康德：《纯然理性界限内的宗教》，第 67 页；Kant, Immanuel, *Religion within the Boundaries of Mere Reason and Other Writings*，p. 85。

② 康德：《纯然理性界限内的宗教》，第 67 页；Kant, Immanuel, *Religion within the Boundaries of Mere Reason and Other Writings*，p. 85，康德注释一。

"道德上的幸福"问题。① 这种道德上的幸福不可以被理解为自然的幸福，后者是与事实性的快乐愉悦等相联系的。相反，它应该是：

> 保证永远拥有一种一直在善中向前进的(永不脱离善的)意念的现实性和坚定性；因为只要人们确信这样一种意念是恒定不变的(着重号为康德所加——引者注)，那么，持久地"追求上帝的国"，这也无非就是知道自己已经拥有这个国。②

由于人不是耶稣基督那样的神—人理念本身，我们不可能脱离开对最终结局即幸福的考量，而仅仅考量意志善本身。所以，只有当"善的意念的纯粹性与坚定性"与"道德上的幸福"相联系时，我们才可能持久地追求上帝的国，并且知道自己已经拥有了这个国。因而这个国势必与上帝的慈爱相联系。同样，也正是因为与上帝的慈爱相关联，人才能够保持如此纯粹和坚定的意念，并且发自内心地相信，不仅道德上的幸福，而且自然的幸福都将会加给他。所以，康德面临的任务就是如何刻画这种接纳道德意念的发自内心的"信赖"。

首先在康德看来，对这种意念的信赖不能建立在从自身出发的超感性起源的情感上，甚至被鼓励得出这样一种信赖也是不可取的。这是因为，在康德看来，"人们在任何地方都不会比在有助于对自己的好评的事物中更容易欺骗自己了"③。同样，它也不能建立在"恐惧战兢"上。因为一旦被误解，它将会产生最蒙昧的狂热，虽然它可能做成我们得救的功夫。基督教历史给了这一点以最强有力的证明。因此，在康德看来，"这种信赖不是把自己交付给甜美的或者可怕的狂热，而是出于把自己迄今

---

① 这个问题触及自然与自由的关系问题。康德在这里的解决策略类似于基督教，他用了"信赖"或"确信"这样的词，但又不是基督教的。后者借助于"恩典"这样的概念，而康德更侧重于人自身做了什么。在《判断力批判》中，康德哲学地处理了这个问题，即：通过鉴赏性的情感打通自然与自由的关系。这首先是存在论问题。在此，我们不加以详细的介绍。

② 康德：《纯然理性界限内的宗教》，第 67 页；Kant, Immanuel, *Religion within the Boundaries of Mere Reason and Other Writings*, p. 85。

③ 康德：《纯然理性界限内的宗教》，第 68 页；Kant, Immanuel, *Religion within the Boundaries of Mere Reason and Other Writings*, p. 85。

为止所奉行的生活方式与自己所下定的决心进行比较"①。

在此,我们看到康德的论证根据。尽管幸福最终必定与上帝的慈爱相关联,但为了将之纳入人的能力范围内来处理,康德以"信赖"作为关节点。正是因为对纯粹意念的信赖可以将人的实际生活状况与出于信赖的决心相联系,同时正是这种联系排斥了一切试图从超感性维度谈论这个问题的方式。因而康德说:

> 一个人,如果他从接纳善的基本原理时期开始,经过一段足够长的人生而感知到这些基本原理对行为,即对自己的向善进步的生活方式的影响,并且从中找到机会仅仅以猜测的方式推论出自己的意念的彻底改善,他当然可以以合乎理性的方式希望,由于这样的进步,只要其原则是善的,就会越来越增强以后的进步的力量……即使在尘世人生之后他还面临着另一种人生,继续在这一轨道上向前进,并且越来越迫近完善的目标,尽管这个目标是无法达到的。②

我们可以看到以下几点。首先,意念的彻底更新只是根据自己向善进步过程中所经历的生活方式的推论,而非直接意识。这种看法与前面提到的康德对人之有限性的觉识有直接关联。因为"根本没有对意念的纯真性的那种经验性的证明"③。其次,这个目标也是永远无法达到的。但为了它的完满,我们只能设想那位理智直观者,我们看到康德将对这个问题的处理融入对"圣洁性"的处理之中。这与我们上面提到的康德将对道德上幸福的论证建立在"信赖"的基础上有关。最后,这种信赖,这种合乎理性的希望,既可以有力地帮助一部分人在善中安宁和坚定下来,也可以帮助另一部分人尽可能与恶决裂,"而没有必要在客观上独断

---

① 康德:《纯然理性界限内的宗教》,第 68 页;Kant, Immanuel, *Religion within the Boundaries of Mere Reason and Other Writings*, p. 86。
② 康德:《纯然理性界限内的宗教》,第 68 页;Kant, Immanuel, *Religion within the Boundaries of Mere Reason and Other Writings*, p. 86。
③ 康德:《纯然理性界限内的宗教》,第 71 页;Kant, Immanuel, *Religion within the Boundaries of Mere Reason and Other Writings*, p. 88。

地假定善或者恶对于人的命运的永恒性来作为定理,因为这样理性只会越出自己的洞察界限"①。在康德看来,这个问题完全可以在实践的领域里解决,而不必要预设善或恶对人的永恒命运。

我们看到,康德既不将这种对接纳道德意念的信赖建立在超感性的情感上,也不将之建立在对外在超越对象的战战兢兢上,同时,他也反对我们认为自己能够对之拥有确定的意识和认识,而只是将之看作是建立在对我们实际生活方式的推论上,从而将之作为一个实践问题来处理。由于这个"信赖"直接关联着道德上的幸福以及自然的幸福,因而幸福问题就与道德意念的纯粹性和坚定性紧密相连。所以,幸福的实在性困难同时就是上面的"圣洁性"的实在性困难。正如"能够"是圣洁的实在性的真实内涵,对"能够"的信赖关涉人的一切行为的主观根据,因而康德以道德上的幸福论述之。信赖状态的建立是道德幸福的实在性的真实内涵。

第三个问题是"事实性的恶问题"。哪怕道德上的善已经现实地成为人的本质规定,哪怕人再怎么纯粹地、坚定地以善的意念决断自己的行为,从而保持着一种向善的生活方式,但是有一点却是完全无法改变的,那就是人曾经或者正在事实性地意愿恶。换用康德的说法就是"他毕竟是从恶开始的"②。在最高的公正看来,无论他在心灵更新之后做了什么,他都无法将自己看作似乎已经偿清了以前犯过的罪。尽管他更新后做了善事,但那只是他的义务,我们绝不可设想以义务偿还罪责。并且,这种罪责也是永远无法由他人代受的,③它是"最个人性的债务,即只

---

① 康德:《纯然理性界限内的宗教》,第 69—70 页;Kant, Immanuel, *Religion within the Boundaries of Mere Reason and Other Writings*, p. 87。

② 康德:《纯然理性界限内的宗教》,第 71 页;Kant, Immanuel, *Religion within the Boundaries of Mere Reason and Other Writings*, p. 88。

③ 康德的这种谈论方式极其类似于海德格尔在《存在与时间》中所谈论的"死亡"问题。他们都用了"罪责"这个词。不同的是,康德是在行为意义上或者道德意义上谈论"罪责",它是出于自由而为我们所必定要承担的东西;但海德格尔更侧重于在形而上学的意义上谈论"罪",它刻画的乃是人的一种根本性的缺陷生存,因而"罪责"表明的是人的一种"亏欠"状态,即:他总是一种有缺陷但又努力趋向完善而又根本不可能的状态。这两种谈论方式有着根本性的差异。

有应受惩罚的人才能承担"①。

另一方面，为了避免在人与最高存在者之间建立过分多情的关系，我们也不应该将人的恶界定为罪，因为所谓罪就是"对作为上帝的律令的道德法则的逾越"②。我们应该仅仅将恶限定为"作为意念和一般准则之中的恶"③。因而我们应该只考虑行为，以及与之相关的意念，而非一般的意念在人类法庭面前的状况，从而，"每个人都将要对受到一种无限的惩罚和被从上帝的国中驱逐出去有所准备"。④

我们可以看到，康德处理这个问题的方式完全不同于基督教。后者更加倾向于爱。十字架上的上帝以其大爱完全胜过了这个世界，人的一切罪恶都因着那位慈爱全能的上帝而被钉在十字架上。尽管作为活着的个人在生活中不断地犯罪，但因着信，这些罪在上帝的眼中被赦免。在这个过程中，人除了信，并将自己完全交付在上帝的手中，他什么也没有做，一切罪恶都由全能慈爱的上帝克服。康德根本性地弃绝了这种基督教式的谈论罪和恶的方式。

我们应该在什么范围里思考作为起点的恶的问题呢？或者说我们应该怎样看待这种恶呢？"一个知人心者的审判必须被设想为这样的审判，它是从被告的普遍意念做出的，而不是从这意念的显象、从与法则相背离或者相一致的行动做出的"⑤。因为在恶的意念和善的意念之间存在一个转变，对恶的意念的审判和惩罚应该加在转变之前，还是转变之后呢？

---

① 康德：《纯然理性界限内的宗教》，第 72 页；Kant, Immanuel, *Religion within the Boundaries of Mere Reason and Other Writings*, p. 89。
② 康德：《纯然理性界限内的宗教》，第 72 页；Kant, Immanuel, *Religion within the Boundaries of Mere Reason and Other Writings*, p. 89。
③ 康德：《纯然理性界限内的宗教》，第 72 页；Kant, Immanuel, *Religion within the Boundaries of Mere Reason and Other Writings*, p. 89。
④ 康德：《纯然理性界限内的宗教》，第 72 页；Kant, Immanuel, *Religion within the Boundaries of Mere Reason and Other Writings*, p. 89。
⑤ 康德：《纯然理性界限内的宗教》，第 72 页；Kant, Immanuel, *Religion within the Boundaries of Mere Reason and Other Writings*, p. 89。

康德这样分析这个问题。因为要处理的问题是"意志决断了善"之后所存在的"事实上的恶"问题,因而惩罚不应该是加在意志决断了善之前的状态;同时由于只要意志决断了善,我们就实现了心灵转变而成为道德上的新人,他就不应该是当受惩罚的。但最高的公正又必须被满足,所以一个当受惩罚的人必须要受到惩罚,那么,惩罚就必须被设想在"心灵转变"的过程之中。

这个转变就是走出恶,从而进入善的状态。也就是那脱掉旧衣服而穿上新衣服的人,因为旧我已死。但是这种出于公正的由死而生并非被一段时间隔开的两种道德行为;相反,"只有通过使人进入善的那种善的意念,离开恶才是可能的,因此,离开恶的意念和接受善的意念同样包含着善的原则,而正当地伴随着前者的痛苦则完全是由后者产生出来的。"①因此,这本身就是牺牲,就是接受人生的一长串苦难。这也是经上所说,新人为了上帝之子的意念,即为了纯然的善,而要承担一系列的苦难,这些苦难本来是要作为惩罚由旧人来承担的。以此作为基点,康德对上帝之子的观念进行了实践的解释:

> 这种具有纯粹性的意念,或者(如果我们把这一理念人格化)上帝之子自己,就为新人、也为所有(在实践上)信仰上帝之子的人,作为代理人承担起罪责;作为拯救者以受难和死来满足最高的正义;作为管理者使人们能够希望在自己的审判者面前可以表现为释了罪。只不过(在这种表象方式中)新的人通过在旧的人身上死去而在人生中必须不断地承担的那种受难,在人类的代表身上被表象为一劳永逸地经受死亡罢了。②

在康德看来,在十字架上经历死亡并承担一切苦难的上帝的表象方

---

① 康德:《纯然理性界限内的宗教》,第 74 页;Kant, Immanuel, *Religion within the Boundaries of Mere Reason and Other Writings*, p. 90。
② 康德:《纯然理性界限内的宗教》,第 74 页;Kant, Immanuel, *Religion within the Boundaries of Mere Reason and Other Writings*, pp. 90 - 91。译文与中译有一定差异。

式，和通过旧人死亡从而承担其苦难的新人的表象方式是相同的。这是一个与纯粹意念的获得相关的实践性问题，从而获得纯粹意念的新人为旧人死去所承担的苦难就是最高公正对事实性恶的惩罚。这样，善的实在性所牵涉的事实性的恶的问题就得到了化解。但这种化解之所以能够完成，还是要维系在意念的纯粹性与坚定性上。

因此，我们看到，所有这三个困难的解决都涉及纯粹性的意念，亦即最高的善问题。这三者的差异在于，"圣洁性"涉及纯粹性意念作为一个整体而最终完成以及其所涉及的行为得以完成；"道德上的幸福"涉及纯粹性意念对其自身不断进步的信赖，因而是主观性的基础；"事实恶问题"涉及纯粹性意念完成后对于过去意愿行为的担当。①

另一方面，正因为它是对于过去意愿行为的担当，我们就永远只是处于生成之中的东西（即做一个上帝所喜悦的人的过程之中）。因而我们需要将某种神恩归于我们的功劳，即：将这些东西归属于我们，就好像我们在这里已经完全拥有了它似的。"对此，就我们对自己本身的认识而言，我们毕竟没有任何合法要求（根据经验的自我认识来看），以至于我们心中的控告者将宁可提出一种诅咒性的判决。因此，这永远只是一种出于神恩的判决。"②我们看到，康德这一解决方案完全相同于在处理"圣洁性"问题时的解决方案。

相关于对善之理念实在性困境的解决，我们重新回到"上帝存在"这一公设。在《实践理性批判》中，康德以"上帝存在"这一理性公设解决完满的善的问题。但在那里，康德没有具体分析这个上帝的属性。在善之实在性的困难中，康德具体解释了上帝的人格化属性。这是一个很关键

---

① 如果我们可以做进一步的引申，这三者的关联是时间性的关联，它是对作为人之存在本质性规定的道德做的三维跨度的解释，即未来、现在、过去这一三维向度的最终展示。在《康德与形而上学疑难》中，海德格尔对想象力做了时间性的阐释，我们同样可以对道德这一实践问题做出同样的阐释。这可以弥补海德格尔对康德的解释。对于这个问题，我们已经在第二章第六节讨论过。参见海德格尔《康德与形而上学疑难》，第 164—179 页。

② 康德：《纯然理性界限内的宗教》，第 76 页；Kant, Immanuel, *Religion within the Boundaries of Mere Reason and Other Writings*, pp. 91 - 92。

的问题。从康德的文本中，我们可以做出两种解释。第一种是完全启蒙化的立场。所谓"善之拟人化的理念"指的无非就是人格化上帝在绝对理性中的投射，因而人一切行为的最终根据都在其自身，并且最终能够完成的最高的善以及完满的善就是绝对理性中的东西。相关于上帝的人格性能够保证意念纯粹性的获得、对意念的信赖，以及纯粹意念对过去恶的承担，它们所指的无非是人格化的绝对理念本身所包含的东西。这种理解可以完成彻底的"去神话化"，即：一切神迹、奥秘、恩典都会被清除掉。但这种理解最终存在着这样一个问题，即：究竟什么是"启示"？什么是信仰？① 毕竟在人的某种直接经验中，我们可以经验到一种超乎一切的东西，用基督教的话说就是"上帝临在的状态"。这究竟是什么呢？ 这是把康德完全启蒙化所不得不面对的问题。

　　第二种是比较克制的立场。所谓"善之拟人化的理念"指的是，当理性面对人格性的上帝时，它意识到自己的不足（指它不是纯粹理性，而是有一个身体），同时又可以意识到善，因而肉身的上帝就是善的人格化个体，它的意义在于帮助人性的完成。但与一般生活相联系的奥秘、恩典等，都是应该抛弃的。这是因为理性要由自身决断行为。但若要最终完成纯粹的道德行为以及与之相关的至善理念的现实性，人类理性确实需要依赖于外在的超越的人格化的上帝。因此，在最终的意义上，我们应该保留恩典和启示等。至于如何理解并分析这种恩典和启示则是另一个极端艰深的问题。就康德的文本来看，他更倾向于第二种立场；但是在很多地方，他也表现出第一种立场。后来的谢林、黑格尔等人都在这个问题上与康德有着微妙的但却是系统性的差异。

　　无论如何理解上帝的"人格性"，在具体论证上，康德始终把握住一个原则，那就是以纯粹意念为目的的实践作为基点。"这里还不能忽略

---

① 维塞尔在《启蒙运动的内在问题——莱辛思想再释》中就是从莱辛对"启示"的理解中反思启蒙运动的内在问题，所谓"内在问题"指的就是这一问题。由于不是这里的主题，我不做过多解释。可参见：[美]维塞尔，《启蒙运动的内在问题》，贺志刚译，北京：华夏出版社 2007 年版；[德]莱辛，《历史与启示——莱辛神学文选》，朱雁冰译，北京：华夏出版社 2006 年版。

它能够对宗教和生活方式造成什么样的积极的用途,因为在那种研究中,作为基础的条件是,它涉及的人已经现实地处于必需的善的意念之中了。道德概念的所有实践上的用途本来都是以这种意念的要求(它的发展和促进)为目的的。"①所谓"已经现实地处于必需的善的意念之中"指的就是他相信那种改善的意念已经为他所获得,他现实性地奉行这样一种生活。这乃是源出于一种"信赖"的生存状态。当然,就完全纯粹性的意念而言,他是不可能获得的。但在这种"信赖"的生存状态中,他现实性地拥有了纯粹性的意念,并且拥有与之相伴随的道德上的幸福,这就是康德所说的实在性。为了更加地突出对实在性的这种理解,以及康德的实践性意图,我们引用康德如下一段文字结束这一部分的分析。

即使他相信自己的意念发生了改变,也必须同时考察自己作为出发点的旧的(堕落了的)意念,而且无论他从旧的意念中去掉了什么,去掉了多少,无论自以为新的意念具有什么样的品质(是纯粹的还是不纯粹的),达到了什么程度,他都必须能够把旧意念接受下来,以便克服它,并且防止重新坠入它,因此,他将不得不终生参考旧的意念。这样,由于他借助直接的意识对自己的现实的意念根本得不出一种肯定的、确定的概念,而是只能从自己现实地奉行的生活方式中接受这个概念。②

四、善和恶两种原则之间的斗争

论证了善之理念的实在性之后,康德面临的问题就是善的现实性问题。无论善的理念具有何种实在性,它终究还只是在概念层面上处理问题。尽管概念本身就会对实际的生活产生影响,但最终善要完全实现在

---

① 康德:《纯然理性界限内的宗教》,第 76 页;Kant, Immanuel, *Religion within the Boundaries of Mere Reason and Other Writings*, p. 92。
② 康德:《纯然理性界限内的宗教》,第 77 页;Kant, Immanuel, *Religion within the Boundaries of Mere Reason and Other Writings*, p. 92。

这片大地上则是另一层面的问题。康德以《圣经》的历史形式讲述了这个问题。

人本来被指定为地上一切财富的所有者，只是他应该在创造主的支配下占有这些东西。但是，一种恶的存在者也被创造出来，①它丧失掉自己在天国的一切财产，而只拥有堕落的大地，但它又不能通过直接拥有尘世形体的对象而获得享受。所以，它要通过使人类的始祖背叛主人而归服于它的方式，获得对他们的心灵统治。因此，"一个恶的国违背善的原则在这里建立起来了，所有（以自然的方式）起源自亚当的人都臣服于它，而且是他们自己赞同的，因为这个世界的所有财富的幻象把他们的目光从他们注定的堕落的深渊引开了"②。

在这种状况下，善原则若要取得统治，就只能通过建立一种政府形式才能保存。这体现在犹太人的神权政治国家之中。在这样的政府形式中，人们的心灵依旧除了尘世的财富外，不赞同其他动机；另一方面，虽然产生了道德性的要求，但它却只是以一种外在的强制形式实施的。因此，这种安排本质上并未与黑暗的王国决裂，"而只是仅仅有助于把第一所有者的不可取消的权利永远保存在记忆中"③。当这种社会的种种弊端越来越为人们所觉识，加之希腊智者们自由学说的动摇，多数人开始思索这种状况。

这个时候，一个革命性人物出现了。他以自己的学说和榜样宣称自己是来自上帝的人子，起源于天真无邪的原初状态，并且，所有的人都应该凭借对他以及对他的父的信仰达到这样的状态。于是这个世界的王的统治开始受到威胁。他最终要收回这位人子的一切尘世愉悦，并发动

---

① 至于这种恶的存在者如何被创造，或者它本来是善的，而又如何忽然变成是恶的，以及上帝何以让这样一种恶的存在者掌管这个世界，在康德看来，我们都是无法知道的，因而它们是事实性的状态。

② 康德：《纯然理性界限内的宗教》，第 79—80 页；Kant, Immanuel, *Religion within the Boundaries of Mere Reason and Other Writings*, p. 94。

③ 康德：《纯然理性界限内的宗教》，第 80 页；Kant, Immanuel, *Religion within the Boundaries of Mere Reason and Other Writings*, p. 95。

对他的迫害,并最终致其死亡,使其遭受到一个善良意志所可能遭受到的一切苦难。但尽管如此,"却仍旧丝毫不会由于对他为纯粹卑贱者的福祉提供的学说和榜样中所表现出来的坚定和正直的冲击而有损于他,这就是这场斗争的结局"①。我们该如何评价这个结局呢?

如果就生理,或事实意义而言,善的原则是失败的一方。因为在经受了一切苦难之后,他献出了生命。而如果就原则当权而言,世界应该是自由,而非自然的国度。在它里面,只有统治了人的心灵才能真正支配一切,"因为在它里面,没有任何人是奴隶,除非并且只有当某人自愿如此才是奴隶;于是,正是他的死亡(一个人苦难的最高级别)成了善的原则的体现,即处于道德上的完善之中的、作为后世的榜样适用于每一个人的人性的体现"②。因此,这一死亡应该对后续的每一个人造成影响,因为它使得人们见证到了天国中的自由。

另一方面,这一善的原则同时也是自人之起源开始就有的。"他到自己的地方来,自己的人倒不接待他。凡接待他的,就是信他的名,他就赐给他们权柄,做神的儿女。"(《约翰福音》1:11—12)每一个人只要关注到自己的圣洁性,关注到那个榜样,天国自由的大门就向所有的人敞开。因此,最终这些人应该"对于使道德遭受损失、把他们束缚在尘世生活上的一切都毫不动心,而在他们中聚集起一个'在好事上富足,甘心施舍,乐意供给人'的民族,接受他的统治,然而他把这种统治权留给了宁可做道德上的奴仆的他们自己"③。

这是善的原则统治的王国,这是自由的王国,这是十字架上的死亡所带来的原则当权的王国。但是,这一道德的最终结局并非意味着现实生活中对恶的原则的胜利,因为恶的原则掌权的国仍在继续。但无论如

---

① 康德:《纯然理性界限内的宗教》,第 82 页;Kant, Immanuel, *Religion within the Boundaries of Mere Reason and Other Writings*, p. 96。
② 康德:《纯然理性界限内的宗教》,第 83 页;Kant, Immanuel, *Religion within the Boundaries of Mere Reason and Other Writings*, pp. 96 - 97。
③ 康德:《纯然理性界限内的宗教》,第 83 页;Kant, Immanuel, *Religion within the Boundaries of Mere Reason and Other Writings*, p. 97。

何,必定有那么一个时代,在那里,这个恶的原则统治的国要被摧毁,因为,"无论人们曾经怎样长时间地臣服于这种权势,它都不能违背人们的意志维持下去。因为在他们面前展示了另一种道德上的统治(因为人必须处于某种统治之下)来作为避难所。在那里,他们可以获得道德性的庇护"①。

因此,尽管恶的原则还被称为这个世界的王,那些顺服于善的原则的人尽管还要经历那些生理上的苦难与牺牲——因为只有那些将尘世的幸福作为终极目的的人才能在这个国度中获得奖赏——但是,这个世界的面纱终究要被解除,因为就精神实质以及理性内涵而言,善的原则对所有时代所有世界在实践上都是有效的,它的有效的意义在于,"除了最真挚地把真正的道德基本法则接纳入自己的意念之外,绝不存在任何得救……一种堕落在所有人身上都存在,并且不能借助于任何东西战胜它,除非凭借完全纯洁的道德上的善的理念,并且我们应该意识到,这个理念现实地属于我们的原初禀赋"②。

为了实现这种精神本质,我们应该恪守纯粹的道德意念,维护纯洁的善的理念,回归原初的禀赋。它们所指向的正是纯洁善理念的完成和善原则统治世界的真正实现。因此,即使我们没能够事实地看到它的实现,但是因为精神自身的深度以及理性所必然指向的终极理念,我们终究是有希望的,或者说我们是处身于希望之中的。正因为是生活在希望中的,我们能够现实性地生存于纯粹的道德意念中,从而过去所有的罪责都在绝对者的目光之中被勾除,那个未来将被完成的纯粹性与坚定性的道德意念可以被完成。但是,除了纯粹性与直接性的道德意念之外,毕竟还存在着善之王国的最终实现。这样看来,如何能够获得并维系善的原则统治的王国是康德面临的又一个艰难的问题。

---

① 康德:《纯然理性界限内的宗教》,第 83—84 页;Kant, Immanuel, *Religion within the Boundaries of Mere Reason and Other Writings*, p. 97。

② 康德:《纯然理性界限内的宗教》,第 84 页;Kant, Immanuel, *Religion within the Boundaries of Mere Reason and Other Writings*, p. 98。

第三节　善的现实性：对"地上天国"的理性理解

在分析了善本身的实在性，即出于理性理念的善本身如何对人的实际作为产生影响之后，康德要面对的问题就变成如何才能使善被造就在这片大地上，即应该通过做些什么才能使上帝的国可能建立在大地之上。这就是所谓的善的现实性问题。[①] 就人这样的理性存在者而言，他不是孤零零的个体存在，相反他有着这样一个世界，有着一群同样的理性存在者与他同在。因此，善就不仅仅是理性意志的纯形式，相反，善本身就应该是有内容的。它需要面对这个世界，面对其他的理性存在者。因而从善的理念出发，我们需要构建一整套形式机制来保障它的内容能够合乎理性地实行出来。在"道德—宗教"的问题维度内，康德要做的就是探讨如何联合、构建一种"伦理—公民"状态。这是与"律法—公民"状态相对的一种状态。我们下面会详细分析这两者的内涵。

为什么需要一种"伦理—公民"状态来保障善的现实性呢？对这个问题，康德也给出了一种社会性的理由。在谈到人性的禀赋时，康德认为：

> 只有与其他人相比较，才能断定自己是幸福的还是不幸的，由这种自爱产生出这样一种偏好，即在其他人的看法中获得一种价值，而且最初仅仅是平等的价值，即不允许任何人对自己占有优势，总是担忧其他人会追求这种优势，最终产生一种不正当的欲求，要为自己谋求对其他人的优势。[②]

---

① 这里用"现实性"一词主要是按照康德在《纯粹理性批判》中的用法。它指的是"现实性的图式是在一确定的时间中的定在"（A145、B184），至于这一确定的时间在哪里，我们不知道，但是它终究存在于"那一时刻"。对"那一时刻"的意义分析要等到本章第四节。这样看来，在含义上，它更接近"必然性"。但为了保持康德概念术语的连贯性，我还是用了"现实性"这一术语。就我本人而言，我更喜欢用"必然性"。为避免含义上的误解，特此指明。

② 康德：《纯然理性界限内的宗教》，第 26 页。

因此，在康德看来，并非由于人离群索居时的"粗野本性"，而是因为处于关系和联系之中的人们，将恶嫁接在嫉贤妒能和争强好胜上，并且这一点就是人性的禀赋被进一步滥用的直接结果。另一方面，在我们实际生活的社会中，这一点也是很明显的，"一个人在为他的基本需求而操心时的心态，是有节制和平静的，只有当他处于人们中间时，忌妒、统治欲、占有欲以及与此相联系的怀有敌意的偏好，马上冲击他那易于知足的本性"①。

在这种强大的人性，以及社会性的压力下，任何单个的人想要致力于摆脱恶的统治，都几乎是不可能的。因为强大的恶将会不断地把他拉回到它的统治之下。因而在康德看来，"如果找不到任何手段来建立一种目的完全是在人心中真正防止这种恶并促进善的联合体，即建立一个持久存在的、日益扩展的、纯粹为了维护道德性的、以联合起来的力量抵制恶的社会"②，那"善的原则"统治的时代就永远不会来临。

按照这种出于人性，以及社会性的考量，为了实现善的原则的统治，即为了论证善本身的实现，在康德看来，我们需要建立并且扩展一个按照善的原则，即道德法则，并完全以其为目的的社会。在这个社会中，出于理性的道德法则成为普遍的职责和义务，发展并完善人之内在道德禀赋成为每一个人的任务。只有这样，我们才能期待"善的原则"对"恶的原则"统治的最终胜利。在此，我们看到思想本身的力量和它超越一切的所在。即：凭借纯粹理性自身，一切给定的社会、文化、传统现状都要经历彻底的批判和重整，从而完全按照自由本身的原则构建，以及营造我们的实际生活。

在人能够做到从而是在人的能力之内，我们应该按照什么样的原则构建这种"伦理—公民"社会呢？另外，出于道德—伦理的宗教该以何种

---

① 康德：《纯然理性界限内的宗教》，第 93 页；Kant, Immanuel, *Religion within the Boundaries of Mere Reason and Other Writings*, p. 105。

② 康德：《纯然理性界限内的宗教》，第 93 页；Kant, Immanuel, *Religion within the Boundaries of Mere Reason and Other Writings*, p. 105。

姿态面对传统的教会—信仰的宗教模式呢？毕竟这样一种已成的教会形态存在于我们的生活中，并且"伦理—公民"社会内在地与教会相关联，对此康德会有细致的论证。处于启蒙时代的我们应该以何种态度面对这种传统教会形态呢？也就是说，在"伦理—公民"社会中，我们的教会事奉应该遵循什么样的原则呢？在完全按照理性原则论证了善的内在可能性，以及善本身的实在性之后，这些问题都成为康德必然面对的核心问题。严格地讲，这是一种历史性的批判。本节以及下一节，我们就分析康德面对的这些问题。

一、基本概念界定：何谓真正教会

我们首先需要界定何谓"自然状态"和"公民状态"。无论人处于何种生存状态下，他总是要按照"法"展开生活，因而他的行为不是混乱无序的。这是对人的理性状态的一种描述。但问题是，"法"是依据什么给出来的呢？所谓"自然状态"指的就是每个人给自己立法，因而每个人都是自己的法官。在这种状况下，"不存在任何一种公共的、具有权力的权威，来按照法则以具有法律效力的方式，规定每一个人在各种可能出现的场合里的义务，并使得义务得到普遍履行"[①]。我们看到，在康德所生活的时代，几乎所有的政治哲学家都认为这种原初的状态是需要克服的。这样看来，与之相对的"公民状态"就是人们相互之间应该有的一种关系。但问题就在于，我们应该根据什么构建这种摆脱"自然状态"的"公民状态"呢？

抛开理论探讨，回到我们现实的体制框架。我们知道，在政治领域这种"公民状态"就是一种"律法—公民的（政治）状态"。在这种生存状态里，人们服从公共的律法法则，暂且不管这种律法法则究竟出自哪里，即无论它的最终合法依据建立在什么地方，它都是一种强制性的法则，

---

① 康德：《纯然理性界限内的宗教》，第 93 页；Kant, Immanuel, *Religion within the Boundaries of Mere Reason and Other Writings*, p. 105。

它是依赖权力来推行的。因而它必然只是规范人的具体行为。但回到实际生活经验,我们也会发现,可被强制规范的行为只是人类生活经验的一部分,我们"希望"实现的东西更多地是涉及德性意念的。因而为了构建一个真正共同的生活共同体,在强制性的律法法则之外,我们必须要有一种没有外在强制而仅仅是出于纯粹德性意念的法则。否则,整个社会就会出现一种权力之外的真空,即:即使整个社会表面上按照法律本身运行,但却"道德沦丧、人情冷漠"。当然,"道德沦丧、人情冷漠"的社会更不可能是按照法律本身运行的。

因此在康德看来,与"律法—公民"状态相对,我们还需要一种"伦理—公民"的社会状态。它指的是"这样一种状态,即人们是在无强制的、即纯粹的德性法则之下联合起来的状态"①。按照康德的这个基本界定,我们可以得出"伦理—公民"社会状态的以下几个特点。

首先,它不能是强制性的。对于是否进入这种伦理性的联合,个人有完全自由的选择权利。我们绝不能允许任何权力强迫任何人进入这种联合。这既是对个人自由的干涉,同时也不利于政治权力本身,这样做势必会引起一部分人的反抗。其次,它应该以"律法—公民"社会状态为前提。在共同体中,个体的自由存在并非意味着无限度的自由,相反,这种自由应该遵循普遍的不矛盾律,即:个体自由应该被限定在这样的条件下,每个人的自由都能够同其他人的自由按照普遍的法则共存。因此,无强制性恰恰以强制性作为前提。这是现代"政治—社会"设计的一个根本原则。当然我们也可以按照自由原则展开对这个问题的讨论。②

---

① 康德:《纯然理性界限内的宗教》,第 95 页;Kant, Immanuel, *Religion within the Boundaries of Mere Reason and Other Writings*, p. 106。

② 就现实政治来说,我们的确可以说"强制性"本身是规范自由的,更恰当地说,是规范无限度的自由,从而我们很多时候会说,政治制度是为防止恶而构建的。但就自由本身的原则来看,真实情况正好相反。因为人的自由存在注定要在现实中展开,因而这种自由是有内容的自由,它要贯彻于人类生活的一切。而这种贯彻正是要展开自由本身的内容和原则,我们将这种原则称为法律,因而法律本身就是自由的原则。政治权力恰恰是要保障这一原则的贯彻实施。对于这一点,黑格尔理解得非常透彻。感兴趣的读者可以参阅黑格尔在《法哲学原理》中的相关论述。

按照这种基本原则,"伦理—公民"状态的联合必须要容忍一些政治方面的限制。① 最后,因为伦理性联合要摆脱一切防范性的强制,它是出于"完全的"自由(它是与凭借权力原则防范无限度的消极意义上的自由相对的那种自由),因而它势必关涉整个人类。也正是在这种意义上,康德说:"这样一个伦理共同体的概念,总是关系到一个所有人的整体的思想……它奋力迈向与所有人(甚至所有有限的理性存在者)的一致,以期建立一个绝对的伦理整体。"②

这样看来,就康德的任务是要为善本身的现实性做论证来看,他必须要沿着"伦理—公民"存在状态向前走。这是因为,首先善不可能出现在"自然状态"中,而"律法—公民"状态的联合本身不以关心道德上的善为目的。但就善本身的意义而言,它不应该仅仅是个人对个人的义务,相反它是人作为一个类对自身的义务。"有理性的存在者的每个物种在客观上,在理性的理念中,都注定要趋向一个共同的目的,即促进作为共同的善的一种至善。"③我们看到,"伦理—公民"状态的联合恰恰是关涉这样一种类的共同善的。因此,这种道德上的至善必须要求每个单个的人为了这同一个目的而联合成为一个整体,并成为这个整体中的一员。也只有依赖于这样一个整体的统一,道德上的至善才可能得以实现。但光凭个体融入这种伦理状态是否就能够造就这种至善?

但是,关于这样一个整体,即一个遵循德性法则的普遍共和国的理念,是一个与所有的道德法则(这些道德法则涉及的是我们知

① 按照现代的学术用语,康德这里要处理的是"政治权力"、"公民社会"、"宗教团体"、"法律"、"道德"之间应该存在的逻辑关联,以及在现实社会中如何处理它们之间关系的一些现代社会的基本原则。
② 康德:《纯然理性界限内的宗教》,第 96 页;Kant, Immanuel, *Religion within the Boundaries of Mere Reason and Other Writings*, p. 107.
③ 康德:《纯然理性界限内的宗教》,第 98 页;Kant, Immanuel, *Religion within the Boundaries of Mere Reason and Other Writings*, pp. 108–109.

道自己能够支配的东西)完全不同的理念。①

因而按照康德,我们的道德法则只涉及我们能够做到的东西,但对于超出我们能力之外的整体性的理念,我们却是无法知晓的;至善所要求的为了目的而联合成整体以及要求这一整体的统一,恰恰是这样一种超出我们能力范围的理念。所以,尽管对作为理性存在者的我们而言,这一整体的理念是我们的义务,但是这个义务完全不同于其他一切种类的义务。因此,我们可以预先就猜测到,"这种义务将需要以另一个理念为前提条件,即一个更高的道德存在者的理念"②。

就这一至善要求我们为了目的而联合成整体的义务本身而言,它需要有更高的立法者。一方面,作为伦理共同体的公共"立法者",它必定不能是人类自身,人能够立的法只是他能够做到的。另一方面,这一更高的立法者也不能被设想为"原初纯然从上峰的意志出发的(设想为若不是他事先发布命令就会没有约束力的法规),因为这样一来,它们就将不是伦理法则,与它们相符合的义务也将不是自由的德性,而会是强制性的律法义务了"③。这样看来,我们必须这样来设想这个更高的立法者。

首先,对于他来说,真正的义务必须同时被设想为是他的诫命。他要具有完满性的意向,即他应该是直接性地完成一切义务的。这与出于职责行为的人类是有着根本差异的,因而他是完全的善。其次,他必定能够看透所有人的意念。由于伦理共同体的善的完成与否,都不是人类能够直观到的,甚至人类连自己的意念完善性都无法知晓,更谈不上作为善的整体理念了,从而这位立法者必定是知人心的,即是全知的。最

---

① 康德:《纯然理性界限内的宗教》,第 98 页;Kant, Immanuel, *Religion within the Boundaries of Mere Reason and Other Writings*, p. 109。

② 康德:《纯然理性界限内的宗教》,第 98 页;Kant, Immanuel, *Religion within the Boundaries of Mere Reason and Other Writings*, p. 109。

③ 康德:《纯然理性界限内的宗教》,第 99 页;Kant, Immanuel, *Religion within the Boundaries of Mere Reason and Other Writings*, pp. 109 - 110。

后,他能够使每个人得到依据他们的行为所配得到的,这一点是康德论证上帝的国实现的最核心的论证依据。对这一点,我会在下面进行细致的分析。因此这样的立法者是全能的,即:他是上帝的国在大地上实现的最终根据。毫无疑问,这样一个更高的立法者也是康德"道德—宗教"论证的最终依据。这就是康德"理性—道德"维度之内的上帝概念。

与这一上帝概念紧密相连的就是"上帝子民"的概念。在这样一个伦理共同体中,所有遵循真正的义务即遵循上帝诫命的人,都被作为上帝的子民。与之相对的是遵循规章性法则的那些人。他们的行为遵守的是按照规章行事的合法性,而不是行为本身的道德性,康德称这样的人为"遵循规章法则的上帝子民"①。在康德看来,他们并非直接从上帝那里接受诫命,而是从上帝所任命的祭司那里,因而他们的统治是神权政治性的。

但相关于人类生活的现实,康德说,"一个伦理共同体的崇高的、永不能完全实现的理念,在人们的手中大大地贬低了。即贬低为一个机构,它充其量也只能仅仅纯粹地表现这个伦理共同体的形式"②。在人类实际的"机构"中,尽管造就一种道德上的"上帝子民"是需要上帝亲自来完成的,但人也必须要做出一些什么,即"他必须这样行事,就好像所有的一切都取决于他;只有在这个条件下他才可以期望,更高的智慧将使他的善意的努力得到实现"③。他究竟应该做些什么才能使自己的愿望实现呢?答案是:建立真正的教会。

所谓"教会"指的就是上面那种遵循上帝诫命,即上帝的道德立法的伦理共同体。对这种教会概念,我们可以做出两个层次的区分。首先它必须是"作为所有人在上帝直接的、道德上的、世界性统治下的联合体的

---

① 康德:《纯然理性界限内的宗教》,第 100 页;Kant, Immanuel, *Religion within the Boundaries of Mere Reason and Other Writings*, p.110。

② 康德:《纯然理性界限内的宗教》,第 101 页;Kant, Immanuel, *Religion within the Boundaries of Mere Reason and Other Writings*, p.111。

③ 康德:《纯然理性界限内的宗教》,第 101 页;Kant, Immanuel, *Religion within the Boundaries of Mere Reason and Other Writings*, p.111。

纯粹理念，它是作为由人建立的世界统治的原型"①。这是"不可见的教会"，我也将之称为教义学上的教会。其次，在现实世界中，人们现实性地联合为一个整体，它应该与上述理想一致，这就是"可见的教会"，我称之为社会学上的教会。按照理念本身，真正的教会应该具有以下特点：普遍性、纯粹性、自由原则下的关系、宪章的不变性。康德的任务就是要分析真正教会的可能性，即：我们应该按照何种原则构建甚或改造现实的教会？

二、真正教会的可能性条件

现在我们的任务就是在逻辑上界定"不可见的教会"或者说教义学上的教会，与"可见的教会"或者说社会学上的教会之间应该存在的关联。因为只有如此，我们才能确切地理解真正教会的可能性与现实性。对于基督教神学来说，教义学上的教会的内涵是其神学思考的重心，不同的神学家对之有着颇为悬殊的理解差异。但按照康德，这一教会概念有着清晰的内涵，它应该是在上帝直接性地、道德性地、世界性地统治下的伦理联合体的纯粹理念。在他的统治下面，所有上帝子民应该是遵守一切真正的义务，同时就是遵循上帝的诫命的。所以，在其中，人之完善的道德意念，以及与之相关的道德上的、世俗上的幸福，统统是人能够实际获得的。这样一种教义学上的教会是作为一切教会的原型存在的。

但现实意义上可见的教会"偶然性地"不是这个样子。在康德看来，它之所以不是这个样子，并非因为作为原型的教会或上帝本身出现了问题，相反，这乃是由人类自身的缺陷导致的。但尽管如此，它却应该与教义学上的教会相一致。也正是因为如此，只有关联于教义学意义上的教会，它才可以被称为是可见的教会，而不是其他的名称。否则，它就根本不是教会，而只是一个社会组织而已。也正是在这个意义上，如果一个

---

① 康德：《纯然理性界限内的宗教》，第 101 页；Kant, Immanuel, *Religion within the Boundaries of Mere Reason and Other Writings*，p. 111。

强权国家的"教会"本身维系于世俗的权力统治者,从而摆脱掉与上帝和教义学意义上的教会的关联,尽管其自称为某种有特色名称的教会,但它也不过是一种社会组织而已,而可能根本不是什么教会。当然,这里面有很多细致的东西需要评估。

因此,无论是不可见的教会,还是可见的教会,要界定它们的性质,首要的问题就是处理教会的会众与上帝之间的关系。正如在世俗政权中,臣民对君主的关系是服从性的。在君主看来,没有比他从臣民那里获得的崇敬和颂扬更能使他感觉到臣民的服从了。就人无法认识超感性的事物而言,人也总是通过这种崇敬与颂扬表达对上帝的顺服。因此,"他们不愿去想,他们如果履行自己对人的义务,恰恰由此也就是执行了上帝的诫命,从而也就是在自己的所有的所作所为中——只要它们与道德有关——自始自终都处于对上帝的事奉中,并且绝对不可能以其他方式更近身地事奉上帝了"①。因此如果这样,他们就完全偏离了纯粹道德的宗教概念,而仅仅走向一种事奉神灵的宗教概念。在康德看来,也正是在这种偏离中,作为上帝的立法意志被解释为仅仅是规章性的法则。

为了确立纯粹道德法则颁布命令的"道德—伦理"宗教的地位,从而与以规章性法则作为上帝立法意志的宗教进行争辩就成为康德下一步的任务。首先,康德承认存在一种不从自身出发而只是作为上帝启示的意志,从而能够作为具有约束力的规章性法则。它们"不仅仅一般地是所有真宗教的不可避免的条件;而且也是真正构成真宗教自身的东西,为此,规章性立法所包含的职能是促进和扩展纯粹道德立法的手段"②。另外,如上面的分析,就人的义务不仅仅局限于自己能够的范围而言,它也包括作为虽在尘世但实为神性国度中的公民所应该承担的实现这种

---

① 康德:《纯然理性界限内的宗教》,第 103—104 页;Kant, Immanuel, *Religion within the Boundaries of Mere Reason and Other Writings*, p. 113。
② 康德:《纯然理性界限内的宗教》,第 105 页;Kant, Immanuel, *Religion within the Boundaries of Mere Reason and Other Writings*, p. 114。

神性伦理共同体的义务,后面这种义务概念就不是单纯人的理性所能回答的。它需要上帝的启示来立法,从而我们也需要一种规章性的、历史性的教会信仰。

其次,尽管我们有义务实现这种神性的伦理共同体即教义学上的教会,我们也不应该在某种教会的建立和形式上,把法则直接作为属神的规章性的,虽然我们认为或者相信它就是来自上帝的启示。因为如果不是这样,我们就是对上帝的僭妄,从而将所有人都捆绑在枷锁上,从而免除了我们对这一形式做出改善的努力。这就会把宗教完全建立在任意性的基础上。

最后,这种教会信仰应该是有前提的。它应该建立在最善的生活方式之上,尽管这种最善的生活方式并不排斥存在加在理性上的理性所不能认识的因素,因而教会信仰同样需要作为启示的上帝立法因素。这就是真正教会的两点基本原则。因为对于"每一个纯然作为人来看的人来说",人与上帝的直接关系应该得到普遍有效的回答,那么对人来说,上帝的意志的立法就不再应该被视为规章性的。因为规章立法就其本性而言是偶然任意的,相反上帝的立法应该是普遍有效的,从而对人来说是道德性的。按照这一点,我们:

> 并非应该是通过赞颂上帝(或者赞颂他那具有神性血统的使者),而是通过善的生活方式——在这方面,每一个人都知道上帝的意志——来试图让上帝喜悦,才将是对上帝作出上帝所要求的真崇敬的人。[1]

所以,对康德来说,所有试图通过自然的方式,即通过隆重的庆典或者其他形式性的事奉,走到纯粹宗教信仰前面的人或者教会都是不可接受的。因而规章性的教会信仰既是不可跨越的——它与实现神性的伦理共同体的理性理念直接相连;同时它也需要实践性的前提——

---

[1] 康德:《纯然理性界限内的宗教》,第 105 页;Kant, Immanuel, *Religion within the Boundaries of Mere Reason and Other Writings*, p. 114.

若离开最善的生活方式作为指导，它就很容易沦为任意性的规章法则。这种状况是无法改变的。因此，如何寻求一种既可以保留高于理性自身从而是来自上帝的启示，同时又可以为实践性的善的生活方式保留空间，以杜绝仅仅以规章作为最高法则的教会信仰形式，就成为康德的任务。

> 那么，我们就必须也承认，对教会信仰的不变的维持、对在它里面所接受的启示的普遍和千篇一律的传播乃至敬重，很难凭借传统，而是只有凭借《圣经》，才能得到足够的关照，而《圣经》自身作为对于同时代人和后代来说的启示，又必然是敬重的一个对象。①

在康德看来，这种教会信仰形式不可能凭借传统来获得，而只能诉诸一部经书，即：教会信仰的规范应该建立在《圣经》基础上，除此之外，其他一切都不能作为教会信仰的规范。很明显，康德的这个思想来自路德新教，"唯独信仰、唯独《圣经》"是路德新教的最高原则。在康德看来，对于这样一部《圣经》，即使从未读过它的人，也会对其保持极大的敬重，而且就连经书中阐述一个小的信仰观点的地方，也被叫做箴言。在历史上，也没有任何一个建立在经书之上的宗教因为国家被铲除而被铲除。同样，经书也可以为了道德本身的目的而宣讲。更重要的是，我们也很难根据自然法则，解释人类如何产生了一种理性的觉醒。② 在康德看来，这几个理由足以使《圣经》保持一种信仰的威望，因而它完全可以作为把一切人联合在

---

① 康德：《纯然理性界限内的宗教》，第 107 页；Kant, Immanuel, *Religion within the Boundaries of Mere Reason and Other Writings*, p. 116。

② 康德在这里要表达出来的意思不是很清楚。对于人的理性究竟能否穷尽上帝的启示，康德并未明言。这同样也是莱辛的问题，即使承认一切都是上帝启示的结果，但是终究启示可以被人们所理解，而它一旦为人所理解，它也就不再具有神秘的价值，而成为理性自身之中的要素。这是进行彻底的历史批判需要解决的首要问题。康德本人对此的态度很暧昧，也很含混。与其不同，莱辛做了较详尽的分析，参见[德]莱辛《论人类的教育》，朱雁冰译，北京：华夏出版社 2008 年版，第 99—132 页。

一个教会中的最有价值的工具。它的威望也足以构成教会信仰。①

　　但这里终究存在这样一个问题,《圣经》所包含的作为信仰法则的规章,与作为纯粹"道德—伦理"上的宗教学说不是完美和谐的。否则,种种解释经书以及种种解释作为教会信仰根据的规章法则的差异也就不会存在了。这样看来,为了真正宗教的现实性,康德就必须给出处理《圣经》以及现存教会的基本解释原则。只有在这个基础上,我们才能在人的能力范围内,尽力代理在地上建构一种更接近不可见教会的真正教会这一上帝交托的任务。因而如何在教会信仰的幅度内理性地解释教会信仰就是康德的重中之重。

　　在康德看来,建立在启示信仰基础上的历史性教会有一个最重要的缺陷,同时这也是它缺乏真理性的特征,就是它缺乏对普遍性的合法追求。因为尽管借助于《圣经》,它主要还是借助于历史遗留下来的经验性信仰,这不可能是普遍的、唯一的和纯粹的。康德甚至将之称为"作为一种偶然性故意使之落入到我们手中的一种经验性信仰"②。在理性看来,这是绝对无法接受的,因而我们需要对之加以解释。

　　就理性自身以及人之实践本身的要求来说,教会信仰必须与道德上的信仰在基础上一致。这就要求把作为教会信仰基础的启示"解释为一种与纯粹的理性宗教的普遍的、实践的规则一致的意义。因为如果教会信仰的理论因素不是致力于履行所有作为上帝的诫命的人类义务(这构成一切宗教的本质)的话,我们也就不会在道德上对它感兴趣"③。这种状况也是在历史上实际发生的。无论希腊人、犹太人、罗马人,还是印度

① 从这里可以引申出一种康德式的"道德神学"或"伦理神学",也就是说,康德试图从道德行为的限度方面界定上帝存在的意义,进而将上帝存在的意义引申到人的实际伦理生活之中,但是,无论如何,宗教是信仰的事务,而非一种神学。在本书中,我们试图澄清康德道德神学或伦理神学的限度,并以此进入真正的宗教问题,这正是康德对施莱尔马赫的影响所在。Peter Byrne 则从自然神学的维度解释康德,在我看来,这有点儿过于从启蒙的立场审视康德的宗教哲学。可参阅 Byrne, Peter, *Kant on God*, Farnham and Burlington: Ashgate Publishing Limited, 2007, pp.172-173。
② 康德:《纯然理性界限内的宗教》,第 110 页;Kant, Immanuel, *Religion within the Boundaries of Mere Reason and Other Writings*, p.118。
③ 康德:《纯然理性界限内的宗教》,第 111 页。

人,他们都在不断消化,即理性化他们所经历到的"来自上帝的启示"。体现在经卷上,就是不断按照理性的方式解释他们的经书。

但康德的解释方式与他们有着本质性的差异。在启蒙的时代,由于理性的彻底自主,康德完全站在理性原则的制高点上,对作为教会信仰原则的启示进行彻底的理性批判。凡是不能经受住这种批判的要素,都要被清除掉;凡是理性本身无法触及的要素,理性也无法将其祛除。比如,上文所述的作为上帝直接在世界统治的联合体的理念,即作为不可见教会本身,就是理性无法触及的。在这个意义上,康德将之称为启示,①由于是理性无法触及的,这种启示也就是无法被祛除的。否则,我们讨论教会也就不会有意义。因而在康德看来,纵然一部经书被认为是上帝的启示,但作为启示,它也必须要符合这样的标准:"《圣经》都是上帝所默示的,于教育、督责、使人归正等等,都是有益的……上帝的灵,它引导我们进入一切真理"②。这样,即使是上帝的启示,它无非也就是为了人在道德上的归正,为了理性宗教的最终目的,从而上帝的灵,无非也就是教导我们、通过各种基本原则赋予我们生命的灵。因而按照康德,《圣经》中的一切以及教会信仰所包含的一切,"都完全与纯粹的道德信仰的规则与动机联系起来,唯有纯粹的道德信仰,才在每一种教会信仰之中构成在它里面是真正宗教的东西"③。

除了按照道德信仰的原则解释教会信仰以及《圣经》之外,那些圣经

---

① 这种"启示"的意义远不是理性理念本身设定的东西。因为就人的理性而言,他可以通过设定"上帝存在"、"灵魂不朽"以解决人的善的实现问题,我将这称为是"善的内在可能性"。但对于共同体的善,即善的原则本身的展开而言,它却根本性地不同于人的善。用康德的说法,这是"超出于人的道德义务或能力之外"的,因而这依赖于上帝。并且此共同体作为不可见的教会本身就是来自上帝对人的启示,这是一切教会的最终依据。康德在这里要处理的不是这一启示本身,而是当这一启示落实在人身上时,人应该做什么。我将康德保留的这一启示称为"最后的启示"。在启蒙之后,我们能接受的启示也就仅于此了。但对于这一启示本身的处理则是完全不同的另外一个问题。在我看来,这是现代基督教神学面临的核心问题。这个问题也就是"道成肉身"的意义问题。

② 康德:《纯然理性界限内的宗教》,第113页。

③ 康德:《纯然理性界限内的宗教》,第113页。

学者的解释也是解释《圣经》的另一个来源。作为教会信仰最有价值的工具，《圣经》承载了大量信众的信仰依据；而同时，如何在现实的教会中安慰普通信众的灵性，就成为圣经学者的重要任务。他们需要通过对起源的演绎来历史性地证明教会的威望，根据历史的可信性评价信徒需要的各种信息，康德将完成如是任务所需要的东西称为圣经博学。他们就是要针对具体的历史状况，考证与解释《圣经》以及与教会信仰相关的其他事务，从而最终获得能够向作为共同体的教会提供其可理解性的手段。但按照教会本身的原则，无论是按照道德信仰原则解释教会信仰，还是按照圣经博学的原则，它们都绝不能允许世俗的权力妨碍它在这一伦理共同体领域内使用其自身原则的能力。针对强权社会可能出现的状况，我引用康德的一段文字来阐明这一现代社会的基本原则：

> 只要国家只是关心不要缺少学者和就其道德性而言有好名声的、管理全部教会事务的人们，国家把这种管理托付给他们的良知，那么，国家就做到了自己的义务和权限所包括的一切。但是，把这些义务和权限引入学院，从事学院的争论，则是大众可能曾不无冒昧地向立法者提出的过分要求，因为这种要求有损于他的尊严。①

对于那些试图依据内在情感解释教会信仰以及《圣经》的方案，康德保持一种审慎的态度。尽管阅读《圣经》以及进入教会的人会产生一种趋向正直生活的冲动，但这样一种内在的情感究竟是道德法则本身蕴含的情感呢，还是像一部分人认为的那样，是来自神性的直接影响？这本身就是晦暗不明的。因为产生某种效果本身就可能是多种因素造成的。但在康德看来，如果承认后者，我们就可能为狂热打开大门；而如果认可前者，这本身就应该是人的义务。因而我们不应该将这种情感抬得过高，"因为它根本不说明任何东西，而是仅仅包含了主体在自己的愉快和

---

① 康德：《纯然理性界限内的宗教》，第 114 页；Kant, Immanuel, *Religion within the Boundaries of Mere Reason and Other Writings*, p. 121。

不快方面被刺激（Affected）的方式而已，在上面不能建立起任何知识"①。就人的知识只是建立在"感性—理性"基础上而言，我们肯定不能有关于超越性情感的知识。但我们终究有这样一种超出感觉经验之上的情感，究竟怎样探讨这种情感呢？康德回避了这个问题。但它却是康德之后的基督教神学家不得不面对的问题。我们看到，施莱尔马赫正是在这个方向上实现了对康德思想体系的突破。

到此为止，康德给出了他解释教会信仰的几个基本原则，即一个真正教会得以落实的可能性条件。

> 除了《圣经》之外，不存在教会信仰的任何一种规范（norm）。除了纯粹的理性宗教和《圣经》的博学之外，也不存在教会信仰的其他任何诠释者。而在纯粹的理性宗教和《圣经》的博学中，唯有前者才是确实可靠（authentic）的，并且对整个世界都有效；后者则是教义性的，只是为了把教会信仰对于某个民族在某个时代转化为一个确定的、能够一直保存下来的体系。②

因此，按照康德，无论在不可见教会还是在可见教会中，作为核心的上帝与会众的关系都应该按照道德性的义务来规定；任何将这些关系仅仅建立在规章性法则或者启示上的教会都应该按照"道德—伦理"宗教本身的原则来解释。即使对于《圣经》本身，哪怕它既关联到作为真正教会之根本的启示，也关联到与实践道德相联系的宗教信仰本身，也应该按照"道德—伦理"宗教本身的原则来解释，即它应该是对人的善的生活方式有益的。这就是康德界定的真正宗教的可能性基础。只有在这个可能性的基础上，我们才能谈论真正宗教的现实性，即将教会信仰过渡到纯粹的宗教信仰的统治。这就是上帝的国在地上如何最终实现的问题。

---

① 康德：《纯然理性界限内的宗教》，第 115 页；Kant, Immanuel, *Religion within the Boundaries of Mere Reason and Other Writings*, p. 121。
② 康德：《纯然理性界限内的宗教》，第 115 页；Kant, Immanuel, *Religion within the Boundaries of Mere Reason and Other Writings*, p. 121。

三、真正宗教教会的现实性

与真正教会相比,建立在经验性启示基础上的历史性信仰最大的缺陷就是它只对局部的人有效,因而作为这种信仰基础的启示也只是对部分人有效的启示。如同一般的经验认识,对启示的认识也就不包含对其内容的必然性知识。因为它只对局部的人是如此,而无法保证其对所有人都必然如此。在这个意义上讲,它无法要求一种普遍性。而这种普遍性恰恰是真正教会所应该要求的。在康德看来,"只有完全建立在理性的基础之上的纯粹的宗教信仰,才能被视为必然的,从而被视为唯一标志着真正的教会(the true church)的信仰"①。这是思想本身的要求。

在康德时代,人类理性已经完全独立自主,它势必要求与人之生活相关的一切都建立在理性的绝对自主基础上。这种自主性首先就要求普遍性和绝对性。无论现存的状况是什么样子,它们都要接受理性自身的规约,否则,就是不合理性的。对于不合理性的东西,理性要凭其自身的绝对意志迫使它做出改变,这是思想本身的力度所在。因而在理性思想看来,既定的历史性信仰只能作为引导性的手段,从而刺激真正的宗教不断地接近纯粹的宗教信仰本身。

尽管在历史上,我们永远不能避免关于历史性教会的争论,但在思想看来,它最终会发展为普遍的唯一的真正教会,因为每一个拥有道德接受能力的人,都必然地要求道德上的善。因此,造就一种合目的的至善伦理共同体是被深深地信仰的。康德将这样的一种信仰称为造福于人的信仰。在这样的信仰看来,任何超出道德要求之外的事奉性的奴性的信仰,都不被看为是造福于人的;任何通过恐吓或强制产生的信仰,都不是道德性的。到此为止,我们看到康德论证真正信仰的最终根基。

---

① 康德：《纯然理性界限内的宗教》,第 116 页；Kant, Immanuel, *Religion within the Boundaries of Mere Reason and Other Writings*, p. 122。

在规定原初禀赋的时候,康德界定了与追求幸福相关的第二禀赋以及与最高的善相连的人格性或道德性禀赋。在理性自身看来,与道德意念所指向的最高的善相匹配的幸福是自由存在者所必然要求的,但由于有一个外部世界与自由存在者相对而立,而理性要求的幸福又不得不与这个自然的世界相关联,这样幸福的获得只能依赖于全知全能的上帝。只有上帝才能保障最终的"德福一致",从而对于上帝的信仰同时也就是对"道德—伦理"生活本身的信仰。这种信仰是造福于人的信仰。

由于这种信仰是按照自由理性界定的,一切不出于自由理性的宗教必然都要被批判。这些情况包括一切为了上帝以及人自身而进行的崇拜、仪式等邀恩手段,试图与上帝接触等的神秘手段以及一般意义上的启示、恩典。所有这些东西都关联于一个概念,那就是救赎概念。由于人的缺陷,他需要完满,因而他需要通过种种手段来获得完满,即通过上帝的手来达到自己的救赎。

尽管最后要批判这些救赎概念,但若是讨论造福于人的信仰,康德还是不得不正面分析救赎概念。尽管一方面,通过奉行一种善的生活方式,人摆脱了曾经"事实性地"陷入的恶,从而产生一种让上帝喜悦的信仰,但另一方面,他并不能通过这种行为而勾销他曾经做出的行动。因此在律法上,他是需要救赎的,因为曾经的恶的消除不在他的能力之内。由于这两者产生在同一个人生中,加之出于自由理性的信仰无法接受一种救赎性的信仰,那么这就是一个深深的矛盾。如果任由这个矛盾存在,出于自由理性的信仰就不再可能,康德对真正教会现实性的论证也就不会再有力量。我们该如何处理,并且化解掉这个矛盾呢?

正如我们所言,由于这两方面产生于同样一个人生,因而它们应该属于同一个信仰,并且是紧紧关联在一起的。因而我们可以假设一方可以从另一方派生出来,那么,"要么是对赦免(Absolution)我们所负罪债抱有信仰而产生出善的生活方式,要么是对一种在任何时候都要奉行的生活方式的真实的、积极的意念,按照道德上的作用因的法则而产生出对那种赦免的信仰"①。我们注意到，这两种处理方案分别代表了历史性信仰与真正宗教信仰的基本原则。

历史上的基督教会采取了第一种立场。即：因为人本身的不足，他需要恩典来赦免人的罪，并且在对恩典的信仰中，人才可能拥有并践行善的生活方式。如果像康德那样理解"人性"，即将人格性的道德理解为人的本质规定，将恶看作事实性的存在，那么我们就完全可以在人本身的能力之内决断善的生活方式。尽管人偶然性地作出了恶，但按照被赋予的道德情感及其所指向的道德法则，我们能够通过对道德本身的相信而产生对罪责赦免的信仰。无疑，在康德看来，这才是真正的"道德—伦理"宗教信仰。但面对基督教会的既成形态，康德又不得不面对它，因而在完成对如何从纯粹宗教信仰方面解释《圣经》的经文、解释其相关学说、教义以及其历史因素的分析之后，康德又把"救赎"观念纳入纯粹宗教信仰维度之内来思考。在我看来，只有彻底理性化这一观念，康德通过纯粹理性建构的真正宗教才能成立。下面我们就分析康德对救赎观念的理性解释。

首先，在人的主观意念方面，毫无疑问，如果有一种不需要自己的努力，而仅仅凭借一种毫无缘由的拣选，他以前做过的所有的恶事、所亏欠的罪债都被某种东西取消掉；并且仅仅依赖于此，他以后所有的行为都能遵照着善，那么他肯定会感恩戴德地接受。但问题是，只要稍稍考量一下，他怎能会认真地这样认为呢？他怎能会经过深思熟虑之后，还这样认真地认为呢？② 因而在康德看来：

> 他无论怎样敬重这样一种热切的救赎，无论怎样期望这样一种

---

① 康德：《纯然理性界限内的宗教》，第 117 页；Kant, Immanuel, *Religion within the Boundaries of Mere Reason and Other Writings*, p. 123。

② 康德这里谈论的是反思性的信仰，这种反思性的信仰只能建立在道德论证的基础之上。但是，在基督教看来，信仰恰恰不是反思性的，因为反思是在理性之中做出的，而信仰本身来自上帝，恰好不在理性的范围之中。或者用路德的说法，自由意志本身就是被捆绑的。因而就康德的论证而言，这样谈论反思性的信仰是没有问题的，因为他要在理性维度中审视信仰，但是就信仰本身而言，康德的这种谈论方式是不合基督教信仰原则的。

救赎也能够向他敞开,都不得不把这种救赎仅仅看作是有条件的,即他的生活方式必须首先做出力所能及的改善,以便拿出哪怕极微小的理由,来希望这样一种更高的功德能够给他带来好处。①

所以,如果我们不假设人凭其自身什么善都行不出来,那么只要我们反思自己的罪债,以及我们所能够做出的行为,我们就不能认为这种救赎是白白的。至少,它应该是通过我们的哪怕些许的作为换来的,或者至少是我们有理由、配得的。凭此,我们才有希望获得更高的功德来救赎我们超拔出自身的限度。按照这一点,作为从属于纯粹道德信仰的善的生活方式应该先行于这种更高的功德,即对救赎的信仰。在这种情况下,我们上面提到的第一种解决方案本身就从属于第二种解决方案。这样,第二种方案也并未诉诸人能够凭其自身的善的生活方式决断而产生对于以往罪债的救赎,相反,它还是承认某种更高的功德超出人本身的局限。但与完全的第一种方案相比,这种功德的获得乃是因为人配得它,即人具有一定的能力选择善的生活方式。

但是倘若假定人天生就是堕落了的,无论做什么,他都无法摆脱被给定了的恶,他如何指望自己能成为让上帝喜悦,即配得上帝救赎的人呢?在这种情况下,救赎本身乃是先行于善功的。因为若离开救赎,一切的善功都是不可能的,因而这里没有自由的丝毫位置。在基督教思想史上,奥古斯丁、路德等人都是在这种界定背景中处理"信仰"与"善功"的关系的。这种救赎概念是完全基督教式的。这种命题方式也与我们上面的命题方式相冲突,因而在出发点的意义上,这是与理性②、与康德思想不相容的。所以,康德说:"这种争端是不能通过对人类本质的自由

---

① 康德:《纯然理性界限内的宗教》,第 118—119 页;Kant, Immanuel, *Religion within the Boundaries of Mere Reason and Other Writings*, p. 124。

② 这个"理性"概念只是在康德的启蒙意义上使用。在这里,它更侧重于指实践理性。就"理性"概念本身而言,它的含义是极其含混、复杂的。基督教信仰的出发点是人本身的彻底败坏,因而他的一切善行都是来源于上帝的恩典,而一切恶是由他本身做出的。因而人的理性就是被恶捆绑的,因而没有自由。这样界定的理性就远远不同于康德界定的理性。

的因果规定,即对那些使一个人变善或变恶的原因的因果规定的洞见来达到平衡的,从而也就不能在理论上达到平衡;因为这个问题超越了我们理性的全部思辨能力。"①

　　的确,在基督教信仰背景下,不能被理性理解的超越者直接干预了人的感性经验。但康德却认为这是不可能的,因为理性领域和感性领域适用不同的原则,在康德看来,这也是理性自主的应有之义。因而理性绝对不可理解也不能接受超越者以任何一种方式直接作用于经验对象。但是,康德同时也认为,尽管无法在理论理性范围内理解这一点,我们却可以在实践的领域内思考它。因此,康德如此发问:"什么在道德上是第一性的? 即我们应该从哪里开始?"②毫无疑问,这就与"为了配享更高的功德,我们应该做些什么"联系起来了。这样,信仰在先的救赎只是对理论的概念是必要的,但它却是理论所无法解决的。相反,在纯粹道德层面,这根本就不是一个问题。我们完全可以出于纯粹道德的要求,只凭人自身遵循每一种义务而配得最终的幸福。这也是最高的善,即纯粹道德的意念所必然要求的,从而以救赎的信仰开始的教会信仰就无法构成纯粹宗教信仰的本质,它只能作为载体刺激纯粹宗教信仰的完成。由此,康德完全可以得到这样的结论:

　　　　教会信仰作为一种历史性的信仰(Historical),有理由以对救赎的信仰开始;但是,由于它仅仅包含着纯粹的宗教信仰的载体(在宗教信仰中蕴含着的真正目的),所以,在作为一种实践的信仰的宗教信仰中成为条件的东西,即行动(the maxim of action)的准则,必须造成开端;而认知或者理论信仰的准则只是起着一种加固和完成前

---

① 康德:《纯然理性界限内的宗教》,第 119 页;Kant, Immanuel, *Religion within the Boundaries of Mere Reason and Other Writings*, p. 124。
② 康德:《纯然理性界限内的宗教》,第 119 页;Kant, Immanuel, *Religion within the Boundaries of Mere Reason and Other Writings*, p. 124。

者的作用。①

尽管如此,那个理论问题还是无法解决的,并且我认为,无论思想如何发展,它终归是无法解决的。这是由人类存在的根本有限性决定的。不过,按照康德论述"道成肉身"理念的实在性时所采取的方案,我们倒是可以将超越者直接作用于经验世界理解为人之理性理念对于超越性本身显象化的结果,即:神人合一者的显象所展示的并非是可被感知的、可被经验化的东西,而是那蕴含于我们理性中的理念原型。此理念原型就是造福于人的信仰所依赖的最后客体。不过这样解释最终还是偏离了基督教思想本身,因而这种理解也不过是人类试图理解通过启示得来的东西的结果。

在这种情况下,我们就是要把理念原型归于上帝,并且从上帝开始寻求善的生活方式的最终获得;而在对从善的生活方式开始的纯粹理性的信仰中,把理念原型归于人,我们从自身出发获得至善本身。在这种解决方案中,它们并不矛盾,它们都是理性自身内部的事情。相反,如果如同历史上的基督教会那样,将神人合一者设想为现实存在过的经验性的东西,这种思想就会与纯粹理性处于不断的纷争之中。种种宗教迫害或宗教不宽容最终都来源于此。这是真正的原则之争,而且是永远无法解决的。对于批判理性来说,这是人类理性的致命的跳跃。

到现在为止,我们看到了康德"哲学—宗教"论证的最终根基。这个根基就是我们在这项研究开始时所处理的原初禀赋概念,这也是我将康德与奥古斯丁进行比较的基本出发点。为了避免造成诠释性的偏差,我引用康德本人的原话来说明这一点:

> 因此,我们身上的自然禀赋、同时还有道德禀赋——后者既是所有宗教的基础,又是它们的诠释者——的一个必然结果是,宗教最终将逐渐地摆脱所有经验性的规定根基,摆脱所有以历史为基础

---

① 康德:《纯然理性界限内的宗教》,第 120 页;Kant, Immanuel, *Religion within the Boundaries of Mere Reason and Other Writings*, p. 125。

的、借助于一种教会信仰暂时地促进善而把人们联合起来的规章。这样,纯粹的宗教信仰最终将统治所有的人,"以便上帝就是一切中的一切"(so that God may be all in all)。①

在康德哲学中,由于人格性禀赋是人的本质性规定或者说就是人之道德性存在本身,②在他自身内部就蕴含着走向纯粹宗教信仰的种子。在这种禀赋所蕴含的内容尚未得到完全展开之时,所产生的一切所谓圣洁性的附属物或规章的辖制都要被彻底铲除,这是由人之存在本身决定的。但另一方面,尽管走向纯粹宗教信仰的种子蕴含在道德禀赋中,但一个纯粹信仰的教会即真正教会的建立却超出人的能力本身。因为真正的教会要求每个人所服从的并且是为其自身所制定的法则,同样也必须是通过以理性作为启示的世界统治者的普遍意志,这种普遍意志只能依赖于一个更高的"理性—道德"存在者,只有这样,这个普遍意志才能实现在世界上。因而任何试图通过人发动的革命来建立一个真正教会的努力,最终都是对自由存在本身的践踏。人类历史已经给予我们太多这样的事例。这样看来,我们能做的就是不断培育内心之中的那颗走向纯粹宗教信仰的种子,锻炼认识真和善的能力。这是除了超越者之外,人能够"希望"真正教会在大地上建立的最终根基。因而康德说:

> 不过,即使只有教会信仰向普遍理性宗教、并进而向地上的一种(神性的)伦理国家的逐步过渡的原则,普遍地、在有些地方甚至在公众中扎下根,我们也仍然可以有根据地说:"上帝的国已经降临在我们这里了"(the Kingdom of God is come into us),尽管现实地

---

① 康德:《纯然理性界限内的宗教》,第 123 页;Kant, Immanuel, *Religion within the Boundaries of Mere Reason and Other Writings*, p. 127。
② 前面一句可以在康德的文本中找到依据,只是康德没用"本质性"这个词,而是用了"源始性"。两者在含义上是相同的,后者是海德格尔对康德哲学体系阐释后达到的结论。具体参见海德格尔《现象学之基本问题》,第 179—181 页。

建立上帝的国,对我们来说还是距离无限遥远的事情。①

由于此原则中已经包含着有朝一日将照亮整个世界的不可见整体,由于在人的道德禀赋中也已经蕴含着真和善的最终根据,所以,尽管我们无法在经验上预期真正教会的降临,但这一切都会以道德的方式自然而然地运行;因而通过引入真正的普遍宗教,从而造成道德上的和在信仰中可以预见的伦理共同体终将在某个时刻实现在大地上。《圣经》中说,"神的国来到,不是眼所能见的。人也不得说,'看哪,在这里','看哪,在那里';因为神的国就在你们心中。"(《路加福音》17∶21-22)在基督教看来,神的国到来的那一时刻也是人类历史的终结,因而神的国不在时间之中。而在康德看来,即使那一时刻不为人支配,但它却包含着人的努力,因而它必然是在某个时间之中出现的。这也是我将"地上天国"的实现称为"善的现实性"的原因。因为"现实性"在逻辑上就是指某物在某一确定时间中。在实践领域,尽管我们不知道这一时间的确切所指,但它终究在那个时间。

到现在为止,我们也看清楚康德在处理伦理共同体或至善的王国之实现的两种思想出发点之间的张力。一方面,它的实现要依赖于人之道德性行为的完善,即:人要出于原初禀赋的自由来决断自己的行为,从而在能够做出的义务层面处理它;另一方面,仅仅凭借人之自主性自由,他又永远不可能做到这一点,因而他需要借助绝对超越者的帮助,即"希望"绝对超越者自身的降临。并且这两个层面是完全相联系的。没有前者,我们根本不可能指望伦理共同体的实现,没有后者,这同样是不可能的。因此,在康德这里,自主性的"自由"与对绝对者的"希望"处于不断的互动之中。

只有在希望情感中,人才可能在完整的时间性结构中,克服过去的罪责、展望未来的圣洁,并以不可制服的意念存在于善之实在性中。也

---

① 康德:《纯然理性界限内的宗教》,第124—125页;Kant, Immanuel, *Religion within the Boundaries of Mere Reason and Other Writings*, p. 128。

只有在希望情感所指向的对象中，人才能够与至善的神圣理念相联系，从而指望通过绝对超越者的帮助实现真正教会的统治。正是在这个意义上，康德称呼这个真正教会为"不可见的真正教会"。但是另一方面，人之所以是"有希望"的，前提恰恰在于人能够做出道德的行为，并且现实性地做出了道德性行为。

从而我们能够说，人的自由只能是希望中的自由，而人有希望也只能是在自由中有希望。就人能够做出道德性行为而言，人的自由存在是人有希望的基础，因为人只有具有一种突破一切的能力，他才会是有希望的。就人的自由存在只有在希望情感及其所指向的绝对者中才能真正完成完全的道德性行为而言，希望恰恰是自由的基础；没有希望或人不处身于希望之中，他不可能彻底完成道德性的行为。另一方面，若人不处身于希望之中，他根本不能指望生活在一个自由的充满希望的伦理共同体中。因为哪怕能够做出道德性的行为，他也不能保证至善的降临，因而没有希望就没有自由。在康德的论证中，这样两条路径我们随时能够见证得到。

所以，在我看来，尽管康德所有的论证都沿着自主性自由展开，但他最终的落脚点却是希望问题。正是在希望情感及其所指向的对象中，人之自由存在得以完全绽放。这是康德将与希望题材相关的宗教问题放在其思想的最后时期来处理的原因。同时，我们也可以说，人的自由存在在其突破自然世界限制的意义上揭示出绝对者的意义，但正是在希望之中，绝对自身的意义才更全面地向人类开放。

在文本上，我们看到康德更多地关注如何在自由存在的维度内处理信仰所揭示的内容，这是与时代相关的。在基督教一统天下刚刚结束不久，甚至尚未结束之时，众多蒙昧因素还是普遍盛行的；如果不先行解构这些内容，我们根本无法全面理解信仰中最本真的内容。但一旦这些蒙昧要素被祛除，自主性自由与信仰中的希望问题就会全然展示出来。由于我们能够看到自主性自由本身的限度所在，同时我们也能看到希望问题恰是解除这些限制的核心要素，从而自由之中的希望必然成为康德思想的落脚点。正是这个落脚点揭示出绝对者对人所具有的全部力量，同时也是有限者的最终归宿——只是在希望之中，绝对者才全然展示了自身。这一点在伦理共同体或不可见的真正教会，即至善理念的可能性与现实性中彰显出来。

既然希望情感如此重要，以至于只有处身于希望之中，善之实在性与现实性才可以得到保障，那么它在具体的人之中产生了什么样的主观效应呢？这个问题极其关键。作为有着身体的存在者，这种主观因素是行为由以可能的直接动力。下面我们就展开康德对于这个问题的论述。

第四节　善的落实的主观基础：宗教事务中人的作为

纯粹就学理而言，我们已经走到康德"道德—伦理—宗教"思想的尽头。在这个体系里，理性的得到彻底自觉的内在性原则是出发点。而一旦理性的绝对性得到自觉，它就要求按照纯粹理性的原则批判以及建构既有的一切。在实践领域，康德把得到自觉的理性称为实践理性，在人这样的理性存在者的"本性"中，这就是禀赋概念。人格性的禀赋，康德称之为"原初的"，而我将之界定为"本质性的"，即在存在论意义上，这种道德性人格禀赋乃是人这种存在者的本质规定。实践理性必然指向一个对象的概念，那就是"善"。[1]

但是，由于人的二重性存在（感性—理性），善就分裂为两种意义上的善，即纯粹的道德上的善和完满性的幸福的善。在道德自主的范围内，前者可以通过对人的行为的分析得到论证；后者则必须依赖于共同体才能得以实现，这就是康德的"伦理共同体"。由于后者超出道德个体"能够"的义务范围，康德诉诸一个更高的理性存在者即上帝来解决这个问题。这个意义上的伦理共同体其实就是康德的纯粹宗教所要达到的

---

[1]《实践理性批判》之"分析论"中的"纯粹实践理性对象概念"。

终点，①或者更恰当地讲，伦理共同体这一整体理念是建立在上帝概念基础上的。康德必须得承认这一整体理念乃是得之于上帝的启示，因而他要在一定程度内接受历史性和启示性的宗教。在论证善的理念的现实性之时，康德把这种伦理共同体的实现称为"真正教会"，或者纯粹信仰的宗教的最终建立。这是人类"希望"所指向也能够获得的现实性内容，同时，这也是希望情感所指向的绝对者启示给人的内容，即在纯粹宗教范围内上帝所能够展示给人的意义。

尽管真正宗教的降临不在人的掌控范围内，但做些什么以使它能够实现则是上帝给人的诫命，因而也是人的义务。并且，我们也可以在理性理念中"见证"它。因此，我们需要在现存的教会中做些什么以促使真正教会的到来，亦即我们应该探讨一下在宗教事务中人的作为。就此而言，按照什么样的原则行为或宗教事奉的主观基础，应该是最首要的问题。

一、何谓宗教事奉

前面已经界定了以纯粹宗教信仰解释教会信仰的基本原则。在此，我们则要简洁明晰地界定在一般宗教中事奉上帝的基本原则。所谓一般宗教指的是"从主观上，把我们的一切义务都认作是上帝的诫命"②。首先，我们需要在康德思维维度内分析"义务"和"诫命"的含义。

"义务"是康德道德哲学体系中的一个核心概念。它是一种"不得不"的行为，因而是具有强烈的自我强制意义的概念。由于是"不得不"，

---

① 在《道德形而上学》一书中，康德一再试图撇清"伦理"与"宗教"的交叉关系。但在我看来，他依然没有摆脱这里所洞见到的内容。在那里，他界定的伦理范围之外的宗教正是他在这里反对的作为教会信仰的宗教；而他反对《纯然理性界限内的宗教》介入的伦理要素，也只是由于它所包含的建立在历史学说和启示学说之上的"不纯粹"部分。或者也可以说，在《道德形而上学》中，康德要处理的只是伦理学的形式与内容，而未曾触及伦理学本身的奠基原则。具体参见康德《道德形而上学》，载《康德著作全集》第六卷，张荣、李秋零译，北京：中国人民大学出版社 2010 年版，第 496—501 页。

② 康德：《纯然理性界限内的宗教》，第 155 页；Kant, Immanuel, *Religion within the Boundaries of Mere Reason and Other Writings*, p. 153。

它必然要面对某种局限,正是这种局限凸显出能够"不得不"的伟大与崇高——但可能也仅仅是相对于局限的强大力量而显得是伟大的。另一方面,就义务自身而言,它是应该的、能够的且不得不如此的,从这个方面看似乎它也就没有什么伟大崇高可言。这样一种看似悖谬的状况之所以出现,是因为人除了是义务性或道德性存在外,他还有着身体性的存在方式。尽管是一种事实性的存在状态,身体存在却有着强大的力量与义务相抗衡。康德把这样一种生存状况称为"有限的存在"。

在人这样的存在者中,康德把"职责"概念与义务相连。它既兼顾到道德性存在者的深度存在,也兼顾到他的根本有限性。就其作为是有限性的来说,其限度表现为他对至善或伦理整体理念的根本无能,即:就义务关涉"能够"而言,这种存在者对于伦理整体理念恰好是一种"不能够"。但是,康德还是把这种"不能够"视为人的"义务"的一部分。在康德看来,这是"能够"的义务所关涉的道德性存在所要求的,因而道德必然性地指向上帝是这一点成立的根本理由。

这样看来,"义务"就包含两种内涵。从道德自主性方面看,道德的义务是人能够实现的,我称之为与能够相关的义务。从道德必然指向伦理整体理念方面看,伦理义务则是自主性道德所能够实现的东西之外的,我称之为与不能够相关的义务。后一种义务指向上帝的存在。① 这样看来,上帝概念的引进是为了理性实现他所必然要求的完满。当然,这不是关于上帝本身的言说——或就信仰中的上帝而言说上帝——那是神学家的任务。

所以,这样的上帝的"诫命"也就根本性地与《旧约》中人格化的上帝所启示给人的诫命或律法有着根本性的差异。在《旧约》中,上帝的诫命

---

① 这里的"上帝存在"并不是指那么一个上帝实存着,或者他对人类造成何种影响,对此,理性并不关心。他关心的只是人这样一种道德性的存在,因其道德性本身,他必然地指向这样一个上帝的概念。而且就理性本身的要求而言,我们可以在理性中推导出这样一个上帝所必然具有的种种属性,而除此之外的与上帝相关的、人类历史所给予他的其他,都不是理性所关心的。因而这是一个哲学家的上帝概念。

是要人"不得"做的事情，它没有任何理由，但人却必须照着它去行。那是上帝所要求的。换言之，并非人意识到有些事情是"不得不"做的，有些事情是"不得"做的，相反，仅仅因为经书上这样写着：人要如此去行为。康德这里要做的，恰恰是颠倒这种顺序。正是因为我们意识到有些东西是我们的义务，我们才会有可能"不得不"做，或者"不得"做那些事情；同时，也正是因为这种义务或道德本身指向一个更高的存在，我们才会将我们的义务理解为是出自上帝的诫命。没有对出于自身的义务以及对人之道德性存在本身的洞见，这是无法做出的。对于这一点，我们完全可以在康德与佩拉纠的文本比较中看到。[①]

现在我们可以更好地理解康德的"宗教"概念。"在主观上，将一切义务认作是上帝的诫命"，之所以是"在主观上"，是因为上帝本身乃是道德性存在所必然指向的，因而我们不应该对上帝本身加以太多的言说，除非它是相关于理性和道德的。因此，我们不能：

> 在宗教中要求有实然的知识[即便是对上帝存在(Existence)的实然的知识]，而是只要求一种根据思辨对事物的最高原因做出或然的假设……因而，这种信仰只需要上帝的理念，而不自以为能够凭借理论上的认识保障这个理念的客观实在性。[②]

因此，在康德看来，上帝只是思辨理性的假设和实践理性必然的指向，而非任何超出这些之外的其他什么。这与"将义务认作上帝诫命"是完全一致的。只有因着对道德性存在的完全自觉，义务才会成为理性论证的核心，才会必然指向伦理共同体的整体理念，从而才会指向上帝的

---

① 在佩拉纠致德米特里的信中，佩拉纠提出了很多与康德很接近的想法。但就论证而言，佩拉纠是极其缺乏思想的力度的。在我看来，根本原因就在于佩拉纠对"义务"本身的理解缺乏根基，而这一点到康德时代得到了彻底的自觉。有兴趣的读者可以将这篇文献与康德文献比较阅读。具体参阅奥古斯丁《佩拉纠致德米特里的信》，载《论原罪与恩典——驳佩拉纠派》。

② 康德：《纯然理性界限内的宗教》，第 155—156 页；Kant, Immanuel, *Religion within the Boundaries of Mere Reason and Other Writings*, p. 153. 相较于中文版，译文有所修正。

存在,因而可以被认为是上帝的诫命。这根本性地不同于历史性信仰所确立的那条路径。它也完全避免了一种错误的观念,即:好像宗教就是那些特殊的、直接与上帝相关联的义务的总和似的。如果这样的话,我们就会产生一种"宫廷性的事奉",即:完全按照规章性的诫命实现人对上帝的特殊义务。但是,上帝却恰恰是不能受我们任何影响的。因此,这并非一种宗教性的行动,它不过是我们在遵守义务时所设想的某种宗教意念罢了。我们看到,康德如此断言:

> 即使说"顺从上帝,不顺从人,是应当的",这也无非意味着:如果规章性诫命——就它们来说,人能够是立法者和审判者——与义务——它们是理性无条件地规定的,并只有上帝才能裁决是遵循了它们还是逾越了它们——发生冲突,那么,前者的权威必须为后者让步,否则,上述基本原理就很容易成为虚伪的。①

在康德看来,宗教必定是从道德和义务本身开始的。康德也把这种宗教称为自然宗教;与之相对的,从诫命开始的是启示宗教。两者之间的关系是启蒙思想家要面对的核心问题。我们需要分析这两种宗教的关系。

这两种宗教并非永不交叉;相反,任何一种现存的宗教都必然包含这两种要素。一方面,没有最高的启示构不成宗教;另一方面,必须要通过理性的某种考量,启示才能进入宗教。因此,尽管某种"超自然"的东西开始时被认为是启示,但在历史的演进中,人们逐渐忘记了这一最初是超自然的东西,而仅仅视之为凭其自身而是真理。② 只有这样,这种宗

---

① 康德:《纯然理性界限内的宗教》,第 156 页;Kant, Immanuel, *Religion within the Boundaries of Mere Reason and Other Writings*, p. 153,康德注释一。

② 这是启蒙时代的历史哲学的核心问题之一,即理性历史与启示历史的关系究竟如何。西方历史可以说是以启示主导的历史,理性不过是在历史中逐步消化启示所给予人的东西。离开这个基本见识,我们很难理解西方以基督教为主导的历史。但问题是,到了理性彻底自主的时代,理性究竟能否穷尽所有的启示,这是所有思想家都要面对的。因为这是绝对理性或绝对精神能够成为"绝对"的指标。在此问题上,康德很含混,莱辛以"人类教育"为题展开了思考,但是鉴于问题本身的难度,仅仅在短短的 100 条纲目中就存在着矛盾;黑格尔给出一套"历史—精神哲学"体系。

教"无论在其可理解方面还是在其确定性方面,还有在对心灵的力量方面,都不会有丝毫的损失"①。这样,它就被认为是自然的。正是因此,康德又把宗教界定为"在主观上,是一种启示宗教,但在客观上,却是一种自然宗教"②。

这样看来,我们可以将历史上的启示信仰看作一种诱导手段,其最终的归宿乃是被自由理性所接受的信仰。在康德看来,基督教是一种最恰当地包含这两方面内容的典范宗教。但作为前提的是,这种与被指定信仰相关的启示应该被保留在原初文献中,否则,那些启示将永远不会获得凭其自身成立的条件。这是因为,只有在持续不断的启示中,它才会被保留。康德把这种保留原初文献,并不断审视、考察其源泉的传统,称为是博学宗教传统。但是,无论自然宗教还是博学宗教,它们都面临着这样一个问题:在教会中,当同时存在"超自然"的启示信仰与凭其自身确立的理性信仰之时,人应该采取何种态度面对自己应该承担的宗教事务?

因此,现在的问题就应该是,在宗教事务中,人们应该以善的原则统治下的义务作为出发点,还是把出自启示信仰的规章作为神圣的规定,并将之看作使上帝喜悦的最高条件作为出发点? 在这些事务中,我们会看到行为的两种完全不同的主观基础,即以什么作为人们决定宗教行为的内在原则。康德将前者看作是对真正宗教的事奉,而将后者看作是对宗教的伪事奉。如同前一节的分析,如何把教会信仰矫正为纯粹信仰,从而使真正教会建立在大地上,这是善之现实性论证的核心。同样的,从伪事奉到事奉也是这个问题。在这里,我们要处理的不是如何从伪事奉到事奉,而是在人的作为中,分析这两种相反的事奉原则所折射出来的行为的主观基础。从这种分析出发,我们可以更好地确立,在宗教事

---

① 康德:《纯然理性界限内的宗教》,第 158 页;Kant, Immanuel, *Religion within the Boundaries of Mere Reason and Other Writings*, p. 154。
② 康德:《纯然理性界限内的宗教》,第 158 页;Kant, Immanuel, *Religion within the Boundaries of Mere Reason and Other Writings*, p. 154。

务中,人究竟应该怎样做才能使真正教会得以实现,即使善的原则统治的世界到来。

二、宗教伪事奉的主观根据

人是一种精神性的存在,但又不是纯粹的精神性存在,他承负着一个身体,被宿命般地抛到这片大地上。当一切都向这种精神性存在者威逼而来之时,当操持身体成为其不得不承担的使命之时,整个世界都是他所要面对的值得困惑的对象。就精神意义而言,他意识到他本不属于这个世界,并能够超越于整个世界之上,从而仅仅作为精神本身站立在包括这个世界在内的一切面前,即他可以凭借精神自身绝对地确立自己。但是,身体却命定地是他的负担,他的精神存在与这个身体无时无刻不联系在一起,荒谬、痛苦等就被这样一种有限性的存在带到这个世界里。

但有一点却是确定不移的:精神可以凭其自身绝对地确立起来。这种得到彻底觉识并逐步确立起来的绝对精神观念最初展示在犹太人的思想观念中——这是犹太民族贡献给全人类最伟大的财产。但是犹太人赋予这种绝对确立的精神一个外在的对象,并且这个外在对象是他们每日每夜都要面对的。他们产生着种种关于这个绝对确立同时又拥有无限权柄的绝对精神的表象,他们需要遵循种种绝对精神所给予他们的诫命。在他们看来,只有持守一生地奉行这些诫命,那个绝对者才赐给他这个世界的财产,并最终进入彻底摆脱身体的局限的永远的生活,从而与绝对者同在。这才是真正的生命。

在康德看来,正是在这个地方,"我们为自己创造了一个上帝,我们相信可以轻而易举地争取他为我们谋利益,从而免除那种对我们的道德意念的内核有影响的艰辛而又无止境的烦劳"①。人们相信,只有顺从,

---

① 康德:《纯然理性界限内的宗教》,第 172 页;Kant, Immanuel, *Religion within the Boundaries of Mere Reason and Other Writings*, p. 165。

并充满喜悦地做那些使上帝喜悦的事情,他才能够成为上帝所喜悦的臣民。因此,他们五体投地地爬向圣所,一步一叩头地向那绝对者匍匐敬拜;给他奉献上牛、羊、俘虏的生命,甚至自己的儿子;向一块木头哭诉自己的遭遇,祈求他为自己伸张正义,向他忏悔自己的罪过以求他能够谅解自己而给予自己永恒的福气;在修道院里,他们什么都不干而只是整日鞭笞自己,穿着破破烂烂的衣服、吃着猪狗的食物,认为绝对者可以看到自己的谦卑与顺从,从而能够赏赐他们福杯。诸如之类,不一而足。

这种看似敬虔卑微的行为岂不是最大的骄傲与僭越! 人自以为通过这样的行为使上帝得到了事奉,那岂不意味着人是能够直接与上帝建立关联的对象,甚至上帝需要通过他的行为才得到敬颂? 上帝要按照人的行为方式而决定给予他什么,那岂不是人的行为决定上帝的作为? 因而上帝难道不是人实现自己想要东西的工具? 如同十字军东征之时,那些白天手上沾满了别人鲜血,甚至在鲜血中洗澡的人,到了晚上,匍匐在上帝面前,悔恨自己的作为、祈求上帝的赦免,这样的上帝究竟是什么东西呢? 难道不是在满足他的嗜血狂妄、满足其罪恶淫欲之后,还能够让他心安理得的精神慰藉者吗? 如果退一步,他认为,"尽管上帝在此并未通过这样的行为在任何方面得到事奉,但他却能够在其中看到善的意志,看到虽在遵循诫命方面过于软弱、但却通过证明自己在这方面的热忱而弥补了这一缺陷的心灵"①,那么,我们只能说这样的行为本身不具有任何道德价值,它恰恰是把感性行为的手段抬高到纯粹精神的目的,因而感性行为成为偏离精神理念的干扰。这就在无形之中产生了一种跨越,即感性领域与理智领域的交叉,这在认识论上隐含着巨大的矛盾。

　　如果谈到促进(纯粹的道德意念的)理智因素的感性手段,或者谈到感性手段用来对抗理智因素的障碍,那么,两种如此不同类别的原则的这种相互影响,就必须永远不被设想为直接的。也就是说,我们作为感性存在者,只能在理智原则的显象上,即我们的自然

---

① 康德:《纯然理性界限内的宗教》,第 173 页。

力量受行动中显露出来的自由任性所决定方面,才能去违背或者有利于法则,以至原因和结果在行动中被设想为同类的。但是,就超感性的因素(我们心中的道德性的主体原则,它隐秘地蕴涵在自由的不可理解属性中),例如就纯粹的宗教意念而言,除了其法则之外,我们看不出任何东西涉及人心中的因果关系。也就是说,我们不能从人的道德性质出发,为自己解释作为感性世界的事件的行动的可能性,把它们解释为归因于道德性质的,这恰恰是因为它们是自由的行动,而所有事件的解释根据都必须从感性世界得出。①

这段话揭示出所有伪事奉之所以可能的主观基础。这里存在严重的认识论困境。就人作为精神性以及身体性这双重存在者而言,其所有的行为都涉及感性要素的规定,哪怕是我们认为此行动出于法则,但它在行动中也必定遵照原因和结果的同类原则。康德以"自由任性"这一术语说明这一因果同类原则。

从概念上看,如果使欲求能力去行动的规定根据是在其自身里面,而不是在客体里面发现的,那么,这种欲求能力就叫做一种根据喜好有所为或有所不为的能力。如果它与自己产生客体的行为能力的意识相结合,那它就叫做任性。如果欲求能力的内在规定根据,因而喜好本身是在主体的理性中发现,那么,这种欲求能力就叫做意志……可以受纯粹理性规定的任性叫做自由任性,而只能由偏好来规定的任性则是动物任性。②

通过"任性",人的欲求能力与自己产生客体的行为能力的意识相结合,如果欲求能力本身的内在根据在于主体理性,任性才与意志有所差别而最终奠基于意志本身。因而只有通过"任性",感性行为才可能与法

① 康德:《纯然理性界限内的宗教》,第 173 页;Kant, Immanuel, *Religion within the Boundaries of Mere Reason and Other Writings*, p. 166,康德注释一。
② 康德:《道德形而上学》,载《康德著作全集》第六卷,张荣、李秋零译,北京:中国人民大学出版社 2010 年版,第 220 页。

则相联系,才会存在法则规范行为这样的问题。与纯粹理性规定的法则直接相联系的任性是"自由任性",正是依赖于自由任性,作为感性存在的人的欲求能力才与法则相连并将之奠定在纯粹理性的基础上。康德将这种在逻辑上贯通的概念称为因果关系的同类原则,自由任性与纯粹形式性的法则是它的基础。

但如果试图离开自由任性的决定方面,离开只是形式性法则的决定根据,而设想感性手段与理智因素之间的直接相互影响,那我们就把两种不同类别的东西混为一谈了。因为我们绝对无法在逻辑上连贯一致地设想超感性的绝对存在者直接作用于感性的存在,也无法设想感性存在者可以通过感性手段直接影响超越者的意志。我们看不出任何一种贯穿两者的因果关系。因而作出如此设想的人不过是把作为手段的感性表象能力提升到理智自身的目的位置,并且在自己的心思意念中,将献身于上帝的意念赋予意念自身以价值。这是所有宗教伪事奉的主观根据所在。这种主观根据就其自身而言,是不合理、不合逻辑的。

康德将这种自认为是对上帝的崇敬称为"宗教妄想"。所谓"妄想"就是"把一件事物的纯然表象与事物本身视为等同的"[1]。表现在这里,它就是把我们主观上对上帝形成的表象看作是上帝自身。因而这种事奉表面看来是对自己卑微、苦楚、无助生命的自觉,是对上帝绝对意志的服从与敬拜,其实恰恰相反,它乃是人的骄傲与狂妄所在。他把上帝拉低到自己感性表象的水平,从而彻底取消上帝本身的位置。所以,这种妄想是与真正的、由上帝所要求的事奉背道而驰的。

由于人乃是凭借自己的感性表象与上帝建立起直接性的关联,这种关联也可以被理性理解。根据理性对之理解的程度,我们可以把宗教妄想分为这样两类:一是宗教迷信,一是宗教狂热。

凭借宗教上的敬拜活动,在面对上帝释罪方面(Justification)有

---

[1] 康德:《纯然理性界限内的宗教》,第 171 页;Kant, Immanuel, *Religion within the Boundaries of Mere Reason and Other Writings*, p. 164,康德注释一。

所作为,这种妄想是宗教上的迷信;想凭借追求一种自以为的与上帝的交往而达到这种作为,这种妄想则是宗教上的狂热。[1]

在历史上,迷信对人类道德的进步以及族群的连结都产生过重要的影响,这是无可否认的。但这改变不了它在认识方面的局限,而理性的批判恰好应该在认识幅度里进行。他试图通过信仰规章性的教义、遵循启示的诫命以及教会的仪式仪礼使上帝对他的善加以悦纳,但他却恰好没有做出善的行为本身,因而他是采取了自然性手段,而忽视了道德本身的价值来取悦上帝。这种行为根本的悖逆在于自然性的手段根本无法对道德价值产生任何影响,但他却认为这种影响是可以发生的。这是一种迷信。

但不得不说,康德的这种理解可能会存在很大的偏差。问题的困境就在于如何辨别遵循教义、诫命、仪式的信徒的主观欲求。在历史上,并非所有参与仪式、遵循教义、持守诫命的人都在主观上认为采取这种行为就能够弥补他作为一个人的根本缺陷。真实情况可能恰恰相反,这些教义、诫命、仪式等之所以值得遵守,乃是在于它们本身有意义。也正是在这种意义上,耶稣说:"莫想我来要废掉律法和先知;我来不是废掉,乃是要成全。我实在告诉你们,就是天地都废去了,律法的一点一画也不能废去,都要成全。所以,无论何人废掉这诫命中最小的一条,又教训人这样做,他在天国里要称为最小的;但无论何人遵守这诫命,又教训人遵行,他在天国里要称为大的。"(《马太福音》5:17–19)按照耶稣的教导,仪式、教义、诫命、律法应该自身就是目的,它们之所以可能就在于它们的意义是出于上帝本身的,从而它们不应该仅仅是手段。而如果只是将其看作手段,那这就是迷信。因而在学理上,它们可能是与理性非常接近的。关键就在于如何在主观上区分它们的根据。当然,康德本人并没有走这么远,这与他的时代状况,以及他本人对宗教本身的理解局限有

---

[1] 康德:《纯然理性界限内的宗教》,第 178 页;Kant, Immanuel, *Religion within the Boundaries of Mere Reason and Other Writings*, pp. 169–170。

关。到了施莱尔马赫，以及更后的巴特，这些问题都重新得到更加深入的思考。

如果不仅仅将自然的手段看作达至上帝的释罪，而是更进一步，将这些手段想象为超感性因而超出人所能支配的范围，那与它们相伴随的就是绝对者直接临在的状态。这种宗教妄想就是宗教狂热。其基础不可能建立在理性上，相反它只能诉诸一种情感。由于直接与绝对者交往，这种情感就应该是一种"理智性"①直观的接受能力。但是，"人的本性中并没有进行这种直观的器官"②。这样一种宗教狂热就只能是一种矛盾，在它里面，没有任何理性根据。

康德称这种"狂热的宗教妄想是理性在道德上的死亡"③。之所以是"道德上的死亡"，是因为，如果人凭借某种直观能力就能够与上帝直接交往，那么上帝的神恩就直接性地加在人身上，他不需要做出任何事情就可以获得一切。这不仅是人类理性自身的狂妄，甚至它直接杀死了理性本身。这成为他的惰性、慵懒的最后根据，他只需要在情感中直接面对上帝，就可以免除一切道德义务。这样看来，表面看似最具宗教性的一种"面对面"，其实恰恰取消了宗教本身。这是因为，在康德看来，"没有理性就根本不可能有宗教，因为和所有的道德性一样，宗教一般必须建立在一些基本原则之上"④。这是理性批判所能达到的结果。但另一

---

① 用理智性直观只是表明这种"直观"能力是与"感性直观"能力相对的。因为上帝不是感性对象，当人可以凭借某种能力与其直接交往时，那么，他所依赖的直观能力也肯定不是感性的。如果将这种交往奠定在情感基础之上，但康德又不承认人有一种理性情感（道德情感不是理性情感，只是它在理性看来是一种出于法则的理性的情感，这是逻辑推理的结果，而非直接的给出），那么如何刻画这种与情感相关，而又不是出于感性的直观呢？这是很艰深的问题。在这里，我暂且用"理智性直观"这个逻辑上有问题的术语。在谢林等人那里，"理智直观"真正成为一个哲学概念，而在施莱尔马赫那里，情感的意义也获得突破。
② 康德：《纯然理性界限内的宗教》，第 178 页；Kant, Immanuel, *Religion within the Boundaries of Mere Reason and Other Writings*，p. 170。
③ 康德：《纯然理性界限内的宗教》，第 179 页；Kant, Immanuel, *Religion within the Boundaries of Mere Reason and Other Writings*，p. 170。
④ 康德：《纯然理性界限内的宗教》，第 179 页；Kant, Immanuel, *Religion within the Boundaries of Mere Reason and Other Writings*，p. 170。

方面,按照这种理性批判,我们也需要进一步追问,"我—你"的超越性意义究竟何在呢? 即:在理性彻底批判的基础上,重新建构一种"上帝—人"的直接关系是否可能呢? 这是康德遗留给后代神学家的根本任务。如果他们不能正面地、严肃地面对这个现代神学问题,可能传统的那种基督教神学就会像某些理性主义者认为的那样真的要被颠覆,甚至在思想上被取消了。在本书最后部分,我们会在施莱尔马赫的思想视域中审视这个严肃的问题。

如果从与理性的关系方面看,宗教迷信倒是与理性很接近。只要不再把作为手段的东西看作直接让上帝喜悦的对象,它就可以摆脱迷信这个称号。但宗教狂热却是完全抹杀理性和道德的,因而它需要被彻底清理。但首要的是,无论是化解宗教迷信还是清理宗教狂热,我们都需要彻底批判其在人之中的主观根据,这也是我们这部分内容的核心论证。另一方面,我们的任务不仅仅是破除什么,更应该是建构什么,下面就需要确定真正宗教事奉的主观根据。

三、宗教事奉的内容及其主观根据

与作为宗教妄想的伪事奉原则相对的是宗教的道德原则,在这个问题上,康德如是说,"凡是人自认为为了让上帝喜悦,除了善的生活方式之外还能够做的事情,都是纯然的宗教妄想和对上帝的伪事奉"。并且,按照康德,这是一个不需要任何证明的基本原则。这样看来,只有遵循一种善的生活方式才是人对上帝进行宗教事奉的唯一原则。这是个非常强的原则。除了道德原则,它把一切规章性教义、外在的诫命以及与道德无关的仪式仪礼,甚或强制、恐惧、逼迫等手段都完全排除在外。换言之,在宗教事奉中,除人能够遵循的道德法则,以及我们不得不诉诸使至善理念得以实现而最后需要的外在帮助(这种外在帮助也是道德所指向的)之外,不存在任何宗教事奉。因此,宗教事奉无非就是理性所指向的内容。

在原理上,这些内容包含以下三方面。首先,由于人的理性存在自身的局限,他无法凭其自身在上帝面前实现自己,因而需要最高的存在者以某种方式补足其力所不及的方面,即:能够使其意念成为纯粹性和坚定性的完全意念。但是,也正是在这个地方,宗教事奉和伪事奉的分野产生了。

> 在这种表象中,惟有实践的东西才是我们可以理解的,而在理论上,即使上帝愿意给我们揭示这样一种奥秘,我们也根本不能把握上帝与人的这种关系自身是什么,并且把它与概念结合起来。①

就人是一种身体性的存在而言,他无法离开感性直观来表象其他。如果有一种超感性的作用被我们直接接受,那么在概念或认识论上,它究竟是怎样一种作用机制呢? 因此,如果试图在理论上说明上帝与人的这种关系,这种作用机制就是首先需要得到澄清的,但这却恰好超出我们所有的概念能力,因而所有宗教伪事奉的主观根据都是充满矛盾的。

如果放弃这种努力而仅仅在实践领域中,鉴于道德意念的不纯粹性和不坚定性,人必然需要来自更高存在者的帮助;而如果为了履行自己的职责,他真诚地奉献于义务所加给他的事情,那么他就有完全的理由希望得到最高智慧的帮助。但是,另一方面,对于这种帮助自身的存在方式,以及它与我们的真实关联是什么,这却不应该是他所要求的东西。这是因为,我们或许可以寄希望于人类理性的进步,以至于终于有一天,人类可以理解上帝与他的真实关系;但至少,到这个时代为止,我们还尚未看到这一点的可能性。只有在实践领域,在遵循善的生活方式上,康德看到了这种可能性,只有这样,它既可以保留最高作用存在的价值,同时也可以限制人类理性的狂妄。这是康德作此区分的根本意义所在。

其次,如果说道德意念的完全是我们对上帝事奉的根源,那么在事奉中,我们究竟要事奉什么,这是另一个问题。在宗教伪事奉中,看起来他似乎为上帝奉献了一切,并且如果在这种奉献中,他没有违背道德,那

---

① 康德:《纯然理性界限内的宗教》,第 175 页;Kant, Immanuel, *Religion within the Boundaries of Mere Reason and Other Writings*, p. 167.

他也确实可以认为自己为上帝献上了一切。因此当他说"我用我的心灵诚实来敬拜你"时,这也的确是他的一种衷心的愿望。但在康德看来,尽管奉献了行为和心灵的诚实,但他却唯独没有把自己的道德意念奉献上,他献上的心灵不过是道德意念的代用品。但是,这种代用品却是上帝所无法接纳的,因为只有实践理性所指向的上帝才是真实的,这个上帝除了纯洁的道德意念以外,不要求任何东西。因此,在上帝看来,真正的事奉乃是把自己的道德意念全部献上。这不是在理论上,而仅仅是在实践领域中理解上帝与人的关系所必然指向的一种奉献。

最后,是对上帝事奉的最终旨归。在实践领域中,上帝所喜悦的是与他本身相匹配的至善,因而这种至善实现在大地之上是他颁布给人的一条诫命。而就道德意念本身而言,它也必然地指向实现它所要求的道德上的幸福,并进一步是世俗意义的幸福。在学理上,这两者的结合就是至善理念的实在性,因而"德性意念关注的是某种现实的、自身就使上帝喜悦的、与世上的至善一致的东西"①。所以,道德意念是关涉整个宗教事奉的总原则,它的纯粹性和坚定性的获得是事奉的根源,它本身是事奉的唯一内容,它所指向的至善的实现是上帝要求人类事奉的最终归宿。

但无论如何,它会面临这样一个问题,即:如果自认为符合圣洁性的理念,它就会产生一种自负的妄想,因而无法凭其自身保障自己与妄想之间的距离。甚至在历史上,我们也看到很多打着道德的旗号,并且确实如此认定自己的人,却在做着超乎一切正当性和合法性的事情。在康德看来,这是一种出于对道德意念的事奉而堕落的妄想,但这毕竟只是偶然的。

真正的问题在于,他能否把这种道德的最高价值纳入至善的理念中,而这理念正是上帝启示给人的诫命。若是偏离了它,就是妄想;反

---

① 康德:《纯然理性界限内的宗教》,第 177 页;Kant, Immanuel, *Religion within the Boundaries of Mere Reason and Other Writings*, p. 169。

之，就是事奉。单就理性理念而言，偏离这种理念是不合乎理性要求的。因此，康德会说，偏离完全是偶然性的，所以，纵使有可能出现偶然性的状况，道德意念置于至善理念之中本身不是妄想。这些情况完全从学理上看可能有着天地般悬殊的差异，但在人的现实的意念中，它们却是在瞬间就完成的。这是由人类精神的无限丰富性决定的，它同时也说明了人类精神的丰富性。在我看来，一切真正宗教都要求虔敬①的意义也正在于此，除非每时每刻都保持着对人的有限理性的谦卑与顺从，否则，他会在任何一个瞬间走向自己的反面。在这种间隙性的差异就会造成重大后果的存在现实面前，我们需要透彻地理解究竟如何在人的道德决定的主观根据上，选择某种东西作为我们道德决定的引导。在这个问题上，路德选择"唯独《圣经》"和在良心中的"唯独信仰"这两种"唯独"作为一切决断的依据。康德根本性地取消了前者，而仅仅诉诸"良知"作为一切道德决定以及宗教事奉的主观依据。

何谓"良知"？汉语一般用"良心"这个词对应于"Conscience"或"Gewessen"，这是延续孟子的传统，到王阳明发展到极端。在这里，我们用良知而非良心翻译西语"Conscience"或"Gewessen"（con-是共同、联合的含义；-science是科学的、与科学相关的，因而它应该是具有普遍性系统性的知识体系；德语"Gewessen"也是同样的结构：Ge-有联合含义的词根，而-wessen是科学的、科学性的）主要是因为它与"知识"相关，而不仅仅是"内在性"的东西。用"良心"可以把这种内在性的东西表达出来，但漏掉了它普遍的系统的知识性含义。但从这个西语词本身的词根含义来看，它似乎并不包含"内在性"的含义，因为所谓内在性指的是一种直

---

① 在一般宗教教义中，"虔敬"是一个极其核心的观念。它包含了与上帝的双重关系。一是对上帝的敬畏，即出于对诫命的尊重而恪守诫命，这是义务。二是对上帝的爱，因而恪守诫命并非是出于恐惧，而是对诫命的爱，它延及与上帝相关的一切。由于康德在道德限度内理解宗教观念，因而"虔敬"概念就是在义务范围内的东西了。它是指应尽义务，以及出于自由而对法则的爱。在这个层面上讲，它应该与德性教义相关。但与德性教义的不同在于，"虔敬"强调主观领域，它侧重于"敬畏"和"爱"。在宗教事务中，两者的关系应该是：德性教义是目的，是在先的；而虔敬教义是手段，是在后的。这是康德理解的两者之间的基本关系。

接的意识。我们很难想象,这样一种直接的意识同时又具有体系性知识的含义。因为知识本身应该涉及判断的意义,而判断恰好是由知性来担当的。但康德却恰恰赋予了"Gewessen"一种内在性的含义,因为所谓"良知就是一种自身就是义务的意识"①。我们该如何设想这样一种直接性的义务意识呢?

对于"我要采取的行动是正义的"这句话,我们可以从两个不同的侧重点方向进行分析。即:"我要采取的行动是正义的"和"我要采取的行动是正义的"。前者指的应该是一种直接性的意识。它的承担者是"我本身",它强调对行为的正义性而言"我"是直接担当的。或者说,它强调的是"我"的一种存在状态,在这样一种状态之下,"我之存在本身"与"行为的正义性"是共属一体的。即:两者在存在论上是一回事,只是一者就"我之存在"断言,另一者直接是"我的作为",而这种作为是以"正义性"为本质的。因此,康德完全有理由说,这种意识本身就是"无条件的义务",尽管康德并没有在存在论的基础上界定义务概念。

后者指的是作出判断的知性。这是将"人之存在"与他的"行为结果"分裂开来的结果,即:这是在主客二分的思维中反思行为本身的特性。由于我们对所有行为表象的意识都是建立在逻辑分析的观点之上,当我们反思、澄清自己的表象的时候,"行为才会成为是正义的"。这样看来,这种义务概念也就不可能是无条件的,从而可以说,在我们作出判断、表明态度,以显示这个行为是正义的之前,我们首先已经"确知"——更恰当地讲,是觉识到——它不是不义的,这是良知的一种本然状态。在这个意义上,"良知"首先是一种直接性、完全内在性的义务意识,因而用"良心"翻译"Conscience"或"Gewessen"或许更好。当然,这需要确切地界定中国古典文化中"良知"与"良心"的真实内涵,这是另外一个重要的文化比较课题。

---

① 康德:《纯然理性界限内的宗教》,第 190 页;Kant, Immanuel, *Religion within the Boundaries of Mere Reason and Other Writings*, p. 178。

另一方面,这样一种直接性、内在性的义务意识并非仅仅是个体性的。当然,在我看来,它首先是个体性的。既然它表达了人在存在论上的一种存在方式,那它也势必是人类的一种存在方式。因此,良知表达的是,人作为一个类是一种道德性、义务性的深度存在。[1] 这一点也可以通过后面那层内涵体现出来,即:即使在知性判断中,行为的正义性也可以获得一致的认可。在我看来,也正是在这种意义上,"Conscience"用了"-science"这个词根,从而可以表达一种普遍的科学性的含义。但是这种含义应该在直接性的义务意识之后才是可能的。康德的一句话可以证明这一点:"这里的问题不是良知应当如何被引导(因为良知不需要引导者,有良知就够了),而是怎样才能把良知本身用作最令人忧虑的道德决定中的引导。"[2]既然道德决定应该是出乎道德的,因而它本身也应该按照内在性的原则来决断行为,从而作为它的引导者的良知必定不是按照外在性原则来引导道德决定的,它也不可能是由知性判断或知识性的因素决定的。恰好相反,只有当它引导了道德决定之后,知识性的判断才是可能的。正是相关于良知这两方面的含义纠葛,康德又进一步定义了良知:

> 它是自己对自己作出裁决的道德判断力⋯⋯在此是理性对自己作出裁决,尽管它事实上是极其慎重地对行动作出那种判断的(即它是正义的还是不义的)。而且,它还把人自己推上起诉自己或者辩白自己的证人席,证实这种情况下是发生了还是没有发生。[3]

一方面,良知是一种直接性、内在性的义务意识,即"我"能确知行为

---

[1] 我用这个词表达人的存在方式本身,或者说,这是人的一种本质性存在方式,因为这种存在是有深度的。用中国文化的术语,他是贯通"天—地之间"的一种存在,是一种"神性"的存在;因为他有一个身体,他才是在"天—地之间"的,也正是有一个身体,更加凸显出他之存在的深度。

[2] 康德:《纯然理性界限内的宗教》,第 190 页;Kant, Immanuel, *Religion within the Boundaries of Mere Reason and Other Writings*, p. 178。

[3] 康德:《纯然理性界限内的宗教》,第 191 页;Kant, Immanuel, *Religion within the Boundaries of Mere Reason and Other Writings*, p. 179。

不是不义的,而且这种确知本身就是包含在义务意识之内的内容,它是一种"我知"的状态,而并非决断行为发生时那一刹那的应急性的反应。另一方面,因为它首先是一种确知的状态,它就可以由理性①作出裁决。所谓裁决就是把行为放在良知面前,看它是正义的还是不义的。又因为良知是一种义务意识,且是一种自我性的确知,康德会说,"它是自己对自己作出裁决的道德判断力","把人自己推上起诉自己或者辩白自己的证人席"。

康德以一个异端裁判者说明这一点。首先,因为别人的信仰而将其烧死,他就根本无法确定自己的所作所为会不会有不义的可能。其次,如果说他是依照自己从上帝那里得来的启示而将其烧死,那毕竟会有可能出现失误的危险。上帝的启示要落实在人身上,人如何能够保证他接受到的东西就是上帝直接的意愿呢?因此,他恰好不是按照良知行事的。另外,说别人是异端就要烧死他,毕竟这只是依赖于历史性文献,但这正好不是不容置疑地确定的。

但另一方面,在我们的意识中,我们终究有着那么一些直接性地就是义务的东西,也就是说每个人都是"有良知"(或者说,良知拥有我们)的。因而康德这样说:

> 不顾这种信仰所要求或者所允许的事情也许是不义的这种可能性,也就是冒着违反一种自身确定无疑的人类义务的危险而去接

---

① 这里就存在"良知"与"理性"的关系问题。既然前面说良知是自身就是义务的意识,因而它就不是由知性作出判断的。尽管康德在这个地方故意没有用"知性"这个词,而是说理性对自己作出裁决。所谓裁决就是慎重地对行动作出判断,而作判断的含义正好不是良知的作为。因而在康德的界定中,这是一个矛盾。在我的术语界定中,为了化解这个矛盾,以及面对康德思想本身的局限,我采用"良知"是一种存在论性质的状态。它所涉及的"确知",我认为是一种存在论性质的"知",而如果进一步进展到对这种行为的评价时,那就是知性的任务了,它所对应的对正义或不正义的"知"是一种认识论性质的"知"。这样我就把"理性"本身分裂了,良知与知性都应该是它的内容。但在这种界定中,理性的含义已经不同于康德。因为良知是直接性、内在性的义务意识,它具有生命性的特点。在我看来,这种界定可以把康德思想中缺失的这一环补上。如果我的理解不错的话,牟宗三先生就是这样处理"良知"概念的。对此问题,我会进一步专题论述。

受这种信仰，这是没有良知的。①

　　一部信经（Creed）的作者，或者一个教会的导师，甚至每一个人，——就他据说在内心中向自己承认确信一些信条是上帝启示而言的——如果他扪心自问：你敢在知人心者的临在中，冒着丧失所有你认为宝贵和圣洁的东西的危险，来担保这些信条的真实性吗？那么，我将必须对人的（至少不是完全无能为善的）本性形成一个很糟糕的概念，才不会预见到，即使是最大胆的信仰导师，也必然在这里不寒而栗。②

尽管人还可以做出善的行为，因而能够觉识到他应该做些什么，但是，究竟谁敢保证他所做的事情就是确定无疑的呢？谁敢保证我准确无疑地接收到的绝对者给予的启示是真实而绝对无妄的呢？如果不能的话，那么，我们只能说"我信，但我信不足，求主帮助"，从而给这种善良意志留下容身之地。更何况，我们尚且能够在意识中直接性、内在性地觉识到作为良知的义务。我们为什么要撇弃上帝给予我们的最宝贵的一份财产，而单单选择那些我们无法确定的东西呢？既然上帝本身要求一个至善世界的实现，而我们的道德义务本身就指向，并且也确实一直在走向这样一个注定要实现的至善，那我们为什么要抛弃这种直接性的义务，而要以某种可能会犯错的东西作为行为的依据呢？

　　啊，正直！你这从地上逃逸到天上的阿斯特赖亚，我们怎么才能把你[良知的基础，因而也是一切内在宗教（的基础）]从那里重新拉回到我们这里呢。③

尽管肉眼看不到正直重建在这片大地上，但它终究是在我们这里

---

① 康德：《纯然理性界限内的宗教》，第 192 页；Kant, Immanuel, *Religion within the Boundaries of Mere Reason and Other Writings*, p. 180。

② 康德：《纯然理性界限内的宗教》，第 194 页；Kant, Immanuel, *Religion within the Boundaries of Mere Reason and Other Writings*, pp. 181–182。

③ 康德：《纯然理性界限内的宗教》，第 195 页；Kant, Immanuel, *Religion within the Boundaries of Mere Reason and Other Writings*, p. 182，康德注释二。

的。以之为基础的一切内在的真正的宗教也必然会实现在这片大地上。这既是道德所必然指向的至善的现实，也是上帝给予人的诫命本身的完全展示，也是作为"天—地"之间的"有希望的人"的希望所在。而对于暂时处身于"天—地"之间的人来说，把由良知所见证到的无条件义务实现出来，也就是为了使至善实现在大地之上，这就是我们所能做到的一切了！

结语　批判与超越：从康德再出发

　　到现在为止，我们看到了康德宗教哲学体系的全貌。通过其宗教哲学体系，我们也得以窥视到康德整个思想体系架构。可以说，宗教哲学是康德思想的最终落脚点。正是在宗教哲学中，"我可以做什么"、"我可以希望什么"以及"人是什么"的问题都直接性地关联于绝对者，自由和希望问题最终在绝对者那里获得论证，也获得现实性。

　　长久以来，中国学界一直关注康德的知识论、道德论证等问题，最近一二十年来，康德对自由问题的深刻探讨也在中国扎下了根。但遗憾的是，康德的宗教哲学问题一直未曾得到深入的探讨，而在我看来，这恰恰是最关键的问题。如果宗教哲学及其所直接指向的绝对者问题得不到理性论证，理性就不可能被论证为绝对理性，那么对道德的绝对论证就只能是人的无限制的狂妄，人的自由存在身份就是空洞的，人也就不再有真正的"希望"问题。

　　按照传统西方思想史，对绝对的切中主要展示为两条道路。其一是严格的哲学—理性论证，其二是反思情感性的认信。我们也分别将这两种切中绝对的追问方式称为哲学和神学。按照本书对康德宗教哲学的分析，我们看到康德思想是走在这两条道路之间的。康德的理性论证是很明显的。通过对希望情感以及希望中的"确信"的分析，我们看到康德同样在反思信仰问题,并且这种反思帮助康德解决了最棘手的"圣洁性"、"德福一致"和"罪的赦免"问题。

为什么要在严格的理性论证中引入对希望情感以及希望中的相信情感的分析呢?尽管与传统基督教信仰不同——在后者那里,希望问题应该在信仰中处理——康德还是引进了相信情感,这岂不与启蒙思想试图论证理性的绝对性矛盾吗?因为毕竟只要理性的绝对性得到论证,无论此绝对理性被说成是绝对精神,还是被说成是上帝,传统基督教的信仰都要被解构掉,相信情感不可能与绝对理性的论证相容。哲学与神学的争辩最终也是展示在这里。这样看来,康德宗教哲学似乎是个矛盾的体系。一方面它试图把理性论证为绝对理性,另一方面因为不可解决的问题,它又把信仰问题重新引进。这是为什么呢?康德难道意识不到这个问题?这个问题的存在究竟会为思想史的进一步发展提供什么呢?

我们先来看第一个问题。按照前面的分析,康德之所以重新引进希望情感和相信情感,是因为尽管人是自由存在者,道德的善有一种内在可能性,但毕竟他又是感性存在者,道德所要求的"圣洁性"、与感性相关的"德福一致"以及"恶"的起点所带来的惩罚,都无法在有生之年实现。因此即使善有内在可能性,如何将其真正实现出来却是需要论证的。正是希望以及希望中的"确信"使人能够指望获得上帝的帮助,从而圣洁问题、德福一致问题和恶的起点的惩罚问题不再对人显示为是遥不可及的。

这样看来,康德体系的看似矛盾,却是分析人的存在问题所不得不面对的。只要按照道德性规定人的自由存在,他就不得不面对道德的完善问题,而道德的完善本身就意味着人的意念的纯粹性和坚定性。这就不得不关联着人行为的主观基础,同时这个主观基础只有在对上帝的情感性关系中才是可能的。因而道德意念的纯粹性和坚定性必然在对上帝作为的"确信"和"希望"中才能达到。这是康德对人的主观性的最高评价。因为正是依赖人的主观性,道德才是可能的,自由才能得到认识性的论证,并且在人的主观性中,上帝的存在获得界定。即:上帝的存在方式要与人的道德性存在相关联。

但无论如何按照人的存在方式分析上帝的存在，康德的理性概念都不是绝对的。究其根源，这样的理性概念只是人的理性，因而是一种有限理性。正是在绝对者的显现中，这种有限理性才能够获得最终的论证。因为正是对绝对者有所作为的"希望"和"相信"，人才能够完全实现其道德性存在，因而人是一种理性存在者。

而按照我们在第一章中对布鲁诺的分析，近代哲学要完成对理性的论证，首先就要把理性论证为绝对理性，否则这样的理性就是暧昧不清的。哲学最终要论证绝对的"一"，如果在论证中掺杂理性本身无法理解的东西，比如这里的"希望"和"确信"，那么这种哲学就是待完成的。我们看到，如果纯粹按照哲学论证的观点看，康德体系就是待完成的、不成熟的。

根据上面的分析，这个体系之所以不成熟，之所以无法论证理性的绝对性，是因为它针对的只是人的理性。这种理性从一开始就被打上"主观性"的烙印。因而如何在哲学上推进康德思想，取消理性的"主观性"，就是首要的要求。

在后续的德国古典哲学进程中，我们看到，黑格尔正是走在这条道路上。在其早期神学著作中，最晚到 1799 年，黑格尔就决定性地批评了康德的这一点。在其早期的一篇长文《基督教的精神及其命运》中，[1]黑格尔一上来就批评了康德的"义务"概念，并以基督教的"爱"重新解释了人的存在与上帝的关系。在 1801 年写作的《论谢林与费希特哲学体系的差异》中，[2]黑格尔将基督教的"爱"的思想内涵以哲学的形式表达出来。而在其经典著作《精神现象学》中，黑格尔阐发了他的"经验"概念，

---

① 参见黑格尔《基督教的精神及其命运》，载《黑格尔早期神学著作》，贺麟译，北京：商务印书馆 1988 年版。

② 参见 Hegel, G. W. F., *The Difference Between Fichte's and Schelling's System of Philosophy*, trans. H. S. Harris and Walter Cerf, Albany: State University of New York Press, 1977。

这是辩证法的认识基础。在"爱"、"经验",以及对其所作的哲学形式表达中,黑格尔完成了对绝对理性作论证的思想以及形式基础。这是结语第一节要分析的内容。

另一方面,我们也看到,尽管在一定程度上康德接受了基督教信仰,但这种接受完全是批判性的接受。在康德体系中,上帝的存在方式是根据人的存在方式规定的。对上帝的"确信"也是在"希望"中才是可能的,而"希望"所指向的对象也正是人的理性所必然指向的内容。因此,对上帝的信仰以及信仰所涉及和所指向的内容都不再具有出发点意义,相反,人的理性存在、自由和道德成为思想的出发点。这种对基督教的批判性的接受对于传统基督教神学有着巨大的冲击作用。

因此,如何在启蒙的时代面对康德思想的批判也是基督教神学不得不面对的。在某种意义上,新时代基督教神学的重建是时代的要求,正如康德所言,一本圣书决定一个时代、教会牧师操持一切的时代已经过去。在另一种意义上,这种新时代的神学也是对康德思想体系的争辩,这是康德对那个时代基督教神学的冲击,同时也为其提供了一种契机。

康德尚且在世的时候,一位重要的基督教神学家——施莱尔马赫(F. D. E. Schleiermacher,1768—1834)就站立起来与康德对峙。在结语第二节,我们就在与康德宗教哲学的争辩中展开对施莱尔马赫的分析。我们会看到,施莱尔马赫所建立的新时代神学处处是针对康德体系的。

第一节　绝对理性的终极论证:黑格尔论"爱"和"经验"

康德认为在传统教会中之所以存在神秘因素,是人的道德自主性未得到自觉的结果。在那里,人不是按照自身的自由存在决断行为,相反,人成为一种受奴役的存在者。一切神秘仪式、邀恩手段都是由于人的存在被某种更高的存在者所掌控,所以他需要借助于更高者的力量完成自己的某种诉求。理性批判的目的就是把人从这种存在状态中解救出来。

但我们也看到,道德的完善依赖于主观意念的纯粹性和坚定性,因而道德本身就是人的主观性的绝对确立。如同康德的自由概念意味着对因果必然性的突破、对自然欲望的克服，康德的道德主观性意味着这种最高的主观性与其他感性主观性、与人的身体欲求的对峙。因此，这种道德主观性要获得论证，更高存在者即绝对者的帮助（被上帝看作是完善的）就是必需的。

这样看来，康德理性论证需要引入神学论证乃是源于道德主观性所造成的人的存在的分裂。如果说传统基督教的神秘因素意味着人被外在更高存在者的统治，那么道德主观性就意味着人被自己的普遍概念统治。很明显，既然承认人是双重存在者，对道德主观性的强调就意味着人的感性存在是被压制的，因而是人自身的分裂导致前者对后者的压制或统治。要结束这种分裂状况，康德只能诉诸传统基督教资源。在我看来，这是康德必须走在哲学论证和神学论证之间的根源。

正是由于看到了这一点，在早期神学著作中，黑格尔试图通过对"爱"的分析弥合人的双重存在，从而将人看作一个整体。① 一旦道德主观性被取消，作为主体的人也不再与世界或其他客体相互对峙。在这个基础上，我们可以重新思考理性。此时的理性已不单单是人的理性，相反这是理性自身，是绝对理性。在接下来的篇幅中，我们把黑格尔早期几部著作作为一个整体，分析绝对理性是如何进入黑格尔的思想视域

---

① 基督教"爱"的精神是黑格尔突破康德体系的关键。伽达默尔（Hans-Georg Gadamer，1900—2002）注意到了这一点，在《科学时代的理性》中，他指出黑格尔早期几部著作在其整个体系中的作用，但没有进一步论述。在中国学界，萧诗美教授将"爱"视为辩证法形成的关键。（参见萧诗美、蒋贤明《从黑格尔辩证法的基督教神学起源重新理解西式辩证法的精神实质》，载《马克思主义哲学研究》2013年第1期）但在我看来，怎样以分析的形式呈现"爱"的意义以及辩证法却是真正重要的。长久以来，中国学界对黑格尔的研究方法与黑格尔本人的研究方法基本类似，那就是空洞的概念辩证。黑格尔的辩证尚是有内容的，但我们的辩证很多是空洞的套话，甚至不知所云。我们能否转变一下，把分析方法引入呢？庆幸的是，孔明安教授以精神分析的方式呈现了黑格尔"主体即实体"这一核心观念。（参见孔明安《精神分析维度中的实体和主体》，载《哲学研究》2011年第3期）这篇文章摆脱了空洞的概念架构，在环环相扣的分析中呈现了黑格尔思想的一个核心主题。这是有很大启发意义的。接下来，我们要在实际生存经验中、在我们如何放弃自己对普遍概念的固守中，分析"爱的精神"何以是黑格尔理性体系的逻辑起点。

的,进一步我们要论证绝对的哲学形式以及认识形式。①

一、"爱"对道德主观性的克服

康德认为,从通古斯萨满到欧洲高级教士,从完全感性的乌古伦人到高贵的清教徒、公理会教徒之间并不存在原则上的差异,唯一的原则性的差异只存在于这些人和服从自己义务的人之间。② 这是因为,在原则上,前者是奴隶,他们服从外部的权威;后者是自由的,他只服从自己。因此,对康德来说,法规来源于哪里很重要。自由并不意味着任意而为,他需要遵循自己给自己制定的法规;而来源于自己的法规就是道德法则。针对康德对奴役和自由的区分,黑格尔谈道:

> ⋯⋯这些宗教信徒与服从他自己的义务命令的人之间的区别,并不在于前者是奴隶,后者是自由的,而乃在于前者的主子在自身之外,而后者的主子则在自身之内,但同时仍然是他自己的奴隶。对特殊的东西:冲动、嗜好、病态的爱情、感性或其他种种来说,普遍的东西必然地而且永远地是一种异己的东西、客观的东西。那里面总残留着一种不可摧毁的权威性,足以激起人们的反感,因为普遍的义务命令所获得的内容、一种特殊的义务,包含着同时既是有限制的又是普遍的这样一种矛盾,为了这种普遍性的形式,它提出片面的、极其顽固的自负的要求。任何直接在义务的概念中找不到根据的人类关系都受到贬斥;这个义务概念(既然不仅是空的普遍性思想,而且据说是要表现其自身于行为里),排斥了或者支配了一切别的关系。③

因此,在黑格尔看来,尽管自由只遵循来自自己的法规,但这种法规

---

① 此节的部分文字经过整理和修正,以"理性论证的基础:道德原则,还是爱的精神——论黑格尔对康德理性体系突破的起点"为题,发表于《宗教与哲学》第 5 辑,金泽、赵广明主编,北京:社会科学文献出版社 2006 年版,第 99—116 页。
② 参见康德《纯然理性界限内的宗教》,第四篇第二章第三节。
③ 黑格尔:《基督教的精神及其命运》,载《黑格尔早期神学著作》,第 308 页。

恰恰是以压制自己的特殊性为目的的，因而对于自己的特殊性来说，普遍的法规或者道德法则正是一种异己的东西。对于这样的普遍义务命令来说，它总是存在于矛盾之中。一方面它受制于人自身的特殊性，无论何时，总是有一个对立面存在；另一方面它本身又是普遍的，这是义务本身所包含的规定。

由于矛盾的存在，普遍的义务形式就只能通过将一切特殊性排除于自身之外，才能缓和自己的矛盾性存在。这直接导致义务的自负要求：人的任何不符合普遍形式的东西都要被排斥。这样看来，人的自由存在是一种"病态"的自由，它以排斥、贬抑自己所包含的特殊性的方式确立自己。因而由这种自由而可能的义务概念必是进一步分裂人的存在的东西。在由义务命令所统治的人中，我们不可能找到人的全面性。在对康德所界定的自由、义务，以及对人的存在所作的分析中，黑格尔重新反思了耶稣的"登山训众"。

> 耶稣这种超出道德的崇高精神像在登山训众所表明的那样是直接反对法规的……由于义务命令以理性与嗜欲的分离为前提，概念的统治便表明其自身为"应当"，因此，与此相反，那超出这种分离的东西就是"存在"，生命的一种变形……法规与嗜好的这种一致就是生活，并且作为不同的东西彼此间的关系就是爱，一种存在，这种存在(1)被表达为概念法规，必然地与法规相契合，亦即与其自身相等同，或者(2)被表达为现实物，为与概念相对立的嗜好，也同样是与其自身、与嗜好相等同。①

无论将法规的基础放置在外部，还是内部，它都以人的分裂为前提。前者将人的存在整体与绝对者和普遍性相分离，后者将其自身的特殊性与普遍性相分离。但无论法规如何造成人的分裂，它都是人的一种本质性的存在方式，也就是说人命定般地是一种普遍性的存在者。而它之所

---

① 《黑格尔早期神学著作》，第 309—311 页。

以会造成人存在身份的分裂，乃是因为人同时也是一种特殊性的存在，正是在特殊性方面，人是个体性的。更重要的是，这种分裂的造成乃是源于思想过分强调人的普遍性方面。

这样看来，如果要恢复全面性的人，并非要取消法规，并且法规也是不可取消的，它是人的普遍性存在方式，相反，它乃是要超出法规。耶稣的教训正是这样："莫想我来要废掉律法和先知；我来不是要废掉，乃是要成全。我实在告诉你们，就是到天地都废去了，律法的一点一画也不能废去，都要成全。"(《马太福音》5：17—18)如何以超出的方式成全律法呢？这是理解耶稣"登山训众"的关键所在。

我们来分析作为义务命令的法规。义务以逻辑推论、命题、概念等方式被给出，在思想看来，也只有逻辑或概念才具有普遍性，因而义务命令就意味着人的特殊性嗜欲被理性统治，人被概念统治。也正是因为这种嗜欲与理性的分离，概念的统治将自身表明为是"应当"。更进一步，如果"应当"被接受，在实践理性选择行为的时候，人所依据的"应当"总是在自己的经验、概念判断中。毕竟人不能依据纯粹形式命题——比如"你应该这样行，以使你的行为能够普遍化"之类的形式命题——选择行为，在实际的行为选择中，人总是要将这些形式命题与现实状况或以往的经验等放在一起。

因此，在实际生活中，"人被概念统治"，其实就是被自己对概念的理解所统治。一旦将义务命令即概念普遍化，他真正普遍化的可能仅仅是自己对概念的判断。并且，这种获得普遍化的概念往往是以某种理解压制另一种理解。比如"安息日不做工"，究竟如何理解这条律法呢？谁的理解应该作为普遍化的理解呢？什么又是普遍化呢？当细致地进入对这些问题的探讨时，我们会发现永远不可能给出一致的意见。更严重的是，如果某人将自己的理解当作普遍的真理命题，那么最终的结果只能是你死我活。

按照我们的分析，概念的统治不仅意味着人自身的存在被分裂了，同时它也意味着人与人之间的关系被分裂了。而造成分裂的关键就是概念的给出。只要坚守自己对某种概念的理解,并将其实现为存在方式,他必定就关闭了自己,以及他人的其他可能的存在方式。因此,"应当"只能意味着分裂。

如果要弥合这种分裂,按照我们的分析,人就只能拿掉自己的概念判断。但我们也注意到了,人是普遍性的存在者,他无法将自己的这种存在方式完全拿掉。正是在这种困境中,耶稣展示了自己那种"超出道德的崇高精神"。为了深入地理解这种超道德的精神,让我们分析耶稣对"不可杀人"这一律法的教导。

"不可杀人"长久以来被认作对所有理性存在者都有效的命题,同时也被认为是普遍的立法前提。但耶稣以"爱的和解"反对了这一律法。单就律法本身来看,它表达了一个抽象的命题,以至于除了禁止这一不道德行为之外,它可能允许其余一切不道德行为。但生活本身却意味着丰富得多的内容。因为从爱的"和解看来,即使愤怒也是一种犯罪,是情感对于压迫之快速的反应,是重新鼓动起压迫他人的报复愿望,这乃是一种盲目的正义感,因此虽假定了一种平等,但乃是仇恨的平等"①。作为法规,(不可)"杀人"意味着分裂,但哪怕是"愤怒"同样意味着分裂。因为只要在概念里,只要按照自己对概念的理解,哪怕这种理解表面看来是"正义的"、"平等的",总会有对立面存在。而一切分裂只意味着一个结果,那就是生活本身的破裂。真正能够保持生活完整性的是"爱的和解"。

但这种和解并没有取消掉法规,而是使法规成为多余的东西。因为生活本身包含着比空洞的法规多得多的东西,不仅不要杀人,哪怕"向弟兄动怒的,难免受审判。凡骂弟兄是拉加的,难免公会的审断;凡骂弟兄是魔利的,难免地狱的火"(《马太福音》5:22)。在生活中,真正的问题是和解而非分裂;是生命本身的统一性,而非概念的统治性。如果说概念以及对概念的单一理解造成了人自身的分裂,以及与他人的对立甚或分

---

① 《黑格尔早期神学著作》,第 312 页。

裂,那么,在放弃法规或放弃个人对法规的固守的"爱的和解"里,生活关系的丰富性、人存在的"无限制性"就被展示出来。

> 在(爱的)和解里,法规失掉了它的形式,概念为生命所代替,但是和解也因而失去了普遍性、失去包括一切特殊在内的概念,不过这只是虚假的损失,而且由于与接触到个人所发生的活生生的关系之丰富性,它却有了真正的无限的收获。它不排斥现实的东西,而只排斥在思想中的、可能的东西。①

通观耶稣的教导,在各条律法之外他都有所补充。即:非但没有取消律法,耶稣在律法之外又增添了和解的内容。按照我们的分析,如果法规意味着分裂,那么耶稣增添的内容正是对法规的嗜好或者说倾向。正是这些嗜好补足了法规所造成的分裂的另一方,这是法规与嗜好的统一。不可杀人,同时是不在情绪里与他人对立;不可奸淫,同时是不可在念头里将他人作为欲望对象;不可起誓,同时是不可将保证的东西与一切外在他者相联系……

因此,在康德那里,理性与嗜欲乃是作为相互异己的东西,其取得一致只是偶然的甚或只是在思想之中的。但是,在耶稣的教导里,"义务、道德意向等等停止其为(反对)嗜好的普遍物,而嗜好停止其为反对法规的特殊物,因此法规与嗜好的这种一致就是生活,并且作为不同的东西彼此间的关系就是爱,一种存在……"②我们看到,按照黑格尔的界定,生活的意义正是理性与嗜欲的一致,是法规与嗜好的一致。生活本不是分裂的,只有在思想中、在概念中、在个人对概念的持守中,生活才是分裂的。想要的得不到、不想要的偏偏要来,正是很多人对生活的感触,我们看到这种感触正是概念与现实分裂的结果。

回到我们的主题。对于黑格尔来说,在生活中,法规与嗜好是一致的,维系生活中不同东西的关系的是爱。爱维系了生活的统一性。这种统一

---

① 《黑格尔早期神学著作》,第 312 页。
② 《黑格尔早期神学著作》,第 311 页。

性展示为生活中不同东西的关系。在爱的和解中,我们以内在意向的方式取消了对立,但它又如何化解已经造成的对立呢? 也就是说,它如何面对违犯法规已经造成的破坏呢? 甚至它如何面对他者即将对自己的违犯法规的行为呢? 对这两个问题的回答展示了"爱"的最高的精神意义。

在外在法规面前,违犯法规就要受到惩罚。因为法规乃是超出自我的普遍规定,任何违犯普遍规定的行为,如果要捍卫普遍规定的普遍性,它都要受到相应的惩罚,从而法规的普遍性能够得到维护。但无论如何,就自我以及行为与普遍性相对峙,因而是相互异在的东西而言,任何惩罚都不足以弥补所造成的伤害。一方面,法规作为异己的形式依然在那里,惩罚并未使法规成为友好的对象,相反它以更可惧的形象显示自己;另一方面,即使意识到自己行为是坏的,即使已经受到惩罚,但坏的行为已经在那里,它对于现实是无能为力的,这永远与对法规的普遍意识相对立。

与受到外在法规的惩罚相对,在生活中,黑格尔设想了另一种惩罚,它被称为"命运的惩罚"。从生命本身来看,由于不再按照概念,不按照自身对概念的固守生活,一旦发生某种损害人的普遍性存在的行为,生活的统一性就被打破了。就如同某种异在的东西突然闯入生活,而要重新恢复生活的完整性,那种异在的东西就要与生活取得和解。我们把这种取得和解的过程称为"命运的惩罚"。

> 在他有犯法行为以前,没有分离,没有对立,更不用说没有统治他的东西。只是由于脱离了那种统一谐和的生活(这种生活既非法律所规定,也不违反法律),只是由于杀害了人命才产生一种异己的东西。毁灭生命并不是把它变为无存在,而乃是生命的分离,其毁灭乃在于把生命变成自己的敌人。在他们看来,生命是不死的,生命被杀害了的它就表现为它的可怕的鬼魂,这个鬼魂要维护生命的每一方面,报复任何仇恨。[①]

---

① 《黑格尔早期神学著作》,第 325 页。

如同莎士比亚笔下的班科与麦克白斯，前者并未因为被杀害就消失掉，相反，转瞬之间，他就以鬼魂的形式来折磨犯罪者的生命。最终被伤害了的生命以敌对的力量反对伤害者的生命，这是生命的对等性。因此，生命中的违犯普遍性的行为并非产生于或者产生异在的东西，它乃是生命本身的分离、生命自身的对抗。这些损害也好，对抗也好，只是生命内部本身的事情。因此，"在命运里，这个敌对的力量乃是敌对化了的生命的力量，因此对生命的畏惧不是对于一个异己力量的畏惧。……在命运里，人认识到他自己固有的生命，他向命运恳求，并不是向一个异己的主宰恳求，而是回返到他自己和接近他自己"①。

命运的惩罚并非是外在的惩罚，损害者在自己的生命中同样经历被损害者的生命的损害。并且，这种经历不会因为任何外在的惩罚而有丝毫的减轻。我们很多时候称之为"良心"的惩罚，但它比良心的惩罚有更多的内容。它不仅仅是内心的遭受，相反，通过罪恶，它更深地体察并认识到生命中的矛盾，并产生对恢复新生命的热忱。它要在灵魂深处寻求与完整生命的重新联合。这是一种通过敌对生命，通过生命的一部分反思，从而试图寻求完整生命的和解过程。在这个意义上看：

> 这种生命的感觉，在其中生命重新发现自己，就是爱，在爱中命运得到了和解。从这种方式看，犯罪者的行为并不是一个片段。那个从生命、从全体产生出来的行为，也表现了全体。……那敌对的部分也可以重新接纳到全体。正义得到满足，因为犯罪者已经在自身中感觉到与他所伤害的生命相同的生命受到伤害了。……在他那里已不复有任何敌对的东西了，他的犯罪行为至多只是作为没有灵魂的骸骨仍然存在于现实的藏骨室和记忆中罢了。②

通过命运的惩罚，被敌对生命所打破的生命恢复了完整，这种通过生命重新发现自己，从而恢复到完整生命的过程就是爱。爱把一部分的

---

① 《黑格尔早期神学著作》，第 327 页。
② 《黑格尔早期神学著作》，第 328—329 页。

片段的生命重新联结到整体的生命之中，爱使分离的人重新在生活中获得统一性，使其摆脱外部法规的限制和惩罚，从而完全回到自身。因此，爱并非仅仅是良知那样的道德主观性。在后者那里，它远未实现和解，甚至连和解的可能性都看不到。就良知的本性而言，它依然固守着自己的普遍性存在，从而将一切普遍性之外的特殊性看作是不应被接受的。因此，对它来讲，损害普遍性的行为永远是它痛恨的。它不可能在普遍性之中接受特殊性。

但爱恰恰在于特殊性在生命的片段中看到并欲求生命的整体。正是在自身所遭受的生命损害中，他看到了敌对生命对其生命所造成的损害，因而那敌对的生命以更深的方式被接纳进生命整体，生命的完整意义被以更深的方式揭示出来。这样正义就得到实现。这是因为，敌对生命不仅不再作为外部对象，它还以更深的方式揭示出，因为它的存在，整体生命所有的更重要的意义。这是一种更高的和解的正义，也就是说正义不仅实现了，它所实现的东西还以一种更加触目的方式进入我们的生命。

我们还会看到，爱不仅通过命运的惩罚重建了完整生命，它甚至完全超出了命运本身，因而是一种更高的精神存在。在接下来的篇幅中，我们通过如何面对他人的侵犯阐释这一点。

在面对侵犯的时候，人往往按照自己对正义的理解做出反抗，因而反抗目的并非仅仅是保全自己的身体，更重要的是，通过反抗，他捍卫了一种正义，无论这是他自己理解的，还是公认的正义。侵犯者有其自身的真理理由，反抗者也有其自身的真理理由，在此真正的对峙是各自持有的真理之间的对峙。因而在相互侵犯中，真正主导侵犯与反抗的是各自对真理概念的理解。正是这种概念以及对概念的不同理解，造成了双方的分裂。而如果不能放弃自身的概念权利，从而通过第三方加以调节，这种分裂就只能以你死我活作为了断。在概念以及对概念的固守中，除了生命自身的取消之外，没有生命的和解，甚至连和解的可能性都没有。但在这里，耶稣决定性地给出另一种关于生命的理解，这种生命超出了一切命运性的遭受,甚至超出了命运本身。

> 无论别人触动他的哪一方面,他就从那一方面撤退,他只是把在受到侵袭的瞬间转让出去的东西,放弃给别人。这种对于自己所有物的关系的放弃就是自己本身的缩小,不过这种程度是没有限度的。(这些关系愈是生死攸关,如果它们被玷污,一个有高尚品格的人必定愈要从这些关系中撤退,因为他不能继续保持这些关系而不致污损他本人,——因而他的不幸也就愈大。)这种不幸既不是非正义的,也不是正义的,它只是变成了他的命运,因为他是基于自己的意志和自由而轻蔑那些关系的。……这命运是他有意识地造成的……因为他已经大大地超出在他愿意让给敌人的那些权利之上了,并且由于这个命运植根于他自身之内,所以他可以忍受它、反抗它。①

他不把自己的生命放在任何一个片段,也不固执于任何一个片段而单方面寻求自己的权利,因而无论任何片段遭受侵犯,他都主动地将自己从那里退出。并且这种退出是没有任何限度的。因为不紧紧抓住任何一个片段、不固守任何片段所诉求的权利,他也就不会固守生命的任何东西,最终直至将整个生命舍弃。如果我们把生命中片段生命所遭受的称为命运,因为不坚持自己的任何权利和正义,这种命运的遭受就无所谓正义,或者不正义。因而任何侵害,哪怕是最大的侵害,在这里都算不上什么,他完全超出了这些侵害,以及分离这些侵害来看的正义和不正义。

但是不抓住自己的生命片段、不固守自己的权利并非意味着无意识。否则也就无所谓"放弃"、"不固守",也无所谓"侵害"、"权利"。这是一种在自己的自由意识中轻蔑关系对人的限制,在自由中超出于一切关系、限制之上。因而是一种对生命中一切关系、对立的超越。生命中的

---

① 《黑格尔早期神学著作》,第331—332页。

片段，以及生命本身，对于自由来说，都是可以舍弃的。当他人以自己的全部命运与他对立起来的时候，他同时把自己提高到超越一切命运之上了。因此耶稣说："人到我这里来，若不爱我胜过爱自己的父母、妻子、儿女、弟兄、姐妹和自己的性命，就不能作我的门徒；凡不背着自己十字架跟从我的，也不能作我的门徒。"（《路加福音》14：26—27）"有人打你的右脸，连左脸也转过来由他打；有人想要告你，要拿你的里衣，连外衣也由他拿去；有人强逼你走一里路，你就同他走两里。"（《马太福音》5：39—41）

因此，在他那里，最大的罪过和完全的无罪、最高的命运不幸和超出一切命运统一起来。他以无罪的方式承受并担当了一切罪，并且不将之看作罪；他以超出命运的方式承受并担当了命运中的一切不幸，并且给出一种新的生命。在这种新生命里，"和解之门是开着的，因为它有可能立刻重新恢复每一种重要的关系，重新进入朋友的关系、进入爱，因为它并不曾伤害生命本身"。也是在这种生命意义中，"耶稣把宽恕别人的错误、随时愿意同别人和解，看成宽恕自己的错误、扬弃自己的敌对命运的极其明确的条件。两者只不过是灵魂的同一性格之不同的应用"①。

因此，爱不仅重新恢复了生命的完整，它还是一种最高的自由精神。在这种自由精神中，它超越于一切关系、限制、对立，以及命运本身，并可以承受、担当一切罪责、对立，以及对生命造成的损害。因而"在爱中的和解乃是一种解放……在爱中的和解扬弃了奴役统治，恢复了生命的纽带、爱的精神、相互信任精神，这精神从统治的观点来看，这应说是最高的自由"②。

一切道德都意味着分裂。对他人的道德要求是主张自己的权利，因而是将他者看作异于自己的外部对象；对自己的道德要求意味着主张自己的普遍性，因而他必然将自己特殊性的一面踩在脚下。而一旦将自己

---

① 《黑格尔早期神学著作》，第 333 页。
② 《黑格尔早期神学著作》，第 338 页。

对义务命令的理解主张为真理，那一切都可能会是与它相对峙的，因为不同处境的他者完全有理由主张另一种理解。并且，在实际生活中，无数的处境、现实凸显出来，空洞的道德命令只会显得更加抽象，而一旦过分主张这种抽象的命令，就会有无数的现实情况与其相对立、与其分离。这一切都可能是思想中的概念所不可能触及的。

由于爱撇弃一切片段的生命、一切对自己权利所作出的主张，在它里面，就没有特殊与普遍的分裂，也没有一者对另一者的命令。因而"爱不是与特殊的东西相反对的普遍性。爱不是概念的统一性，而是精神、神性的统一性。爱神就是感觉到自己投身于生命的全体里、没有界限、在无限之中"[1]。只有在概念的反思中，人的存在才会产生分裂；相反，在爱中，没有分离，也没有统治。爱不是思想中的统一性，也不是康德所谓的概念与感性的统一性，它是精神自身的统一，是人的存在本身的统一。这种统一更恰当地讲乃是神性的统一。"亲爱的弟兄啊，我们应当彼此相爱，因为爱是从神来的。凡有爱心的，都是由神而生，并且认识神。没有爱心的，就不认识神，因为神就是爱。"（《约翰一书》4：7—8）

"神就是爱"，就是精神的统一，就是神性的统一。因而神与爱并无不同，只是一者是从实体来看，一者是从关系来看；一者是存在本身，一者是存在所包含的统一关系。如果说按照康德对知识以及道德自主性的论证，近代思想以主客二分作为标志，那么神和爱"两者的本质都是主客同一：神是一个主客同一体，爱是一种主客同一关系。神若作为一个实体来想象，只能是一个主客同一体。神的自我定义'我是我所是'最能表明神是一个自在自为的主客同一体"[2]。

我们已经看到，如果像康德那样强调人的双重存在，不仅人自身是

---

[1]《黑格尔早期神学著作》，第 344 页。

[2] 萧诗美、蒋贤明：《从黑格尔辩证法的基督教神学起源重新理解西式辩证法的精神实质》，文章载于《马克思主义哲学研究》，2013 年版，第 41 页。这篇文章进一步论述了"神就是爱"的内涵，以及神与人，人与人之间的"爱的关系"，如果专题性地论述爱的主题，这也会是我们的研究的内容。但在这里，我不进一步展开论述。有兴趣的读者可以参阅这篇文章。

分裂的,主体与客体的对立也是必然的;自由个体要完成道德行为以及将善施行在大地上,都只能依赖于绝对者的帮助。并且,按照康德,这种帮助是在"希望"、"确信"等情感中才是可能的,因而其理性论证无法摆脱对基督教信仰的理解。在这几个关键问题上,康德无法完成对绝对理性的论证。

但是,在爱中,在"神就是爱"中,我们看到克服康德思想的精神要素。由于爱中没有分裂,既没有人的存在的双重分裂,也没有主客体的分离,它乃是绝对的统一力量。因为"神就是爱",在绝对的统一中,神将自身揭示出来。神就是自在自为的存在者,他是自身认识自身、自身实践自身的绝对存在者。无论是按照哲学论证,还是按照神学反思,这样的绝对存在者才应该是思想要面对的对象。这样的存在者也是自布鲁诺以来近代哲学试图论证的存在者。

暂且不讨论如何展开这种存在者。我们首先需要思考,通过宗教的"爱"论证的存在者,毕竟不是一种理性的或概念式的论证。如果要在哲学形式上论证这种存在者,需要沿着逻辑化或概念化的路径。也正是沿着这条路径,在《论谢林与费希特哲学体系的差异》中,黑格尔对爱所揭示的绝对存在做出了概念式的思考。

二、绝对原理形式中的哲学原则

康德对"知性"的分析,既论证了主客体的同一性,也论证了主客体的分离性。作为理性的一种认识能力,知性是一种获得确定知识的能力。按照知性所赋予外部对象的概念形式,任何知识都表达了主体与客体内在的同一性,正是因为这种同一性,以及主体的先验性存在,客体作为客体才能够被建立起来,并拥有确定、必然的知识。但同时,也正是知性能够将概念形式赋予客体,同时客体有着另外一种来源,知性就同时意识到主体与客体的分离。即:除了现象所展示的那么多之外,对象总是可以在自己的位置上存在。这是因为感性—知性本身不是生产性的,它总是依赖于外部对象的显现,因而知性所面对的对象是有来源的。知性可以认识到,尽管在现象范围内,它能够将客体建构为具有同一性的自身存在物,但客体的来源,即对象的存在本身总是在它之外的。[1]

尽管知性能够认识到这一点,但对对象存在本身的认识却在它的能力之外。它的概念能力只是针对感觉经验或现象的,对象的存在本身却不从属于现象领域。康德本人对这个问题也有清晰的认识。在其实践哲学中,康德将实践理性置于自由的领域,因而知性只是理论理性能力,实践理性作为自由则是在知性范围之外的。

这样看来,理性的知性认识能力和实践能力就是分裂的。这种分裂连同主客体的分裂,一直延伸到康德的整个实践领域。我们也看到,这种分裂同样表现在其宗教哲学领域。如果要沿着对爱或神之中的主客同一性论证理性统一的哲学原则,黑格尔就必须将作为理论理性的知性和实践理性统一起来,只有将认识性的知性纳为一部分的绝对理性才是哲学的最高原则。

知性是一种认识能力,认识就是指出被设置物的对立面、界限、根据和条件,因而它表现为一种反思性的形式命题。它最终表达为"A 是 A"或"A＝A"这样的形式命题。比如,在对客体的认识中,客体首先被构建为客体自身,它才能够在经验中获得进一步展开,即客体首先是一种自身同一物,然后才是经验关联物。[2]"自身—同一"以形式命题表达就是"A＝A"。这种反思性的同一性命题包含的是一种纯粹同一性存在,在这里,反思抽象掉了一切差异和不一致。

但如同我们的分析,理性恰恰不是这样一种存在。理性意识到,这种抽象的纯粹的形式同一性并没有表达出对象的存在本身。尽管在客体中,对象获得自身的概念性存在,并因为意识的先验性,这种概念性存在是客观的,但客体总是有来源的,它来源于外部对象的存在本身。而对象的存在本身正是超越于一切限制、对立、根据和条件的。人的存在,

---

[1] 参见康德《纯粹理性批判》,B274－279。
[2] 黄裕生:《真理与自由》,第 77—87 页。

人的理性也是这样一种存在。正是在这个意义上，黑格尔非常确定地说：

> 理性发现自身在这种抽象同一的片面性中并没有被表达出来。因而它还要设置出在纯粹的一致性中被舍弃的东西。即：设置对立物，设置不一致性。一个 A 是主体，另一个 A 是客体，它们的差别的表达形式是 A 不＝A，或者 A＝B。但这个命题直接与前面的命题相互矛盾。在其中，它舍弃了纯粹的同一性，设置了非同一性、"非思维"的纯粹形式。正如第一个命题设置了纯粹思维的形式，而这个思维不同于绝对思维，不同于理性。只是因为非思维也被思维，A 不＝A 才能由思维加以设置，这个命题才一般地能够得到设置。就非思维由思维设置而言，在 A 不＝A，或 A＝B 中，同一性、联系只是主观的。但非思维为了思维而被设置的这个存在，对于非思维来说，是完全偶然的，对第二个命题来说，是单纯的形式，为了纯粹地具有第二个命题的内容，必须舍弃这形式。①

这种抽象的纯粹的形式同一性无法表达理性本身的存在，同时它也没有将理性所要表达的内容表达出来。按照我们前面的分析，理性要表达的是爱中精神的统一性以及神那样的主客同一性存在。但因为理性本身的普遍性存在，它也不能缺少知性的同一性规定形式。这就要求在理性的表达中，重新引进被知性所抽象掉的差异性或不一致性的存在。对于理性或对于绝对理性来说，同一性和差异性都是包含在它里面的。当然只有对于反思来说才是这样的。就理性本身的存在而言，它是没有分裂的，因而在它里面没有同一、差异和主体、客体这样的分立形式。

---

① Hegel, G. W. F., *The Difference between Fichte's and Schelling's System of Philosophy*, trans. H. S. Harris and Walter Cerf, Albany: State University of New York Press, 1977, p. 106. 本书有中译本。但因为在我看来，中译本的问题较多，所以我的阅读更多地参照英文本。译文在参照中译本的基础上给出。以下不再一一注明。中译本可参阅黑格尔《费希特与谢林哲学体系的差别》，宋祖良、程志民译，杨一之校，北京：商务印书馆 1994 年版，第23 页。

　　我们进一步分析理性的这种设置。在知性规定中，A＝A 是个形式命题，主位上的 A 展示为宾位上的 A 的存在，并且在抽象中，这两个 A 的存在是等同的。但也正如我们的分析，知性正是在对 A 的限制、分离中设置出宾位上的 A 的，因而宾位上的 A 是被知性建构出来的，我们以这个 A 限定主位上的 A。在这种限制、分离之外，A 正是在自己位置上的存在者，知性的限制并不能穷尽 A 本身的存在。因而主位上的 A 总是可以展示为其他的存在，或者以其他的存在方式展示自己。也就是说，在反思看来，主位上的 A 总是包含着与宾位上的 A 相差异的要素。

　　因此，在理性的反思或理性的思维中，主位上的 A 与宾位上的 A 的差异可以被命题化为"A 不＝A"或"A＝B"。一定要注意，这是理性思维的结果。因而与知性命题一样，这个命题同样是一个形式命题。如果说知性思维设置同一性，这是一种纯粹思维形式，那么理性所设置的命题就是一种"非思维"的形式，因而与知性相比，理性思维是一种不同于知性纯粹思维的"非思维"。这是知性知识能力与理性能力的差别之处。

　　单纯就命题来看，"A＝A"和"A 不＝A"或"A＝B"相互矛盾，前者设置了同一性，后者设置了差异性。但注意到知性设置和理性设置的差异后，这个矛盾是可以解决的。因为只有理性的"非思维"同样被"思维"的时候，这两个命题才是在一起的。而对于非思维的被思维来说，理性的设定"A 不＝A"或"A＝B"中的"等于"只是主观的，因为它只是设置的结果，除了理性能够看到主位上的 A 不是宾位上的 A 所能穷尽的之外，主位上的 A 是什么却是完全不确定的，因而这里的"等于"完全是偶然性的。只是对于命题来说，"A 不＝A"是单纯的形式，是非思维被思维所设定的形式，而一旦深入此命题所表达的内容，这个形式立刻就要被扬弃掉。

　　因而这两个命题并置在一起，后一个命题是对前一个命题的否定，它意味着主位上的 A 不是宾位上的 A；但对于后一个命题来说，这种否定只是形式性的，一旦进入命题内容，它立刻瓦解了自身的存在，因而它需要进一步展开它的存在。在这种展开中，内容要重新进入命题的形式。①

但如果从纯粹形式命题来看，这两个命题是矛盾的。一方面，"A＝A"这一同一性命题说出了矛盾是 0；但另一方面，"A 不＝A"这一差异性命题说出了矛盾的存在。因而就两个命题都是对自在存在者 A 的言说而论，这两者的并存及其联系是"二律背反"的表达。但是，因为无论是存在还是思想，它们都不可能停留在任何一端，即它们不会是被限制的存在，"A＝A"和"A 不＝A"共同就是对存在和思想的绝对同一性表达。

在第一个命题中，尽管作为知性的思想将 A 设置为宾位上的 A，因而这个 A 是受到限制的，在限制意义上的展示自己；但作为理性，思想本身并未停留在受到限制的 A 上面，它同时看到 A 的存在本身又不是这个受到限制的 A。因而 A 的存在本身和思想都不仅仅是限制性的存在，相反它们的存在是不受限制的，在不受限制的整全意义上，它们都是绝对的，是绝对的同一性存在。只有相关于知性的限制，A 的存在和思想才会是有区分的。因而如果说宾位上的 A 的存在既是客观的，又是主观设置的，因而两者具有一种同一性，这种同一性可以被称为"相对同一性"的话，那么使二律背反由以可能的绝对理性中的同一性就是"绝对同一性"。

在这个意义上，黑格尔说："如果知性在（作为两者联系的）理由命题中不认识二律背反，那么它就不会向理性发展，并且对它来说，第二个命题在形式上不是新命题。"②只有当二律背反被看作真理形式的表达时，

---

① 这会是思想的进一步进展。因为一旦内容进入第二个命题，命题形式就会被瓦解，它会重新得到知性同一性形式的规定。只是这时的同一性规定已经不再是前一个同一性规定了，因为有新的内容进入同一性命题。这个同一性命题是个新的命题，进而它又遭到否定。这是思想的螺旋式上升，"肯定——否定——再否定——肯定……"这是理性的、思想的辩证法，它会把一切内容都融入自己的体系。由于这里只反思理性论证的形式，我们不在内容上展开这个辩证的"知识"体系。

② Hegel, G. W. F., *The Difference between Fichte's and Schelling's System of Philosophy*, p. 107.

理性把知性的反思形式本质置于自己之下,此时的理性论证不受制于任何限制、分离和对立。在它里面的同一性是绝对同一性,这样的理性不再是有限理性,相反它是绝对理性。因而此时,"二律背反——自己扬弃自己的矛盾,就是知识与真理的最高的形式意义表达"[1]。但如果第一个命题所宣示的抽象同一性被设置为本质性的东西或哲学上的第一真的东西,那么认识上而非辩证意义上的真理体系就是一种纯粹分析活动的进程。这个体系就是康德和费希特的哲学知识体系。对于认识上的哲学知识体系的致命问题,以及它所造成的分裂,我们已经看到了。下面我们需要分析黑格尔的辩证体系要获得展开所需的基本范畴。

从关系方面看,甚至任何一个被限制物是一种(相对的)同一性,就反思来看,是一个二律背反物。这是知识的否定方面,由理性形式支配的东西自己毁灭了自己。知识除了这否定方面,还有肯定方面,即直观。纯粹知识(无直观的知识)是处于矛盾之中的对立物的消灭。没有对立物的这种综合的直观就是经验的、被给与的、无意识的。先验知识联合反思与直观两者,它同时是概念与存在。这样一来,直观变成先验的,在经验的直观中分离的主体与客体的同一性进入了意识。就知识成为先验的而言,知识不仅设置概念及其条件(或两者的二律背反),即主体,而且同时设置了客体,即存在。[2]

按照同一性命题和差异性命题,任何被它们所言说的存在既是受限制物,又是不受限制物,因而这是一种同一性存在。只是与存在本身或理性本身的绝对同一性相比,这种同一性是一种相对的、受限制的同一性。因为在反思中,这个存在毕竟是一种二律背反物,它在同一性命题中被表达为受限制物。这种限制表现在多方面。呈现在同一性命题之

---

[1] Hegel, G. W. F., *The Difference between Fichte's and Schelling's System of Philosophy*, p. 107.

[2] Hegel, G. W. F., *The Difference between Fichte's and Schelling's System of Philosophy*, pp. 109 – 110.

中，本身就意味着存在被知性所限制、所分离。而即使在二律背反的合题，即超出正反题而进入更高的综合的时候，它依然是受限制物。因为在综合中，它并未摆脱知性的限制，它会重新进入更高一级的命题形式。这种更高一级的存在既受到低一级存在的限制，也受到更高一级存在的限制。因而只要展示在命题体系中，任何存在都是受限制的存在。

因而就其存在是受限制的存在，是二律背反物来看，任何反思知识都是否定性的，它总是要受到更低或更高知识的限制。因此如果说以知性为最高本质的知识是层层向上抽象的肯定性知识，那么理性所支配的存在或知识都是自己毁灭自己，以便进入更高的存在形式。但我们也同时看到，理性存在在对反思或知识形式方面表现为否定性、受限制性方面之外，它还表现为肯定性的方面。这种肯定性方面被称为直观。

如同我们所言，差异性命题在否定同一性命题的时候，这种否定只是形式性的。一旦进入命题本身的内容，它立刻就会否定"不是"的形式，因而要扬弃掉这种形式，从而内容本身，即命题所指向的存在本身就会重新进入理性，因而会有更高的命题形式。存在本身进入理性，或理性重新进入自身，就是理性对存在或对其自身的直观。这种直观是肯定性方面。如果没有它，理性就是空洞的否定的形式反思，它不可能将自身展开，更不会有理性知识。

在以知性为本质的纯粹知识中，因为取消掉对立面矛盾的存在，它同时取消了存在本身的不同于同一性存在的存在方式，因而它在意识中取消了存在的无限开放性、受限制和不受限制的绝对同一性。所以，它只能接受那种"单一"肯定的被给予的"直观"。因而黑格尔称"没有对立物的这种综合的直观就是经验的、被给与的、无意识的"，称这种知识为"无直观的知识"。

与这种无意识的、被给与的经验直观不同，理性的直观是一种先验直观。这种直观没有执着于存在的经验性、同一性显现，相反它是存在向意识、向理性所展示的不受经验、知性限制的肯定性方面。正是这个肯定性方面彰显了存在本身的存在特性：存在不受任何反思和知性的限制,它永远会展示出其"不是"这种限制、否定的方面。因而直观的肯定性不是逻辑、知性命题式的肯定,这些肯定恰是对存在本身的限制,是对存在的"否定",相反直观的肯定性是对一切反思、知性限制、否定的重新回归,它是存在自身的宣示自身。尽管这种宣示会重新进入意识之中,从而被重新规定,但存在本身不是这些规定。

因此,如果将哲学思辨知识称为是先验知识,那么先验知识就是联合反思和直观的,因而它同时是概念体系和存在体系。这样看来,在黑格尔的思辨体系里,知识或理性就是先验的,它不只是设置了概念以及概念的条件,同时它也设置了存在。在康德的认识体系里,我们也把前者称为主体,后者称为客体。但在这里,主体与客体不再是分离的。相反,分离的主体和客体的同一性重新进入意识,进入理性本身的体系。

但如果分开来看,被反思或被直观之物同时是观念的活动和自然的活动。"它同时属于两个世界:观念的和现实的世界。其所以属于观念的世界,是因为它被理智所设置,因而在自由中被设置;其所以属于现实的世界,是因为它在客观总体中作为必然性的一环被演绎。"①存在,作为绝对理性的对象,可以在反思或自由的观点上被看作"图式化理智"(Schematized intelligence),因而与之相比,观念的东西就是第一位的;也可以在必然性或存在本身的立场上被看作绝对存在(Absolute being),而与之相比,思想只是存在的图式。这分别是我们所称为"唯心论"和"唯物论"的思想方式。

但如同我们上面的论证,在能够被分开看之前,理智和存在是联合的。在联合之中,先验知识和先验直观,分别作为理性活动和存在本身是同一的,只有在理智的反思中,它们才是要分开的。因而哲学的真正任务是如何从两者的绝对同一性中推演出这两个分离的体系,以及各个体系所包含的相对同一性内容。

---

① Hegel, G. W. F., *The Difference between Fichte's and Schelling's System of Philosophy*, p. 110.

真正的思辨，即使在其尚未将自身成功地完全建构在体系之中的时候，它都必然地从绝对同一性出发。绝对同一性之分离为主体和客体，本身就是绝对（Absolute）的产品。因而根本原则完全是先验的，从这个原则来看，不存在主体和客体的绝对对立。但作为绝对的现象，它们是对立。绝对本身不在它的现象里，作为现象的主体和客体是对立的。现象不是同一性。因而现象的对立不能先验地被扬弃，也就是说，这种对立不能如同在原则上没有对立那样被悬置。因为那样的话，现象就被取消了，然而现象被看做是如同（绝对本身那样的）存在。因而就像有人所断言的那样，正是在现象中，绝对走出自身。因此绝对必须在现象中设置自己，即：它必定不是消灭现象，相反它只是将其建构为同一性。①

绝对理性的思辨是从自身的绝对同一性开始，在那里没有任何固定的对立和限制。但它又不能仅仅停留在那里，它要走出自身，走向分离和限制，以至于要重新回到自身，从而建立并消灭一切固定对立和限制，使一切受限制物取得与绝对本身的联系。因而它最终要在自己的生产中，形成绝对的客观总体，这才是完成了的自身整体，这样，它的根据才不在自己之外，相反它自身就是自身以及出于自身的一切的根据。

走出自身，它首先进入的是思想和存在。就存在呈现在思想之中，或者思想展示存在而言，两者同样是绝对理性的产物，它们之间不存在绝对的对立。从绝对来看，存在和思想都是先验的。但就它们自身分别来看，它们是对立的。存在是获得思想规定的存在，思想是规定存在的思想。即使存在本身尚未被已规定存在的思想所穷尽，思想也并非全然就是那已规定存在的思想，就它们分别有所规定或被规定而言，它们都是现象性的存在。因而绝对本身已不再在它的现象，即思想与存在，或主体与客体之中了。分别就两者都作为现象来说，它们不具有同一性。

---

① Hegel, G. W. F., *The Difference between Fichte's and Schelling's System of Philosophy*, pp. 114 - 115.

不在绝对之中,主体与客体不再具有同一性。因而这个对立不能再像在绝对原则中那样被取消,否则现象作为现象也就不再具有存在意义了。因此主体和客体只能在绝对原则中思辨,从而具有绝对的同一性,而一旦在各自的存在中,两者的存在意义就具有本质性的差异。这一点对于汉语学界研究黑格尔、马克思的学者显得非常重要。因为长久以来,精神、物质相互的辩证法似乎成为被普遍接受的东西,精神能够作用于物质、物质能够决定精神这样的话语层出不穷。这根本就是驴唇不对马嘴的语无伦次。

因此绝对在现象中将自身展示为二元性的存在,它不是要取消二元存在,相反它要重新在现象中建构自身的同一性。"理性不是要将从自己流溢出来的二重性现象召唤进自身中,那样的话,它只是消灭了现象。相反它要在自己的流溢中建构自身的同一性,这是一种受到二重性限制的同一性。这种相对的同一性又自身对立,以这种方式,体系将自身进展为完成的客观总体性。"①这样的客观总体性表现为诸命题和诸直观的统一性的有机体。在思辨中,任何一个理性命题都与相应的直观相统一,作为意识物(存在)与无意识物(形式命题)的同一性,它将自身展示在绝对和无限里。但同时,由于被设置在客观总体之中,也有其他综合在它之外,它又是有限和受限制的。作为二元的极点,物质和自我意识是最高的对立同一性,是一种完全相对的同一性。②

因而从客体方面看,它首先被理性设定,获得同一性表达,它同时是差异性,进而在意识所呈现的内容中,否定差异的形式命题,进展为新的同一性规定。以此逐渐上升,直至达到客观整体性的统一。而从主体方面看,它也展示为同样的整体性体系:

> 因而这两种形式都必须被设置在绝对之中,或者绝对被设置在

---

① Hegel, G. W. F., *The Difference between Fichte's and Schelling's System of Philosophy*, p. 114.
② 参见 Hegel, G. W. F., *The Difference between Fichte's and Schelling's System of Philosophy*, pp. 113 - 114。

这两种形式中，然而它们也必须同时保持为分离的存在。因此主体是主观的主体—客体，客体是客观的主体—客体。从现在开始，由于设置了二重性，每个对立物都是一种自我对立物，而且每个分离都无限地进行，那么主体的每一部分和客体的每一部分本身都在绝对之中，都是一种主体和客体的同一性。每一种认识都是一种真理，正如每一粒尘埃都是一种组织一样。①

这是绝对理性思辨体系所能达到的最后的观点。一旦完成这种对哲学形式的论证，剩下的就是处理具体内容。我们看到，思辨哲学体系完全不同于康德—费希特的主观哲学体系。② 如果说康德体系更注重知性的认识的话，黑格尔体系就更注重理性的思辨。但无论如何，一个体系的展开离不开认识的观点。在思辨体系里，黑格尔怎么处理认识问题呢？换言之，黑格尔如何以认识的方式展开对体系内容的叙述呢？这是完成绝对理性形式论证之后，进入具体内容建构的首要问题。我们看到，对"经验"概念的分析，使黑格尔获得了一个新的立足点。这种经验概念远不是康德式的科学—经验概念。以下我们展开对黑格尔经验的分析。

三、黑格尔的"经验"概念

《精神现象学》是黑格尔整个哲学体系的展开。毫无疑问，黑格尔具体的哲学内容的展开要建立在我们上面所分析的绝对哲学论证形式之上；而此哲学形式的关键，即存在本身的整全性又来源于其早期对"爱"的精神统一性的思考。但是，体系的展开还是要依赖于认识，这种认识需要对"经验"的分析。我们看到，不仅黑格尔的经验概念不再是科学式

---

① Hegel, G. W. F., *The Difference between Fichte's and Schelling's System of Philosophy*, p. 157.

② 在该书的"费希特体系叙述"中，黑格尔集中批评了康德—费希特体系的主观性，以及这种主观哲学如何不能得到最后的真理体系。在我看来，黑格尔的批评是完全成立的。当然只有从思辨而非从认识的角度来看是这样。有兴趣的读者可以阅读这一部分的论述。

的感觉经验,他对认识的理解也不同于康德式的认识概念。

> 如果有人觉得在哲学里在开始研究事情本身以前,即在研究关于绝对真理的具体知识以前,有必要先对认识自身加以了解,即是说,先对人们借以把握绝对的那个工具,或者说,先对人们赖以观察绝对的那个手段,加以考察,这乃是一种很自然的想法。……这种想法甚至于一定变成为一种信念,相信通过认识来替意识获取那种自在存在着的东西这一整个办法就其概念来说是自相矛盾的,相信在认识与绝对之间存在着一条划然区分两者的界限。①

在这里,黑格尔用自己的语言叙述了康德《纯粹理性批判》第一版序言要表达的意思,即:如果不能对认识本身加以批判,理性就有可能作越界的使用,这样非但不能得到关于绝对的真理知识,认识自身还会进入混淆之中。因此,对于康德来说,对作为认识真理的工具的"认识"的考察就是奠定形而上学基础的事业。进一步,一旦按照康德的认识批判,即在理性的经验运用和思辨运用之间划开一条界线,也就是在理性中区分感性存在和自在之物领域,那么通过认识为意识赢得关于自在之物的知识就概念本身来说就是矛盾的。这是因为,人的认识只能是感性的、经验的,因此认识与自在之物与绝对之间就有着绝然的界限。事实真的如此吗?认识与真理之间真的存在不可跨越的界限吗?

我们先来看康德对认识的分析批判究竟出于什么样的动机。传统形而上学是个争吵不休的战场,②如果据说真理是"一",作为以"一"为研究对象的形而上学怎能会如此的不统一呢?对于研究者来说,作为研究对象以及对这种对象的确信,"一"、真理或绝对是在那里的,之所以存在众多的争论,并非对象出了问题,而是研究者的认识方式出了问题。因而我们需要对认识工具加以分析认识。更进一步,如果工具的运用对对象造成干扰,在认识了工具的同时,我们就能够将这种干扰取消掉,那我

---

① 黑格尔:《精神现象学》上卷,第 51 页。
② 参见康德《纯粹理性批判》,第一版序言,A Ⅷ。

们得到的就是对于真理的认识，或者就是真理本身。

我们仔细分析这种动机。如果他确信真理在一边，问题出现在认识方面，正是对认识考察的不足导致对真理的认识出了偏差，那么对认识的考察和纠偏，即取消工具对对象所造成的偏差，似乎也不能使我们对真理的认识更进一步。因为为了认识真理，而对真理有所改造，之后再把这种改造取消，真理就不多不少重新恢复为原来的样子。而如果认识未对真理造成改造，它只是使真理距离我们更近，这是一种非常奇怪的说法。如果真理或绝对本身不是在或者愿意在我们这里，这又是怎么可能的呢？同样，如果认为认识只是真理与我们之间的媒介，如果这个媒介对真理造成改造，取消改造本身就意味着取消认识。因为改造是媒介的本性，取消改造，或者意味着取消认识，或者意味着取消真理本身。

我们看到，以上几种情况都意味着认识和真理的分离。只有在分离中，才有可能将真理作为对象来认识、来改造。但无疑，对于"认识真理"来说，这是不可能的。如果这种不可能性得到进一步的反思，它或者意味着通过认识我们不可能认识真理，此时真理与认识相互对立；或者意味着通过认识我们能得到认识中的真理，此时真理就是认识。对于后者来说，它不再在认识之外设置真理或绝对，相反它只在自己中设置真理。

我们可以沿着两方面分析后者。根据前面的分析，如果仅仅在知性中，认识对象以同一性命题表达，这种认识所构建的是自身同一性客体，那么它所对应的真理体系正是近代以来的科学体系。对于康德来说，这一科学式的真理体系的对象不是绝对，不是形而上学的存在体系。而如果在理性中，认识对象以二律背反命题表达自己，这正是黑格尔的思辨体系。

我们看到，如果在认识和绝对之间划一条界限，因而绝对站在一边而认识站在另一边，那么以认识来"认识真理"就是不可能的。这完全可以得到逻辑的证明。因此如果说真理是可认识的，它就不能被设置在认识之外。任何在认识之外设置真理，或者在真理之外考察认识，从而将认识看作一种工具的做法，都不可能真正获得对于真理的知识。相反，真理本身就在认识之中,而认识也必定是对真理的认识。

但我们也同时看到,这种认识不是知性认识。因为知性认识本身就以分离感性经验和理性为前提,这是将认识作为切中真理的工具,从而进行认识批判所必然带来的结果。按照前面的分析,只有在绝对理性中,存在与思维、主体与客体才是同一的,在理性的具体运动中,表达存在自身的同一性命题和差异性命题是共同存在的,因而这种不与真理、绝对相分离的认识必然是理性对自身的认识。尽管认识本身并不与绝对理性相分离,但按照认识的本性,它必然可以把理性作为对象,因而我们可以这样刻画这种认识:它将自己与理性中所呈现的内容相区分,同时又与其相关联。因为能够与内容相区分,它把内容作为对象;因为又与其相关联,这内容是为它的存在,甚至能够是它本身。我们看到理性这种认识自身的方式就是意识,也就是说,我们正是在意识中获得关于理性的知识的。因此,通过对意识的分析,我们可以获得理性认识的尺度,以及理性知识的整个体系。

> 意识是把自己跟某种东西区别开来而同时又与它相关联着的;或者用流行的话说,这就是,有某种为意识的东西;而这种关联或某种东西的为一个意识的存在,这个特定的方面,就是知识。但是我们把自在的存在跟这种为一个他物的存在区别开来;同样地,与知识发生了关联的存在也跟它区别开了并且被设定为也是存在于这种关联之外的;这个自在的存在的这一方面,就叫做真理。[1]

意识与对象的关联,即对象为意识的存在,或者说,对象被意识所建立起来的存在,就是对象的同一性规定,就是知识。这一点我们已经在康德对意识的分析中看到了。但那与意识相区别,与对象的为意识的存在相区别的存在是自在存在,这种存在存在于意识与为意识的对象的关联之外。在哲学上,我们也把这种存在称为真理。如果仅仅停留在对知

---

[1] 黑格尔:《精神现象学》,第58页。

识的真理分析层面考查知识的本性,那么知识的存在就只能是为意识的存在,于是知识的本质就不在于它的真理性、它的自在存在,相反它只是我们关于为意识存在的知识了。这样看来,似乎对自在存在或真理本身的认识就在意识的范围之外了。这也是康德对意识的认识,至少在《纯粹理性批判》中,康德对意识的分析是这样的。

但意识恰好不是这样一种存在。它与对象相区分,但这种区分并不在意识本身之外,或者说,对象的自在存在不能被看作是意识之外、与意识无关的一种存在。因为一旦承认意识一般地具有关于对象的知识这一事实,这就已经意味着对象的自在存在并非完全与意识不相关,否则意识如何能够获得对象的为意识存在呢? 如果认为意识与对象的自在存在不相关,意识的知识是关于对象的,这样的断言是根本不能作出的。因而意识与对象的存在既是"相互区别开来,又同时相关联"。关联意味着对象的为意识存在。区别意味着对象的存在"不仅仅是"为意识存在的,因而对象的自在存在是以对意识的"不"的方式存在的。

更进一步,意识在其之中就是,或者说就可以是为一个另外的意识的意识。也就是说,这个意识对于另外一个意识而言,不仅仅是为它的,同时它也存在于两者的具体关联之外,因而是自在的,因而它本身就是真理的环节。这是可以得到意识本身的反思的。在对于某对象的意识中,意识可以获得关于对象的知识,即将其构建为具有同一性的存在;但在另一个意识中,这个关于对象的意识可以进入意识,从而意识可以获得对象的另外一种存在知识。在这个意义上讲,意识本身就既是为意识的存在,又是自在的存在。

因而对象的为意识存在和自在存在,以及意识的为意识存在和自在存在之间的区分并不在意识本身之外。因此在理性或意识的认识中,概念和对象、为他的存在和自在的存在,两个环节都在知识的本性里。于是我们可以在两个环节之中——一个环节是某种自在的但又与意识相关的东西,一个环节是这个东西的为意识存在——考察知识和对象的本性。

如果在这个比较中双方不相符合,那么意识就必须改变它的知识,以便使之符合于对象;但在知识的改变过程中,对象自身事实上也与之相应地发生变化;因为从本质上说现成存在着的知识本来是一种关于对象的知识:跟着知识的改变,对象也变成了另一个对象,因为它本质上是属于这个知识的。意识因而就发现,它从前以为是自在之物的那种东西实际上并不是自在的,或者说,它发现自在之物本来就仅只是对它(意识)而言的自在。当意识在它的对象上发现它的知识不符合这个对象时,对象自身就保持不下去。①

意识的本性是"自行进入显现而涌现出来的东西"②。这种涌现既可以被看作是对象之存在的涌现,也可以被看作是意识自身的涌现。在任何一个瞬间,意识将涌现的存在纳为自身同一性存在,但在下一个时刻,它又可以作为自在存在本身的涌现,因而它重新给意识提供知识的来源。意识就是在这种自身的涌现和对涌现的构造中运动着。这种对意识的刻画的确彰显了意识的自由本性。在任何一个时刻,它都可以中断正在进行的构造同一性对象的活动,从而将对象再次作为自在存在来考察。

因为意识的这种自我涌现本性,如果它发现知识不符合存在本身,那么知识本身必须作出改变,从而使知识与对象相符合。同样的,在知识改变自身以与对象相符合的过程中,对象也改变着自身。因为本质上讲,为意识的知识是一种关于对象的知识,随着知识的改变,对象也必定跟着改变自己,因为对象也是属于知识的。正如知识是关于对象的。

因而对于意识来说,那种看起来似乎是自在之物的东西,并不是在它之外、与它不相关的自在,相反自在只是相对于意识的自在、相对于被意识构建为自身同一物的自在。因此当意识考察出知识与对象的差异,

---

① 黑格尔:《精神现象学》,第 60 页。
② 引文来自海德格尔的长文,《黑格尔的经验概念》,载于《林中路》,孙周兴译,上海:上海译文出版社,2010 年,第 180 页。

从而使得知识改变自身的时候，对象自身也就保持不下去，从而也相应地作出变化。这样对于意识来说，意识就产生出一种新的对象，并且由于这种新对象与意识对对象的知识相关，它就是一种真实的对象。

初看起来，这种新对象，即自在的为意识的存在似乎只是意识对其自身的反映，只是意识对原来被看作是自在对象的知识的表象，从而它并不是意识对对象的表象，但仔细分析我们会发现，由于前一种自在对象在意识的考察行为中改变了自己，从而它是一种或被意识为是一种只为意识的自在存在。因而这种自在的为意识存在就是真实的对象，它就是本质，是意识的新对象。它是对前一种自在存在的否定，是对自在存在的"经验"。我们看到，在对意识本身的辩证运动考察中，黑格尔给出了自己的"经验"概念。

前面我们已经注意到，自在存在本身是对为意识的存在，即意识的同一性知识的否定，也就是说，自在存在被意识为不是对象的同一性存在。现在我们又看到，由于这种否定，当意识考察到知识不符合对象的时候，在知识作出改变的同时，自在存在也被迫发生改变，因而自在存在只是相对于意识本身的自在。这种改变了自身的自在的为意识存在又是对前一种自在存在的否定。这种双重的否定意味着，意识对前一种自在存在的知识即对象的知识本身变成了新对象。按照一般界定，对象的知识是思想或概念，而对象是存在或真理，那么在意识中，概念与存在就会展示为一个相互否定、相互联结，因而是共同上升的知识、存在的运动体系。

由此我们看到，前一部分对同一性命题和差异性命题的辩证运动的推论并不是空洞的，相反，意识本身对对象的关系也展示为这样的辩证过程。对象本身的自在存在是对意识的同一性构造的否定，意识的同一性构造进一步也是对对象自在存在的否定，因而自在存在并非是在意识之外的，这种否定进一步意味着新对象的产生，从而意识又可以进一步进行它的同一性活动。黑格尔正是将这样一种自在存在与意识的辩证过程，并产生新对象的活动称为"经验"。

　　这种经验概念远不同于一般的经验概念。在后者那里，一旦对对象的经验形成了，只有在另外的对象或对象的另一种存在样态里，意识才能经验到对第一种经验的否定，因而对于它来说，似乎每一次经验都是对自在而自为的对象的经验。这样看来，所有的经验都是偶然的，都是单纯意识把握的。相反，按照黑格尔的经验概念，新对象的出现，或者说我们对新对象的经验，都是意识本身的辩证运动所转化而成的。它本身就是意识所生成的。意识与对象、与自在的存在本身并非相互分离，相反它们本身就是一体的，是意识的辩证运动将它们的同一性和差异性包罗其中。

　　如果现在我们不考察意识，而仅仅考察意识中的新对象，即意识的经验内容，那么意识所经历的经验系列就会变成一个科学的发展体系。这是因为任何认识，当然更是意识本身的认识，都要以命题的形式展示自身，而命题必定是对对象、对存在的言说和界定，意识的经验，即新对象的产生，正是在与意识对对象同一性构造的知识的互动中产生的，因而意识的经验内容必定是对象构造自身的一个整体系列。这就是科学的发展体系。

　　　　当初作为对象而出现于意识之前的东西归结为关于这个对象的一种知识，并且由于自在变成了自在的一种为意识的存在，变成了一种新的对象，因而也就出现了一种新的、具有不同于以前的本质的意识形态。这种情况，就使意识形态的整个系列按照它们的必然性向前发展。不过，这种必然性，或者说，新对象的出现——新对象在意识的不知不觉中出现于意识面前——在我们看来，仿佛是一种暗自发生于意识背后的东西。因此，在意识的运动过程里就出现了一种环节，即自在的存在或为我们的存在，这种存在是为我们的（我们研究意识过程的人，知道它出现），而不是为意识的（意识并不知道它的出现），因为意识正在聚精会神地忙于经验自身。然而这种为我们而出现的存在，它的内容却是为意识的，我们只另外把握

了它的形式，亦即它的纯粹的出现；所以就它是为意识而言，这种新
出现或新发生的东西只是一种对象，而就它是为我们的而言，它就
同时又是一种形成运动。由于这种必然性，这条达到科学的道路本
身已经就是科学了，而且就其内容来说，乃是关于意识的经验的
科学。①

对于一般的经验概念来说，由于持守意识与自在存在的分离，意识
的经验只是它对对象的同一性规定。这种同一性规定尽管包含来自对
象的要素，但这种要素却是意识规定的结果，即要素要被纳入感性形式
才能够是经验的一部分。因而对于自在存在来说，意识对它的一切经验
都是偶然性的，尽管按照意识本身，它所构造的知识是一种必然性知识。
意识的一切经验都不是对自在存在的经验。如果按照传统形而上学，真
理乃是对存在本身的知识，那么在这种经验即康德式的经验中，所有的
经验知识都不是真理性的。因此我们不可能设想按照这样的经验概念
获得关于存在本身的知识，如果将真正的科学视为真理的体系，那么按
照这种经验概念，我们不可能建立真正的真理科学。

而现在按照我们对意识的分析论证，对象的自在存在并非与意识无
关，相反它本身就是一种相关于意识的自在存在，是一种自在的为意识
的存在。正因为它是一种自在的为意识的存在，它本身就是对对象的为
意识存在，即知识的否定。意识的这种新对象即意识的经验内容，并非
与意识无关的，被设定为在意识、思想之外的自在存在。

同时，因为自在的为意识的存在是对知识本身的否定，知识要进一
步调整自己，以与这种自在存在相符合，从而这种自在存在也会相应地
改变自己，因而知识同样是对自在存在的否定。这样，在意识中，知识就
与自在存在本身形成一个相互否定、相互关联、相互提升的必然性逻辑
进程。因而意识的经验内容必然要展示为一个辩证运动的整体进程。
这是一个科学的体系，是一个形而上学的科学体系。它不仅是一个知识

① 黑格尔：《精神现象学》，第 61—62 页。

的体系,并且这种知识就是关于自在存在本身的知识体系。

在此,我们在内容方面达到了与前面的形式分析相同的结论。知性对对象的同一性构造就是对象的为意识存在的知识,它可以被表达为"A＝A"这样的命题形式。而为了表达自己,理性所添加的命题"A 不＝A"或"A＝B",正是自在的为意识的存在对知识本身的否定,它要在意识中重新表达自己,因而它是一种意识的新对象。一旦不持守于这种形式命题,这种新对象就要在新的知识中表达自身,因而在命题上,尽管这种知识还是被表达为"A＝A",但此时的 A 已经是对第一种 A 的双重否定意义上的表达。

我们看到,一旦意识开始了这个认识进程,它就不会停留在任何一个环节。如果说在任何一个环节,知识都可能是否定的、有错误的,并且就意识的这种本性来说,这种环节性的知识也必定是有限制的,但这却并非意味着普遍的怀疑主义。相反,只有在整体中,在意识将自身完成的意义中,这些环节性的知识才能真正完成自己,在任何一个环节,都存在着另一个知识对它的否定。这不仅仅是知识本身的缺陷.它更是意识本身的本性。

现在我们可以这样看待这个科学的知识体系。就其所有的对象,即在意识经验中所呈现的新对象来说,知识的内容都是意识的;但在形式上看,新对象的出现却不是由意识产生的,它是存在自身在意识中的为意识的涌现,因而它会展示为一种形成运动,它是存在自身的运动。就新对象呈现在意识中,因而是意识的现象而言,那存在自身的运动就以现象的形式展示在意识的经验之中,因而这是意识经验的"存在—现象"运动。按照最一般的逻辑划分,这种"存在—现象"运动就是"意识—存在"的"同一——差异"运动,最终存在的运动被意识构造为一个真理的科学体系。我们看到,最终黑格尔达到了这样的结论:

> 按其概念来说,(意识)是能够完全包括整个意识系统,即,整个的精神真理的王国于其自身的;因而真理的各个环节在这个独特的

规定性之下并不是被陈述为抽象的、纯粹的环节，而是被陈述为意识的环节……当意识把握了它自己的这个本质时，它自身就将标示着绝对知识的本性。①

如果说在前面一小部分，我们看到黑格尔对绝对理性哲学原则的形式论证，那么按照对认识和意识经验的分析，黑格尔就将意识的全部内容论证为绝对理性展示自身的绝对知识体系。按照一般的神学规定，上帝是绝对者，因而他的灵在世界中的运行是绝对者展示自身的过程，那么黑格尔的绝对知识体系就是上帝的圣灵运行的结果。不同的是，对于黑格尔来说，圣灵的整体运行得到了意识经验的普遍自觉。在这个意义上，我们可以说黑格尔体系是基督教神学的彻底哲学化或理性化。而按照我们对康德的分析，康德远未做到这一点。

现在我们全面看到了黑格尔哲学对康德哲学的突破之处。对道德自主性的过度强调使康德无法看到论证绝对理性的路径，因而整个康德体系都停留在分裂之中：主体与客体、感性存在与理性存在、自由与自然、人与上帝，等等。这使得康德既不能完成对理性的彻底哲学论证，也不能真正进入基督教神学体系，从而整个康德宗教哲学体系似乎就处于理性论证与神学论证的中间地带。黑格尔根本性地突破了这一点。他不再固执于人的有限理性和道德的自主性，以及人与上帝的绝对对立，相反，他只关心理性的绝对性。

在对基督教"爱"的分析中，黑格尔看到了爱对主体—客体分离的弥合，看到了爱与绝对之间的真正关系。爱是一种精神的绝对统一性关系，而绝对本身是这种关系的实体化。进一步按照对命题形式、二律背反的分析，黑格尔看到对绝对理性进行论证的哲学形式。在这种哲学形式中，黑格尔深刻地理解了康德—费希特体系与谢林体系的真正差异，从而为他进一步将全部内容纳入绝对理性体系中作出形式性的论证。而通过对认识和绝对的关系，以及对意识的经验的分析，黑格尔在《精神

---

① 黑格尔：《精神现象学》，第62页。

现象学》中完全建立起自己的整个内容体系。这是绝对理性、绝对精神、绝对知识、绝对自由等展示自身的真理体系。

无论在个人情感上如何看待黑格尔的哲学体系，但有一点在我看来是确定无疑的，那就是黑格尔哲学体系是西方哲学和基督教精神的彻底融合。如果说任何一个像样的哲学家都想过要做这样的工作的话，康德肯定是其中之一。但遗憾的是，康德并未做到这一点，原因我们也分析过了。但无论如何，康德思想为黑格尔哲学体系提供了思维的基础。无论在术语、问题意识还是在思想的争辩方面，康德都为那个时代提供了思想的起点。思想家们正是在与康德的争辩中进入思想，甚至再往前一步突破这种思想的。在我看来，无论在具体事实层面还是在更深刻的思想理解方面，这种对康德的评价是完全确切的。

我们也看到，康德对那个时代的影响不仅仅在哲学方面，同样，在基督教神学方面，康德也产生了重大的影响。下面我们就以施莱尔马赫为例，看看康德思想究竟在哪些方面深刻地影响了新时代的神学。在我看来，这是理性时代基督教神学的新起点。

第二节　理性时代基督教的新起点：施莱尔马赫"论宗教"

施莱尔马赫的《论宗教》出版于 1799 年。这个时候，康德已经完成了自己的全部重要作品，《纯然理性界限内的宗教》也于 1794 年实现了结集再版。施莱尔马赫对康德以及那个时代所有重要思想家的著作都是熟悉的。尤其是康德思想，是施莱尔马赫思想的起点。

> 他（施莱尔马赫）很早就违背了他所在神学院的规定，偷偷地阅读康德的《任何一种能够作为科学出现的未来形而上学导论》，并与康德有过一面之缘。出身于虔敬派的施莱尔马赫早年信仰发生危机，他不满于虔敬派的超自然主义，尤其是基督的神性和代赎学说，于是转向了哲学，"更多地从事广义理解上的道德哲学"。他在康德当时的主要批判者艾伯哈德的影响下学习哲学，尤其是康

德的《实践理性批判》和道德哲学，实施了一系列的"哲学试验"，系统处理至善、自由等论题。他的第一个"狂想曲"《论至善》研究了实践哲学的一个核心概念——"至善"。在1789年之后将近三年的时间中，他特别关注自由问题，他后来回忆说："自由意志……是我能思考的唯一对象。"此间，他共撰写了4篇直接与自由主题相关的论文：《有关康德的〈实践理性批判〉的笔记》、《关于自由的对话》、《关于自由之知识的笔记》以及"施莱尔马赫早期众多著作中最全面、壮观并且事实上也是最艰难的著作"，即《论自由》。甚至在1799年其思想初步形成时，施莱尔马赫仍然评论了康德的《实用人类学》中的先验自由观。在上述论著中，康德都是他的研究对象和对话者。①

在前面的研究中，我们已经看到了自由和至善对整个康德哲学，尤其是康德宗教哲学的重要意义。但我们同时也看到，康德的自由概念和至善概念把人的存在引向了分裂。由于在其实践哲学中，康德主要论证人的自由，而人的自由是一种有限度的自由，这种自由存在是一种有身体的自由存在，从而善对康德来说应该是至善，即它是人的自由存在和身体存在、道德性的善和幸福的善的合一。所以对于康德来说，不仅人完成完善的道德行为需要上帝的某种帮助，这种帮助是借助于希望情感和确信情感所完成论证的；至善的实现就更加依赖于绝对者。

正是在自由的道德行为的完善以及至善的现实性方面，康德界定了上帝存在的意义。在这个意义上，我们可以说康德的宗教哲学同时是一种神学，因为他在其体系中界定了上帝的意义，并且将之建构为一套学说体系。就道德行为的完善而言，这种神学可以被称为道德神学；就至善的实现而言，这种神学可以被称为伦理神学，因而我把康德的神学综

---

① 张云涛：《青年施莱尔马赫的康德伦理学研究》，载《武汉大学学报》2012年第2期。

称为"道德—伦理神学"①。

我们看到,在《论宗教》中施莱尔马赫提出基督教神学的另外一种形态。它不再接受人之存在的分裂,更重要的是,它不接受人与上帝的分裂;同时它也不再按照道德—伦理思考上帝的存在以及宗教概念。相反,它给出了自己对人的存在以及人的存在与绝对者之间的关联方式的界定。在给出自己的界定之前,施莱尔马赫首先批评了康德通过道德、伦理以及形而上学等审视宗教的方式。②

一、施莱尔马赫对康德的批评

在上面的分析中,我们主要是从人之自由存在的有限性以及至善理念的现实性方面讨论了康德的宗教哲学问题。按照我们的分析,之所以要引入对宗教问题的讨论是源于康德对人之存在本性的论断,并且一旦作出这样的论断,宗教问题就是必须要处理的。否则整个思想体系就是不完整的。

不同于我们的分析,如果按照完全理性主义的立场,即哲学体系不应该夹杂着信仰或神学式的反思讨论,他们会认为康德处理宗教问题完全是出于理性批判的结果。也就是说,他们会认为按照康德的界定,他能够完成对道德的绝对论证,因而道德的完善性不需要依赖于"希望"和"确信"情感所指向的绝对者概念,相反,凭其自身的自由身份,道德是人的应有之义,因此他可以完成道德行为。而对于至善理念的现实性,上帝存在只是预设,并且这种预设本身就是善概念所包含的,因而概念本

---

① 需要注意的是,神学并不等同于宗教。神学是对重要宗教对象,以及信条、教义、教理等的反思。康德的"道德—伦理神学"更多的是对上帝存在的反思,以及对传统教义、教会系统的批评性反思。康德所谓的"真正宗教"正是建立在这种反思、批判意义下的宗教生活,它要求对不符合理性批判的生活形式或教义教条进行废除或改进。而在人的能力、义务范围之外,人还是要把判断的权利交给上帝。在这里,信仰和恩典依然是宗教生活的出发点和本质。这是尤其需要注意的,否则我们不可能理解康德宗教批判的真正意义。

② 此部分的部分文字经过整理与修正,以"从自主性到接受性——论施莱尔马赫的新宗教观"为题发表于《基督教思想评论》第 22 辑,许志伟主编,上海:上海人民出版社 2017 年版,第 123—138 页。

身就具有现实性。因为对概念本身现实性的"确信"，以及对人的自由存在的"信仰"和对上帝的信仰，以恩典为出发点讨论至善的现实性就是不必要的。

按照完全理性主义的立场，宗教的存在无非就是教化甚或软化人的刚硬的心灵，从而维护人间道义和秩序；同时，作为道德的盟友，它会以圣洁的情感促使人与自身的软弱作斗争。我们看到，康德时代的很多启蒙思想家也确实如此看待宗教。我们都知道，伏尔泰（Francois-Marie Arouet，1694—1778）本人明确提出了建立一种宗教的想法，而这种宗教所承担的正是这样一种功能。[①] 在当前中国学界，尤其是社会的普遍意识中，宗教也是这样一种存在。它的意义就在于促使人做好事、心灵向善、维护社会秩序等。但是，施莱尔马赫根本性地否认了这种对宗教的理解。

> 只是请你们不要担忧我终将会乞灵于那个平庸的做法，向你们灌输，为了维护世间的公道和秩序，宗教如何必不可少，会借助于对一双千里眼和无限权力的怀念来弥补凡胎肉眼的短视和人力的极度有限；或者，还要向你们说，宗教如何是道德的一个忠实的女友和可靠的支柱，它会以其圣洁的情感和光辉的前景使软弱的人更易于与自我斗争，甚至带给他们向善的力量。那些自命为宗教最好的朋友和最赤热的辩护者，确实是这样说的。……伦理也同样不可混入到宗教中。在今世和来世之间强作区分的人，是自迷心窍，至少所有信宗教的人，只信仰一个世界。如果追求幸福对道德而言有些怪异，那么后来的道德就不再有先前的道德那么有效，并且除了在某

---

① 伏尔泰对宗教有一系列的论述，这些论述在很大程度上代表了那个时代启蒙思想家的看法。比如，伏尔泰谈道："在全世界，都有人利用宗教来干坏事，但宗教的建立总是为了使人向善。"（伏尔泰：《风俗论》下册，梁守锵等译，北京：商务印书馆1997年版，第481页）"在道德方面，显而易见，承认有一个上帝比不承认好得多。由一位神明来惩罚人世法律所不能制裁的罪恶倒也的确是有益人群的事。"（伏尔泰：《哲学辞典》上册，王燕生译，北京：商务印书馆1991年版，第164页）

个君子面前羞愧之外，不再在永恒的东西面前羞愧。……想把宗教放在另一个领域里培育，好使它在那里效劳，这也是对宗教最大藐视的明证。宗教也不想在一个陌生的王国做统帅，因为它并没有想要扩大自己版图的这种征服欲。①

我想，在此区分一下道德神学和道德宗教是必要的。设定人的道德性存在，由于这种存在的有限性，若要做出完善的道德行为，他需要来自神的某种方式的帮助。暂且不论这种帮助的性质，单就道德行为的完善必然指向神的概念而言，这套体系可以被看作是关于神—道德的学说，因而我们可以恰当地将之称为道德神学。它是对于神的存在的反思。但这绝非是一种道德宗教。

道德是人行为的自主性，即道德必须以人的自由存在为前提。但宗教不然，严格讲来，它不从属于人文的领域，尽管它会相关于人的行为等。因为它是在人存在的断裂处看神，或者说宗教里的神恰恰是在人一切行为的终止之处显示自身的，因而宗教必然以神及其作为为出发点，我们是在神里面看神并理解我们自己。这样看来，把宗教和道德连用本就是一种逻辑不通的语无伦次。两者的出发点完全不同，即使在内容上它们有着极大的交叉。②

如果我们理解了宗教的意义，同时也体悟到人的自由存在，那么以宗教来教化别人，从而获得人世间的公道和秩序，以及弥补人的缺陷，从而使软弱的人做出道德行为，就是一种"伪善"（Heuchlei）。因为一旦同样意识到自己的自由存在，他们就应该抛弃曾经被灌输的东西，这是对人的一种奴役。因而表面上看我们是为了普遍的公义或者其他什么，但事实上我们以宗教的方式俘获他人的意志。这样看来，与其用宗教来教

① ［德］施莱尔马赫：《论宗教》，邓安庆译，北京：人民出版社 2011 年版，第 19—21 页。以下不再一一注明该书版本。
② 但遗憾的是，目前中国学界尚未对这个问题达成共识。只要在知网上检索"道德宗教"一词，我们会发现很多这样的文章，甚至将其作为论文的题目。在我看来，这不仅证明其对"宗教"缺乏理解，甚至对道德的意义都没有进行深入的反思。在此指出这一点，我认为是必要的。

化他人，还不如引导他们进入自己的自由存在。那才是他的存在本身。

另一方面，这种利用圣洁情感完成道德行为和社会公义，从而论证宗教神圣性的做法本身也是一种自相矛盾。"你们难道是有了一个合法的处境，才使你们的生存立足于虔敬心吗？一旦你们以虔敬心为出发点，你们抓住不放，却也视作如此神圣的整个概念，不就消失了吗？"①由于现实的需要，人要有虔敬的心灵，以至于能够实现这些需要，但一旦虔敬心被看作出发点，由于它无非是我们的一种心灵状态，宗教概念就完全不需要了。说到底，普遍公义的施行、道德的完善如果只是依赖于心灵的完善、圣洁的情感的话，那要宗教还有什么意义呢？培养人的虔敬心就足够了，根本没必要设想宗教概念。

因此，在法律以及与法律生活相关的伦理层面，宗教概念根本是不需要的。我们只需要改良法律、撼动恶劣的制度，给予国家一只铁腕、百双明眼就可以了。同样，在道德性的伦理生活中，宗教也是不必要的，这是施莱尔马赫对康德的直接批评。

按照我们前面对宗教概念的分析，它本就是以神或神的作为为出发点的，因而人和人的一切都是在神之中的。在人的存在以及人的生活世界中，本就不存在时间和世界的分裂。因此，那种因为人的身体性存在，而设想他在时间之外完善道德行为，从而给出一种很奇特的"灵魂不朽"概念的理论——一方面灵魂秉承身体而在时间之中，另一方面据说又可以离开身体而在时间之外——在真正的宗教信徒那里是莫名其妙的。没有一个真正的信徒会在生前按照自己的道德生活，而寄希望于死后，神才完成他的生命。这样他根本不可能与神有任何真正的关系。

另外，如果我们承认追求幸福与道德并列有些怪异——因为在逻辑上它们本就不是一回事并且毫不相干——那么，与纯粹道德相比，与幸福相捆绑的道德就不再那么有效。这是很明显的，与幸福捆绑的道德肯定是打了折扣的道德。因此，除非在真正的道德人面前，他会觉得自己

---

① ［德］施莱尔马赫：《论宗教》，第 20 页。

不太像样子,他不会在永恒存在者面前这样。因为他会说,我本就是这样一种存在,是你把我造成这个样子的。

这样看来,道德似乎是一种无关紧要的东西。因而那些要捍卫道德独立性和万能性的人可能会有这样两种:一种是他真的体会到了人不是他所最初设想的那样道德,在幸福面前,好像人的道德存在是无能为力的。在我看来,这种人更有可能进入真正的宗教。另一种就是那些无耻的利益之徒,嘴上喊着道德,心里想的却是功利。在自由未得到自觉又圆滑世故成性的人那里,这一点表现得尤其严重。他需要道德甚至宗教为自己的行为辩护。在施莱尔马赫看来:"他们想以宗教的辩护者自居,与其让他们最笨拙地做这件事,不如更加如其所愿地就让他们自己淹没在这个普遍功利的永恒循环中。"①

对于第一种人来说,由于深彻地看到人的局限,又不能真正进入神圣领域看待人和他的生活,他就把宗教放在另外一个领域,甚至将其称为"理智世界"。如同我们上面所言,对于真正的信徒来说,这是完全不成立的。但他之所以要把宗教放在另一个领域,真正的目的是影响眼下的这个世界。因此他试图让宗教扩展自己的版图以征服这个世界,最终的目的还是让神带领这个世界,或者说按照人的道德思考神对人的可能作为。因此,他最终思考的还是道德以及人的存在,而神和宗教本身的意义尚未进入这套思想体系。在对形而上学、道德、宗教的综合思考中,施莱尔马赫进一步反思了这个问题。

> 以对宇宙的本性及其创造物的最高本质的知识为目标的理论家,就是形而上学家;……把上帝的意志当作主旨的实践家,就是道德家;……你们抽取了善的理念,并将它作为一个没有限制和没有需要的存在物的自然规律放进形而上学,随之,你们从形而上学中抽取了一个原始存在者理念,把它放入道德中,因此这个伟大的作品不再是匿名的,相反要是立法者的形象能被耸立在如此恢弘的法

---

① [德]施莱尔马赫:《论宗教》,第 21 页。

典之前就好了。但是，你们是在如你们所愿地混合和搅拌，这绝不是综合，你们是在用物质进行一场空洞的游戏，这些物质相互之间没有同化，你们永远只能保存形而上学和道德。这种对于最高本质，对于世界或者对于一种（甚至两种）人类生活之戒律的意见的混合物，你们称之为宗教！而且，你们把寻找那些意见的本能，连同这些模糊的预感（它们是这种戒律真正最后的核准），称之为宗教性！①

在我看来，这是施莱尔马赫对康德思想体系的本质论断和批评。形而上学或先验哲学体系的任务，正是探究已存事物的根据，演绎现实存在事物的必然性，从存在自身得出宇宙存在整体的实在性及其法则。道德正是以自由意识为出发点，进而将自由推到无限，使一切都服从它。这两者相互给予对象一个最高的概念以实现它们之间的一体性关联。道德为形而上学提供了善或至善理念，从而使一切现实存在和必然存在联结到善，而获得其真正的存在。按照自柏拉图以来的至善意义，它是超越的无限者，因而是自由存在，这样来看，形而上学体系就是自由体系。道德也从形而上学那里借来了源始的最高存在者的理念，不同于形而上学中的源始存在者理念，道德上的源始存在者是发放神圣诫命的神。这一点已经被我们对两种义务的分析所证明。即：如果说作为自主行为的义务是来源于人的自由存在，那么造就至善理念的义务就是神圣诫命，它乃是来源于更高的道德立法者。

现在让我们仔细分析这个看似统一的体系究竟是在什么地方被统一起来的。研究存在本性的形而上学和实践本性的道德从属于不同的部门，按照康德哲学，最终对立的概念要变成同一的东西。这种东西不能是别的，只能是更高的存在，正是在更高的存在者那里，两种对立的东西能得到统一。这个更高的存在是什么呢？正是更高的道德立法者。因为形而上学的最高概念是至善理念，它是一切存在者能够在其自身的位置上存在的根源，因而它是源始的自由存在，是上帝的存在。我们注

---

① ［德］施莱尔马赫：《论宗教》，第 26—27 页。

意到,在"道德—伦理神学"中,自然概念与自由概念的同一依赖于源始的自由存在者,在那里,康德为上帝的存在赋予了意义,即上帝的存在应该是道德性存在。也就是说,正是上帝的道德性存在和道德立法是形而上学体系与道德相统一的关键。

施莱尔马赫从两个方面分析这种统一。如果统一的要求来源于哲学的主张,因为哲学总是要论证"一"的存在,它不能容忍在自己的体系中存在分裂,那么把最高的存在者看作是道德立法者就是毁掉了实践哲学和宗教。对于哲学来说,实践哲学和宗教无非就是理论哲学的一个部分。但很明显,按照这种哲学对道德的高扬,实践哲学才是它真正主张的。但这样一来,形而上学和宗教就必定要被道德所吞噬。

因而真正说来,最高存在者的本质,世界以及人类生活戒律,无非来源于人对道德的理解或论证。最高存在者是道德立法者,世界是道德—伦理总体,人的存在更是道德性存在,除了道德和道德的可能性条件,这套思想体系容不下任何超出道德的东西。由于引入了"上帝存在"这样的东西,还有人把这套体系称为宗教,并认为这种宗教综合了形而上学和道德。施莱尔马赫正是质疑这些人,这怎能叫作综合呢?它无非是将取自于人理解论证的道德扩展出去而已,因而这是"如你们所愿地混合和搅拌,这绝不是综合,你们是在用物质进行一场空洞的游戏,这些物质相互之间没有同化,你们永远只能保存形而上学和道德"。同样,当他们把自己构造道德意见的本能,以及对这些东西的预感(这是道德法则的最后根据)称为宗教性的时候,这种宗教性无非就是人对其道德性存在的自觉。

但无疑,这种对道德的自觉尽管可以论证自身,但它迟早要意识到自己的局限性,因而"对于道德而言,在它学会了信仰并勉强迁就于陈年旧事之后,在它最内在的圣地中就为两个自爱的世界的秘密拥抱准备好了一块静谧的地盘,这就没有任何事情再是不可能的了"①。在我看来,

---

① [德]施莱尔马赫:《论宗教》,第 27 页。

这里隐含着施莱尔马赫对康德思想原则的批评，同时也是一种接受。康德也看到了人类道德的局限性。尽管在分析"希望"和"确信"的时候，康德尽量避免用"接受"、"来自上帝的帮助"、"信仰"等词汇，相反他着力于分析这些情感所指向的绝对者的属性。看起来康德只是在理性的范围内界定绝对者的属性，但这并不能掩盖道德和人类理性的限度，否则限定绝对者的属性就是不必要的。因而人的完成，包括道德的完善和至善的实现，必须要依赖于绝对者，因而人在这些方面只能是一个接受者，而不是自主行为者。

因此，在自主性行为背后，人必定是一个接受者；在道德背后，人必定是信仰者。只有当人认识到自己的接受者身份，在道德学会了信仰之后，人的那个最内在的圣地才可能被直观到。一旦我们看待自身的方式发生转变，即我们不再从自主性、从道德方面看待自己，相反是从接受性和信仰者的身份看待自己——这同样是人的本质性的存在方式，并且这种存在方式可以从康德体系中推导出来——宗教就不再是理论性的，不再是弥合形而上学和道德之间裂痕的存在，也不再是人要完成自己所必需的预设。相反我们从这里看到了另一种宗教，这是接受者、信仰者的宗教。但与蒙昧时代的宗教不同，我们在此接受康德对道德的论证，因为道德存在同样是人的一种存在方式，但道德存在不再是我们新体系的出发点，我们有了另一种出发点。在此，我们就转入对施莱尔马赫宗教新起点的讨论。

二、施莱尔马赫论宗教的本性

我们首先比较这两种分析路径的差别。我们注意到，施莱尔马赫对康德体系最严肃的批评是康德的分析方式恰恰取消了上帝或宗教的真正意义。一旦将道德以及人的有限理性作为分析的起点，上帝和宗教就会成为相关于人类存在的存在者，因而在这种分析中，上帝只是道德立法者，宗教也无非是与道德相关的宗教，这也是很多人将其称为道德宗教的原因。但上帝绝不是这样一种存在。一种能被规定的存在者怎能是绝对存在者,一种出于人的自主行为能力的宗教哪能叫作宗教? 单在概念上,这都是讲不通的。因而这种对"上帝存在"和宗教的分析,走向的必然不是上帝和真正的宗教。相反,它走向的只是理性自身的建构。

尽管如此,这种分析依然为施莱尔马赫的进一步分析指明了方向。道德的局限证明了人不仅仅是自主行为者,他还是接受者;不仅仅是自我判断者,他还是信仰者。无疑,无论是接受者还是信仰者,他都指向了更高的存在者。在这个意义上,人与更高的存在者并不是相分离的,人的本性就包含了对更高存在者的指向性。否则接受和信仰就是不可能的。与从道德行为的自主性理解人的存在不同,从接受者和信仰者身份理解人的存在能为我们提供另一种审视自己和宗教的方式。这是理性时代的"新宗教"。施莱尔马赫给出了新时代的宗教概念。

> 它不想像形而上学那样,按照本性来规定和解释宇宙,它也不想像道德那样,用人的自由力量和神圣的任意性来继续塑造和完成宇宙。宗教的本质既非思维也非行动,而是直观和情感。它想直观宇宙,想聚精会神地从它自身的表现和行动来观察宇宙,它想以孩子般的被动性让自身被宇宙的直接影响所抓住和充满。……形而上学和道德在整个宇宙中只把人视为一切关系的中心,视为一切存在的条件和一切变化的原因;宗教在人身上所想看见的,就像在所有其他的个别东西和有限东西身上所想看见的,是无限,看见无限的踪迹及其表现。形而上学的出发点是人之有限的本性……宗教其整个的生命也是生活在本性中,却是整体、恒一与完全的无限的本性……道德是以自由意识为出发点……宗教的脉搏跳动在自由本身已经再次成为本性的地方,它想在人的特殊力量和他的人格表演的彼岸来把握人,从他必须是的,所是的,他愿意是或者不愿是的观点出发看待人。因此,宗教只有通过既完全走出思辨的领域,也完全走出实践的领域,才能坚持它自己的领域和它本身的性格。[①]

---

① [德]施莱尔马赫:《论宗教》,第30—31页。

形而上学按照它理解的宇宙本性规定宇宙，道德按照它的自由意识完成宇宙并将自身推至无限，它们都以人的有限本性和自由存在为出发点，并将人思考为一切思想的核心。但我们看到，人的有限本性并非他的一切实在存在，相反他在生存中是有所依赖、有所接受的；人的自主行为能力并不能造就他的一切，相反他在信心中能够看到真正的无限存在。一旦我们转变视角，不再拘泥于自己的有限本性和不完全的自主行为能力，相反我们从他所依赖、所接受、所信仰的对象那里来审视自己，我们就会发现自己的另一种存在维度。施莱尔马赫将这样一个维度称为宗教，将人的这样一种存在本性称为宗教性。

在宗教中，我们不再按照自己的概念能力进行思辨，也不再按照自己的自主行为能力来行为，相反我们只是看涌现在面前的一切，我们放弃自己的规定和行动而仅仅以孩童般的被动性让这涌现的一切抓住和充满。对于人来说，一旦放弃自己的概念能力和行动能力，宇宙的自身涌现就是不受任何限制而是无限的。因为只有在概念规定的分割和自主行为时的判断中，呈现在我们面前的东西才是受限制的，因而在思辨和行动中，我们不可能获得真正的完善和完满。并且概念和行动本身就是将自己从整体中切割出来的东西。如果我们把以意识把握一切、建构一切的思维称为"观念论"的话，那么"观念论似乎在形成宇宙时，就毁掉了宇宙，它将宇宙贬低成一种单纯的隐喻，变成完满本身限制性的一种什么也不是的阴影"[1]。思辨意识构造起来的宇宙只是自身的受限制性所表现出来的片段的集合，因而这样的宇宙是概念中受限制的宇宙，它在形成的过程中就瓦解了自己。

而在宗教中，由于放弃自己的意识思辨，以及自己的行为能力，那涌现出来的宇宙乃是作为不受任何概念和行动限制的宇宙，它是完善和完满的宇宙自身，它是无限者。对于这种无限者，我们只能依赖于直观和情感来接受，而非主动地去切割。这样看来，我们需要更深入地分析"直

---

[1]　[德]施莱尔马赫：《论宗教》，第 32 页。

观"和"情感"的意义。这是施莱尔马赫确立自己的新宗教观的核心概念。①

施莱尔马赫的直观概念不同于康德。在后者那里,直观本身就受到意识形式的规定,康德把这种形式称为时间和空间。因而一开始康德就把直观纳入意识的先验性之中。但在施莱尔马赫看来,我们不应该事先就规定直观,从而使得事物的本性合乎人的直观形式,相反直观是被直观者对直观者的作用,是来源于被直观者的本源性和独立性的活动,直观者只是按照被直观者合乎本性地消化、概括和理解。尽管消化、概括和理解会涉及思维的活动,但由于我们并不坚守这种理解,因而随着新的直观活动的进行,这种理解是不断向前进展,并不断解构自己的一种活动。因此直观是首要的,其次才是思维对直观对象的理解。

因此,在直观中,我们直观到的是事物对我们的行动和作用,而非事物的本性。宇宙存在于不停的活动之中,它每时每刻向直观显示着自身,一切的显示都是宇宙的一部分,因而是整体的一部分。只有在对直观的理解中,这些显示才是个体性的、受限制的。因此,在施莱尔马赫看来:

> 宇宙表现出来的每种形式,宇宙根据生命的丰富性赋予每个存在物一种特殊化的实存,宇宙从它那丰富的、永远多产的母腹中产生出来的每一件事物,都是宇宙对我们的行动;因此,一切个别的东西都是整体的一部分,所有有限的东西都是无限的一种表现,这就是宗教;但想超出这点之外,更加深入地弄清整体的本性和实体,就不再是宗教了,如果硬是想要这样做的话,那就不可避免地倒退到空洞的神话中。②

---

① 很多西方学者也认为这是新时代神学或当代神学的开端。参阅 Spykman, J. Gordon, *Reformational Theology*, Grand Rapids, Michigan: William B. Eercmans Publishing Company, 1992, pp. 30 - 31; Keith, Clements, *Friedrich Schleiermacher: Pioneer of Modern Theology*, London: Collins, 1987, pp. 7 - 14。
② [德]施莱尔马赫:《论宗教》,第33页。

在宗教直观中存在着整体与部分，因为毕竟宇宙整体是在不停地活动着的，当然整体、部分、个别本就附加了思维的统一能力。或者如果可以，我们把整体、部分和个别看作是直观的成分。但清楚的是，将宇宙整体作为存在者，将部分或个别构造为实体，这些不是宗教直观的对象。它们完全是思辨意识的概念能力。因而在宗教的直观中，一切个别东西都是整体的一部分，所有有限东西都是无限的表现。在这里不存在概念抽象的限制和行为的判断。

直观永远是个别的、特殊的直观，它是人的一种直接的、原始的感觉，除此之外它不再是其他什么。与之相对，将个别和特殊联系为一个整体，并建构整体的本性，这是思维的事情。因而直观永远是活生生的、灵动不息的，它不会把自己局限于某个地方。在它那里，事物总是作为自身而呈现自身，因为除了显现事物自身之外，它没有对事物做任何限制和分割。"这就是宗教啊，它保持和坚守在对宇宙的实存和行动的直接经验上，在一些个别的直观和情感上；每种这样的直观和情感都是自为地存在的活动，不与别的东西或依赖于它的东西相关；对派生的和有牵连的东西它都一概不知，在所有它能遇到的事物当中，大多数都是与其本性相违背的。"[1]

由于宗教的直观是活生生的，不将自己限制在某个地方，它就不会像思维那样固守自己的概念和判断。因而宗教追求的是让没有能力直观的人睁开眼睛，因为每个观看者都是一个新的教士、新的中介、新的感官。它避免思维和概念式的单调，单调性会毁掉神性的丰满。因此，真正的宗教信徒是真正关注宇宙整体和永恒的人，他们在那里看到自身和无限，在静观中看永恒的流动不息。那些满足于世界的喧嚣和吵闹、满足于宗教迫害、执着于自己与他人差异的人，只是生活在自己的思辨构造里。因此宗教的本性并不在于排斥伦理学、哲学、其他的神学理解，相反它在一切中看到绝对，在一切中获得自由。

---

[1]［德］施莱尔马赫：《论宗教》，第 34 页。

只有直观的驱动力,只要以无限的东西为准,就可使心灵处在无限的自由中,只有宗教能把心灵从意见和欲望的这种可耻的枷锁中拯救出来。一切存在着的东西,对宗教而言都是必然的,一切可能存在的东西,对宗教而言都是无限之物的一幅不可或缺的画面。……宗教让虔敬的心灵感到一切都是神圣的,有价值的,甚至连不神圣的和粗鄙的东西也是如此。一切把握到的和没把握到的东西,一切在其自身思想体系中存在的东西,与其特有的行为方式不一致的东西,在宗教看来都是神圣的和有价值的。宗教是一切自命不凡和一切片面性的唯一死敌。①

我们看到,施莱尔马赫的自由不同于康德的自由。在后者那里,自由是一种突破一切的行为能力,尽管就人可能受外在事物、欲望、意见等的束缚来说,自由有一种高贵品性,但这种自由本身就意味着它与这些束缚的对立,也正是在与束缚的对立和对其的突破中,自由才确立着自己的存在。因而对人自由行为能力的强调,恰恰意味着人是受束缚、受限制而是有限的。它将自己从无限之中、从单一存在、从上帝那里隔离出来。相反,在施莱尔马赫那里,由于生活在自己对无限、对自身的直观里,他将自己从欲望、意见等的束缚中彻底摆脱出来,这是一种与无限、上帝、存在共在的完全不受限制的自由,如果用康德的术语,这就是先验自由。对于这种自由来说,由于不执着于任何限制和分割,由于超出于任何概念限定和行为判断,一切存在和存在物都是无限展示自身的不可缺少的画面。

因此,宗教直观让自由、虔敬的心灵感到一切都是上帝的作为,都是无限展示自身的方式。那些在概念、在判断、在限制中被把握为无价值、无意义甚至是肮脏不堪的东西,因为不再在有限的视域中被考察,它们都作为无限展示自身的方式。尽管目前我们可能还不能完全理解它们,但它们会持续不断地向我们彰显无限的价值和意义,因而在接受性的直

---

① [德]施莱尔马赫:《论宗教》,第38—39页。

观里，这一切都是向着永恒的未来开放的。因此在宗教中，一切都是有价值的、神圣的，它不会固执于概念、意见、欲望、判断等受限制的有限者身上。在这个意义上讲，宗教直观是一切骄傲、固执的死敌。

按照我们的分析，宗教直观是我们与对象相联系的中介，是对象向我们启示它们的存在的中介，因而它必定以某种方式激动了我们，从而在我们内心之中产生一种改变。这种改变不再是直观的意义所能包含的。因为在直观中，我们只是接受外部对象对我们的显现，但这种显现要激动我们的心灵、改变我们的内心，这却是直观所能造成的效果。我们把直观的这种效果称为"情感"。[①]　因而每个直观按其本性都与一种情感相连。

如同直观，这种在内心发生的运动、在精神中发生的情感，同样是由外部对象造成的，同样的，这种对象在人的一切能力、感觉、思维、意志等之外，也在一切出于这些能力的情感之外，因而这种内心与直观相伴随的情感必有一个完全不同于这些的更深的来源。我们已经看到了，这就是宗教的对象。

我们先来分析这种情感的性质。在我们的各种心灵反应中，都可能伴随着一种情感。很多时候，这些情感的发生来自我们主动的欲望、判断。想要什么东西的欲望得到满足，会伴随着快乐、愉悦；别人的判断与我们不同，在这种分歧中可能会进一步产生各种各样的情感，如不快、厌恶、愤怒等。无论这些情感产生的原因是什么，它们都会与我们主动的欲望、思维判断和意志有关系。但无疑，按照我们的分析，宗教情感不是这一类的情感。由于宗教直观不是主动的直观，而是一种接受性的直观，在接受性中，它看宇宙、外部对象对我们的作为。因而与这种直观相

---

① 在《基督信仰》这部重要的著作中，施莱尔马赫对"情感"的分析得到进一步深化。如果说这里更强调与直观相联系的情感概念的话，那么在那里，施莱尔马赫把情感类型化了。比如他分析了信任的情感（第3节）、依赖的情感（第4：3节）、绝对依赖情感（第4：4节）等。在这些分析中，施莱尔马赫建立了新的基督教神学。参阅 Schleiermacher, Friedrich, *The Christian Faith*, ed. H. R. Machintosh and J. S. Steward, Edinburgh: T&T Clark, 1989。

伴随的情感，是在不加任何判断、仅仅接受宇宙对我们的活动中而产生的一种内心的激动和改变。

因此，"通过在有限的东西中启示给你们看的宇宙的行动，也带来了对你们的心灵和你们的处境的一种新的关系。在你们直观到它时，你们必定被某些情感抓住了。只有在宗教中直观和情感之间才出现一种相同的和比较稳定的关系"①。我们理解了这种新的关系的内涵。即与人主动性地与对象建立关系而产生的情感相比，宗教的情感是人与对象之间的"自然而然"的互动。因为在摆脱一切对对象的欲望、判断之后，对象与人之间的任何激动都是自然的，是如其所是的，是在他们本然的关系之中的。因此，如同在直观中，一切个体是整体的一部分，有限是无限的表现，情感就是对在整体中看到个体、在无限中看到有限的激动；也如同在直观中，愈是直观能力强的人，即愈能摆脱思维、行为的限制性，就愈能看到个体与整体、有限与无限的关系，因而宗教性愈强。这种情感的强弱也规定了宗教性的尺度。

> 越是健康的感官，就越能敏锐和肯定地把握每种影响，把握无限的苛求越是热切，冲动越是不可阻挡，情感本身就越是多样地和到处不停地被它抓住，这些影响力越是完全具有穿透性，它就总是越容易增强，对一切别的东西保持绝对优势。宗教的领域在这方面表现得如此宽广，它的情感应该抓住我们，我们也应该说出它，坚持它和表达它。但你们若想超出情感之外去发动它们应该实行的真正行为，驱使它们行动，那你们就处在了一个与宗教相异的领域。②

宗教直观是接受整体和无限的表现，情感是这种接受在我们内心造成的激动。因而越是健康的直观，越能感觉到无限对我们的影响，而越是强烈的对无限的苛求，情感就越热烈。宗教情感就是无限对人的内心所造成的激动。在情感中，我们被无限本身所抓住。宗教情感越是热

---

① ［德］施莱尔马赫：《论宗教》，第 39 页。
② ［德］施莱尔马赫：《论宗教》，第 40 页。

烈，我们就越多地被无限所抓住，越是生活在宗教之中。因而那些试图超出这种情感去行为、去谈论宗教的人都处于与宗教不同的领域。这些情感究竟与行为有什么关系呢？

除了在某种情感之中，人的任何行为都是出于判断的，如同我们前面的分析，判断意味着限制，意味着将某个部分从整体中割裂出来。我们看到，宗教正好意味着与之相反的东西。因而任何非出于情感的行为都是与宗教不相关的。我们也看到，因为人主动的欲望、判断和意志等也可以产生某种情感，在这种情感中，我们的行为可能不是出于判断。比如在愤怒中，我们可能采取任何行为，但如果冷静下来，我们会认为这都是些很愚蠢的行为。

宗教中的行为不同于以上的行为。首先这些行为是出于宗教情感的。但宗教情感不同于我们以上所提到的情感，它是一种对无限也栖止于无限的情感。我们上面也分析了，在宗教直观中，一切个体都出于整体，一切有限都来自无限，因而一切都是有神圣价值的，哪怕在判断中呈现为肮脏的东西。由于摆脱了概念、判断、行为等限制性因素，宗教情感也不会产生于这些限制性因素，它更多地是栖止于无限。所以，"宗教的情感按其本性是对人的行动力量的麻痹，它邀请人去享受宁静，沉醉于宁静"[1]。因而那些宗教狂热，以及出于这些狂热的行为，按其本性来说，并非真正是出于宗教的，它乃是出于人的判断、意志等有限本性。

因此，在那些逼迫宗教人由内而外采取行为的场合中，他必须在最强烈的宗教情感即敬虔中采纳行为。这是因为在最强烈或最完全的敬虔中，我们处于与无限者最近的关系里。在那里，我们放弃了按照自己的经验或思维判断等采纳行为的方式，相反，只在与无限者的连接中审视那呈现在直观中的无限者的显现。当然，在最终采纳的行为中，我们还是按照自己所辨识的无限者的显现而行为。但与将无限者的显现作为行为的出发点和依据而言，辨识已经丧失了出发点地位。这与我们在

---

[1] ［德］施莱尔马赫：《论宗教》，第 40 页。

理性中根据经验、思维等选择行为有着本质性的差异。施莱尔马赫深深地意识到这一点：

> 他们的行动总是要以整体为目标，仅仅通过整体在他的内心所唤起的情感来决定，他作为这样的人将是出色的，放弃了他的尊严，不只是从道德的立场出发，因为他给予外在的动因以空间，而且也是从宗教本身的立场出发，因为他不再给予仅仅他所看重的东西一种内在的价值，这是一个自由的人，通过自身的力量成为整体的活动的部分。①

按照对康德哲学的一般印象，我们认为康德论证了人的自由，因而人是道德存在者，人作为自身具有一种内在的价值，是有尊严的。但施莱尔马赫证明了人具有一种更高的存在品性。也就是说，在整体和无限中，人能够放弃他固守自己时所有的那种尊严，他也不仅仅是一种道德存在者，相反他是一个拥有完全自由的人。因为在尊严、道德、内在价值和形式性的自由中，人将自己自觉地隔离于自然、感性世界甚至无限者，因而在他之外总是有自然和感性世界在限制着他，而在他之上总是有无限者在挤压着他。尽管他想彻底摆脱无限者，但因为存在的局限，他总是又想尽各种办法把无限者请回来。因此无论在外部世界对他的限制方面还是在思想、行为等方面，又不得不引入无限者方面，自由存在的人总是"不自由"的。

相反，在宗教中，人在个体中看到整体、在有限中看到无限，他的行为就显现为整体和无限的环节，从而不再是受限制的。如果说在道德中，人的行为受概念的统治，因而行为本身从整体、无限中被分离出来，那么在宗教行为中，这种行为就为无限开辟空间，它本身就是无限的一部分。当然这些行为最终未必与道德行为相冲突，但它不再是从整体、从无限中分离的行为。因而正是通过行为，人将自己表现为整体和无限

---

① ［德］施莱尔马赫：《论宗教》，第 41 页。

的一部分，也正是通过行为，人将自己揭示为自由。并且，与道德性的自由相比，这种自由不受任何个别、有限，概念、行为等的限制，因而是整全的自由，是将自己宣示为整体、无限的一部分的自由。

在施莱尔马赫看来，人的宗教性，人的这种意义上的自由，是人的本性。并且，这种本性不是出于理性的推论、希望或者畏惧，也不是出于某种终极目的的考察，或者其他什么原因。它是"出于我的本性的不可抗拒的内在必然性，出于一种神性的召唤，这种召唤规定了我在宇宙中的地位，是我成为我所是的本质"①。而按照我们前面的分析，人的这种本性正是人的接受性，它是人能成为信仰者的本质。我们也看到，如同康德将自主性的自由论证为一个思想体系那样，人的接受性本性同样将人展开为一个体系，不过这不是思想体系。也就是说，我们可以将接受性视为人之生存的出发点，在这里审视人的一切作为和具体存在。

施莱尔马赫进一步强调了人的宗教性的整体性。这主要体现在直观和情感的关系方面，这是一个重要问题。在我们的任何意识中，一旦外部对象的刺激被我们感觉到，或者这种感觉以表象的方式，或者以情感的方式，无论任何方式在我们的意识中都产生了分裂。也就是说，一者是作为外部对象，一者是作为主观的体验。在宗教直观和情感中，我们看到了同样的结构。分开看它们，前者的对象组成客体的形象，尽管此时的客体尚未被概念化，但无疑它是在直观中的有所呈现；后者的对象渗透为我们本质的核心，在那里我们的原始冲动被激发，产生为情感。哪怕是宗教感最强的人，这种分裂都是存在的。这是人所不可避免的意识方式。

人的这种意识方式意味着人本质上是一种个体性的存在，因而在他之外，总是有其他在者。即他总是可以并且必须作为个体来意识，来与周遭世界、与无限者打交道。但我们也看到，在宗教直观和情感中，人摆脱了自己的概念判断和行为的限制，一切的显现都是整体的一部分，都

---

① ［德］施莱尔马赫：《论宗教》，第 3 页。

是来自无限,因而在这里人并未完全将自己从整体和无限中分离出来,也是因此那圣洁的情感可以激动我们。如果不是在放弃判断中接受整体、无限的活动,情感是不会产生的;同样,如果没有这种圣洁的宗教情感,我们也不会接收到整体和无限的活动,并被它激动,我们也没有什么动力去接受什么。因而在施莱尔马赫看来,两者原始地是一种东西,只是当被我们意识到的时候,它们才会是分离的。

> 无情感的直观什么也不是,既不会有合理的起源,也不会有正当的力量,无直观的情感也什么都不是:两者存在着并所以是某种东西,只是因为它们原始地是一个东西,是不可分离的。那第一个神秘莫测的时刻,在每一个感性知觉这里出现,在直观和情感还没有分离之前,感官和它的对象仿佛是内在地糅合为一体的,两者返回到了它们原处的位置……这一时刻是宗教中一切生命的诞生时刻。但这就如同人的第一个意识,将人拉回到一个本源的和永恒的造化的黑夜中,只是给它留下了它所创造的东西。①

没有宗教情感,宗教直观就不会有动力和起源;没有宗教直观,情感就什么也不是。两者之所以能够被意识到、被意识所分离,正是因为两者原始地是一个东西。但因为我们意识的本性,两者原始地同一的时刻永远不可能被意识、被感觉到。因为在那样一个时刻,人与整体、与无限没有任何分别、分离,他原始性地从属于无限,在无限之中。② 人的宗教性、人的自由是这种原始性的表现,但本身不是这种原始性。因为毕竟

---

① [德]施莱尔马赫:《论宗教》,第 42—44 页。

② 在我看来,施莱尔马赫的这种分析影响了齐克果对“着急”概念的分析。从逻辑上讲,在完全放弃自我主张或概念判断中,人可以处身于有限—无限的整体中;但在人的实际生存状态里,我们总是有所“面向”,这是一种试图“区分”的状态。这种区分被施莱尔马赫理解为直观和情感的区分,而齐克果把它看成是“着急”中的指向性。可参阅齐克果的相关论述: Kierkegaard, Soren, *The Concept of Anxiety*, ed. and trans. Reidar Thomte, Princeton: Princeton University Press, 1980。在汉语学界,谢文郁先生对此有所论述,我的很多理解也来自我们之间的一些对话。参见谢文郁《自由与生存——西方思想史上的自由观追踪》,上海:上海人民出版社 2007 年版,第 216—229 页。

宗教性和自由是被人自觉意识到的存在，在这里，宗教直观和宗教情感已经得到意识的区分。

现在我们看到了施莱尔马赫"论宗教"的实质。宗教就其存在而言，意味着人与整体、宇宙、无限的同一，在那里，人不曾将自己分离出来，并且就人的原始性而言，他本是与无限存在相同一的，或者说他就是在无限之中的。但毕竟这混沌的一切不能呈现在意识中，而就人的另一种存在本性，即他是意识性的存在而言，宗教直观和宗教情感的分离呈现在意识之中了。即使是这样，这种意识以及直观和情感的分离并不意味着思维的判断，以及出于判断的行为，相反，在这里他摆脱了判断和行动的限制，因而在直观的接受性和情感的冲动中，一切部分的显现都是整体的一部分，一切都是来源于无限。这是我们能够言说的人的宗教性，与人的宗教直观和宗教情感。

在分析理解了施莱尔马赫的宗教概念之后，我们简要评述一下这种宗教观念和康德对宗教概念理解的差异，以及施莱尔马赫本人对康德宗教概念的批评。

三、施莱尔马赫"论宗教"的落脚点

在本书第三章，我们已经看到康德如何出于理性批判的目的分析基督教的一些核心观念，比如启示、奇迹、恩典等。这种批评完全是理性的批评，即凡是不符合理性原则的东西，都是不可被理解的，因而我们或者悬置它们，或者废弃它们。我们注意到，康德批评这些观念的真正立足点是道德，他所建立的神学体系以及按照这套神学体系处理宗教问题的原则都是道德。道德是人的自主行为能力，而施莱尔马赫的宗教出发点正是人的接受性。如何在这种以接受性为出发点的宗教概念中处理这些基督教观念呢？这是件很容易的事情。

理性批判的立足点是有限的事物，因而经验、理性概念都可能是批判奇迹、启示的立足点。但因为现在不再按照有限的、分别的事物考察，我们放弃了自己的概念能力、思维判断，而仅仅在接受性中看待无限者的彰显，在这种意义下，一切都可能是奇迹和启示。哪怕那些在理性看来是如此平常的一件事情。"每种原本的和全新的对宇宙的直观就是一种启示"，"每一个被给予的事情，也包括最为自然的最通常的，一旦它们适合于能让关于这个事情的宗教观点成为主宰，就是一个奇迹"①。同样，对于恩典概念，因为放弃了自己的概念和判断能力，我们是在接受性中审视一切，因而这些都是有来源的，它们来源于无限者的显现，而这就是恩典。

我们看到，那些曾经被康德批判过的宗教观念重新被确立起来，只是这种确立已经不再是一种简单的确立。"（它）绝不搀和任何旧信仰的和未开化的痛苦哀鸣，他们用这种呼救声想要再次重建犹太锡安山上已经坍塌的城墙，再次扶起倒塌了的哥特式圆柱。"②因而在这种观点看来，旧信仰及其所带来的痛苦哀鸣都是试图以自己的作为来换取上帝的廉价恩典，也就是说，人试图凭借自己的苦痛遭受、灵修等一系列行为感动上帝，从而获得上帝的恩典。但这正是一种狂妄。因为人试图以自己的遭受或情感上的作为来获得上帝的安慰，这恰恰是凭借自己的判断来要挟上帝，从而很容易地就将自己放在上帝的位置上。

同样，上帝也不再根据人的其他需要而确立自己。比如，根据论证人的自由存在和道德存在的需要，上帝需要促进人的德行进步以及保障人的德福一致。在新的宗教观看来，这都是不可能的。因为说到底，这些设想都是根据人的要求而确立的，与其说是上帝保障了这些内容，倒不如说是人的存在和思想保障了上帝的存在和属性。因此在新宗教看来，无论是人试图以情感等方式感染上帝，或者是以思想推论的方式规定上帝，这都是伪宗教，都不是宗教。

因此，在施莱尔马赫看来，这些旧宗教的狂热并非宗教的实质；人试图按照自己对幸福的理解而构造上帝的作为，也并非宗教的本质。相

---

① 参见[德]施莱尔马赫《论宗教》，第68页。
② [德]施莱尔马赫：《论宗教》，第3页。

反，在真正的宗教中，我们从不对上帝的存在及其属性有任何形式的狂热和躁动，因为任何狂热和躁动的发起都是自我判断、自我迷狂的表现。而在宗教直观和宗教情感中，这都是不存在的，因为在那里，人只是接受者。同样的，上帝的行动也根本不取决于我们需要什么。如果我们把来源性的绝对者看作是上帝，那么来自上帝的因素只是直观的对象，一旦将这些因素当作命令或者其他什么，并且在自己的判断中将这些命令应用于其他人，这是非常危险的。在这个意义上讲，宗教中的上帝并非是"发布命令"或者"保障并要求"我们怎样的上帝。施莱尔马赫在论证中明确地反驳了旧宗教，以及康德思想体系中所存在的这些问题：

> 在真正的宗教性情者当中，对于上帝存在也从未出现过狂热者，躁动者或迷狂者……上帝在宗教中也无非只是作为行动者出现而已，而宇宙的神圣生命和行动还是无人能加以否认，用这个实存着的和发布命令的上帝，宗教什么也干不了……宗教的行动着的上帝也并不能确保我们的至福，因为一个自由存在者对另一个自由存在者，除非只通过痛苦或快乐看透他是不是与自己一样，不可能设想有不同的作用。上帝也不能激发我们的德行，因为他无非被看做是行动者，但既不能为我们的德行所打动，也不能设想对我们的德行采取行动……上帝在宗教中不是一切，而是一，宇宙是多。你们能够信仰他，不是任意的，或者由于你们想要从他那里得到安慰和帮助，而是由于你们必须。不朽性不可成为愿望，如果愿望不曾是你们首先已经解决了的一个课题的话。在有限性中间同无限的东西合一，在瞬间成永恒，这就是宗教的不朽性。①

我们看到，施莱尔马赫的这些评论完全是针对康德体系以及启蒙时代的宗教观念的。并非因为人的需要，宗教以及宗教中的上帝才是必要的，相反，正是因为人的存在本性，在宗教中，他的本性才得到实现。因

---

① ［德］施莱尔马赫：《论宗教》，第 75—77 页。

此,不朽不是因为它是来自上帝的安慰和帮助,它也不是人的一个主观的愿望,真实的情况恰好相反。在宗教直观中,有限的东西与无限的东西、瞬间的东西与永恒的东西一并在人的存在中得以彰显。宗教正是人的存在本性的完成。

至于宗教中的其他内容,比如教会和教牧等,施莱尔马赫均在其他的地方有所阐述。在此我们不能对这些问题进一步展开。但我相信,通过我们的分析,我们已经大致看到施莱尔马赫"论宗教"的核心意义及其落脚点所在。

概而言之,施莱尔马赫的宗教观重新把人的接受性确立起来,并且这种接受性完全拿掉了传统信仰中的非反思因素。这是一种全然的接受性,一切夹杂着出于判断规定的情感和思想要素都被清理出宗教的领域。这是启蒙时代宗教问题探讨的新起点,也是康德之后基督教神学的新起点。在人的自主性自由被认为是一切思想的出发点的时代,重新将人的接受性确立起来并在此基础上思考宗教的本质,无疑是意义深远的。我们看到,无论巴特如何批评自由神学,①施莱尔马赫的开端意义都要得到承认。

---

① 在《19 世纪的福音神学》一文中,巴特批评了整个 19 世纪神学家的问题意识。这是一种根据人思考神的神学,它的眼睛盯着的是人和世界,从而神和真正的神学问题被忽视了。但我们的分析显示,即使承认这种现象,施莱尔马赫神学的起点却是人的接受性,这是对以自主性为出发点的整个时代的根本扭转。另外,在《施莱尔马赫的神学》中,巴特也作了类似的批评。参阅:Barth, Karl, "Evangelical Theology in the 19th Century," *The Humanity of God*, trans. Thomas Wieser, Louisville Kentucky: WJK Westminster Jchn Knox Press, 1960, pp. 11 - 33; *The Theology of Schleiermache*, trans. B. W. Bromiley, Grand Rapida, Michigan: William B. Eerdmans Publishing Company, 1982。

主要参考文献

一、一手文献

Aristotle. *Complete Work*. translated under the editorship of W. D. Ross. Oxford: Oxford University Press，1928

——. *Metaphysics*. trans. W. D. Ross. Princeton: Princeton University Press，1991

——范畴篇　修辞学. 书春中译. 北京：商务印书馆，1986

——形而上学. 李真译. 上海：上海世纪出版集团，2006

——形而上学. 吴寿彭译. 北京：商务印书馆，1995

——物理学. 张竹明译. 北京：商务印书馆，1982

Bruno，Giordano. *On the Infinite，the Universe and the Worlds*. trans Scott Gosnell. Huginn Munnin & CO.，2014

——论无限、宇宙和诸世界. 田时纲译. 北京：人民出版社，2010

Heidegger，Martin. *Gesamtausgabe*. Band 3. *Kant und das Problem der Metaphysik*. Vittorio Klostermann Frankfurt am Main，1991

——. *Gesamtausgabe*. Band 41. *Die Frage Nach Den Ding-Zu Kants Lehre von den transzendentalen Grundsatzen*. Vittorio Klostermann Frankfurt am Main，1984

——. *Gesamtausgabe*. Band 21. *Logik-Die Frage nach der Wahrheit*. Vittorio Klostermann Frankfurt am Main，1976

——. *Identity and Difference*. trans. Joan Stambaugh. New York: Harper & Row，Publishers，1969

——. *Schelling's Treatise on the Essence of Human Freedom*. trans. Joan

Stambaugh. London: Ohio University Press, 1985

——. *Phenomenological Interpretation of Kant's Critique of Pure Reason*. trans. Parvis Emad and Kenneth Maly. Bloomington and Indianapolis: Indiana University Press, Inc., 1997

——物的追问——康德关于先验原理的学说. 赵卫国译. 上海:上海译文出版社,2010

——现象学之基本问题. 丁耘译. 上海:上海译文出版社,2008

——康德与形而上学疑难. 王庆节译. 上海:上海译文出版社,2011

——尼采. 孙周兴译. 北京:商务印书馆,2010

——同一与差异. 孙周兴等译. 北京:商务印书馆,2011

——海德格尔与有限性思想. 孙周兴等译. 北京:华夏出版社,2007

——谢林论人类自由的本质. 薛华译. 沈阳:辽宁教育出版社,1998

——林中路. 孙周兴译. 上海:上海译文出版社,2010

Hegel, G. W. F. *The Difference Between Fichte's and Schelling's System of Philosophy*. trans. H. S. Harris and Walter Cerf. Albany: State University of New York Press, 1977

——基督教的精神及其命运. 黑格尔早期神学著作. 贺麟译. 北京:商务印书馆,1988

——费希特与谢林哲学体系的差别. 宋祖良,程志民译. 杨一之校. 北京:商务印书馆,1994

——精神现象学. 贺麟,王玖兴译. 北京:商务印书馆,1997

——哲学史讲演录(1833 年版). 贺麟,王太庆译. 北京:商务印书馆,1997

——法哲学原理. 范扬,张企泰译. 北京:商务印书馆,2010

Kant, Immanuel. *Kant' Werke*. Band Ⅲ. Kritik der reinen Vernunft. Berlin, 1995

——. *Kant's Werke*. Band Ⅳ. Kritik der reinen Vernunft (1. Aufl). Prolegomena [zu einer jeden künftigen Metaphysik, die als Wissenschaft wird auftreten können]. Berlin, 1995

——. *Grundlegung zur Metaphysik der Sitten*. Berlin, 1995

——. *Kant's Werke*. Band Ⅴ. Kritik der praktischen Vernunft. Kritik der Urtheilskraft. Berlin, 1995

——. *Critique of Pure Reason*. trans. Werner S. Pluhar. Indianapolis/Cambridge: Hackett Publishing Company, 1996

——. *Practical Philosophy*. ed. Paul Guyer and Allen W. Wood. Cambridge: Cambridge University Press, 1996

——. *Critique of Judgment*. trans. Werner S. Pluhar. Indianapolis/Cambridge:

Hackett Publishing Company，1987

——. *Religion within the Boundaries of Mere Reason and Other Writings*. ed. and trans. Allen Wood and George di Giovanni. Cambridge：Cambridge University Press，1998

——. *Religion within the Boundary of Pure Reason*. trans. J. W. Semple. London：Nestler&Melle, Hamburgh, 1838；2nd，2010

——. *Groundwork for the Metaphysics of Morals*. ed. and trans. Allen W. Wood. New Haven and London：Yale University Press，2002

——. *The Metaphysics of Ethics*. trans. J. W. Semple. Edingurgh：T. & T. Clark，1886

——. *The Metaphysics of Morals*. trans. Mary Gregor. Cambridge：Cambridge University Press，1991

——. *Theoretical Philosophy after 1781*. ed. Henry Allison and Peter Heath. Cambridge：Cambridge University Press，2002

——. *Religion and Rational Theology*. trans. Allen W. Wood. Cambridge：Cambridge University Press，1996

——. *Lectures on Ethics*. ed. Peter Heath and J. B. Schneewind. Cambridge：Cambridge University Press，1997

——纯粹理性批判. 邓晓芒译. 北京：人民出版社，2009

——实践理性批判. 韩水法译. 北京：商务印书馆，2003

——判断力批判. 邓晓芒译. 杨祖陶校. 北京：人民出版社，2010

——纯粹理性界限内的宗教. 李秋零译. 康德著作全集. 第六卷. 北京：中国人民大学出版社，2010

——道德形而上学原理. 苗力田译. 上海：上海人民出版社，1986

——道德形而上学. 李秋零译. 康德著作全集. 第六卷. 北京：中国人民大学出版社，2010

——学科之争. 李秋零译. 康德著作全集. 第七卷. 北京：中国人民大学出版社，2008

Nicholas of Cusa. *On learned Ignorance*. trans. Jasper Hopkins. Minneapolis，MN：Banning，2nd printing，1990

——论有学问的无知. 尹大贻，朱新民译. 北京：商务印书馆，2009

Plato. *Complete Works*. ed. John M. Cooper. Indianapolis/Cambridge：Hackett Publishing Company，1997

——理想国. 郭斌和，张竹明译. 北京：商务印书馆，1986

Schleiermacher，Friedrich. *The Christian Faith*. ed. H. R. Machintosh and J. S. Steward. Edinburgh：T&T Clark，1989

——论宗教. 邓安庆译. 北京：人民出版社，2011

二、研究文献

Allison, E. Henry. Morality and Freedom: Kant's Reciprocity Thesis. *Immanuel Kant : Groundwork of the Metaphysics of Moral in Focus*. ed. Lawrence Pasternack. London and New York: Routledge, 2002, pp. 182 – 210

Ameriks, Karl. Reality, Reason, and Religion in the Development of Kant's Ethics. *Kant's Moral Metaphysics : God, Freedom, and Immortality*. ed. Benjamin J. Bruxvoort Lipscomb and James Krueger. Berlin: De Gruyter, 2010, pp. 23 – 47

Anderson, S. Pamela and Bell, Jordan. *Kant and Theology*. London and New York: T&T Clark International, 2010

Anderson-Gold, Sharon. God and Community: An Inquiry into Religious Implication of the Highest Good. *Kant's Philosophy of Religion Reconsidered*. ed. Philip J. Rossi and Michael Wreen. Bloomington and Indianapolis: Indiana University Press, 1991

Barth, Karl. *Theological Declaration of Barmen*. trans. Frankyl. Philadelphia: Westminste Press, 1962, pp. 237 – 242

Beck, W. Lewis. *Essays on Kant and Hume*. New Haven and London: Yale University Press, 1978

Byrne, James M. *Religion and the Enlightenment : From Descartes to Kant*. Louisville, Kentucky: Westminster John Knox Press, 1997

Byrne, Peter. *Kant on God*. Farnham and Burlington: Ashgate Publishing Limited, 2007

Despland, Michel. *Kant on History and Religion*. Montreal and London: McGill-Queen's University Press, 1973

England, F. E. *Kant's Conception of God*. New York: Humanities Press, 1968

—. Evangelical Theology in the 19th Century. *The Humanity of God*. trans. Thomas Wieser. Louisville · Kentucky: WJK Westminster John Knox Press, 1960, pp. 11 – 33

Evans, C. Stephen. Kant and Kierkegaard on the Possibility of Metaphysics. *Kant and Kierkegaard on Religion*. ed. D. Z. Philips and Timothy Tessin. New York: ST. Martin's Press, INC., 2000

Firestone, L. Chris and Jacobs, A. Nathan. *In Defense of Kant's Religion*. Bloomington and Indianapolis: Indiana University Press, 2008

Firestone, L. Chris. *Kant and Theology at the Boundaries of Reason*.

Farnham and Burlington: Ashgate Publishing Limited, 2009

Garnett Jr, B. Christopher. *The Kantian Philosophy of Space*. New York: Columbia University Press, 1939

Giovanni, di George. *Freedom and Religion in Kant and his Immediate Successors*. Cambridge: Cambridge University Press, 2005

Grenberg, Jeanine. *Kant's Defense of Common Moral Experience: a Phenomenological Account*. New York: Cambridge University Press, 2013

Guyer, Paul. Progress toward Autonomy. *Kant on Moral Autonomy*. ed. Oliver Sensen. New York: Cambridge University Press, 2013, pp. 71 - 86

Heit, Alexander. *Versöhnte Vernunft: Eine Studie zur systematischen Bedeutung des Rechtfertigungsgedankens für Kants Religionsphilosophie* (Forschungen Zur Systematischen Und Okumenischen Theologie). Vandenhoeck & Ruprecht, 2006

Henrich, Dieter. *The Unity of Reason: Essays on Kant's Philosophy*. Cambridge: Harvard University Press, 1994

Hill, R. Kevin. Foucault's Critique of Heidegger. *Philosophy Today*, 1990, pp. 334 - 341

Hoekstra, Tjeerd. *Immanente Kritik Zur Kantischen Religionsphilosophie* (1906). Kessinger Publishing, 2009

Hudson, Hud. Kant's Third Antinomy and Anomalous Monism. *Immanuel Kant: Groundwork of the Metaphysics of Moral in Focus*. ed. Lawrence Pasternack. London and New York: Routledge, 2002

—. In Search of the Phenomenal Face of Freedom. *Kant's Moral Metaphysics: God, Freedom, and Immortality*. ed. Benjamin J. Bruxvoort Lipscomb and James Krueger. Berlin: De Gruyter, 2010, pp. 111 - 130

Kant and Kierkegaard on Religion. ed. D. Z. Phillips and Timothy Tessin. London: Macmillan Press LTD and New York: ST. Martin's Press, INC., 2000

Kant and the New Philosophy of Religion. ed. Chris L. Firestone and Stephen R. Palmquist. Bloomington and Indianapolis: Indiana University Press, 2006

Kant on Moral Autonomy. ed. Oliver Sensen. New York: Cambridge University Press, 2013

Kant's Anatomy of Evil. ed. Sharon Anderson-Gold and Pablo Muchnik. New York: Cambridge University Press, 2010

Kant's Moral Metaphysics: God, Freedom, and Immortality. ed. Benjamin J. Bruxvoort Lipscomb and James Krueger. Berlin: De Gruyter, 2010

—. *Kant's Moral Religion*. Ithaca and London: Cornell University Press, 1970

Kant's Philosophy of Religion Reconsidered. ed. Philip J. Rossi and Michael Wreen. Bloomington and Indianapolis: Indiana University Press, 1991

Keith, Clements. *Friedrich Schleiermacher: Pioneer of Modern Theology*. London: Collins, 1987

Klemme, F. Heiner. Moralized Nature, Naturalized Autonomy: Kant's Way of Bridging the Gape in the Third Critique. *Kant on Moral Autonomy*. ed. Oliver Sensen. New York: Cambridge University Press, 2013, pp. 193 - 211

Kosch, Michelle. *Freedom and Reason in Kant, Schelling, and Kierkegaard*. New York: Oxford University Press, 2006

Lipscomb, J. Bruxvoort, Benjamin. Moral Imperfection and Moral Phenomenology in Kant. *Kant's Moral Metaphysics: God, Freedom, and Immortality*. ed. Benjamin J. Bruxvoort Lipscomb and James Krueger. Berlin: De Gruyter, 2010, pp. 49 - 79

Manent, Pierre. *The City of Man*. trans. Marc A. Lepain. Princeton: Princeton University Press, 1998

Otfried Höffe. *Immanuel Kant: Die Religion innerhalb der Grenzen der bloßen Vernunft*. Oldenbourg Akademieverlag, 2010

Palmquist, R. Stephen. *Kant's Critical Religion*. Farnham and Burlington: Ashgate Publishing Ltd, 2000

Prasad, Sachidanand. *The Concept of God in the Philosophy of Kant*. New Delhi: Classical Publishing Company, 2005

Rawls, John. *Lectures on the History of Moral Philosophy*. ed. Barbara Herman. Cambridge, MA: Harvard University Press, 2000

Ray, A. Matthew. *Subjectivity and Irreligion: Atheism and Agnosticism in Kant, Schopenhauer and Nietzsche*. Farnham and Burlington: Ashgate Publishing Limited, 2003

Reardon, M. G. Bernard. *Kant as Philosophical Theologian*. Totowa, New Jersey: Barnes&Noble Books, 1988

Reath, Andrews. Kant's Theory of Moral Sensibility: Respect for the Moral Law and the Influence of Inclination. *Immanuel Kant: Groundwork of the Metaphysics of Moral in Focus*. ed. Lawrence Pasternack. London and New York: Routledge, 2002

Schweitzer, Albert. *Die Religionsphilosophie Kants*. Olms, 2011

Spykman, J. Gordon. *Reformational Theology*. Grand Rapids, Michigan: William B. Eerdmans Publishing Company, 1992

—. *The Theology of Schleiermache*. trans. B. W. Bromiley, Grand Rapids,

Michigan：William B. Eerdmans Publishing Company，1982

Troeltsch，Ernst. *Das Historische in Kants Religionsphilosophie*（1904）. Kessinger Pub Co，2010

Ulrich Barth Usw. *Kritische und absolute Transzendenz：Religionsphilosophie und philosophische Theologie bei Kant und Schelling*. München：Verlag Karl Alber，2006

Webb，C. J. Clement. *Kant's Philosophy of Religion*. Oxford：Oxford University Press，1926

Wood，W. Allen. *Kant's Rational Theology*. Ithaca and London：Cornell University Press，1978

艾萨克·牛顿. 光学——关于光的反射、折射、拐折和颜色的论文. 周岳明等译. 北京：科学普及出版社，1988

奥古斯丁. 论原罪与恩典——驳佩拉纠派. 周伟驰译. 北京：商务印书馆，2012

——忏悔录. 周士良译. 北京：商务印书馆，2010

——论自由意志. 恩典与自由. 奥古斯丁著作翻译小组译. 南昌：江西人民出版社，2008

艾德文·阿瑟·伯特. 近代物理科学的形而上学基础. 徐向东译. 北京：北京大学出版社，2003

奥特弗里德·赫费. 现代哲学的基石——康德的《纯粹理性批判》. 北京：人民出版社，2008

——自然科学时代的道德——康德《纯粹理性批判》的一种异端的导读. 郭大为译.《世界哲学》2006 年第 1 期

布尔特曼等. 生存神学与末世论. 李哲汇，朱雁冰等译. 上海：三联书店，1995

保罗·阿尔托依兹. 马丁·路德的神学. 段琦，孙善玲译. 南京：译林出版社，1998

笛卡尔. 第一哲学沉思集. 庞景仁译. 北京：商务印书馆，2008

费希特. 全部知识学的基础. 王玖兴译. 北京：商务印书馆，2010

伏尔泰. 风俗论. 梁守锵等译. 北京：商务印书馆，1997

——哲学辞典. 王燕生译. 北京：商务印书馆，1991

胡塞尔. 内在时间意识现象学. 杨富斌译. 北京：华夏出版社，2000

——生活世界现象学. 倪梁康，张廷国译. 上海：上海译文出版社，2005

黑尔德. 时间现象学的基本概念. 靳西平等译. 上海：上海译文出版社，2008

亨利·E. 阿利森. 康德的自由理论. 陈虎平译. 沈阳：辽宁教育出版社，2001

柯瓦雷. 从封闭世界到无限宇宙. 张卜天译. 北京：北京大学出版社，2008

——牛顿研究. 张卜天译. 北京大学出版社，2003

——伽利略研究. 刘胜利译. 北京大学出版社，2008

卡尔·巴特. 罗马书释义. 魏育青译. 上海：华东师范大学出版社，2010

卡斯培. 现代语境中的上帝——耶稣基督的上帝. 罗选民译. 上海：华东师范大学出版社，2011

莱布尼茨，克拉克. 莱布尼茨与克拉克论战书信集. 陈修斋译. 北京：商务印书馆，1996

莱辛. 论人类的教育. 朱雁冰译. 北京：华夏出版社，2008

——历史与启示——莱辛神学文选. 朱雁冰译. 北京：华夏出版社，2006

路德维希·兰德格雷贝. 现象学的经验概念. 雷良译.《中国现象学与哲学评论》第 9 辑. 倪梁康等编著. 上海：上海译文出版社，2007

马丁·路德. 论意志的捆绑. 路德文集. 第二卷. 路德文集中文版编辑委员会编. 上海：三联书店，2005

叔本华. 作为意志与表象的世界. 石冲白译. 杨一之校. 北京：商务印书馆，2009

维塞尔. 启蒙运动的内在问题. 贺志刚译. 北京：华夏出版社，2007

谢林. 对人类自由的本质及其相关对象的哲学研究. 邓安庆译. 北京：商务印书馆，2008

邓晓芒. 康德论因果性问题.《浙江学刊》2003 年第 2 期

——对康德《道德形而上学奠基》第 1 章中三条原理的分析.《哲学分析》第 1 卷第 2 期

——康德《实践理性批判》中的自由范畴表解读.《哲学研究》2009 年第 9 期

——康德对道德神学的论证.《哲学研究》2008 年第 9 期

邓安庆. 康德道德神学的启蒙意义.《哲学研究》2007 年第 7 期

郭大为. 纯粹理性的"戒律"与"法规".《世界哲学》2010 年第 6 期

黄裕生. 真理与自由——康德哲学的存在论阐释. 南京：江苏人民出版社，2002

——宗教与哲学的相遇——奥古斯丁与托马斯·阿奎那的基督教哲学研究. 南京：江苏人民出版社，2008

——康德论证自由的"知识论进路".《江苏社会科学》2009 年第 6 期

——"纯粹理性批判"与存在论问题.《南京大学学报》2010 年第 5 期

——基督教信仰的内在原则.《浙江学刊》2006 年第 1 期

——论爱与自由——兼论基督教的普遍之爱.《浙江学刊》2007 年第 4 期

孔明安. 精神分析维度中的实体和主体.《哲学研究》2011 年第 3 期

李艳辉. 康德的上帝观. 北京：北京师范大学出版社，2010

刘哲. 黑格尔辩证—思辨的真无限概念——在康德与费希特哲学视域中的黑格尔《逻辑学》. 北京：北京大学出版社，2009

李秋零. 康德论人性根本恶及人的改恶向善.《哲学研究》1997 年第 1 期

——论尼古拉·库萨的"有学问的无知".《中国人民大学学报》1990 年第 1 期

李明辉. 王国维与康德哲学.《中山大学学报》2009 年第 6 期

李佰志,刘宝辉.道德神学:康德哲学的归宿.《河北学刊》第 30 卷第 1 期

赖品超.汉语神学的类型与发展思路.现代性、传统变迁与汉语神学.李秋零,杨熙楠主编.上海:华东师范大学出版社,2009

彭富春.无之无化——论海德格尔思想道路的核心问题.上海:三联店,2000

钱捷.康德之"分析判断"是成问题的.《中国人民大学学报》2010 年第 4 期

——从生产性想象力到知性运作——关于康德的"超绝图型法".《哲学研究》2010 年第 10 期

邱文元.先验观念论:康德道德神学的认识论基础.《齐鲁学刊》2008 年第 6 期

盛晓明.康德的"先验演绎"与"自相关"问题.《哲学研究》1998 年第 6 期

尚文华.康德判断理论的存在论阐释.《山东科技大学学报》2011 年第 5 期

——"柏拉图—《约翰福音》"问题的康德式解释——在哲学与宗教之间的《道路与真理》.《哲学分析》2013 年第 1 期

——从自主性到接受性:论施莱尔马赫的新宗教观.《基督教思想评论》第二十二辑,2017

——理性论证的基础:道德原则,还是爱的精神——论黑格尔对康德理性体系突破的起点.《宗教与哲学》第五辑,2016

——情感分析与形而上学——再论康德的物自体概念.《学术研究》2017 年第 10 期

闻骏.道德人性论:康德从道德宗教进展到道德神学的枢纽.《理论月刊》2007 年第 12 期

谢文郁.道路与真理——解读《约翰福音》的思想史密码.上海:华东师范大学出版社,2012

——自由与生存.上海:上海人民出版社,2007

——还是生存问题.《山东大学学报》2006 年第 1 期

——自由:自主性还是接受性?《山东大学学报》2006 年第 1 期

——康德的"善人"与儒家的"君子".《云南大学学报》第十卷第三期

——信仰与理性:一种认识论的分析.《山东大学学报》2008 年第 3 期

——性善质恶.北大《哲学门》第八卷(2007)第二册

谢地坤.道德敬畏与价值判断—从康德到新康德主义.《哲学研究》2004 年第 6 期

——费希特的道德宗教观与人性尊严.《云南大学学报》第十卷第三期

萧诗美,蒋贤明.从黑格尔辩证法的基督教神学起源重新理解西式辩证法的精神实质.《马克思主义哲学研究》2013 年

叶秀山.科学·宗教·哲学——西方哲学中科学与宗教两种思维方式研究.北京:社会科学文献出版社,2009

——康德《判断力批判》的主要思想及其历史意义.《浙江学刊》2003 年第 3 期

——康德之"先验逻辑"与知识论.《广东社会科学》2003 年第 4 期

——论康德"自然目的论"之意义.《南京大学学报》2011 年第 5 期

——人有"希望"的权利——围绕着康德"至善"的理念.《世界哲学》2012 年第 1 期

张志伟.《纯粹理性批判》中的本体概念.《中山大学学报》2005 年第 6 期

——《纯粹理性批判》对形而上学的贡献.《中国人民大学学报》2010 年第 4 期

张荣. 论奥古斯丁的自由之思与时间之问.《贵州社会科学》2012 年第 5 期

张汝伦. 批判哲学的形而上学动机.《文史哲》2010 年第 6 期

张云涛. 青年施莱尔马赫的康德伦理学研究.《武汉大学学报》2012 年第 2 期

赵林. 康德道德神学的构建及其意义.《武汉大学学报》2012 年第 2 期

赵广明. 康德的信仰:康德的自由、自然和上帝理念批判. 南京:江苏人民出版社,2008

——理念与神:柏拉图的理念及其神学意义. 南京:江苏人民出版社,2008

——论康德批判哲学的根基与归宿.《哲学研究》2009 年第 9 期

——知识、道德与宗教——康德《纯粹理性批判》的几个问题.《齐鲁学刊》2001 年第 3 期

后　记

　　本书的写作过程同时是我的一段精神历程。2010 年秋季,我自觉到人的自由存在身份。恰逢此时,傅永军教授主持的一个项目需要一个处理康德宗教哲学的人,于是因着傅永军教授的信任,我开始了对康德文本的阅读和处理。2011 年全年,我致力于这项工作,本书第三章和第四章以及第二章的一部分是这期间所作出的研究成果。可以说,这些内容是我对自觉到的"自由存在"的表达。需要特别提及的是,在此期间,黄裕生先生是我最重要的对话者。他的一系列著述以及与他的思想交流,都使我受益良多;也是从这期间开始,黄裕生先生的思想开始与我有了真正的共鸣,同时我们也开始了深层次的生存交往。

　　大约 2012 年 4 月份,因为考博失利,在抑郁的情绪中,我参加了谢文郁先生的基督教神学课程。在阅读加尔文《基督教要义》的某个瞬间,我有了一种很多基督徒可能会见证到的"恩典时刻"体验。从那时开始,绝对者的意义开始主导我的生存和思想。我意识到人的自由存在的真正根基所在。于是,如何在绝对的意义中处理康德的全部文本成为一种内在的思想冲动。本书的第一章和第二章的大部分内容以及连贯全书的整体意义,都是在那段时间完成的。也是从那时起,谢文郁先生的著述真切地进入了我的生存和思想体验。我的一系列写作和思想进展都开始与谢老师紧密相连。

也是在此时，在傅永军教授的帮助下，我就这部大致已经完成的论著申请国家社会科学基金后期资助。幸运的是，我们顺利地拿到资助，但这份喜悦并未维持多久。尽管体察到信仰和恩典的意义，但它要真正进入自我生命以及获得思想的理解和表达却是一个艰难的过程。这种精神困顿和写作时的劳累，以及长久以来的自我苦行，在本书基本内容完成后，彻底在身体上把我击垮。自从 2012 年 10 月份，我就感觉到身体的极度不适。但因为精神力量的强力一直支撑着我继续深入黑格尔和巴特，身体上的痛苦和不适就一直被强忍着。

2013 年 4 月份，我终于住进了医院。在真实病情不被知晓的几天里，我经历了人的能力的极限，以及与上帝的争辩和对峙。最终，当得知自己还可以重新从事思想事业的时候，我深深切切地领会到上帝的恩典够我用的。在住院以及服药期间的大约一年的时间里，我开始慢慢消化绝对者对我生存和思想的意义，并且这个过程还会进一步得到思想的深化。在这一年里，我自认为理解了以前无法理解的黑格尔的绝对理性体系，也自认为理解了齐克果的全新的个体的"自由"。并且这些都得到文字的表达。

本书的结语即是我对黑格尔绝对理性理解的文字表达，以及对施莱尔马赫的简略但不失核心意义的思想评述。到目前为止，我的所有文字以及思想进展都与谢文郁先生和黄裕生先生联系在一起。真诚地感谢能有这样两位老师、良友、对话者。本书以及我现在正在进行的一系列写作，可以看作是我们彼此在思想和生存上的深度交往的见证。

在交代这些写作背景之余，我需要专门感谢我的启蒙老师——叶苹先生。能够走上这条思想之路，能够有毅力地一直往前走，并能够走过一个阶段，这些都与叶苹先生息息相关。我的诸多文字可能都或多或少地打上了叶先生的印记，可能有些我自己都分辨不出来，并且他对我的影响还在持续着。但无论如何，精神的向导意义是永远的，无论以后自己能够走多远，最初的向导永远是最珍贵的，也是最值得永远纪念的。

　　另外，在我生病期间，山东大学哲社学院的很多老师都向我伸出援手，无论在经济上，还是在精神上，他们都给予我最大的支持。能够在身体上恢复，并能顺利地走完这一段艰难的精神历程，老师、朋友和亲人们都为我做了很多事情。本书的完成与这些是密不可分的。我会纪念这些永恒的恩意。

　　谨以此书献给所有在精神方面给予我影响和援助的人们！

尚文华

2017 年 10 月

凤凰文库书目

一、马克思主义研究系列

《走进马克思》 孙伯鍨 张一兵 主编
《回到马克思:经济学语境中的哲学话语》(第三版) 张一兵 著
《当代视野中的马克思》 任平 著
《回到列宁:关于"哲学笔记"的一种后文本学解读》 张一兵 著
《回到恩格斯:文本、理论和解读政治学》 胡大平 著
《国外毛泽东学研究》 尚庆飞 著
《重释历史唯物主义》 段忠桥 著
《资本主义理解史》(6卷) 张一兵 主编
《阶级、文化与民族传统:爱德华·P. 汤普森的历史唯物主义思想研究》 张亮 著
《形而上学的批判与拯救》 谢永康 著
《21世纪的马克思主义哲学创新:马克思主义哲学中国化与中国化马克思主义哲学》 李景源 主编
《科学发展观与和谐社会建设》 李景源 吴元梁 主编
《科学发展观:现代性与哲学视域》 姜建成 著
《西方左翼论当代西方社会结构的演变》 周穗明 王玫 等著
《历史唯物主义的政治哲学向度》 张文喜 著
《信息时代的社会历史观》 孙伟平 著
《从斯密到马克思:经济哲学方法的历史性诠释》 唐正东 著
《构建和谐社会的政治哲学阐释》 欧阳英 著
《正义之后:马克思恩格斯正义观研究》 王广 著
《后马克思主义思想史》 [英]斯图亚特·西姆 著 吕增奎 陈红 译
《后马克思主义与文化研究:理论、政治与介入》 [英]保罗·鲍曼 著 黄晓武 译
《市民社会的乌托邦:马克思主义的社会历史哲学阐释》 王浩斌 著
《唯物史观与人的发展理论》 陈新夏 著
《西方马克思主义与苏联:1917年以来的批评理论和争论概览》 [荷]马歇尔·范·林登 著
　　周穗明 译 翁寒松 校
《物与无:物化逻辑与虚无主义》 刘森林 著
《拜物教的幽灵:当代西方马克思主义社会批判的隐性逻辑》 夏莹 著
《新中国社会形态研究》 吴波 著
《"崩溃的逻辑"的历史建构:阿多诺早中期哲学思想的文本学解读》 张亮 著
《"超越政治"还是"回归政治":马克思与阿伦特政治哲学比较》 白刚 张荣艳 著
《无调式的辩证想象：阿多诺〈否定的辩证法〉的文本学解读》(第二版) 张一兵 著
《马克思再生产理论及其哲学效应研究》 孙乐强 著
《希望的源泉:文化、民主、社会主义》 [英]雷蒙·威廉斯 著 祁阿红 吴晓妹 译
《后工业乌托邦》 [澳]鲍里斯·弗兰克尔 著 李元来 译
《未来考古学:乌托邦欲望和其他科幻小说》 [美]弗里德里克·詹姆逊 著 吴静 译

二、政治学前沿系列

《公共性的再生产:多中心治理的合作机制建构》 孔繁斌 著
《合法性的争夺:政治记忆的多重刻写》 王海洲 著

《民主的不满:美国在寻求一种公共哲学》 [美]迈克尔·桑德尔 著 曾纪茂 译
《权力:一种激进的观点》 [英]斯蒂芬·卢克斯 著 彭斌 译
《正义与非正义战争:通过历史实例的道德论证》 [美]迈克尔·沃尔泽 著 任辉献 译
《自由主义与现代社会》 [英]理查德·贝拉米 著 毛兴贵 等译
《左与右:政治区分的意义》 [意]诺贝托·博比奥 著 陈高华 译
《自由主义中立性及其批评者》 [美]布鲁斯·阿克曼 等著 应奇 编
《公民身份与社会阶级》 [英]T. H. 马歇尔 等著 郭忠华 刘训练 编
《当代社会契约论》 [美]约翰·罗尔斯 等著 包利民 编
《马克思与诺齐克之间》 [英]G. A. 柯亨 等著 吕增奎 编
《美德伦理与道德要求》 [英]欧若拉·奥尼尔 等著 徐向东 编
《宪政与民主》 [英]约瑟夫·拉兹 等著 佟德志 编
《自由多元主义的实践》 [美]威廉·盖尔斯敦 著 佟德志 苏宝俊 译
《国家与市场:全球经济的兴起》 [美]赫尔曼·M. 施瓦茨 著 徐佳 译
《税收政治学:一种比较的视角》 [美]盖伊·彼得斯 著 郭为桂 黄宁莺 译
《控制国家:从古雅典至今的宪政史》 [美]斯科特·戈登 著 应奇 陈丽微 孟军 李勇 译
《社会正义原则》 [英]戴维·米勒 著 应奇 译
《现代政治意识形态》 [澳]安德鲁·文森特 著 袁久红 译
《新社会主义》 [加拿大]艾伦·伍德 著 尚庆飞 译
《政治的回归》 [英]尚塔尔·墨菲 著 王恒 臧佩洪 译
《自由多元主义》 [美]威廉·盖尔斯敦 著 佟德志 庞金友 译
《政治哲学导论》 [英]亚当·斯威夫特 著 佘江涛 译
《重新思考自由主义》 [英]理查德·贝拉米 著 王萍 傅广生 周春鹏 译
《自由主义的两张面孔》 [英]约翰·格雷 著 顾爱彬 李瑞华 译
《自由主义与价值多元论》 [英]乔治·克劳德 著 应奇 译
《帝国:全球化的政治秩序》 [美]麦克尔·哈特 [意]安东尼奥·奈格里 著 杨建国 范一亭 译
《反对自由主义》 [美]约翰·凯克斯 著 应奇 译
《政治思想导读》 [英]彼得·斯特克 大卫·韦戈尔 著 舒小昀 李霞 赵勇 译
《现代欧洲的战争与社会变迁:大转型再探》 [英]桑德拉·哈尔珀琳 著 唐皇凤 武小凯 译
《道德原则与政治义务》 [美]约翰·西蒙斯 著 郭为桂 李艳丽 译
《政治经济学理论》 [美]詹姆斯·卡波拉索 戴维·莱文 著 刘骥 等译
《民主国家的自主性》 [英]埃里克·A. 诺德林格 著 孙荣飞 等译
《强社会与弱国家:第三世界的国家社会关系及国家能力》 [英]乔·米格德尔 著 张长东 译
《驾驭经济:英国与法国国家干预的政治学》 [美]彼得·霍尔 著 刘骥 刘娟凤 叶静 译
《社会契约论》 [英]迈克尔·莱斯诺夫 著 刘训练 等译
《共和主义:一种关于自由与政府的理论》 [澳]菲利普·佩蒂特 著 刘训练 译
《至上的美德:平等的理论与实践》 [美]罗纳德·德沃金 著 冯克利 译
《原则问题》 [美]罗纳德·德沃金 著 张国清 译
《社会正义论》 [英]布莱恩·巴利 著 曹海军 译
《马克思与西方政治思想传统》 [美]汉娜·阿伦特 著 孙传钊 译
《作为公道的正义》 [英]布莱恩·巴利 著 曹海军 允春喜 译
《古今自由主义》 [美]列奥·施特劳斯 著 马志娟 译
《公平原则与政治义务》 [美]乔治·格劳斯科 著 毛兴贵 译
《谁统治:一个美国城市的民主和权力》 [美]罗伯特·A. 达尔 著 范春辉 等译

《论伦理精神》 张康之 著

《人权与帝国:世界主义的政治哲学》 [英]科斯塔斯·杜兹纳 著 辛亨复 译

《阐释和社会批判》 [美]迈克尔·沃尔泽 著 任辉献 段鸣玉 译

《全球时代的民族国家:吉登斯讲演录》 [英]安东尼·吉登斯 著 郭忠华 编

《当代政治哲学名著导读》 应奇 主编

《拉克劳与墨菲:激进民主想象》 [美]安娜·M. 史密斯 著 付琼 译

《英国新左派思想家》 张亮 编

《第一代英国新左派》 [英]迈克尔·肯尼 著 李永新 陈剑 译

《转向帝国:英法帝国自由主义的兴起》 [美]珍妮弗·皮茨 著 金毅 许鸿艳 译

《论战争》 [美]迈克尔·沃尔泽 著 任辉献 段鸣玉 译

《现代性的谱系》 张凤阳 著

《近代中国民主观念之生成与流变:一项观念史的考察》 闾小波 著

《阿伦特与现代性的挑战》 [美]塞瑞娜·潘琳 著 张云龙 译

《政治人:政治的社会基础》 [美]西摩·马丁·李普塞特 著 郭为桂 林娜 译

《社会中的国家:国家与社会如何相互改变与相互构成》 [美]乔尔·S. 米格代尔 著 李杨 郭
  一聪 译张长东 校

《伦理、文化与社会主义:英国新左派早期思想读本》 张亮 熊婴 编

《仪式、政治与权力》 [美]大卫·科泽 著 王海洲 译

《政治仪式:权力生产和再生产的政治文化分析》 王海洲 著

《论政治的本性》 [英]尚塔尔·墨菲 著 周凡 译

三、纯粹哲学系列

《哲学作为创造性的智慧:叶秀山西方哲学论集(1998—2002)》 叶秀山 著

《真理与自由:康德哲学的存在论阐释》 黄裕生 著

《走向精神科学之路:狄尔泰哲学思想研究》 谢地坤 著

《从胡塞尔到德里达》 尚杰 著

《海德格尔与存在论历史的解构:〈现象学的基本问题〉引论》 宋继杰 著

《康德的信仰:康德的自由、自然和上帝理念批判》 赵广明 著

《宗教与哲学的相遇:奥古斯丁与托马斯·阿奎那的基督教哲学研究》 黄裕生 著

《理念与神:柏拉图的理念思想及其神学意义》 赵广明 著

《时间性:自身与他者——从胡塞尔、海德格尔到列维纳斯》 王恒 著

《意志及其解脱之路:叔本华哲学思想研究》 黄文前 著

《真理之光:费希特与海德格尔论 SEIN》 李文堂 著

《归隐之路:20 世纪法国哲学的踪迹》 尚杰 著

《胡塞尔直观概念的起源:以意向性为线索的早期文本研究》 陈志远 著

《幽灵之舞:德里达与现象学》 方向红 著

《形而上学与社会希望:罗蒂哲学研究》 陈亚军 著

《福柯的主体解构之旅:从知识考古学到"人之死"》 刘永谋 著

《中西智慧的贯通:叶秀山中国哲学文化论集》 叶秀山 著

《学与思的轮回:叶秀山 2003—2007 年最新论文集》 叶秀山 著

《返回爱与自由的生活世界:纯粹民间文学关键词的哲学阐释》 户晓辉 著

《心的秩序:一种现象学心学研究的可能性》 倪梁康 著

《生命与信仰:克尔凯郭尔假名写作时期基督教哲学思想研究》 王齐 著

《时间与永恒:论海德格尔哲学中的时间问题》 黄裕生 著
《道路之思:海德格尔的"存在论差异"思想》 张柯 著
《启蒙与自由:叶秀山论康德》 叶秀山 著
《自由、心灵与时间:奥古斯丁心灵转向问题的文本学研究》 张荣 著
《回归原创之思:"象思维"视野下的中国智慧》 王树人 著
《从语言到心灵:一种生活整体主义的研究》 黄益民 著
《身体、空间与科学:梅洛－庞蒂的空间现象学研究》 刘胜利 著
《超越经验主义与理性主义:实用主义叙事的当代转换及效应》 陈亚军 著

四、宗教研究系列

《汉译佛教经典哲学研究》(上下卷) 杜继文 著
《中国佛教通史》(15 卷) 赖永海 主编
《中国禅宗通史》 杜继文 魏道儒 著
《佛教史》 杜继文 主编
《道教史》 卿希泰 唐大潮 著
《基督教史》 王美秀 段琦 等著
《伊斯兰教史》 金宜久 主编
《中国律宗通史》 王建光 著
《中国唯识宗通史》 杨维中 著
《中国净土宗通史》 陈扬炯 著
《中国天台宗通史》 潘桂明 吴忠伟 著
《中国三论宗通史》 董群 著
《中国华严宗通史》 魏道儒 著
《中国佛教思想史稿》(3 卷) 潘桂明 著
《禅与老庄》 徐小跃 著
《中国佛性论》 赖永海 著
《禅宗早期思想的形成与发展》 洪修平 著
《基督教思想史》 [美]胡斯都·L. 冈察雷斯 著 陈泽民 孙汉书 司徒桐 莫如喜 陆俊杰 译
《圣经历史哲学》(上下卷) 赵敦华 著
《如来藏经典与中国佛教》 杨维中 著
《儒佛道思想家与中国思想文化》 洪修平 主编
《基督教神学发展史》(一)、(二)、(三) 林荣洪 著

五、人文与社会系列

《环境与历史:美国和南非驯化自然的比较》 [美]威廉·贝纳特 彼得·科茨 著 包茂红 译
《阿伦特为什么重要》 [美]伊丽莎白·扬—布鲁尔 著 刘北成 刘小鸥 译
《现代性的哲学话语》 [德]于尔根·哈贝马斯 著 曹卫东 等译
《追寻美德:伦理理论研究》 [美]A. 麦金太尔 著 宋继杰 译
《现代社会中的法律》 [美]R. M. 昂格尔 著 吴玉章 周汉华 译
《知识分子与大众:文学知识界的傲慢与偏见,1880—1939》 [英]约翰·凯里 著 吴庆宏 译
《自我的根源:现代认同的形成》 [加拿大]查尔斯·泰勒 著 韩震 等译
《社会行动的结构》 [美]塔尔科特·帕森斯 著 张明德 夏遇南 彭刚 译
《文化的解释》 [美]克利福德·格尔茨 著 韩莉 译

《以色列与启示:秩序与历史(卷1)》 [美]埃里克·沃格林 著 霍伟岸 叶颖 译

《城邦的世界:秩序与历史(卷2)》 [美]埃里克·沃格林 著 陈周旺 译

《战争与和平的权利:从格劳秀斯到康德的政治思想与国际秩序》 [美]理查德·塔克 著 罗
  炳 等译

《人类与自然世界:1500—1800年间英国观念的变化》 [英]基思·托马斯 著 宋丽丽 译

《男性气概》 [美]哈维·C.曼斯菲尔德 著 刘玮 译

《黑格尔》 [加拿大]查尔斯·泰勒 著 张国清 朱进东 译

《社会理论和社会结构》 [美]罗伯特·K.默顿 著 唐少杰 齐心 等译

《个体的社会》 [德]诺贝特·埃利亚斯 著 翟三江 陆兴华 译

《象征交换与死亡》 [法]让·波德里亚 著 车槿山 译

《实践感》 [法]皮埃尔·布迪厄 著 蒋梓骅 译

《关于马基雅维里的思考》 [美]利奥·施特劳斯 著 申彤 译

《正义诸领域:为多元主义与平等一辩》 [美]迈克尔·沃尔泽 著 褚松燕 译

《传统的发明》 [英]E.霍布斯鲍姆 T.兰格 著 顾杭 庞冠群 译

《元史学:十九世纪欧洲的历史想象》 [美]海登·怀特 著 陈新 译

《卢梭问题》 [德]恩斯特·卡西勒 著 王春华 译

《自足语义学:为语义最简论和言语行为多元论辩护》 [挪威]赫尔曼·开普兰
[美]厄尼·利珀尔 著 周允程 译

《历史主义的兴起》 [德]弗里德里希·梅尼克 著 陆月宏 译

《权威的概念》 [法]亚历山大·科耶夫 著 姜志辉 译

《无国界移民》 [瑞士]安托万·佩库 [荷兰]保罗·德·古赫特奈尔 编 武云 译

《语言的未来》 [法]皮埃尔·朱代·德·拉孔布 海因茨·维斯曼 著 梁爽 译

《全球化的关键概念》 [挪]托马斯·许兰德·埃里克森 著 周云水 等译

《房地产阶级社会》 [韩]孙洛龟 著 芦恒 译

《政治创新与概念变革》 [美]特伦斯·鲍尔詹姆斯·法尔拉塞尔·L.汉森 编 朱进东 译

《依赖性的理性动物:人类为什么需要德性》 [美]阿拉斯戴尔·麦金太尔 著 刘玮 译

《理解俄国:俄国文化中的圣愚》 [美]埃娃·汤普逊 著 杨德友 译

《留恋人世:长生不老的奇妙科学》 [美]乔纳森·韦纳 著 杨朗 卢文超 译

六、海外中国研究系列

《帝国的隐喻:中国民间宗教》 [英]王斯福 著 赵旭东 译

《王弼〈老子注〉研究》 [德]瓦格纳 著 杨立华 译

《章学诚思想与生平研究》 [美]倪德卫 著 杨立华 译

《中国与达尔文》 [美]詹姆斯·里夫 著 钟永强 译

《千年末世之乱:1813年八卦教起义》 [美]韩书瑞 著 陈仲丹 译

《中华帝国后期的欲望与小说叙述》 黄卫总 著 张蕴爽 译

《私人领域的变形:唐宋诗词中的园林与玩好》 [美]王晓山 著 文韬 译

《六朝精神史研究》 [日]吉川忠夫 著 王启发 译

《中国社会史》 [法]谢和耐 著 黄建华 黄迅余 译

《大分流:欧洲、中国及现代世界经济的发展》 [美]彭慕兰 著 史建云 译

《近代中国的知识分子与文明》 [日]佐藤慎一 著 刘岳兵 译

《转变的中国:历史变迁与欧洲经验的局限》 [美]王国斌 著 李伯重 连玲玲 译

《中国近代思维的挫折》 [日]岛田虔次 著 甘万萍 译

《为权力祈祷》 ［加拿大］卜正民 著　张华 译

《洪业：清朝开国史》 ［美］魏斐德 著　陈苏镇 薄小莹 译

《儒教与道教》 ［德］马克斯·韦伯 著　洪天富 译

《革命与历史：中国马克思主义历史学的起源，1919—1937》 ［美］德里克 著　翁贺凯 译

《中华帝国的法律》 ［美］D. 布朗 等著　朱勇 译

《文化、权力与国家》 ［美］杜赞奇 著　王福明 译

《中国的亚洲内陆边疆》 ［美］拉铁摩尔 著　唐晓峰 译

《古代中国的思想世界》 ［美］史华兹 著　程钢 译刘东 校

《中国近代经济史研究：明末海关财政与通商口岸市场圈》 ［日］滨下武志 著　高淑娟 孙彬 译

《中国美学问题》 ［美］苏源熙 著　卞东波 译　张强强 朱霞欢 校

《翻译的传说：构建中国新女性形象》 胡缨 著　龙瑜宬 彭珊珊 译

《〈诗经〉原意研究》 ［日］家井真 著　陆越 译

《缠足："金莲崇拜"盛极而衰的演变》 ［美］高彦颐 著　苗延威 译

《从民族国家中拯救历史：民族主义话语与中国现代史研究》 ［美］杜赞奇 著　王宪明 高继美
　　李海燕 李点 译

《传统中国日常生活中的协商：中古契约研究》 ［美］韩森 著　鲁西奇 译

《欧几里得在中国：汉译〈几何原本〉的源流与影响》 ［荷］安国风 著　纪志刚 郑诚 郑方磊 译

《毁灭的种子：战争与革命中的国民党中国(1937－1949)》 ［美］易劳逸 著　王建朗 王贤知 贾
　　维 译

《理解农民中国：社会科学哲学的案例研究》 ［美］李丹 著　张天虹 张胜波 译

《18 世纪的中国社会》 ［美］韩书瑞 罗有枝 著　陈仲丹 译

《开放的帝国：1600 年的中国历史》 ［美］韩森 著　梁侃 邹劲风 译

《中国人的幸福观》 ［德］鲍吾刚 著　严蓓雯 韩雪临 伍德祖 译

《明代乡村纠纷与秩序》 ［日］中岛乐章 著　郭万平 高飞 译

《朱熹的思维世界》 ［美］田浩 著

《礼物、关系学与国家：中国人际关系与主体建构》 杨美慧 著　赵旭东 孙珉 译张跃宏 校

《美国的中国形象：1931—1949》 ［美］克里斯托弗·杰斯普森 著　姜智芹 译

《清代内河水运史研究》 ［日］松浦章 著　董科 译

《中国的经济革命：20 世纪的乡村工业》 ［日］顾琳 著　王玉茹 张玮 李进霞 译

《明清时代东亚海域的文化交流》 ［日］松浦章 著　郑洁西 译

《皇帝和祖宗：华南的国家与宗族》 科大卫 著　卜永坚 译

《中国善书研究》 ［日］酒井忠夫 著　刘岳兵 何英莺 孙雪梅 译

《大萧条时期的中国：市场、国家与世界经济》 ［日］城山智子 著　孟凡礼 尚国敏 译

《虎、米、丝、泥：帝制晚期华南的环境与经济》 ［美］马立博 著　王玉茹 译

《矢志不渝：明清时期的贞女现象》 ［美］卢苇菁 著　秦立彦 译

《山东叛乱：1774 年的王伦起义》 ［美］韩书瑞 著　刘平 唐雁超 译

《一江黑水：中国未来的环境挑战》 ［美］易明 著　姜智芹 译

《施剑翘复仇案：民国时期公众同情的兴起与影响》 ［美］林郁沁 著　陈湘静 译

《工程国家：民国时期(1927－1937)的淮河治理及国家建设》 ［美］戴维·艾伦·佩兹 著　姜
　　智芹 译

《西学东渐与中国事情》 ［日］增田涉 著　周启乾 译

《铁泪图：19 世纪中国对于饥馑的文化反应》 ［美］艾志端 著　曹曦 译

《危险的边疆：游牧帝国与中国》 ［美］巴菲尔德 著　袁剑 译

《华北的暴力与恐慌:义和团运动前夕基督教传播和社会冲突》 [德]狄德满 著 崔华杰 译
《历史宝筏:过去、西方与中国的妇女问题》 [美]季家珍 著 杨可 译
《姐妹们与陌生人:上海棉纱厂女工,1919—1949》 [美]艾米莉·洪尼格 著 韩慈 译
《银线:19世纪的世界与中国》 林满红 著 詹庆华 林满红 译
《寻求中国民主》 [澳]冯兆基 著 刘悦斌 徐硙 译
《中国乡村的基督教:1860—1900江西省的冲突与适应》 [美]史维东 著 吴薇 译
《认知变异:反思人类心智的统一性与多样性》 [英]G.E.R.劳埃德 著 池志培 译
《假想的"满大人":同情、现代性与中国疼痛》 [美]韩瑞 著 袁剑 译
《男性特质论:中国的社会与性别》 [澳]雷金庆 著 [澳]刘婷 译
《中国的捐纳制度与社会》 伍跃 著
《文书行政的汉帝国》 [日]富谷至 著 刘恒武 孔李波 译
《城市里的陌生人:中国流动人口的空间、权力与社会网络的重构》 [美]张骊 著 袁长庚 译
《重读中国女性生命故事》 游鉴明 胡缨 季家珍 主编
《跨太平洋位移:20世纪美国文学中的民族志、翻译和文本间旅行》 黄运特 著 陈倩 译
《近代日本的中国认识》 [日]野村浩一 著 张学锋 译
《性别、政治与民主:近代中国的妇女参政》 [澳]李木兰 著 方小平 译
《狮龙共舞:一个英国人眼中的威海卫与中国文化》 [英]庄士敦 著 刘本森 译
《中国社会中的宗教与仪式》 [美]武雅士 著 彭泽安 邵铁峰 译 郭潇威 校
《大象的退却:一部中国环境史》 [英]伊懋可 著 梅雪芹 毛利霞 王玉山 译
《自贡商人:早期近代中国的企业家》 [美]曾小萍 著 董建中 译
《人物、角色与心灵:〈牡丹亭〉与〈桃花扇〉中的身份认同》 [美]吕立亭 著 白华山 译
《明代江南土地制度研究》 [日]森正夫 著 伍跃 张学锋 等译 范金民 夏维中 审校
《儒学与女性》 [美]罗莎莉 著 丁佳伟 曹秀娟 译
《权力关系:宋代中国的家族、地位与国家》 [美]柏文莉 著 刘云军 译
《行善的艺术:晚明中国的慈善事业》 [美]韩德林 著 吴士勇 王桐 史桢豪 译
《近代中国的渔业战争和环境变化》 [美]穆盛博 著 胡文亮 译
《工开万物:17世纪中国的知识与技术》 [德]薛凤 著 吴秀杰 白岚玲 译
《权力源自地位:北京大学、知识分子与中国政治文化,1898—1929》 [美]魏定熙 著 张蒙 译
《忠贞不贰?——辽代的越境之举》 [英]史怀梅 著 曹流 译
《两访中国茶乡》 [英]罗伯特·福琼 著 敖雪岗 译
《古代中国的动物与灵异》 [英]胡司德 著 蓝旭 译
《内藤湖南:政治与汉学(1866—1934)》 [美]傅佛果 著 陶德民 何英莺 译

七、历史研究系列

《中国近代通史》(10卷) 张海鹏 主编
《极端的年代》 [英]艾瑞克·霍布斯鲍姆 著 马凡 等译
《漫长的20世纪》 [意]杰奥瓦尼·阿瑞基 著 姚乃强 译
《在传统与变革之间:英国文化模式溯源》 钱乘旦 陈晓律 著
《世界现代化历程》(10卷) 钱乘旦 主编
《近代以来日本的中国观》(6卷) 杨栋梁 主编
《中华民族凝聚力的形成与发展》 卢勋 杨保隆 等著
《明治维新》 [英]威廉·G.比斯利 著 张光 汤金旭 译
《在垂死皇帝的王国:世纪末的日本》 [美]诺玛·菲尔德 著 曾霞 译

《美国的艺伎盟友》 [美]涩泽尚子 著 油小丽 牟学苑 译

《戊戌政变的台前幕后》 马勇 著

《战后东北亚主要国家间领土纠纷与国际关系研究》 李凡 著

《战后西亚国家领土纠纷与国际关系》 黄民兴 谢立忱 著

《民国首都南京的营造政治与现代想象(1927－1937)》 董佳 著

《战后日本史》 王新生 著

《衣被天下:明清江南丝绸史研究》 范金民 著

八、当代思想前沿系列

《世纪末的维也纳》 [美]卡尔·休斯克 著 李锋 译

《莎士比亚的政治》 [美]阿兰·布鲁姆 哈瑞·雅法 著 潘望 译

《邪恶》 [英]玛丽·米奇利 著 陆月宏 译

《知识分子都到哪里去了:对抗 21 世纪的庸人主义》 [英]弗兰克·富里迪 著 戴从容 译

《资本主义文化矛盾》 [美]丹尼尔·贝尔 著 严蓓雯 译

《流动的恐惧》 [英]齐格蒙特·鲍曼 著 谷蕾 杨超 等译

《流动的生活》 [英]齐格蒙特·鲍曼 著 徐朝友 译

《流动的时代:生活于充满不确定性的年代》 [英]齐格蒙特·鲍曼 著 谷蕾 武媛媛 译

《未来的形而上学》 [美]爱莲心 著 余日昌 译

《感受与形式》 [美]苏珊·朗格 著 高艳萍 译

《资本主义及其经济学:一种批判的历史》 [美]道格拉斯·多德 著 熊婴 译 刘思云 校

《异端人物》 [英]特里·伊格尔顿 著 刘超 陈叶 译

《哲学俱乐部:美国观念的故事》 [美]路易斯·梅南德 著 肖凡 鲁帆 译

《文化理论关键词》 [英]丹尼·卡瓦拉罗 著 张卫东 张生 赵顺宏 译

《齐格蒙特·鲍曼:后现代性的预言家》 [英]丹尼斯·史密斯 著 佘江涛 译

《公共领域中的伦理学》 [英]约瑟夫·拉兹 著 葛四友 主译

《文化模式批判》 崔平 著

《谁是罗兰·巴特》 汪民安 著

《身体、空间与后现代性》 汪民安 著

《时间、空间与伦理学基础》 [美]爱莲心 著 高永旺 李孟国 译

九、教育理论研究系列

《教育研究方法导论》 [美]梅雷迪斯·D.高尔等 著 许庆豫 等译

《教育基础》 [美]阿伦·奥恩斯坦 著 杨树兵 等译

《教育伦理学》 贾馥茗 著

《认知心理学》 [美]罗伯特·L.索尔索 著 何华 等译

《现代心理学史》 [美]杜安·P.舒尔茨 著 叶浩生 等译

《学校法学》 [美]米歇尔·W.拉莫特 著 许庆豫 等译

十、艺术理论研究系列

《弗莱艺术批评文选》 [英]罗杰·弗莱 著 沈语冰 译

《另类准则:直面 20 世纪艺术》 [美]列奥·施坦伯格 著 沈语冰 刘凡 谷光曙 译

《当代艺术的主题:1980 年以后的视觉艺术》 [美]简·罗伯森 克雷格·迈克丹尼尔 著 匡骁 译

《艺术与物性:论文与评论集》 [美]迈克尔·弗雷德 著 张晓剑 沈语冰 译

《现代生活的画像：马奈及其追随者艺术中的巴黎》 [英]T. J. 克拉克 著 沈语冰 诸葛沂 译
《自我与图像》 [英]艾美利亚·琼斯 著 刘凡 谷光曙 译
《博物馆怀疑论：公共美术馆中的艺术展览史》 [美]大卫·卡里尔 著 丁宁 译
《艺术社会学》 [英]维多利亚·D.亚历山大 著 章浩 沈杨 译
《云的理论：为了建立一种新的绘画史》 [法]于贝尔·达米施 著 董强 译
《杜尚之后的康德》 [比]蒂埃利·德·迪弗 著 沈语冰 张晓剑 陶铮 译
《蒂耶波洛的图画智力》 [美]斯维特拉娜·阿尔珀斯[英]迈克尔·巴克森德尔 著 王玉冬 译
《伦勃朗的企业：工作室与艺术市场》 [美]斯维特拉娜·阿尔珀斯 著 冯白帆 译
《新前卫与文化工业》 [美]本雅明·布赫洛 著 何卫华 史岩林 桂宏军 钱纪芳 译
《现代艺术：19 与 20 世纪》 [美]迈耶·夏皮罗 著 沈语冰 何海 译
《重构抽象表现主义：20 世纪 40 年代的主体性与绘画》 [美]迈克尔·莱雅 著 毛秋月 译
《神经元艺术史》 [英]约翰·奥尼恩斯 著 梅娜芳 译
《实在的回归：世纪末的前卫艺术》 [美]哈尔·福斯特 著 杨娟娟 译
《德国文艺复兴时期的椴木雕刻家》 [德]巴克森德尔 著 殷树喜 译
《艺术的理论与哲学：风格、艺术家和社会》 [美]迈耶·夏皮罗 著 沈语冰 王玉冬 译

十一、中国经济问题研究系列
《中国经济的现代化：制度变革与结构转型》 肖耿 著
《世界经济复苏与中国的作用》 [英]傅晓岚 编 蔡悦 等译
《中国未来十年的改革之路》 《比较》研究室 编
《大失衡：贸易、冲突和世界经济的危险前路》 [美]迈克尔·佩蒂斯 著 王璟 译
《中国经济新转型》 [日]青木昌彦 吴敬琏 编 姚志敏 等译
《经济全球化与中国产业发展》 刘志彪 著

十二、艺术与社会系列
《艺术界》 [美]霍华德·S.贝克尔 著 卢文超 译
《寻找如画美：英国的风景美学与旅游，1760—1800》 [英]马尔科姆·安德鲁斯 著 张箭飞
 韦照周 译

十三、公共管理系列
《更快 更好 更省？》 [美]达尔·W.福赛斯 著 范春辉 译
《公共行政的行动主义》 张康之 著
《美国能源政策：变革中的政治、挑战与前景》 [美]劳任斯·R.格里戴维 E.麦克纳布 著 付
 满 译

十四、智库系列
《经营智库：成熟组织的实务指南》 [美]雷蒙德·J.斯特鲁伊克 著 李刚 等译 陆扬 校